近現代東アジアと日本

交流・相剋・共同体

土田哲夫 編

中央大学出版部

まえがき

本書は、2015年4～7月、ワンアジア財団の助成により中央大学経済学部で行われた総合講座「アジア共同体を考える――日本・アジア関係の歴史から」をもとに企画された研究論文集である。はじめに、この総合講座並びに本書企画の趣旨と、それに関わる日本と東アジアの状況を説明し、ついで本書の内容を各章毎に紹介したい。なお、「東アジア」の範囲は、経済面から地域統合や共同体の形成を論じる場合、ASEAN + 3（日・中・韓）を意味することが多いが、近現代の日本との関わりの歴史を中心に考察する本書では、日本、韓国、中国、台湾などの北東アジアに重点を置いている。

1. 日本・東アジア関係の歴史と現在

東アジア地域では古くから文化や貿易などさまざまな相互交流が深められてきた。歴史学では、古代より東アジア地域では漢字と仏教、儒学、律令などの文化要素を共有し、さらに冊封体制という中国の王朝を中心とする政治構造とあわせて一つのまとまり――「東アジア世界」をつくってきたと言われる。さらに近代の初期、東アジア各地域が「西洋の衝撃」にあった後、相対的に早く近代化した日本にはアジア諸国からの多くの有為の留学生が来て、新しい知識や救国の方途を探求した。日本が基軸となり、西洋学術の東アジア伝播の媒介となったり、アジアの人的交流の場になったりすることができたのも、伝統的東アジアが「漢字文化圏」といわれるような、古くからの文化的つながりがあったがゆえであった。

経済の面から見ると、今日、東アジアは世界でも最も経済発展のめざましい地域であり、中国は2010年よりGDP世界第2位、日本は同第3位で、中国はいずれGDPでアメリカを抜くことが確実である[1)]。また、一人あたりGDPで見ると、他の東アジア諸国（地域）も経済成長の結果、先進国と言ってよい豊かな社会を実現している。2015年の一人あたり GDP（米ドル換算。名目）と世界順位は、シンガポールは53,224ドル（第6位）、香港が42,097ドル（第18位）、日本が32,481ドル（第25位）、韓国が27,513ドル（第29位）、台湾22,083ドル（第33位）となっている[2)]。日本がアジア唯一の先進国というのはすでに一昔前のことである。東アジア地域が世界で最も成長著しい地域であるだけでなく、互いの経済の発展水準が近接し、対等な関係となったことは、地域統合を進める上で良好な要因であると考えられる。

近年のグローバル化の進展のなかで、東アジアでは経済的な相互依存関係がいっそう深まっているだけでなく、また海外留学、旅行、企業活動での駐在などという形をとった人的交流や文化交流などもいっそう進展している[3)]。

たとえば、海外から日本への旅行客数は東アジア地域の富裕化とさらに円安の影響もあって近年急速に伸びており、2015年には総計19,737,400人と過去最高を記録した。内訳を上位からあげると、①中国が4,993,800人（25.3％）と前年の2倍余りに達し、ついで②韓国4,002,100人（20.3％）、③台湾3,677,100人（18.6％）、④香港1,524,300人（7.7％）、⑤米国1,033,200人（5.2％）となり、東アジアの合計が14,197,300人（71.9％）[4)]に達する。訪日外国人旅行者の増加は、単に宿泊・観光や「爆買い」による経済効果だけでなく、日本社会にじかに接することにより、彼らの日本への理解を促し、対日親近感を増進する効果もあるだろう[5)]。

短期の訪問である観光にくらべて、留学はより長期間、他国の社会に入って暮らす体験を伴うため、相互理解にとってさらに重要な意味を持つといえるだろう。東アジア各国とも、海外留学の主流は欧米への留学であるが、東アジア域内の留学交流も少なくなく、また各国とも多くの留学生受け入れに努めている[6)]。たとえば、日本に在学する外国人留学生（2014年）は総計184,155人にのぼり、内訳は①中国 94,399人、②ベトナム 26,439人、③韓国 15,777人、④ネパール 10,448人、⑤台湾 6,231人と東アジア3国で全体の3分の2となり、ベトナムも含めると東アジア4国合計で77.6％を占めている[7)]。1990年代以降、中国などアジアの留学生が日本の大学で、「現地」日本の学生と机を並べて学ぶというのは、ごくありふれた光景であるし、とりわけ大学院レベルでは留学生が過半数を占める大学や専攻も少なくない。

また、日本在留の外国人は総数 2,232,189人（2015年末。うち特別永住者348,626人）で、内訳は①中国 665,847人（29.8%）、②韓国 457,772人（20.5%）と中・韓で半分を超え、続いて③フィリピン 229,595人（10.3%）、④ブラジル173,437人（7.8%）、⑤ベトナム146,956人（6.6%）等となっている[8)]。以上の統計から、日本の国際化ないしグローバル化とは実質的にアジア化であり、今後その傾向はますます強くなっていくだろうことが読みとれる。

このように考えると、今後とも私たちが平和で豊かな、そして明るい将来を築きあげるためには、アジア、とりわけ東アジア地域での交流と相互理解がいっそう進展し、平和的で協調的なコミュニティが形成されることが必要となるだろう。それは、必ずしもEUのような制度化された地域統合組織であることを要しない。さまざまなつながりが網の目のように織りなされ、各地域を包み込む、ゆったりとした地域的な結びつきが作り出されること、そしてその中でさまざまな共同の取組みが積み重ねられることにより、地域コミュニティの形成が促進されることになるだろう。

東アジアの地域協力についての議論は、1990年のマハティール・マレーシア首相の東アジア経済圏（EAEG）の提唱、1997年以降のASEAN + 3（日中韓）首脳会議の制度化などを経て、2000年代前半には東アジア各国で盛り上がりをみせ、当時の朱鎔基・中国国務総理、盧武鉉（ノムヒョン）・韓国大統領、小泉純一郎首相と各国首脳が競って東アジアの地域統合に積極的な姿勢を表明した[9)]。さらに、2009年9月に成立した民主党・鳩山由紀夫政権は、「東アジア共同体」の形成を主要な外交目標にあげたが、一年に満たずして退陣となった[10)]。2010年代に入ってからは、日中韓の政治的関係は冷え込み、共同体どころではない状況が続く。周知のように、日中間では尖閣諸島、日韓間では竹島という領土問題をきっかけに関係が緊張し、さらに過去の歴史をめぐる問題が政治化され、メディアに喧伝されたことにより、各国のナショナリズムを刺激し、国民間の悪感情を増幅し、政治的妥協を困難にし、さらなる相互関係の悪化をもたらしたのであった[11)]。

東アジア地域において現実に経済的な相互依存が高まり、人的交流の進展に見られるように社会的に相互関係が深まっているにもかかわらず、政治的・心理的摩擦が持続し、さらには増大しているというのは残念なことだが、一挙に摩擦をなくし和解を達成するような特効薬は見つけがたい。また、世界が複数の国民国家によって構成される限り、「国益」による利害の対立や紛争は常に存在するだろう。だが、東アジアでは、近代の日本・東アジア関係の歴史とその記憶に源を発する国民間の根強い相互不信感が、政治的紛争や摩擦をさらに増幅し、解決を困難にしてきた。このような過去は変えることはできないが、過去の事実はどうであったのか、そして他者は過去をどう見ているか、その見方や論理、感情を知ることによって、相互の理解や共感を得ることは可能であるだろうし、また各国、各地域の人々、とりわけ若い世代の間の交流を進めることによって、将来の東アジアの相互関係を変えていくことができるかもしれない。東アジアの歴史研究に従事するものとして、また大学で若い世代の教育に従事するものとして、私たちはこのような期待をもって、日本・アジア関係の歴史的検討から将来の共同体を展望するべく、この総合講座「アジア共同体を考える――日本・アジア関係の歴史から」を企画し、またそれを基礎として研究活動を進め、本書をとりまとめることとなったものである。

2. 本書各章の内容

次に、本書各章の内容を簡単に紹介する。

第1部「近代東アジアの交流と相剋」は、19世紀後半から第二次世界大戦終結までの日本と東アジアの交流の深まりと相互の葛藤について歴史的考察を行う諸論文により構成されている。

第1章「中国と日本の経済交流――後期倭寇から日清戦争まで(16〜19世紀)」(古田和子)は、経済史の観点により、近世から近代にかけての東アジア世界の交流とその変容をまとめている。すなわち、16〜19世紀末までの中国と日本には、海禁や貿易制限などの制約にもかかわらず、双方の国内需要を満たすために持続的な経済交流が見られた。19世紀中葉の開港で貿易は急速に拡大したが、そのあり方はそれまでの蓄積の延長という面も強く、また中国商人の果たす役割も大きかった。日清戦争はこの状況に転換をもたらした。20世紀転換期の日中関係はそれまでの経済交流とは質的に異なり、交流という言葉で描ききれない様相を呈することとなった、という。

続く2つの章は、近代の日中関係と文化的・人的交流を描く。日本と中国とは数千年の交流の歴史をもっているが、近代以降はさらにこれまでにない規模と深さで日中の交流が展開していた。第2章「近代の日中留学交流」（李暁東）は、明治期（清朝末期）に盛んに行われた中国人の日本留学について、留学生を「文化運搬者」として見る議論（平野健一郎）を援用して位置づけ、近代の中国人の日本留学の展開過程と人的交流、そして日中関係への影響を論じている。清末中国の留学生は、「近代」という新しい文化の運搬者と実践者であり、中国の啓蒙と革命運動に大きな役割をはたした。

清末に日本に留学あるいは滞在した中国人の中からは、その後の中国の歴史を担う指導者が輩出した。第3章「近代中国と日本――蔣介石を中心に」（黄自進）は、国民党・中華民国の指導者蔣介石の日本観とその背後にある諸要因に着目し、日中関係の変遷を分析する。日中関係において日本の役割は、中国を教え導くべき指導教官から侵略国へ、そして反共の盟友へと変遷したと筆者はとらえ、これに対応して、蔣介石の生涯を青年留学期、戦争期、戦後相互提携期の三期に区分して、その日中関係における位置づけを再検証している。

次に、第4章「近代の台湾と日本」（許育銘）は、下関条約による台湾の対日譲渡から戦後の中華民国による接収を経て、2015年に至る120年間の日台関係を概観する。筆者によれば、日台関係は前期50年（1895～1945）は宗主国と植民地の関係、戦後の後期70年（1945～2015）は国と国（中華民国と日本）の関係と区分できるが、1972年の「日華」断交後も「日台」間では経済・文化関係が発展し、今日では日本と台湾は「深く熱い友情と信頼感」で結ばれている、という。

ついで、第2部「帝国日本の拡張と東アジア」は、帝国日本の対外拡張の過程における東アジア各地の様相を分析する。

台湾に続いて日本の植民地に編入された朝鮮と日本との関係を文化・芸術面から扱うのが第5章「植民地朝鮮と日本伝統芸能の遭遇——狂言朝鮮公演記」(金蘭珠) である。植民地期、日本の伝統芸能 能楽は、上品な趣味ないし日本人のアイデンティティを高める手段として在朝日本人の間でもてはやされたが、他方、朝鮮の伝統演劇は淫風敗俗の演劇とされて上演禁止と規制の対象に転落した。だが、在朝日本人社会で40年近く盛んであった能楽は朝鮮社会と何らの接触を持たず、また朝鮮文化界の反応も皆無だった。

ついで第6章「在朝日本人の研究の現況と課題」(李圭洙) は、帝国と植民地の狭間に存在し、ある意味帝国の先兵であった在朝日本人についての日本、韓国、英語圏の研究を詳細に検討し、今後の課題を提示する。筆者は、在朝日本人の植民者としての体験と記憶を歴史的に清算すること、「『記憶をめぐる闘争』とは、単に過去の歴史に対する債務意識として残っているのではなく、現在や未来の日韓関係、そして21世紀の東アジアの平和体制をいかに構築していくのかという課題に深く結びつく領域である」と論じている。

近代日本のアジアに対する政策は、欧米諸国に対する外交と表裏一体となって進められた。日本は、一方では欧米諸国と協調し、国際社会の枠組みに適応することに努めると共に、他方、欧米諸国と同様の態度でアジア地域への進出と支配を図った。第7章「渋沢栄一の対米認識の形成——1879年のグラント将軍接待と1902年の欧米訪問を中心として」(李佩) は、日本資本主義の父と呼ばれる渋沢栄一の対米認識の形成と変化、その民間外交の展開、そして対米観と対中国認識との関連について詳細に分析している。外交や国際関係の研究は、往々にして国家、政府中心になっているが、本章は財界人を分析対象とし、民間外交を正面からとらえたものである。

ついで、日中戦争期における日本の中国進出をメディア史の観点から検討するのが、第8章「戦争と平和のメディア表象——満鉄発行のグラフ誌を手がかりとして」(貴志俊彦) である。本章は、南満洲鉄道株式会社 (満鉄) が中国で発行した『満洲グラフ』と『北支画刊』という二つのグラフ誌を取り上げ、満鉄がこれらグラフ誌を通じて、盧溝橋事変の勃発と日本軍占領下の「建設／再建」「開発／開拓」を、いかなる表象で伝達しようとしていたのか、それらイメージの内容と意義は何だったのかなどについて検討している。

第3部「現代東アジアの変容と展望」では、第二次世界大戦後、日本帝国の解体と冷戦の展開により再編成されることとなった東アジア各地域の動向と変容、そして東アジア共同体に向けた展望及びアジア認識の方法について論じる。

第9章「帝国日本の解体と戦後アジア」（浅野豊美）は、国際政治史の観点から、帝国日本解体の論理と実態、地域秩序の再編過程を詳細に分析し、なぜ歴史問題は現代に残っているのかを検討する。筆者によれば、「歴史認識問題」の起源は、連合国の対日賠償政策にある。対日賠償の相当部分を占めたのは、解体されるはずの帝国内部に存在した在外日本人資産であった。これを植民地住民が有した各種の請求権と政治的に相殺することで、サンフランシスコ講和条約の枠組みは作られた。それは日本の戦後復興に応じて復興した分を経済協力に回す仕組みでもあった。しかしそれは私有財産を失った引揚日本人にも、戦争動員への個人補償が全く行われなかった旧植民地住民にも不満の残るものであった。それこそが現代の「歴史認識問題」の起源なのである、という。

第10章「韓国の「ポストコロニアル」政策と日韓関係――朴正熙政権期を中心に」（権寧俊）は、1963～79年、韓国で軍事独裁政権を設立した朴正熙元大統領の朝鮮及び満洲国での軍人としての成長、韓国軍閥の起源など日本軍国主義との関係、朴正熙の政治理念と維新体制、朴正熙政権期に行われた強力な教育統制などの「ポストコロニアル」政策について考察し、それらが韓国社会に与えた影響について検討している。

朴正熙大統領の暗殺後、韓国は次第に民主化に向かっていったが、同じ頃、中国では毛沢東時代の激しい革命運動と鎖国にかわり、鄧小平の指導の下、経済体制改革と対外開放の政策が推進され、それはやがて中国経済の飛躍的な発展と社会の変容をもたらしていった。第11章「中国改革開放初期の政策形成過程における日本人顧問」（李廷江）は、1979年前後の改革開放初期、中華人民共和国史上初めて招聘された大来佐武郎、向坂正男等の日本人が「顧問」の役割を果たしていたと提起し、同時期の政策形成過程における彼らの役割とその意味を明らかにする。そして、改革開放初期の中国で日本人顧問が存在し、政策形成過程において一定の役割を果たすことができたことは、戦後数十年にわたる日中民間交流の成果であり、また当時の日本政府及び民間が日中友好にかけた努力の結果であり、更に両国が歴史和解のコンセンサスを実現し、実践するべく努力してきたことの賜（たまもの）だったと論じている。

続いて、第12章「歴史の克服とアジア共同体への道――日中韓３国共通教材『未来をひらく歴史』と『新しい東アジアの近現代史』の目指すもの」（笠原十九司）は、21世紀に入ってから筆者が歴史研究者として関わってきた、日本・中国・韓国の３国の歴史研究者・歴史教育者・市民による２回にわたる共通歴史教材の発行について、その目的と編集・発行の経緯ならびに発行以後の反響と意義などについて、時代背景を踏まえながら論じている。この日中韓３国の歴史家、民間団体等による歴史共通教材作りの取組みは、３国間の相違や政治的環境の悪化などのため多くの困難に遭ったが、東アジアの未来をきりひらく先駆的意義を持つものである。筆者は、「東アジア共同体へ向かう歴史の未来を信じて、少数派になっても諦めずに奮闘しつづけること」を信念に、引き続き取り組んでいく決意を述べている。

最後に、第13章「アジア原理を求めて」（孫歌）は、今日、「アジア」の政治、経済的発展が進むなか、この西洋由来の概念をどのように認識すべきか、中国の知識人の立場から、アジア認識のあり方について奥行きの深い考察を行う。筆者によれば、アジア原理は、アジア近代の植民地化に反抗した歴史を基礎とし、「差異こそ普遍である」ということを主張する。普遍性はつまるところ個殊者間の理解のための媒体であり、差異状態の下での開放的な自己完成を導く。アジアはまさにこのような自己完成のための精神的風土としての場になっている。「アジアというカテゴリーを通じて、われわれは歴史のなかに入り、既存の考え方によっておろそかにされてきた問題を新たに検討しなおし、既存の知識の枠組みでは解釈が難しい構造・関係を把握することができる。まさにこのような意味において、アジアはすでに「そこにある」実体ではなく、探求・構築を必要とする原理なのである」とする。

以上、本書の内容は多岐にわたるが、各章はいずれも東アジア各国の研究者がそれぞれ得意のテーマで執筆したものであり、それぞれ異なる視点から近現代東アジアにおける交流と相剋を歴史的に考察し、そして将来の東アジアの統合と発展を展望している。読者のみなさんが、本書を通じてアジアと日本との歴史的関係の理解を深め、そして将来の日本とアジアのよりよい関係構築に関して、ともに心を向けていただければ幸いである。

土田哲夫

1） Gross domestic product 2014, World Development Indicators database, World Bank, 17 February 2016. http://databank.worldbank.org/data/download/GDP.pdf 2016年3月24日アクセス；丸川知雄『現代中国の経済』有斐閣、2013年、10、27頁。

2） GDP per capita, current prices（U.S. dollars）, http://knoema.com/sijweyg/gdp-per-capita-ranking-2015-data-and-charts　2016年3月24日アクセス。

3） 平野健一郎氏の、ヒトの移動から国際社会の新たな変容を分析する研究に示唆を受けた。参照：平野健一郎「東アジアにおける人の国際移動」西川潤・平野健一郎編『国際移動と社会変容』岩波書店、2007年（『東アジア共同体の構築』第3巻）。

4） この年、来日客総数は出国日本人数16,212,100人を大幅に上回り、45年ぶりに両者の人数が逆転した。2016年1月19 日、日本政府観光局（JNTO）発表、http://www.jnto.go.jp/jpn/news/press_releases/pdf/20160119_1.pdf　2016年3月23日アクセス。

5） 大前研一「なぜ訪日中国人は日本が大好きになるか」『President』2015年9月25日、ウェブ版。

6） 本書の執筆者でもある権寧俊氏は、日本、中国、韓国の留学政策を比較検討し、アジア共同体形成に至る条件を検討している。参照：権寧俊「国際教育交流からみる東アジア共同体」、同編『歴史・文化からみる東アジア共同体』創土社、2015年、181～218頁。

7） 日本学生支援機構：平成26年度外国人留学生在籍状況調査結果 ,2015年2月発表 http://www.jasso.go.jp/about/statistics/intl_student_e/2014/index.html　2016 年 3月26日アクセス。

8） 法務省「平成27年末現在における在留外国人数について（確定値）」2016年3月11

日発表 http://www.moj.go.jp/nyuukokukanri/kouhou/nyuukokukanri04_00057.html 2016年3月23日アクセス。

9） 谷口誠『東アジア共同体—経済統合の行方と日本』岩波書店、2004年、天児慧『中国・アジア・日本』筑摩書房、2006年、第4章。日本国内では、2004年5月に「東アジア共同体評議会」が成立。学界では、2005～2006年に早稲田大学で「東アジア共同体研究グループ」が組織されて研究活動を進め、その成果として、毛里和子編集代表『東アジア共同体の構築』（岩波書店、2006～2007年、全4巻）が刊行された。

10） 鳩山由起夫政権は、その対米自立、東アジア統合の指向性のゆえにアメリカから激しい妨害を受けた。“U.S. warned Japan about Hatoyama's foreign policies, NYT”, *The Japan Times*, May 6, 2011. 鳩山氏は退陣後も「東アジア共同体」構想を保持し、2013年3月には賛同者と共に東アジア共同体研究所を創立し、2015年4月には共著『なぜ、いま東アジア共同体なのか』（花伝社）を刊行している。

11） 2016年1月の調査によれば、中国、韓国に親しみを感じないと答える日本人はそれぞれ83.2%、64.7%にのぼった。内閣府「外交に関する世論調査」（2016年3月14日発表）http://survey.gov-online.go.jp/h27/h27-gaiko/index.html　2016年3月23日アクセス。また、下記の調査結果は、東アジア各国の相互信頼の欠如を明確に示している。言論NPO「日米中韓4カ国共同世論調査」（2015年10月20日発表）http://www.genron-npo.net/world/archives/6002.html　2016年3月23日アクセス。

近現代東アジアと日本

交流・相剋・共同体

目　　次

第2部　帝国日本の拡張と東アジア

第3部　現代東アジアの変容と展望

第１部

近代東アジアの交流と相剋

第1章

中国と日本の経済交流
——後期倭寇から日清戦争まで（16～19世紀）

古田和子

はじめに

本書は、アジア共同体の現代的意味を日本と東アジアが歩んできた歴史を振り返ることによって考察しようとするものである。今日、東アジア地域には従前にないほど緊密な経済関係が存在する一方で、過去の歴史問題をめぐって各国のあいだには政治的ナショナリズムが台頭しつつある。日中、日韓関係は、2010年代初頭に比べると表面的には若干緩和のきざしも見えるが、底流にある構造的問題はなお解決されたとは言い難い。その意味で、日本と東アジアの関係を近代に遡って再検討することを課題とする本書の刊行はまさに時宜を得たものと言える。

筆者が編者から与えられたテーマは、近代アジアの歴史を経済交流の視点から検討することであったので、講義では、19世紀後半にはいって相互の関係が急速に拡大した中国と日本に焦点を当てて、その経済交流の実態を紹介した。しかしながら19世紀後半期の日中経済関係は、当該期のグローバルな政治的経済的環境変化によって生じた新たな側面と、先行する時代の東アジアに特徴的な経済的資源制約状況を引き継ぐ側面の両方を持っていた。そこで本章では扱う時代を近世まで遡って、中国と日本が相互に必要とした貿易品の変遷とその貿易を担ってきた人々の姿を具体的に辿っていきたいと考えた。第1節では16世紀から17世紀の近世東アジア世界の域内交易を、第2節では清の展海令を画期として1685年から19世紀前半に展開された日清貿易を、第3節では19世紀後半の近代日中貿易を検討していく。後期倭寇から日清戦争までという副題は以上の時代をやや象徴的に示したものだが、同時に、中国と日本の経済「交流」は日清戦後から日露戦後にかけての20世紀転換期に質的に大きく変化したことを象徴するものでもある。

1　経済史から見た近世東アジア世界——16～17世紀

経済史から見た16世紀から17世紀の東アジアは、中国生糸と日本銀の交換にさまざまな経済主体が参入し競い合う一大国際交易の時代であった。周知のように、明では北方のモンゴル軍の侵入に対する防衛費の増大で銀需要が拡大し続けるなかで、国内銀の産出は減少傾向にあり、銀の供給をどのように確保するかが喫緊の課題となっていた。一方、日本では灰吹法という精錬法が朝鮮から伝わり、新たに発見された石見銀山などで採用された結果、銀の産出量は1530年代に急増し、大量の日本銀が中国大陸に吸収されることとなった。日本銀の吸収ルートは、浙江・福建など東南沿海からの経路と、朝鮮から遼東に入りそこから中国本土に流れる経路があった。ところが明も朝鮮も民間貿易は禁止ないし制限していたので、その禁を破って日本銀を運ぶ主体として倭寇が成長してくる。16世紀の倭寇（後期倭寇）は、中国人や日本人や東シナ海域に暮らすさまざまな人々からなる武装私貿易集団であった。明は1550年代に最高潮に達した北虜南倭——アルタン率いるモンゴル軍による北京包囲（1550年庚戌の変）、嘉靖の大倭寇——の危機をようやく切り抜け、1567年それまでの海禁を緩め民間人の海外貿易を許可したが、日本に対しては警戒を解くことなく日本への渡航は禁止したままだった。そこに登場したのがポルトガル商人であった。1557年に明からマカオでの居住権を認められたポルトガルは、その後1600年頃までマカオと長崎を結んで中国生糸と日本銀の仲介貿易に従事して巨利を得た。こうした仲介貿易の活況には、中国の銀需要の強さがその背景にあったことは確かであるが、ポルトガル商人に対して京都の日本商人から生糸買付け資金が提供されることもあるなど、日本側の中国生糸に対する渇望もまた重要な背景としてあった。新興のオランダは中国に拠点を持たなかったので、1624年、台湾の安平に拠点を築き、鄭芝龍と組んで日中の仲介貿易に参入し、しだいにポルトガルを凌ぐ勢力となっていった。

こうして東アジアには好況地帯が形成され、倭寇の系譜を引く海商、ポルトガルやオランダの商人、毛皮や人参が取引される遼東の国際市場で頭角を現したヌルハチ、東シナ海私貿易で莫大な資金を手にした鄭成功など、さまざまな勢力による覇権抗争が17世紀の東アジア政治史をつくりだしていくことになる[1)]。日本では戦国時代を経て徳川による統一政権が誕生し（1603年）、東北アジアではヌルハチがジュシェン（女直・女真）人を統合して後金を建て、ホンタイジのときに民族名をマンジュ（満洲）とし、国名を大清と定めた（1636年）。この間、モンゴル諸勢力を倒して吸収し、朝鮮に侵攻して屈服させた（1627年丁卯胡乱、1636年丙子胡乱）。1621年徳川政権は、海賊禁止令・日本人売買禁止令とセットで武器輸出禁止令を出したが、これは東アジアの政治変動に巻き込まれないために取られた対外措置であったといわれる[2)]。

徳川幕府は成立後、明の禁令を破って来航した中国船による私貿易を受け入れていたが、1630年代には日本船の海外渡航禁止、在外日本人の帰国禁止、キリスト教禁教、ポルトガル船の来航禁止など、のちに「鎖国」とよばれる一連の対外政策を打ち出した。以後、長崎におけるオランダ・中国との貿易が幕府による公的貿易となった。また、対馬藩による釜山での日朝貿易、薩摩藩—琉球—福州経由の対中貿易、松前藩を通じたアイヌやロシアとの交易も行われていたことは周知のとおりである。特に、前二者はそれぞれ朝鮮、琉球を経由して最終的には中国市場と結びついた交易ルートであった。しかし、17世紀半ばになると日本における銀の産出が減少し、16世紀以来東アジア国際交易を支えてきた日本銀の供給力に陰りが見えるようになる。中国船による銀輸出量は1670年代に減少し、銀に代わって銅の輸出が重要になった[3)]。

一方の清は、1644年明の滅亡に乗じて北京に遷都したが、三藩の乱や鄭成功一族の抵抗が続きその対応に追われた。1661年に清がとった大陸沿岸封鎖（遷界令）で拠点を失った鄭成功[4)]はオランダを駆逐して台湾を占領した。成功の死後も一族の反清活動は続いたが、1683年、康熙帝は鄭氏を降伏させ、翌84年大陸沿岸封鎖を解除（展海令）して中国人の海外渡航を許可、沿海部に四つの海関を設置した。ここに明清交替後の政治的動乱はようやく終息し清の領域的支配が確立するとともに、東アジア海域世界に近世的秩序と平和がもたらされることとなった。

2　近世日清貿易の転換——18〜19世紀前半

1685年は近世の日清貿易にとって重要な転換点となった。1684年の展海令を受けて、翌年から長崎には中国本土からの貿易船が大量に来航するようになった。幕府はそれを予想して84年に市法商法による取引を止め、翌85年に「定高仕法」に変更し、長崎での年間貿易額を中国船銀6000貫、オランダ船金５万両（銀3400貫相当）に制限する政策に転換したのである。その背景には、貨幣素材である金銀の流出に歯止めをかけたいという幕府の意図があった。その結果、金銀の流出は減ったが、貿易額が制限されたために輸入品価格が高騰した[5]。また、せっかく積荷を運んできても取引ができない中国船も出てきて、その積荷が抜荷として密輸される状況が生じたため、1688年には中国船の来航を年70隻に制限し、翌年、密輸対策として中国人を唐人屋敷に住まわせる措置も取られた。「定高仕法」による貿易額の制限は、対馬藩の日朝貿易（年間金１万8,000両（銀1,080貫））と薩摩藩の琉球貿易（年間金2,000両（銀120貫））にも適用されたが、中国生糸（白糸）や絹織物はひきつづき輸入された。田代和生の研究によれば、対馬ルートでは私貿易だけで幕府制限額の２〜４倍が取引されていたという[6]。

さらに1695年に、幕府は定高外で中国船銀700貫・オランダ船銀300貫に相当する商品を銅で購入することを認め（銅代物替）、その額は銀5,000貫相当に増額されたので、長崎からの銅輸出、とくに中国船によるものは急激に増大した。1698年には、銀2,000貫相当の俵物や、諸色、椎茸・寒天・樟脳などの輸出が認められた。俵物は煎海鼠（干しなまこ）、干鮑、鱶鰭、諸色は昆布・鯣など俵物三品以外の海産物である。こうしてその後数量の変更はあったが、貿易額制限（定高仕法）とその枠外の別段取引とによる貿易構造が定着した。また、1697年には長崎会所が設置されて管理貿易の体制が整えられた。

幕府による貿易政策はさらに、新井白石が1715年に発布した正徳新例（海舶互市新例・長崎新例）によって、貿易額と船舶数を制限して銀だけでなく銅の流出も抑制し、銅のかわりに俵物と諸色の輸出を緩和する方向へ向かった。すなわち長崎での貿易額は中国船年間30隻・銀6,000貫（うち銅は300万斤、6,000貫以降9,000貫までは俵物・諸色による取引を許可)、オランダ船年間２隻・金５万両（銀で3,000貫相当、銅は150万斤）に決められた。また、中国船に対しては信牌という渡航許可証を発行して、貿易制限を守りながら密貿易を有効に防ぐ措置として機能させる体制を導入した。1717年には中国船数は年40隻・銀8000貫にされるなど変更を繰り返しながらも、船舶数と定高による貿易制限と信牌制度という基本構造は幕末まで続いた。

徳川期の貿易収支は、白糸や砂糖などの輸入が、貿易決済手段としての金銀銅および後には海産物の輸出力に依存しており、輸出力が高かった初期には、幕府に有利な買い手市場が実現していたが、金銀銅の生産が減少して輸出力が下がると輸入額も停滞し売り手市場になった。杉山伸也が指摘するように、輸出品と貿易決済品がいずれも貴金属であったことで、輸出超過も輸入超過も貨幣素材である貴金属の流出を意味したという点は重要であった[7)]。

ところでこのように記述すると、近世の日清貿易はもっぱら徳川幕府が定めた制度に則って中国商人が長崎に来航し貿易活動を行うだけで、清はそれを黙認してきたかのように見える。従来の研究で一般的であったそうした捉え方に対して、彭浩は清朝側の档案史料を用いることで異を唱え、日清間で長期に安定的な通商活動が可能になったのは、清政府による長崎貿易に対する公認と中国民間商人らによる主体的な対応がその背景にあったことを明らかにしている[8)]。

たとえば、正徳新例ではこの信牌は譲渡可能と説明しており、清朝もこの制度に柔軟な姿勢で対応した[9)]。各省の銅調達官は、信牌の購入あるいは信牌商人の直接募集の形で信牌を柔軟に利用したのである。

さらに、18世紀半ばには、清政府の承認を得た范氏傘下の対日貿易商人グループ（官局とよばれる）と、自己資本を集めて日本銅貿易を行うように政府に推奨された民間商人グループ（官局に対して民局とよばれる）が相次いで結成され、二つの局（両局）が連携して中国商船の対日貿易を独占する体制が成立した[10]。18世紀中期に日本銅の調達に従事した范氏は、毓馪（山西省介休県出身）とその長男清洪、次男清注が、兵糧の運送、塩の販売、銅・鉛・木材・毛皮の調達、人参の採集・販売などを手掛けており、特権商人としての性格をもっていたが、清とジュンガルとの戦いで北方方面への兵糧輸送を担当した際に、政府への債務を負うことになった。范毓馪はその債務の返済を日本銅の調達で支払うことを約した。次男は1739年に蘇州に赴いて信牌を賃借りし、長崎へ商船を派遣して日本銅を調達した。以後、范氏の銅調達と債務返済は、銅の滞納により債務返済が何度も延長され、それとともに銅調達も長期化し、こうした悪循環の末に官商の銅調達は定式化した[11]。民商のグループは最初12人から成ったため「十二家」ともよばれた。またその代表者は額商とよばれた。民商の出身地はさまざまであったが、江南の商業中心・蘇州に拠点をおいて長崎貿易を主導した。18世紀半ばになると、「約条」の形で、どのような商品をどの程度日本に運び、日本側はそれに対してどのような代価をどの程度支払うかを、長崎会所と中国商人グループとの商談で事前に決める方法も成立させた[12]。ここでは中国船商人の組織化が「約条」貿易を促す契機となった。中村質が明らかにしたように、日本は18世紀半ば頃から金と銀を輸入するようになるのであるが[13]、この金・銀の新規取引は長崎会所と両局との間の「約条」の形をとって実現された[14]。なお、銀には唐銀（清の銀地金）だけでなく西洋銀貨も含まれていた。唐金銀は幕府の財政を補強する役割を果たし、長崎会所の貿易額を維持・拡大する点でも重要であった[15]。

清代には小額の制銭（銅銭）と高額の銀両（銀の地金）の二重金属貨幣制度がとられていた。銀両は重さを量って流通する秤量貨幣であり、納税の手段や帝国内遠隔地交易の支払い手段として重要であった。一方、銅銭は枚数を数えて流通する計数貨幣で、主に地域内での小額の支払い手段として使用された。清朝政府は銀両の流通には介入しなかったのに対し、銅銭については政府が鋳造し、北京の鋳銭所二ヵ所に加えて、省レベルの鋳銭所を開設・廃止してその量を調整した[16)]。したがって、清政府にとって日本銅の確保は経済の根幹にかかわる問題であった。一方、幕府の側でも、銀に代わる貿易決済品として銅の重要性は増す一方であったが、18世紀にはいっても年間500万斤を超える輸出銅を確実・安定的に長崎に廻すことに困難をきたすようになった。18世紀の日清貿易は、清の銅需要と幕府の銅輸出制限のあいだで対立する構造を内包していた。

また、長崎廻銅の確保難の問題は、その代わりとしての海産物輸出の重要性を増大し、俵物の三品は1785年以降幕府が各藩から直接集荷するようなり、19世紀前半の1830～40年代にはその重要性はさらに増大することとなった。長崎や薩摩―琉球経由で中国大陸に向かった海産物は、貴金属流出を減らす日本側の必要と、「"盛世"を謳歌する清朝治下の中国社会における高級中華料理の成立と高級食材需要の増大という、需給の合致によるものであった」[17)]。

日清貿易で活躍したジャンク船はおもに鳥船とよばれる尖底型の外洋船であった。船の建造費や維持費には莫大な資本が必要であったため、対日貿易事業は共同出資・委託契約などの形が取られ、船戸（船舶を建造・所有する)、荷主（貿易商)、船主（荷主と契約して自ら渡航して取引をする行商）らによって運営された。主な出港地は浙江省の乍浦（さほ）・寧波、江蘇省の上海などの江南地方である。1684年の展海令による海禁直後には、福建や広東から来航する船も多かったが、先述したように商人団体を通じた統制がすすみ、18世紀半ばには江南の諸港、とくに乍浦が対日貿易の拠点となった[18)]。

以上から、近世の日清貿易について次のような特徴を挙げることができる。

1)　近世の日清貿易は両国間に正式な国交関係が樹立されることなく、通商（互市）だけの関係を続けることで展開されてきた。ただし、「清政府は、銅買付のため対日貿易に投資したり、輸入銅を官定価格（民間価格より大分安く設定）で強制的に優先購買したりすることなどにより、唐船の長崎貿易に積極的に関与していた」[19)]ことを重視すれば、日清関係の本質を民間レベルにとどまる通商関係としてだけで捉えることは正当ではないとするのが彭の立場であるが、いずれにしても1685年から1850年代末まで、通商をめぐる政府レベルの直接交渉はなかった。

2）日清貿易は、日本側の調達可能な輸出品の額に応じて貿易額が決まるという構造を内蔵していた。なお、19世紀半ばには太平天国軍の混乱によって中国船の来航数が減少した[20]。

3）しかしこの点は、中国からの輸入品を抑えてその国産化を進め、18世紀から19世紀前半にかけて輸入代替手工業化によって中国からの自立を図る徳川日本の原動力にもなった。すなわち、18世紀には生糸の国産化が奨励されてしだいに中国生糸の輸入代替が進展した結果、1850年代末の開港によって欧米への輸出が開始されたとき、生糸は日本にとって重要な輸出品となっていたことはよく知られるところである。また、砂糖の精製に成功して「和三盆」などが流通するようになり、19世紀には輸入砂糖だけでなく琉球・奄美産の黒糖も価格低下が見られた[21]。

4）日本経済史研究では、輸出額の制限と輸入品の国産化によって経済全体に占める貿易の比重は小さくなり、19世紀初頭には日本経済は事実上「閉鎖体系」になったとされる[22]。また清の対外貿易から見ても、東シナ海による対日貿易よりも、南シナ海を舞台とした対東南アジア貿易・広東で行われる対ヨーロッパ貿易の比重が増大していくこととなる。

3　近代日中貿易の展開――19世紀後半

⑴　制度変化と貿易概要

19世紀後半の東アジアは従来、欧米への開港と条約体制への編入、中華世界から近代国家への移行期として捉えられてきた。アヘン戦争の結果、清とイギリスは1842年に南京条約を結び、イギリスへの賠償金支払い、広州、厦門、福州、寧波、上海の5港の開港、香港の割譲、公行制度の廃止を決めた。43年、本条約が批准されると、五港通商章程、虎門寨追加条約の締結によって協定関税制、領事裁判権、片務的最恵国待遇条款などが規定され、清と欧米各国との間で結ばれる不平等条約の嚆矢となった。さらにアロー戦争中の1858年に清露、清米、清英、清仏間で結ばれた4つの天津条約、アロー戦争の結果、清英、清仏、清露間で結ばれた1860年の北京条約によって、外交使節の北京常駐、外国人の内地旅行権、アヘン貿易の合法化、市場価格の2.5％の子口税特権、イギリスへの九龍半島一部の割譲、ロシアへのウスリー川東岸地方の割譲、長江の沿江および華北沿海部の諸港の開港が決まった。

一方、日本の開港はアメリカによって主導され、1858年にアメリカとの間で日米修好通商条約（全14条、附属貿易章程7条）が締結された。この条約は同じ年に締結された上記の天津条約をモデルにしたものであった。アメリカにつづきオランダ、ロシア、イギリス、フランスと修好通商条約（安政の五カ国条約）が結ばれ、神奈川（横浜）、長崎、箱館、新潟、兵庫（神戸）の開港と江戸、大坂の開市、自由貿易原則、貿易通貨、居留地外国人の遊歩区域の設定、片務的領事裁判権、協定関税制などが決まった。神奈川、長崎、箱館は1859年に開港、兵庫の開港と大坂の開市は1868年に、新潟の開港と江戸の開市は69年に実施された。

中国・日本の主要な開港場にはジャーディン・マセソン商会などの欧米商社が来航し、自由貿易を標榜して欧米商品の売り込みに当たったが、同時に日本や後に開港される朝鮮の開港場には中国各地から自由に進出してきた中国商人が多数来航し、欧米商人を上回る通商活動を展開していくこととなる。

ところで日本と清は徳川時代を通じて国交を結ばず、通商だけの関係を続けてきたために、日本が欧米と相次いで条約を結ぶなか、長崎貿易に携わっていた中国商人の身分は確定されないままであった。たとえば、松浦章が紹介する鈕春杉は蘇州府長洲県の出身で、1845年頃より何度も中国船の船主として長崎に来航したが、少なくとも1861年には長崎に居留しており、明治維新を経て1874年まで在留していたことが知られる[23)]。つまり「唐船主」から長崎華商への転身である。開港後も清との貿易は幕末まで長崎会所をとおして行われたが、明治に入っても中国人は無条約国民のままの状態に置かれていた。こうした状況を打開するため明治政府は1870年に柳原前光を清に派遣し、翌71年に全権代表伊達宗城、随員柳原前光らを天津に派遣し、李鴻章との間で交渉を開始した。日本側は日本に有利な条約を結びたいと考えていたが、清朝側は周到な準備をもって交渉に臨み、同年9月に調印された日清修好条規・通商章程はほぼ清が起草した通りの内容になった[24]。その結果、日清修好条規は、欧米との不平等条約関係にあった日本と清が初めて外国と締結した対等な条約となった。

こうして第2節で見た1685年以来の近世日清貿易は、制度的にはあらたな段階に進むことになった。しかし、1870～80年代の日中貿易では、近世以来の貿易品が依然として重要な品目を占めていた。日本から中国への輸出品は、水産物を中心に銅類、石炭、小麦、椎茸、樟脳などが輸出額の上位を占めた。1883年の貿易統計の場合、鯣802,147円、海鼠205,166円、昆布244,696円、刻昆布101,072円、鮑297,482円、熟銅328,333円、寒天230,475円、樟脳269,362円、椎茸その他木菌類331,818円、木蝋163,381円、石炭391,654円、小麦541,655円、漆器類151,469円、磁器及び陶器類 102,218円（以上100,000円を超える貿易品）、計5,492,417円という構成である[25]。近世期に俵物や諸色とよばれた海産物が依然としてトップを占める輸出品であった。銅については、中国への鋳銭用のほかに香港やヨーロッパに輸出され、1890年代以降はヨーロッパへの産業用銅輸出が急増する。品目のなかで新しく登場したのは石炭であるが、中国に輸出された石炭は船舶用燃料炭である。日本の石炭（高島炭鉱、三池炭鉱、筑豊炭田）は、アジアの開港と貿易拡大にともなう蒸気船航路網の展開を受けて、上海、香港、シンガポールの主要港で停泊中の船舶に補給される燃料炭として輸出が拡大した[26]。

中国から日本への輸出品は砂糖と棉花が輸出額の上位を占めた。1883年の場合を見ると、赤砂糖 2,578,864円、白砂糖 1,799,635円、繰綿 247,505円、その他合わせて計5,760,099円という構成であった[27]。砂糖は近世から対日輸出品として重要であったが、日本市場での砂糖需要の拡大（近世期の贅沢品としての位置づけから中所得者層も含む消費財へと変化）もあって、1870年代頃から広東、汕頭、台湾産の赤砂糖を中心に輸出が拡大し、その担い手は中国商人であった。横浜では輸入砂糖の二分の一、兵庫・大阪では大部分を扱い、生産費以下の低価格で供給して市場を攪乱した。赤砂糖は含密糖に分類される在来技術による手工業品である。なお、1880年代半ばからは香港のイギリス系精糖会社（ジャーディン・マセソン商会中華糖局とスワイア商会太古糖房）で製造された機械製の精製糖（車糖）の日本への輸出が急増したが、価格面で台湾産の赤砂糖に負けた[28)]。ちなみに、1895年以降は日清戦争の講和条約で日本が台湾を領有したので、台湾から原料糖を移入して日本の精糖会社で精製糖を製造した。中国からの棉花（繰綿）の輸出は、1883年に日本ではじめての近代的紡績工場として大阪紡績が開業して以来、日本紡績業の展開とともに重要性を増していくが、この段階では砂糖が占める比重の大きさにおよそ及ばない額である。

(2)　日本からの輸出――海産物貿易とその担い手

以上の概要をおさえたうえで、近代の日中貿易の詳細を担い手も含めて考察していこう。海産物は、上述のように俵物三品については1785年から幕府が諸藩から直接集荷して長崎へ廻していたが、近世の管理貿易体制の終焉によってさまざまな主体がその取引に参入することとなった。長崎在留の中国商人も、従来の取引ルートを使って上海を中心に中国向け輸出業務に関わったが、新たに函館に来住した中国商人も重要な担い手として登場した。明治期に来住した華僑については斯波義信の研究に詳しい[29)]。1876年には中国商人の函館での開店は10数件に増大した。

これに対して、明治政府は北海道開拓使の主導で1876年に半官半民の海産物直輸出商社広業商会を東京に設立し、上海・横浜・神戸・函館に支店を開設した。広業商会は生産者への資金貸与によって生産物を集荷し、一時は函館からの昆布輸出の中心的存在になったので、早期に函館に進出していた成記号と万順号は1880年と83年に函館から撤退した。しかし、広業商会は1881年以降赤字が累積し、翌年には昆布買付資金の原資保証がなくなり、1883年に実質的な活動を停止したので、1880年頃からは新規の中国商館の函館開店が相次ぎ、昆布輸出の主導権は再び中国商人の手に戻った。籠谷直人によれば、1887年の北海道産昆布の68％が華僑によって買い付けられていた[30)]。具体的には、震大号、徳新号、大有号、成泰号は浙江省寧波を、慎昌号は浙江省湖州を、誠大号も浙江省を原籍としており、他に源記号と東和号が福建省福州を原籍としていた。

一方で日本商人の中国への進出は、開店してもすぐに閉鎖を余儀なくされることが多かった[31)]。

その後、北海道共同会社（1884年設立）が広業商会の昆布取引の一部を引き継いだが経営は上手くいかなかった。1889年、日本昆布会社が三井物産の後援を受けて設立され、函館本社の他に東京、大阪、上海に支店・出張所が開設された[32)]。日本昆布会社は昆布生産者に資金を前貸し生産された昆布を集荷して、そのうちの中国向けの輸出分は三井物産が扱うこととした。1890年代初頭には日本昆布会社を中心に日本人の直輸出率は6割を超え、1892年まで会社は好調に推移したが、予想産出額に応じた資金貸与額をめぐって生産者との対立が生じ、1896年以降事業を縮小・整理することとなった。その結果、昆布輸出は再び中国商人が握ることとなったのである。

(3)　中国からの輸出・再輸出——綿関係品貿易の推移とその担い手

ところで日清修好条規が調印された年（1871年）の11月、宮古島から那覇に貢納物を運んだ帰りの船が遭難して台湾に漂着し、その漂流民が台湾の先住民に殺害される事件が起こった。この事件に対して、1874年、日本は台湾への出兵を強行した。西郷従道が率いた日本軍は5月に台湾南部に上陸し、南西部の社寮港に集結して牡丹社の本拠地などを制圧した[33)]。日清両国は1871年修好条規を調印し、73年4月に批准書が交換されていただけに、翌74年の日本による台湾出兵に清政府はおおいに驚いた。政府部内にはにわかに海防論が浮上することになった。台湾の対岸の東南沿海各省はその防備を整えるために、内陸の甘粛省あてに割り当てられていた協餉の支出を躊躇した。軍備支出を甘粛省や新疆など西北内陸部の塞防に回すか、東南沿海部の海防に回すか、いずれを優先させるべきかという論争は、当時の限られた財政をめぐる配分をどうするかという問題となったのである[34)]。

台湾出兵をめぐって日清間に緊張が高まるなか、その年の下半期に上海から日本に向けて外国製綿布が輸出されるという新しい動きが出現した。正確に言うと、中国の外国からの輸入品のなかでアヘンについで重要な品であったイギリス製を中心とした外国綿布を、上海の商人が上海の輸入綿布市場で仕入れて、大量に日本に向けて再輸出しはじめたということである。これについては筆者がまとめた研究があるので、ここでは主としてその第1章、第3章、のちに触れる中国棉花については第5章で明らかにした点を紹介することになることをお断りしておく[35]。

筆者は近代アジア貿易を調べるため、当時東アジア各地の開港場に駐在していたイギリス領事が毎年本国に提出する領事報告を読んでいた。上海、寧波、天津、横浜と年ごとに順次目をとおし、ちょうど神戸（兵庫）の領事報告を読んでいたときに、実は次のような記述が目に入っておやっと思った。1874年：「生金巾（きかなきん）（Grey Shirtings）は本港（兵庫―引用者注）の主要輸入品である。……当該品のかなりの部分は中国商人の輸入によるもので、かれらは兵庫向け生金巾を上海のオークションで大量に購入している」[36]。1877年：「金巾の全種類にわたって、輸入貿易は今や完全に中国商人の手中にあって外商は太刀打ちできない」[37]。生金巾（中国語で原布）というのはシャツ生地として使用される綿布の一種で、当時、アジアに輸出されていたイギリス製綿布の主力商品であった。これらの報告はイギリス綿布が日本市場に盛んに輸入された時期のものである。したがってイギリス領事報告では綿製品貿易はとくに詳細に分析・記述されている。ところが報告の中身は中国商人の活躍ぶりを指摘するものばかりなのである。わがランカシャーが誇るイギリス綿布はここ兵庫（神戸）でも大量に輸入され確かに売れてはいるのだが、それで儲けているのは中国商人、という構図である。

この資料の記述をどのように解釈すればいいのだろうか。アジアの近代は西欧の衝撃を受けてはじめて開始されたとする従来の Western Impact 論では、イギリス産業資本が資本を投下して工場製の綿布を大量にかつ安価に生産し、19世紀後半に市場を開放した中国や日本に向けてそれらを盛んに輸出しているという構造である。しかし、上記のイギリス領事の記述が意味するのは、日本の外はすぐヨーロッパなのではなくアジアであったということである。つまり、イギリスのマンチェスターと日本市場の間にはアジア交易圏が存在しており、ヨーロッパ貿易の一定部分はアジアの商人の域内交易で担われていたことを意味している。そこで上海からこのアジア交易圏を眺めるために、当時上海で発行されていた英字新聞 *The North China Herald* を検討してみると、イギリス製などの外国製綿布はいったん上海に輸入され、中国商人の流通機構にのって中国各地の開港場に再輸出されていることが確認できた。商況欄には、漢口、天津、鎮江、寧波をはじめ、福州、温州、蕪湖、九江、芝罘、牛荘など中国の開港場とならんで、神戸や長崎、横浜など日本の開港場の名前が挙げられており、先週1週間でどのくらいの外国綿布が上海からこれらの港に再輸出されているかが数量的に把握可能であることが分かった[38)]。つまりここに表れているのは一国単位の枠をはずした東アジアの開港場間の流通ネットワーク（筆者はこれを「上海ネットワーク」とよんでいる）である。中心となる上海には輸入綿布のオークション市場があって、オークションが開かれるごとに上海の新聞『申報』に広告が掲載された[39)]。オークションには「漢口ディーラー」や「天津ディーラー」など中国各地から買付けに来た商人たちにならんで、「商売の関心を兵庫に集中している中国人」、すなわち兵庫ディーラーともいうべき中国商人がおり、「かれらは兵庫で売れ筋として名の通っている商標について価格を支える力を持っていた」と述べられている[40)]。

神戸と同様に長崎でも、上海市場で購入された外国製綿布が中国商人の手で長崎に再輸出された。長崎では開港当初一時的に欧米からの武器輸入が増大したが、開港から15年あまり経た1870年代半ばには、入貨のほとんどは中国、とくに上海からのもので占められるようになっており、したがって長崎の輸入価格は上海相場に左右されることが多かった[41)]。中国商人は海産物、木材、雑貨などの輸出品、および綿製品、砂糖、棉花など、対中輸出入品のほとんどの取引を手中に収めている[42)]。ここでいう綿製品はイギリス製を中心とする外国製綿布で、神戸の場合と同様に上海で仕入れたものである[43)]。神戸と異なるのは、長崎の場合には上海から長崎向けに送られる外国製綿布が、長崎居留の中国商人の仲介によって朝鮮の開港場に再輸出されていたことである。数字で出してみると驚いたことに、上海から長崎向けの生金巾の96～99％は長崎経由で朝鮮に輸出されるものであった[44]。

たとえば長崎居留の鼎泰号と豊記号は、1880年代には上記の上海―長崎―朝鮮間の外国製綿布貿易を長崎にあって仲介していた[45]。1878年の『清民人名戸籍簿』によれば、鼎泰号の行主は徐鐘舫、豊記号は主輔清でいずれも浙江の出身である[46]。また、長崎の三江幇の同郷組織である三江会所の門前に1883年立石の「重建崎陽東明山興福寺碑記」が残っているが、それには紳商として8軒の商号名が刻まれており、その中に鼎泰と豊記の両号が見える[47]。1888年10月調べの長崎居留中国商館リストにも両号の記載があり[48]、いずれも原籍が浙江、営業種目は洋布兼兌滙とある。洋布は外国製綿布、兌滙は為替業務のことである。また、明治17年『売込五厘金納表』、『買請五厘金納表』を用いた原康記の研究によれば、1884年における豊記号の活動は、同号に対する日本商からの売り込み額約4万円で（この額は長崎の中国商館のなかで上から5位に位置）、売り込み品は紙、木材、椎茸、一方、同号から日本商が買い受けた品の中心は綿であった。鼎泰号からの日本商の買い受け額は2万円強（この額は長崎中国商館の上から6位に位置）で、買い受け品は外国製綿製品の中心的商品であった金巾が42.5％を占め、その他はビロードや木綿であった[49]。明治期の長崎では、広東幇は広東会所、三江幇は三江会所、福州幇は三山公所、泉漳幇は福建会館を組織していた。ちなみに、1888年10月の調査では長崎居留の中国商館は83あり、原籍の内訳は広東39、福建18、浙江15、江南6、山東4、湖北1である[50]。

開港後の朝鮮も日本や中国と同様に、輸入貿易ではイギリス製綿布、とりわけ生金巾が首位を占めた[51]。このように担い手という点から朝鮮貿易を見たとき、朝鮮輸入貿易に従事する日本商人と、上海の輸入綿布市場で朝鮮向けの綿布買い付けに当たる中国商人とは、鼎泰号や豊記号など浙江系の長崎在留中国商館を仲介にして密接な連携を保っていたことが分かる。

次に、中国から日本への輸出品として新たに登場した棉花について見てみよう。アジアにおける近代紡績業は1870年代にインドのボンベイではじめて展開をみせ、80年代には機械製のインド綿糸が中国や日本に輸出されるようになった。日本でも1880年代に大阪紡績会社をはじめとして紡績工場が設立されるようになった。それにともない原料棉花の需要が増大し、中国から日本への輸出品のなかで棉花が急増する現象があらわれた。中国は地域によって棉花栽培に向き不向きがあり、したがって、全体としては棉花の輸出国であると同時に輸入国でもあったが、1887年を境に棉花貿易は入超から出超へ転じ、88～89年にかけて輸出量は急速に増大した。この増加の大きな部分を占めていたのが、上海から日本への輸出量の伸びである。日本の棉花消費は1880年代末の時点で、中国棉花が全体の三分の二を占め、残りの三分の一を日本棉花とインド棉花が分けあうという状況であった[52]。ところで、中国棉花は日本棉花と同様に短繊維の棉花であり、高番手の細糸生産には適さない。したがって外国棉花の中心はその後急速にインド棉花に移行するが、1895年までは中国棉花が輸入の中心に位置していた。

中国棉花の輸入増大を受けて、日本では三井物産や内外綿会社による直輸入の動きが見られるようになった。三井物産は1889年にイギリス・アメリカ・フランス・ドイツとの合弁で上海棉花公司を上海に開業し、上海道台の禁止命令を無視して現地で繰綿工場を操業する動きを見せた。ただし、この時点での繰綿工場の操業は中国における内地製造権の法的根拠を欠いていたことは周知のとおりである。大阪の棉問屋４軒は大阪紡績関係者とともに1887年内外綿会社を開業し、89年には上海に出張所を開設した。しかしながら、日本の商社による直輸入は順調には進まなかった。その理由として、高村直助は日本側の主たる関心が中国商人の手で輸入される繰綿の品質チェックに移りつつあったことを、また、籠谷直人は中国商人の団結による日本商の参入の難しさと、中国側の売り手市場の存在を指摘している[53]。日本人による直輸入が進まなかった理由として、筆者はこれらの理由に加えて、中国商人が享受できた情報の重要性を指摘した。神戸への中国棉花の輸入に従事した中国商人は、鼎泰号、徳新号、義生号、益昌号、東源号などで、鼎泰号はその筆頭であった[54]。上述したように、鼎泰号は1880年代には長崎店で上海から朝鮮への外国製綿布輸出を仲介していたが、80年代末になると仲介港としての長崎の役割はしだいに低下していった。このような状況のなかで、鼎泰号は1880年代末から90年代前半にかけて、営業の中核を長崎店から神戸店に移したものと考えられ[55]、浙江系として上海との強いパイプを駆使して、上海棉花の神戸輸入に圧倒的優位を占めることになったのである。上海市場に集まってくる棉花は上海棉、通州棉、寧波棉に大別される。1892年4月の実態調査からは、上海近県の棉産地帯に位置する各市鎮で農民・棉花商・運送船業者が棉花取引に関わる様子がわかる[56]。上海には南北二つの棉花市場があり、南市は上海県城大東門外の花衣街、すなわち棉花街にあり、1890年代半ばには棉花商は40～50店あり、同業組織の花業公所に属していた。北市は租界内にあった。上海棉花市場には漢口や厦門など中国各地の棉花商が買い付けに来て品質と価格をめぐって激しい競争を展開した。1888年には、漢口から来た30余名の棉花商による大量購入によって上海棉花相場は急上昇し[57]、「棉花ハ本月中入荷寡ナク且ツ上旬ニ於テ本邦並ニ漢口ヘノ送品弗々購入アリシ為メ上物ハ二匁其他ハ一匁方上進セシガ……」とあり、日本向けと漢口向けの買い付けが競合する様子を伝えている[58]。また、1893年頃からは、上海に設立された近代紡績工場による原料棉花の買い付けも重要になってくる。結局、1892年の段階で上海の棉花輸出業者は「日清商人凡そ十余人にして支那人の手に依て輸出せらるるもの八割の多きに及べり」[59]とあるように、その大半は中国商人で占められていた。

このように、上海での棉花取引は、棉花の産地、集散地の市鎮の商人、上海南北市場の問屋、各地からの買い付け商、輸出商という流通の連鎖によって成立しており、それぞれの段階で異なるタイプの情報に精通していることを必要としていた。それらの情報を駆使しつつ上海市場との連携を保持する中国商人を介しての棉花輸入は、日本にとっても重要な流通ルートであったといえよう。

近世の管理貿易から自由貿易への移行にともない、対日貿易に従事する中国商人の層はそれまでの特権的な商人から一気に拡大し、出身地域の多様化も見られた。一方、日本商人の対応も相次ぎ、とくに海産物や中国棉花など主軸となる品目については対中直輸出、直輸入が早くから試みられたがなかなか軌道に乗らなかった。上海などへの進出も数年で撤退することが多かったし、のちに日本の対外貿易を主導する三井物産の対中進出も本格化するのは20世紀初頭からである。当初から日本商人が扱ったのは、日本綿糸、すなわち機械製紡績糸であったが、中国市場への輸出が始まるのは日清戦争後数年を経た1897年頃からであった[60)]。それまでの日中貿易はおおむね中国商人によって主導されていたと言える。

おわりに

本章で見てきたように、16世紀から19世紀末までの中国と日本には、双方の国内需要を満たすために、海禁や貿易額制限（「鎖国」）といった制約があったにもかかわらず、経済交流が持続的に発展していった。19世紀中葉の開港によって両者の貿易関係は急速に拡大したが、そのあり方はそれまでの蓄積の延長という側面も強く、中国商人の果たす役割が大きかった。こうした状況に大きな転換をもたらしたのは日清戦争であった。

1895年に調印された日清戦争の講和条約（下関条約）では朝鮮の独立承認、台湾・澎湖列島の割譲、賠償金庫平銀2億両の支払い、新規の開市（沙市・重慶・蘇州・杭州）、開市・開港場における製造業経営権の獲得が決まった。また、第6条の規定にもとづいて1896年7月に日清通商航海条約が締結されて、日本は領事裁判権・協定関税・最恵国待遇など日本側に有利な諸権利を得ることとなった。これらの法律条項がただちに日中間の経済関係に影響を与えたわけではなかったが、賠償金を用いた1897年の日本の金本位制移行をはじめ、国家的なバックアップのもとで進められた東アジア通商網の再編は、中国商人の主導による東アジア地域経済秩序とのあいだで衝突することとなった。神戸や大阪は上海を中心とする流通網からの離脱をめざして、朝鮮、華北、満洲にいたる日本の経済進出の拠点へと変わっていったのである。中国と日本の関係は、日清戦後から日露戦後の20世紀転換期にそれまでの経済交流とは質的に異なる関係に変化し、それを経済交流ということばで描ききれない様相を呈することになる。

1）　岸本美緒『東アジアの「近世」』山川出版社、1998年、19頁。
2）　真栄平房昭「中世・近世の貿易」桜井英治・中西聡編『流通経済史』（新体系日本史12)、山川出版社、2002年、355頁。
3）　太田勝也『鎖国時代長崎貿易史の研究』思文閣出版、1992年、図3-2。
4）　鄭成功（1624-62年）は、上述の鄭芝龍が平戸に居住していたときに、日本人田川マツとのあいだに生れた。
5）　杉山伸也『日本経済史　近世―現代』岩波書店、48頁。
6）　田代和生『近世日朝通交貿易史の研究』創文社、1981年。
7）　杉山『日本経済史』、40頁。
8）　彭浩『近世日清通商関係史』東京大学出版会、2015年。
9）　彭『近世日清通商関係史』、292-293頁。なお、岩井茂樹は、信牌は明清期中国の地方官府で使われた下向文書の一形式であり、当時の日本に「信牌」という公文書の類型はなかったはずだとしている。岩井茂樹「清代の互市と“沈黙外交”」夫馬進編『中国東アジア外交交流史の研究』京都大学学術出版会、2007年、359頁。
10）　松浦章「清代対日貿易における官商・民商」松浦章『清代海外貿易史の研究』朋友書店、2002年、144-167頁などを参照。
11）　彭『近世日清通商関係史』、180-197頁。
12）　彭『近世日清通商関係史』、270頁。
13）　中村質「外国金銀の輸入と別段商法―享和三年（1803）の唐船貿易をめぐって」中村質『近世長崎貿易史の研究』吉川弘文館、1988年。
14）　彭『近世日清通商関係史』、295頁、260-261頁。
15）　中西聡「近世・近代の貿易」桜井・中西編『流通経済史』、383頁。
16）　上田裕之『清朝支配と貨幣政策』汲古書院、2009年。
17）　羽田正編『東アジア海域に漕ぎだす　1　海から見た歴史』東京大学出版会、2013年、257頁。南シナ海沿海地方でも高級食材の対中輸出は盛んになり、スールーによる福建経由での東インドネシア産フカヒレやナマコ、燕の巣の輸出がこの時期に急成長した。
18）　劉序楓「清代的乍浦港与中日貿易」張彬村、劉石吉主編『中国海洋発展史論文集』五輯、中央研究院中山人文社会科学研究所、2002年（再版）。劉序楓「清政府対出洋船隻的管理政策（1684-1842）」劉序楓主編『中国海洋発展史論文集』九輯、中央研究院人文社会科学研究所、2005年。
19）　彭『近世日清通商関係史』、5頁。
20）　中村質「長崎会所と安政開港」中村『近世長崎貿易史の研究』、587-588頁。
21）　荒野泰典「近世的世界の成熟」、真栄平房昭「砂糖をめぐる世界史と地域史」荒野泰典・石井正敏・村井章介編『日本の対外関係6　近世的世界の成熟』吉川弘文館、2010年。

22）新保博『近代日本経済史』創文社、1995年、10頁。

23）松浦章『江戸時代唐船による日中文化交流』思文閣出版、2007年、423-433頁。

24）森田吉彦「日清関係の転換と日清修好条規」岡本隆司・川島真編『中国近代外交の胎動』東京大学出版会、2009年、46頁。佐々木揚『清末中国における日本観と西洋観』東京大学出版会、2000年、第1章。

25）大蔵省関税局編『大日本外国貿易年表』1883年版。

26）杉山『日本経済史』、228-230頁。

27）大蔵省関税局編『大日本外国貿易年表』1883年版。

28）杉山伸也「19世紀後半期における東アジア精糖市場の構造」速水融・斎藤修・杉山伸也編『徳川社会からの展望』同文舘、1989年、326-353頁。

29）斯波義信「明治期日本来住華僑について」『社会経済史学』第47巻第4号（1981年12月）。斯波義信「在日華僑と文化摩擦」山田信夫編『日本華僑と文化摩擦』巌南堂書店、1993年。

30）籠谷直人『アジア国際通商秩序と近代日本』名古屋大学出版会、2000年、95頁。

31）「清国各港在留日本商人商店開閉年月及其営業種類」町田実一『日清貿易参考表』1889年9月（国立国会図書館蔵）。籠谷『アジア国際通商秩序と近代日本』、94頁。

32）以下は籠谷『アジア国際通商秩序と近代日本』、100-116頁。羽原又吉『支那輸出日本昆布業資本主義史』有斐閣、1940年。斯波義信「函館華僑関係資料集」『大阪大学文学部紀要』第22巻、1982年、10-11頁。

33）毛利敏彦『台湾出兵—大日本帝国の開幕劇』中央公論社、1996年。

34）I.C.Y. Hsü, “The Great Policy Debate in China, 1874: Maritime Defense vs. Frontier Defense,” *Harvard Journal of Asiatic Studies,* Vol. 25, 1965. 坂野正高『近代中国政治外交史』東京大学出版会、1973年、324頁。劉石吉「清季海防与塞防之争的研究」『故宮文献』第二巻第三期、1971年。

35）古田和子『上海ネットワークと近代東アジア』東京大学出版会、2000年。古田和子著、王小嘉訳、虞和平審校『上海網絡与近代東亜—19世紀后半期東亜的貿易与交流』中国社会科学出版社、2009年。

36）Irish University Press Area Studies Series, *British Parliamentary Papers, Japan, Embassy and Consular Commercial Reports, 1895-1899,* 10Vols., Shannon, Ireland: Irish University Press, 1971. 以下 Commercial Report と略す。Commercial Report on Hiogo, 1874, p.51（Vol. 5, p.547）.

37）Commercial Report on Hiogo, 1877, p.21（Vol. 6, p.271）.

38）*The North China Herald,* July 18, 1874 - Jun. 29, 1878の各号。

39）たとえば上海ではじめて競売方式を採用したMaitland & Co.（元芳洋行）の広告は『申報』1874年5月21日。

40）*The North China Herald,* Nov. 2, 1876.

41)　Commercial Report on Nagasaki, 1875, p.68 (Vol.5, p.650).

42)　長崎における中国商人の活躍については以下のような多くの研究がある。蒲池典子「明治初期の長崎華僑」お茶の水女子大学史学科『お茶の水史学』第20号（1976年）。菱谷武平『長崎外国人居留地の研究』九州大学出版会、1988年。市川信愛『華僑社会経済論序説』九州大学出版会、1987年。また本章が扱う時期の直後、1901年に創設された長崎の福建華商「泰益号」関係の史料を利用した研究も市川信愛・戴一峰・和田正広編『近代旅日華僑与東亜沿海地区交易圏』厦門大学出版社、1994年。山岡由佳『長崎華商経営の史的研究』ミネルヴァ書房、1995年。朱徳蘭『長崎華商貿易の史的研究』芙蓉書房出版、1997年。廖赤陽『長崎華商と東アジア交易網の形成』汲古書院、2000年。いずれも優れた実証研究である。

43)　Commercial Report on Nagasaki, 1877, p.68 (Vol.6, p.318).

44)　古田『上海ネットワークと近代東アジア』、73頁、表3-3。

45)　古田『上海ネットワークと近代東アジア』、79-81頁。*The Chronicle and Directory for China, Corea, Japan, the Philippines, Cochin China, Annam, Tonquin, Siam, Borneo, Straits Settlements, Malay States, &c., for the Year 1887*, Hongkong: The Daily Press Office, p.433. 渡辺修「朝鮮貿易回復ノ方策」（1888年8月）『秘書類纂朝鮮交渉資料』上巻、秘書類纂刊行会、1936年、167頁。

46)　布目潮風「明治11年長崎華僑試論」山田信夫編『日本華僑と文化摩擦』巌南堂書店、1983年。

47)　古田『上海ネットワークと近代東アジア』、79頁。

48)　町田『日清貿易参考表』1889年9月（国立国会図書館蔵）。

49)　原康記「明治期長崎貿易における外国商社の進出とその取引について―中国商社の場合を中心に」『経済学研究』（九州大学経済学会）第57巻第2号（1992年7月）、63-66頁。

50)　町田『日清貿易参考表』。

51)　China. Imperial Maritime Customs, *Returns of Trade at the Treaty Ports and Trade Reports*, Appendix II. Part I. Report on Trade of Corea and Abstract of Statistics, 1885-1893.

52)　高村直助『日本紡績業史序説』上、塙書房、1971年、128-131頁。高村直助『近代日本綿業と中国』東京大学出版会、1982年、45-51頁。

53)　高村『日本紡績業史序説』、238頁。籠谷『アジア国際通商秩序と近代日本』、第3章。

54)　籠谷『アジア国際通商秩序と近代日本』、第3章。

55)　古田『上海ネットワークと近代東アジア』、139頁。

56)　「清国内地綿産地から実況」『大日本綿糸紡績同業連合会報告』無号（1892年9月）、26-30頁。

57）「明治二十一年一月中清国上海棉花商況」『通商報告』第58号（1888年３月31日）、4-5頁。

58）「清国上海棉花（三月中）商況」（二十一年四月廿一日付清国上海領事館報告）『通商報告』第66号（1888年５月28日）、４頁。

59）在上海の日清貿易研究所による調査。「昨年中清国棉花商況」『大日本綿糸紡績同業連合会報告』第５号（1893年１月）、57-58頁の摘録から引用。

60）籠谷『アジア国際通商秩序と近代日本』、120頁。ちなみに1897年の日中貿易は、綿糸が中国への輸出の首位になり、以下石炭、マッチ、水産物、銅類がこれに続く形になっている。中国から日本への輸出は、棉花が首位になり、米、白砂糖、赤砂糖が続き、あらたに豆が登場し、輸出入ともに品目構成に変化が見られる（大蔵省関税局編『大日本外国貿易年表』1897年版）。

第2章

近代の日中留学交流

李　暁　東

はじめに——「文化運搬者」としての留学生

本章は、アジア共同体について、近代日中両国の留学をめぐる交流を通して考えたい。日本と中国とは数千年の交流の歴史をもっているが、近代以降の両国間の交流は未曽有の規模と深さで展開していた。留学はその最たる象徴だったと言ってよい。留学という交流がどのように行われ、日中関係にどのような影響を与えたのか、また、現在の私たちに何を残したのかが、本章で考察したい課題である。

考察に先立って、まず、本章は留学をどのような視点から捉えるのか、について触れておきたい。

周知のように、アメリカの国際政治学者ジョセフ·ナイ氏が著名な「ソフト·パワー」論を唱えている。ナイによれば、ソフト·パワーとは、ハード·パワーのように、軍事力による強制、あるいは、経済的な力を背景にした報酬などの手段によって望む結果を得るのではなく、その国の魅力によって望む結果を得る能力である。つまり、自国の軍事力あるいは経済力をもって相手に従わせるのではなく、自国の魅力で相手を惹きつけるということである[1)]。

そして、ナイによれば、ソフト・パワーは、他国がその国の文化に魅力を感じるときに生じるものである。つまり、文化は魅力をもたらし、そして、魅力はソフト・パワーをもたらすということである。文化を「社会にとっての意味を確立する価値観と活動」[2)]と定義したナイは、とくにハイ・カルチャー（high culture）を重視し、エリート層を対象にしている文化交流がソフト・パワーの形成にとって重要だと強調する。

しかし、ソフト・パワーはソフトであっても、パワーであることに変わりはない。つまり、文化という魅力を強化することによって自らの立場を強くし、国際政治のなかで優位に立つという発想自体は、文化を国際政治における一つの力や手段として扱う、ということをも意味している。「文化」に対するこのような理解は非常に戦略的な思考が込められており、その意味で、文化が手段化されているという側面はやはり否定できない。

国際関係を「文化」の視角から捉えるという意味では、平野健一郎氏も同じである。しかし、平野にとって、文化は国際関係を考える方法であっても、手段ではない。平野は文化を「生きるための工夫」(designs for living)[3]と定義している。そのような視点からすれば、国際関係そのものは一つの文化である。そもそも、国民国家（Nation-state）というのは人工的につくり上げられたものであり、その意味では、文化の産物である。また、国際関係、いわば国と国の間の関係ができるということは、結局のところ、人間の営為である。したがって、国家と、国家間の関係はいずれも人間の文化そのものである。

しかし、興味深いことに、例えば「国際社会」という言葉は英語では international society であるが、平野は、現実にある国際社会は、往々にして、inter-state society として理解されがちだと指摘する。つまり、国際関係とは、本来、nation 間の関係であり、すなわち人間の文化的営為であるにもかかわらず、そこにおける担い手であるはずの nation が見落とされがちだということである。

そのような視点から、平野は、「動く文化要素」が国際関係をつくり出すと主張する。国際関係は、抽象的な state と state の間の関係ではなくて、さまざまな行為の主体、とくに人間の間の関係である。そして、このような「動く文化要素」のなかで、「文化運搬者」(culture carriers)[4]は重要な行為主体である。

以上のように、ナイが強調した high culture と、彼がとくに意識しているエリート層にしても、あるいは、平野が提起した「文化運搬者」にしても、文化に対する捉え方にずれがあるが、文化のキャリアであるヒトが国際関係のなかで非常に大きな意味をもっていることは変わらない。我々が考察しようとする「アジア共同体」も一つの追求すべきコミュニティーである以上、それは人間の文化的営為の所産であることは言うまでもない。その場合、文化の career が非常に重要な意味をもつ。この章で説明する留学生は、まさにこのような「文化運搬者」として、近代の日中関係に決定的とも言える影響を与えた人たちであった。

1　「内なる他者」——中国と日本

「文化運搬者」の視点からすれば、近代東アジアにおける留学をはじめとした人的交流は一つの壮大な物語であった。近代日本と中国の欧米留学と、中国や朝鮮、ベトナムなどのアジア諸国の日本留学、また、例えば、中国において大量に見られるように、日本や、欧米諸国からのお雇い外国人教師、顧問、宣教師など、さまざまな「文化運搬者」の往来が東アジア諸国間の関係を多次元にわたって織りなしていた。そのなかで、近代日本に留学した中国留学生は、その規模の大きさのみならず、近代中国に対する影響の深遠さからしても、最も壮大なストーリーのひとつだったと言わなければならない。

日本と中国とは互いにとって、「内なる他者」である。つまり、中国や日本は相手にとって、他者であると同時に、この他者は自分の中に溶け込み、自分を形作る重要な存在でもある。言い換えれば、自分のなかの一部が、実はこの他者によって構成されているということである。「内なる他者」についていろいろな角度から議論することは可能であるが、近代の留学との関連で、以下、三点だけ取り上げて、「内なる他者」という存在とその意義について見ていくことにしたい。

(1)　言葉の「発明」

ここの「発明」に鍵カッコがついているのは、全くない状態から創りだしたものではない、という意味である。まず、以下の言葉を見てみよう。

革命、芸術、文化、文明、文学、封建、階級、国家、民主、自由、経済、社会、個人、民族、宗教、科学、技術、哲学、主観、客観

上記の熟語はいずれも日本語である。しかし、これらの言葉は現在の中国でも通用している。これらの言葉がいずれも近代の日本から輸入されたものだという事実は、現在の中国ではおそらくそれほどよく知られていないことであろう。もちろん、漢字は中国で発明されたもので、個々の熟語のほとんども中国の古典に源をもつが、それらが一つの熟語として「発明」されたのは、やはり近代の日本においてであった。例えば、「経済」という言葉の源は「経世済民」であり、本来、エコノミーというよりも、むしろ現在の「政治」という言葉の意味にむしろ近いかもしれない。あるいは、例えば「革命」という言葉は、もともと中国の『易経』にある「湯武革命､順乎天而応乎人」からきた言葉だが、それは本来、暴君を倒して王朝を交代させるという意味だったが、日本でrevolutionという言葉の訳語として用いられ、近代的な意味を付与されるようになったのである。

さらに、中国の古典によりつつも、造語されたものもある。「哲学」や、「主観」､「客観」などはそれである。それらは明治初期の啓蒙思想家である西周(にしあまね)が発明したものである。例えば、「哲学」は、西が宋代の周敦頤の「聖希天、賢希聖、士希賢」(聖人が天道を希求し、賢人が聖人を希求し、士が賢人を希求する）の言葉をもとに「希哲学」という語を造出し、さらに「哲学」に改めたものである。このように、近代の翻訳の作業は実は一つの創造と発明の作業でもあったのである。現在、中国で使用されている政治関係の熟語は、およそ40%が日本で発明されたものだとも言われている。

もちろん、中国でもこのような創造的な仕事をする人がいなかったわけではない。例えば、近代中国で最も影響力をもつ代表的な思想家の一人で、翻訳家でもあった厳復はそのような人であった。近代西洋の書籍を翻訳して、進化論や『法の精神』などの思想を中国に紹介した彼は、西周と同じように訳語に工夫をした。彼は、「社会」を「群」と訳し、「進化」を「天演」と訳した。しか

し、彼は言葉の雅にこだわったため、彼の文章は当時の一般の人々にとって必ずしも理解しやすいものではなかった。そのため、彼の訳語も結局、日本で作られた訳語のように広く流布したことはなかったのである。

これらの日本で作られた訳語は、特に近代の日本に留学した留学生によって中国に紹介され、そして中国に定着していったのである。

(2)　書物、雑誌による相互影響

留学生たちが中国に西洋の近代思想を紹介したのは、主に留学先である日本で作った中国語の雑誌を通してであった。日本で発刊されたこれらの雑誌は大量に中国に持ち込まれて、清末中国で重要な啓蒙的役割を果たした。

実は、いわゆる「西欧の衝撃」は、とくに初期段階において、その多くが「中国の衝撃」と「日本の衝撃」という形をとっていた。思想、文化面の衝撃は書物や雑誌などの媒体を通して与えられたのはいうまでもない。アヘン戦争によって、中国は開国を余儀なくされたが、戦争が人々に与えた心理的な衝撃は、むしろ日本のほうが大きかったかもしれない。西洋に関する知識を紹介する『海国図志』や、少し後に出た国際法の紹介である『万国公法』が中国で刊行されるや否や、たちまち日本で翻刻されて広く読まれた。例えば佐久間象山が『海国図志』の愛読者であったことは広く知られている事実である。このような多分に教訓の意味を含んだ「中国の衝撃」は明治維新の原動力の一つであったと言っても過言ではない。

一方、中国の若い知識人たちがほとんど日本経由で「西洋の衝撃」を受けたと言ってよい。戊戌政変後日本に亡命した梁啓超は相次いで『清議報』と『新民叢報』を創刊し、日本の書物を通して西洋の近代的知識を受容して、それらを精力的に中国に紹介した。若い留学生たちも相次いで積極的にこの事業に加わった。『遊学訳編』、『浙江潮』、『江蘇』、『湖北学生界』、そして革命組織の機関誌『民報』などの雑誌が、雨後の筍のように現れた。20世紀の初頭にはこのような日本発の啓蒙活動が盛んに展開された。留学生たちは日本の学校で使用した教科書や、日本で出版された書籍、雑誌の論説などを大量に翻訳して雑誌

のなかで紹介した。また、中国を変革するには革命を起こすべきか、改良の方法を取るべきか、あるいは、共和制を取るべきか、それとも立憲君主制を取るべきか、などについて、若い知識人の間で盛んな議論と論争が交わされた。これら多様な思想や政治的主張が留学生たちの雑誌を通して、大量に中国に紹介され、人々の啓蒙に大きく貢献した。その意味では、近代中国に対する「西欧の衝撃」は、とくに思想の啓蒙の面において、「日本の衝撃」という性格が強かったと言わなければならない。

このように、「西欧の衝撃」という共通した背景のなかで、日本の知識人は中国の書物を通して西洋を理解し、一方の、中国の若い留学生たちは日本経由で近代西洋の知識を受け入れた。この点からも、西洋の「近代」に対する受容と近代化の過程で、中国と日本とは相互に非常に重要な存在であり、「内なる他者」であったことを強く感じさせる。そして、そのような状況を創出したのは、「文化運搬者」である留学生によるところが大きかった。

(3)　革命の策源地

さらに、日本に集まった若い中国人留学生集団は、近代中国革命の主力でもあった。若い留学生たちは日本で西洋の近代的知識に啓蒙され、近代的国家の意識に目覚めた。学生たちは誰もが中国に改革が必要だと考えていた。そしてそのなかの多くが清朝政府の腐敗に失望して、よりラジカルに革命に傾いた。留学生鄒容の『革命軍』や、陳天華の『猛回頭』、『警世鐘』などの革命を宣揚する書物は当時の中国で人口に膾炙するものだった。そのため、日本に亡命した革命家孫文は同志を得るのに時間がかからなかった。1905年の革命組織同盟会の成立は、日本においてこそできたと言える。日本は中国革命の策源地だったのである。汪兆銘や、陳天華、胡漢民など、これら中国革命史を語るときに欠かせない人物はこの時、いずれも孫文の片腕として活躍していた。彼らはいずれも同盟会の機関誌『民報』の主要な書き手として、自分たちが日本で学習した知識を総動員して、論陣を張り、梁啓超ら「改良派」と論争を繰り広げると共に、孫文の革命理論の構築に尽力した。

また、上記の留学生と同じ時期の留学生に若き魯迅がいた。この偉大な文学者、思想家はその思想を日本で形作ったのである。さらに、やや遅れて日本に留学した者に、若い蔣介石がいた。留学時に革命思想の薫陶を受け同盟会の一員になった彼は後の中国革命の指導者として成長した。そして、早稲田大学の留学生に李大釗がいた。中国共産党の創設者の一人であった彼の思想形成は日本と切り離しては考えられない。

このように、近現代中国の歴史を動かし政治を左右した多くの人々は政治的立場が異なっていたが、日本留学という共通の経験をもっていた。感受性に富んだ若い知識人たちが日本で「近代」に出会い、日本で自分たちの思想形成をしたのである。その意味においても、「内なる他者」としての日本は、近代中国にとって極めて大きな存在であった。

2　近代中国の日本留学

(1)　きっかけ

a.　留学の機運の醸成

近代中国の日本留学は1896年に始まり、1898年に正式な国家政策となって、日中戦争の勃発まで続いた。とくに、1905～1906年頃、日本に留学した中国留学生が8,000人あまりまで達したと言われている。では、日本留学はどのようにしてこのような大きな潮流となったのだろうか。

まず、日本留学の背景としては、やはり中国の日清戦争における敗戦が大きかった。それまでの日本にとって、中国はとてつもない大きな国であった。それには二つの意味が含まれている。一つは、日本は歴史上、ずっと中国文化から大きな影響を受けてきたという意味であり、もう一つは、近代国家として新たに出発した明治日本にとって、中国という存在そのものが大きな脅威であった、という意味である。明治国家が成立したあとに一貫して朝鮮半島を日本の国益に関わる重要な地域として位置付けた日本は、やがて朝鮮半島に進出しようと試みた。しかし、これらの試みはいずれも清国によって阻まれた。そのようななかで、日本国内で清国脅威論が喧伝されるようになった。そして、日清戦争における日本の勝利は日本をこのような大きな緊張から解放したのである。日清戦争をきっかけに、日中の立場は大きく逆転することになった。

日清戦争後、中国国内で改革の気運が高まった。明治維新による日本の変身ぶりが当時の中国のエリートたちを大きく刺激した。一部の知識人や官僚は、中国の危機を救うためには改革を行わなければならず、そして、そのために人材の養成が急務だと盛んに唱えた。そのなかで、最も代表的なものの一つは洋務派の重鎮である張之洞による『勧学篇』(1895) だった。この書物は後に「日本留学の宣言書」と呼ばれているように、日本留学を提言した。

張之洞はまず日本の経験を紹介する。「日本は小国である。なぜ勃興したのか。伊藤、山縣、榎本、陸奥などはみな20年前に西洋に留学した学生だった。(彼らは) 自国が西洋に脅かされるのに憤り、(中略) 独・仏・英諸国に赴き、あるいは政治工商を学び、あるいは水陸兵法を学んで、留学から帰国した後に将相に任用され、(日本の) 政事がそれによって一変し、東方を雄視することになった」[5)]。張之洞からすれば、国を強くするために、留学して、西洋から新しい知識を取り入れることが最も有効な方法なのである。

留学の効用について、張之洞は、「西洋に一年間出かけることは、西洋の本を五年間読むことに勝る。(中略) 外国の学校で一年間学習することは、中国の学校で三年間学習することに勝る」[6)]と主張している。「百聞は一見にしかず」だからだ。

では、西洋に関する知識を受容するには、なぜ直接に西洋に留学するのではなく、日本に留学するのか。

張之洞は両国の近似性と効率性という二つの面からその理由を挙げた。すなわち、前者の場合、両国は地理的距離が近いため、多く派遣できるし、考察しやすい。そして、言語が近いため、習得しやすい。また、両国の情況や習俗も近いため、倣いやすい。一方、後者の場合、西洋の書物は繁多だが、その中の重要でないものを日本人はすでに削ったり適宜に改めたりしたため、効率的に倣うことができる、という理由である[7)]。張之洞はここで日中間の言語、習俗などの面での近似性を強調し、「同文同種」的な考え方を示したとともに、短絡的であるが、日本に学ぶ場合の効率性を主張したのである。

以上の日清戦争後に高まった改革の気運は、やがて戊戌維新につながった。康有為、梁啓超ら知識人たちが光緒帝の支持を背景に、1898年（戊戌）に改革を推進した。改革は日本の明治維新をモデルにしたものだった。改革のリーダー康有為は張之洞と同じような論法を用いていた。すなわち、康有為によれば、欧米が300年間かかって現在の政治体制を造成したが、日本は欧米に倣い、30年間かかって実現した。中国は広い土地と数多くの民を以て、近く日本に倣えば、3年間でグランドデザインができ、5年間で条理ができ、8年間で成果を挙げ、10年間で覇を唱えることができる[8)]。彼はこのように豪語して、日本に倣う意義を強調した。そして、改革の一環として、日本留学は国家政策のひとつとして打ち出されたこととなった。

しかし、戊戌の改革は、西太后によるクーデターでわずか3か月で失敗に終わった。掲げられていた改革の取り組みもそれに伴いほとんど頓挫したが、日本に留学生を派遣するという政策は残された。日本留学を強く薦めた張之洞は戊戌政変のなかで西太后側につき、その後、康有為らによって厳しく糾弾されたが、両者は日本留学政策に関して共通した認識をもっていた。

b. 日本側の積極的な働きかけ

一方、日本側も中国側に積極的に働きかけた。1897年ごろから、日本の朝野は相次いで中国の有力者に対して遊説活動を展開した。とくに参謀本部は積極的だった。時の次長川上操六は宇都宮太郎と福島安正を派遣して、中国の南方の有力者張之洞、劉坤一らを歴訪し、日本に軍事留学生を派遣するよう遊説活動を行った。また、教育者加納治五郎や下田歌子らも中国を訪問し、日本に留学生を派遣するよう中国側に働きかけた。

なぜ日本が積極的に動き出したのか。我々はこのときの中国駐在公使である矢野文雄（竜渓）が1898年に日本の外務大臣に書いた手紙からその一端を垣間見ることができる。そのなかで、

「我国の感化を受けたる新人材を老帝国内に散布するは、後来我勢力を東亜大陸に樹植するの長計なるべしとの次第を茲に敷衍せば、其武事に従ふ者は日本の兵制を模倣するのみならず、軍用機械等をも我に仰ぐに至るべく、士官其他人物を聘用するも日本に求むるべく、清国軍事の多分は日本化せらるること疑を容れず」[9)]

と語られている。日本留学を通して「親日派」を養成し、清国を軍事的に日本の影響下に置こうとするねらいであった。

このような思惑は日清戦争後の日本国内の一部の人々がもつ危機感によっても裏打ちされている。彼らにとって、戦争の勝利は日本に新たな危機感をもたせることとなった。なぜなら、清国は負けたが、あいかわらず一つの大国であり、その復讐の可能性に備えなければならないからである。例えば、1895年に徳富蘇峰の民友社が出版したある書物に、「日本将来百年の長策は他なし常に制清策を取る」ことだと唱え、「当代の日本国民は遂に癒ゆべからざるの鉄創を隣邦に加ふるの止む無き場合に立ち到りぬ、戦勝固より祝すべし、而して一たび暴清の全力を挫きし吾人は飽迄永遠に彼を屈服せざるべからず」[10)]と述べている。また、同じ年に、若き尾崎行雄も日清戦争後の形勢を分析して、東洋の秩序をかく乱する要素として「支那の再起復讐」[11)]を挙げている。彼はヨーロッパの列強より先手を打って、中国を「併領」することを主張し、それを中国の再起を防ぐ策とした。

民友社は制清策を日本における武備教育に求め、尾崎は清国併合を主張した。これらの主張は、「親日派」の養成という中国側に日本留学を薦めた参謀本部などの思惑とは、方法的に異なっていたが、清国の再起に備えるという点においておなじであった。

もちろん、上記の政治的打算とは別の考えもあったことを見落としてはならない。実際、中国と同じ開国をさせられた経験をもつ日本の国内において、強大な西洋のプレッシャーに対抗するために日中は提携すべきだという論調が一貫して存在していた。たしかに、例えば福沢諭吉のように、一向に改革しようとしない中国や朝鮮と連携する見込みがもはやないと判断して、脱亜論（1885年）を唱えた者もいたが、同じ時期に、西洋に対抗するための「日清提携論」も根強く存在していた。日清戦争後、日清の提携は日本が主導すべきだと、少しずつ性格を変えながらも唱えられていた。「同文同種」や「唇歯輔車」などの言葉もこの時期の日中関係をのなかで語られることが多かった。このように、西洋の強圧という日中共通の境遇や、日中両国の歴史的なつながりなどから生まれた一体感は、日本が中国からの留学生を受け入れる際に、とくに民間レベルでの積極的な姿勢を支えるもう一つの要因だったと言ってよい。

このように、中国の内部から変革を求めた官僚や知識人たちが上げた声と、日本朝野の積極的な働きかけの相乗効果で、日本留学がやがて一つの潮流となった。『勧学篇』を著した張之洞自身はいち早く湖北省から留学生——それも軍関係の留学生であった——を送り出した。日本の参謀本部の遊説による働きかけはこのように、見事に実を結んだのである。

⑵　日本留学の諸段階

1896年に、最初の13名の留学生が日本に派遣された。ただし、それは定められた政策に基づいた派遣ではなく、日本駐在公使館の業務上の必要からの派遣であった。13名の学生の教育は東京高等師範学校の校長であった加納治五郎に委ねられた。加納は後に中国の留学生を教育するために「宏文学院」という学校を立ち上げて、数多くの中国人留学生を送り出したが、最初の13名の学生の学習生活はあまり順調ではなかった。

「同文同種」のイメージはここで大きな壁にぶつかったのである。13名のうちの4名は、二、三週間もしないうちに日本での生活に耐えられずに帰国していった。飲食習慣の違いに加えて、なによりも精神的な苦痛に耐えかねたのである。日清戦争後の中国蔑視の雰囲気のなかで、学生たちが外出の時に日本の子供たちに付きまとわされて、服装や辮髪の格好がからかいの対象になったのが原因だった。後に、また2名の退学者が出た。最初の留学生の半数近くは、結局、挫折して留学をやめたのである。

しかし、日本留学が清国の国家政策になった後、各省（日本の県に相当）が相次いで留学生を派遣するようになった。それに私費留学が加わり、日本留学が一つの流れとして形成された。1903年に、留学生数はすでに千人を超える規模になった。そして、状況が大きく変わったのは1905年という年であった。この年と翌年に日本に留学に来た中国人留学生は8,000人を超えて、ピークに達していた。

これには、二つの大きな原因があった。一つは、1905年に、千年以上の歴史をもつ科挙試験制度が廃止されたのである。周知のように、科挙は官吏登用の資格試験であり、すべての成人男子に開かれた立身出世の登竜門であった。中国の官僚制度の一環として機能してきた科挙はしかし、やがて内容よりも形式、中身より文章の華麗さを競うものになり、もはや実学を求める新しい時代に適応できなくなった。結局、「西欧の衝撃」のなかで、国を強くするためには、儒教経典である四書五経よりも時代が求める新しい知識が必要だというのは、この時期の常識となっていた。

しかし、科挙の廃止は同時に、人々の出世の道が断たれたことを意味するものだった。科挙が廃止されたあと、それに取って代わる道として「新学」を身につけなければならないと人々が考えた。しかし、中国に新学を教える学校がまだほとんどなかったなかで、留学はほぼ唯一の方法だったと言ってよい。その結果、この年に多くの人々が新たな功名を求めて、大挙日本にやってきた。日本を留学先として選んだ理由は、すでに張之洞の『勧学篇』によって述べられていた通りであった。

さらに、日本がこれほど注目されたのはもう一つの理由があった。1905年は、日本が日露戦争に勝利した年でもあった。日本対ロシアは、立憲国対専制国の戦争として捉えられ、日本は近代的立憲国になったからこそ、あの巨大な専制国であるロシアに打ち勝つことができたのだ、という言説が世論を支配していたなかで、中国も日本をモデルにして立憲政治を実施しなければならない、という思いは人々が日本に留学する理由をより強固なものにした。

以上の二つの理由により、中国からの留学生が大挙日本にやってきた。8,000

人以上という留学生の規模は、日中関係史上未曽有のことであった。1937年に日中戦争が勃発するまで、累計で少なくとも5万人以上の留学生が日本に来ていたと言われている。なお、日中戦争中でも、満州国と汪兆銘政権から留学生が派遣され続けていた。

日本に留学した学生は、大きく言えば、法政と、師範、軍事を専攻する留学生が最も多かった。それは同時代の清末中国で行われた諸改革と対応していた。日本で新しい知識を身につけた留学生たちは帰国後、各分野で核心的な役割を果たした。また、留学生のなかには、すでに「進士」などの功名を手にしていた者も少なくなかった。1906年に、清朝政府は進士館の進士を法政大学の法政速成科に入学させた[12)]。「進士」とは、科挙試験の最終試験に合格した人たちに与えられた称号である。しかも、「進士」の中のトップ成績を収めた「状元」も含まれていた。彼らは本来、中国における知識階級上位にいた人たちで、エリートであった。にもかかわらず、これらの知識人たちは日本に送られ、日本の速成科ではじめから再教育を受けることになった。その象徴的な意味は非常に大きいものだった。本来、例えば、日本留学を熱心に推進した張之洞は、同時に代表的な「中体西用」論者であった。「中体西用」とは、機械や技術などの枝葉的な部分である「用」は西洋に倣う必要があっても、根幹である道徳価値の「体」は堅く伝統の優位性を保持しなければならないという、「東洋道徳・西洋芸術」（佐久間象山）と相似した発想であった。日本に倣うことと、自分たちの道徳的価値的優位性の保持とは矛盾なく張之洞のなかで共存していた。それに対して、上記の進士留学生のなかに、このような「中華思想」と呼ばれる自己中心的な発想はもはや存在しなかったのであった。

3　留学という交流

(1)　師弟双方の心情

日本にやってきた中国の留学生たちは日本人の先生に学ぶことになったが、師弟双方はどのような心情でこの国をまたがる教育に臨んだのか。

まず、留学生たちの心情は、あえて言えば、幕末期の「尊王攘夷」派に似ていると言える。いわゆる「尊王攘夷」派の人たちはやがて積極的開国派となった。下関戦争、薩英戦争に負けた長州、薩摩の武士たちは、自分たちと列強との間の力の差を見せつけられた。勝てない相手に対して「攘夷」を叫んでも何の意味も持たないと悟った武士たちは、相手に倣って自分たちを強くする道を選んだ。薩英戦争後の交渉が薩摩とイギリスとの接近のきっかけとなったことによって象徴されているように、「尊王攘夷」派は「攘夷」から積極的に開国することに転換したのである。このような姿勢は、幕府がペリーのプレッシャーに屈服した形でやむなく開国させられた、という消極的な開国とは対照的だった。日清戦争後に日本にやってきた中国人留学生たちは、日本で近代国家意識に目覚めて、自国を強くする情熱に燃え上がったとき、彼らの心情は「尊王攘夷」派と似ていた。自分たちを強くするために負けた相手に学ぶという心情は日本の幕末志士につながっていると言ってよい。たしかに、前述のような、日本での生活に耐えきれずに帰国した者がいたし、もっぱら新しい形の功名を求めるために日本にやってきた者も数多くいたし、また、文字通りの「遊学」生も多数いた。しかし、一方、例えば以下のようなくだりは同時代の留学生が創刊した雑誌に満ち溢れていた。

> 「嗚呼、我が国民は自ら考えるがよい。甲午以来、彼の国は勝ったのにもかかわらず、我国を恐れている。我国は敗れたのにもかかわらず、奮起しない。一、二の仁人が奔走し呼びかけたとは言え、和議が成るや否や、平気で歌に耽る。（中略）嗚呼、それでもなお人心があるというのか。たとい滅ばないようにしようと思っても、はたしてできるのか」[13]。

このような人々を奮起させようとした呼びかけは、近代的国民意識を身につけた多くの留学生たちの心情を代弁していたと言える。

一方、日本の教育者の心情も多種多様であった。例えば、遣隋使や遣唐使を持ち出すまでもなく、歴史的に日本はずっと中国の影響を受けてきたが、いまや、中国の人々が日本に学びに来た。留学生を教育することは、これまでの中国に対する「文化的負債」を返すことになるのだ、という議論がある一方、今後の日本の「大陸経営」という視点から、「親日派」の学生を育てる必要がある、という戦略的な考えもあった。そして、この時期にヨーロッパに広がった黄色人種脅威論を唱える「黄禍論」に対して、黄色人種である東洋の国々は団結しなければいけないという議論もあった。しかも、これらの議論はまったく別々に存在したものではなく、多くの場合、同じ人のなかに共存していた。

具体的に、例えば、早稲田大学の清国留学生部の主事だった青柳篤恒を例にとってみよう。青柳は、一方では、留学生教育は「国際間の親誼に関し、東亜保全の大局に関し、支那に於ける列国勢力の消長に関し、将来早晩必ず来るべき支那問題に就ての列国会議に於ける発言権の大小に関す」るものだ[14]と述べている。彼は、中国に関する問題は日本の同意を得なければ行えない、というアジアモンロー主義的な発想に同調し、その確立のために、留学生教育は非常に重要な政治的な意味をもつのだという議論を展開した。しかし、他方では、彼は教育者として、同時に次のように述懐している。

> 余は一人の清国学生の殖ゆる毎に、殊に半白にして活気なき老書生、歩行み慣れざる足引き摺りつつ書物片手に霖雨泥濘の中を通学する女学生等を見る毎に、彼等の不幸を思ふて慨然清国々家の為に浩嘆し、清国学生の為に満斛の涙を灑ぐを禁ずる能はざるなり[15]。

青柳は教育者という立場から、清国民を軽蔑するという当時の日本社会一般の態度を退けて、留学生に接するには「清浄無垢の親切心」をもって教育しなければいけないと強調した。

このように、日中の師弟双方は、それぞれさまざまな思惑や心情を交錯させながら、教育と学習に臨んでいた。留学生教育はまさに以上のような雰囲気のなかで行われたのである。

(2)　交流の諸側面

a. 速成教育をめぐる論争

留学という交流にはさまざまな側面が含まれていた。以下、速成教育をめぐる論争と「留学生取締規則」反対運動を取り上げてその一端を見ることにしたい。

まず、速成教育をめぐる論争は、中国留学生に対して速成教育を施す速成学校の増加に伴って、引き起こされたものであった。前述した法政速成科も速成教育を行う学校のひとつであった。法政速成科は、1904年の５月に、時の法政大学の総理であり日本の民法の父と呼ばれている梅謙次郎が清国留学生の要請を受けて創設したものである。設立の目的は、速成科設置趣意書の中で表明されているように、「今清国他の文明国と衡を争はんと欲せば必ず立法、行政の釐革を行はざるべからず随て之に関する学術を講究するは実に今日の急務」[16]であり、速成科はまさにこのような急務に応えて、応急の人材を育てるためのものであった。速成科は1904～1908年の開設期間中、延べ1,868名の学生を受け入れ、1,215名の卒業生を送り出した[17]。そのなかに106名の進士が含まれており、しかも、そのなかに３名の状元がいた。速成科の学習期間は、当初、留学生たちの要請で一年間と設定されていたが、後に一年間半に延長された。梅は教育期間が短いことを痛感しつつも、中国の改革に早急に人材が必要だという状況に理解を示して、速成教育を実施した。彼自身も自ら法政速成科の講壇に立ち教育に取り組んだ[18]。

それに対して、法政速成科の翌年に成立した早稲田大学清国留学生部が異なった方針をとっていた。青柳篤恒は速成教育に対して、「速是能速、成是不能成」と批判した。つまり、速く教育することはできるが、使える人材に成ることはできない、という批判だった。早稲田大学の清国留学生部は予科一年、本科二年、そして、さらに進んで学習しようとする者のために補習科若干年、という教育期間を設けた。実は、青柳がとくに問題にしていたのは法政大学よりも、もっぱら卒業証書を目当てに日本にやってきた「遊学」生を対象にした学校だった。留学生が急増したのを受け、日本国内において数多くの速成学校ができ、短い場合、半年ないし数か月で卒業させるという、もっぱら利益を追求したいわゆる「学店」、「学商」が林立した。そのような状況を憂慮した青柳篤恒は、そのような速成教育は日本にとって国益にならないし、中国にとっても決して役に立たないと批判したのだった。

こうした批判を受け、当然、梅謙次郎への風当たりが強かった。それに対して、彼はあえて「法政速成科の冤を雪ぐ」という文章を著して反論を行った。梅は、法政速成科は「一時的必要に迫られた」ものであり、不完全なものであると認めた上で、一国の改革に必要な人材は、ただ正則的方法のみで育てるだけでなく、変則的方法をも用いなければ、国の当面の制度的革新の受容に間に合わない、と力説した。梅からすれば、法政速成科の教育はこのような変則的方法にほかならず、それは「現下清国のために多大の裨益を与ふ」[19]ものだと確信した。

実際、戊戌維新を弾圧した西太后は、義和団事件を経て、1901年に「新政」の実行を宣言した。「新政」は軍事、経済、政治、法律の各分野の改革を目指し、その多くは実際、戊戌維新の改革派の主張と似ていたものだった。さらに、1905年に、清朝政府は五大臣を欧米諸国と日本に派遣して各国の憲政を考察して、翌年に官制改革、議会設立、地方自治を主要内容とする「予備立憲」の開始を宣言した。その過程で、日露戦争における日本の勝利はさらに推進する力となった。留学生の派遣は、実はこうした動きと密接に関連していたのである。梅は中国における以上の流れを的確に捉えていたといえる。

そして、実際の教育効果について、梅は速成科の優等生を称えて、「帝大の優等生にも劣らぬ寧ろ或る特長を見出した位で短期速成としては実に驚いた」「永く教師をして居るとこんな愉快なこともある」[20]と述べており、満足していたのであった。

b.「留学生取締規則」反対運動

次に、「留学生取締規則」反対運動は清末留学のなかで最も影響が大きかった運動だったと言ってよい。1905年11月に、日本の文部省は「留学生取締規則」

を発布した。これは当初、日本政府が清国政府の要請を受けて、留学生をよく管理して、一部の性行不良の学生を取り締まろうとしたものであった。清国政府が日本政府に要請したのは、日本国内における反清革命勢力の拡大に神経をとがらせたからである。この年に、孫文をリーダーとする革命団体中国同盟会が多くの留学生の支持を得て東京で成立した。留学生たちは日本を拠点に絶えず本国に向けて革命などの思想を宣伝し、そして、国内に戻って革命活動を展開した。その勢いは清国政府にとって大きな脅威であったことは想像に難くない。

留学生取締規則は、日本国内の留学生を受け入れた学校に対して、留学生の入学時には清国公使館の紹介状が必要であり、転学や退学の時も公使館の承認書が必要だと規定した。そして、留学生を受け入れた学校は留学生の卒業者や退学者の名簿を公使館に提出し、「性行不良」で他の学校から退学処分を受けた学生を入学させてはいけない。さらに、留学生の学校外活動についても監督すべきだ、などと規定した[21]。日本の文部省としては、清国政府から度重ねた要請があった一方、先に触れた学店、学商などもっぱら営利を目的とした学校を取り締まるためにも、取締規則が必要だと判断したのだろう。

しかし、留学生、とくに革命派の留学生は、この規則は、結局、日本政府が清国政府に協力して自分たちの活動を制限するためのものだと捉えて、反対運動を起こし、最終的に同盟休校に突入した。

これに対して、日本のメディアの報道は、留学環境を整えるための規則発布に反対する清国学生の同盟休校は「清国人の特有性なる放縦卑劣の意志」[22]によるものだと断罪した。この「放縦卑劣」という言葉に接して、時の法政大学の法政速成科の留学生であり、同盟会の核心的メンバーの一人だった陳天華が憤り、抗議の自殺を果たした。陳天華の自殺は反対運動をさらに激化させることになった。この反対運動で2,000人以上の留学生は抗議のために帰国したとされている。

この運動は、ある意味では、同時に、日中の間で生じた「ズレ」の原型であったと言えるかもしれない。その後の日中関係において、事件が起きる度に、中国側にとって、それはけっして受け入れることのできないことだったことに対して、日本側はそれを中国側の「誤解」だとした。このような「ズレ」が絶えず再生産され、しかも拡大していた。

清末中国の日本留学はほかにもいろいろな問題が生じていた。何より、日清戦争を「文明」対「野蛮」の戦争として位置づけて、その戦争に勝利した後の日本社会が留学生たちにとって、けっして気軽に留学生活を送る環境ではなかったのである。しかし、それでも、日中の師弟の間にやはり心の温まる交流があった。

c.　師弟間の交流

まず、よく知られているのは藤野厳九郎と魯迅との交流であろう。魯迅は文学を志すようになる前に仙台の医学専門学校で勉強をしていた。周りの日本人学生は中国からきた魯迅を蔑視していたなかで、藤野先生だけが非常に親切に接してくれた。それは魯迅にとって、忘れられない経験であった。藤野先生との交流は魯迅の小説「藤野先生」に描かれ、今日まで語り継がれている。

もう一つ触れておきたいのは、大正デモクラシーの代表的な思想家吉野作造と留学生の交流である。交流の詳細は明らかではなかったが、中国留学生との交流は吉野の中国認識に決定的な影響を与えたと言ってよい。吉野は1906～1909年の間、当時中国の最大の実力者であった袁世凱の息子の家庭教師を担当した。この3年間の中国での滞在経験に対して、吉野はあまり良い印象がもてなかった。給料面をめぐる不満もさながら、中国の政治を左右する力をもち、後に中華民国の初代大総統になった袁世凱を間近で観察することができた吉野は、袁世凱と中国に対してあまり希望をもてなかったようだった。そのような背景もあって、1915年に、日本政府が袁世凱政権に対して二十一カ条を突きつけたとき、吉野作造は、二十一カ条の要求は「大体に於て最小限度の要求であり、日本の生存のためには必要欠くべからざる」ものであり、「第五項の削除は、甚だ之を遺憾」[23]だと考えるという見解を示した。しかし、第五項をはじめとした二十一カ条の要求は中国を保護国化する同然の要求であったことは周知のとおりである。吉野がこのように主張したのは、日本は中国における列強の競争を傍観することができないこと、そして、「支那の将来は果たして吾々の期待するが如く、自主独立の国家として健全なる発達を為し得るや否や、明白でない」[24)]、などの認識をもっていたからである。このときの彼は中国に明るい展望をもてなかったのである。

しかし、吉野の中国観はその後大きく変化した。彼は自著『第三革命後の支那』(1921年) のなかで、「支那の将来の永遠の中心的勢力となるものは……現に祖国の改革を唱えて居るところの幾百の青年である」[25)]と述べて、「若き支那」、「青年支那党」に期待を寄せるようになった。実際、この時期に、吉野は中国革命史の研究を始め、寺尾亨の紹介で日本にいる中国人留学生と接触した。吉野は自分以上に確実にして広汎な材料を得ている者が日本にあまり多くないと自負していた。このことから容易に想像できるように、吉野は中国の若い革命派留学生たちと深い交流があった。それをきっかけに、吉野は袁世凱の中国ではなく、若い留学生たちを代表とする「ヤング・チャイナ」の中国に新しい希望を感じたに違いない。中国観を大きく転換させた吉野は、二十一カ条支持という態度から大きく変わり、袁世凱の「帝制」に反対する第三革命の勝利を確信するようになった。彼は、その後も一貫して在日中国留学生の対日抵抗運動に同情を惜しまず、五四運動の時に留学生たちを積極的に支援したのである。

4 留学生と中国の近代化

(1) 新しい文化の運搬者

では、清末中国の留学生は近代中国のなかでどのように位置づけることができるのか。

本章の視点からすると、留学生は何よりもまず、「近代」という新しい文化の運搬者と実践者であった。言い換えれば、それは啓蒙知識人としての役割だった。近代中国の近代西洋に関する新しい知識、そして近代的意識の形成は、留学生たちによる力が非常に大きかった。

20世紀の最初の十年間は、その前の日清戦争による衝撃と、日露戦争によるインパクト、及び科挙制度の廃止などの要因により、日本留学が最も盛んな十年間であった。それは近代中国の立憲運動が最も盛んな時期でもあった。これはけっして偶然な重なりではなかった。立憲の主張は、戊戌維新を待たずに、それまでにすでに一部の知識人によって唱道されていたが、それが次第に社会的なコンセンサスとなり、さらに清朝政府の国家プロジェクトとして推進されるようになって、最終的に辛亥革命を誘発したことができたのは、この過程における社会的啓蒙活動と切り離しては考えられない。そして、その啓蒙の主力は日本に留学した学生たちだったのである。

前述のように、留学生たちが数多くの雑誌を創刊して、近代思想の宣伝に努めた。日本に亡命して盛んな著述活動を展開した梁啓超は「訳書業はとくに盛んであり、定期的に出版する雑誌は数十種類を下らない。日本で新書が出るや否や、それを訳す雑誌がともすれば何社も現れてくる。新思想の輸入の勢いは激しかった」[26]と、当時の様子を回想した。そして、これらの翻訳は雑誌と共に大量に中国国内に持ち込まれて、広く読まれたのである。

もちろん、留学生たちの活動はただ翻訳と紹介にとどまらなかった。一例だけを挙げると、例えば、汪兆銘や胡漢民、陳天華らが同盟会の機関誌『民報』の主筆として『民報』で論陣を張って、共和革命の主張を以て、開明専制的な立憲君主制を主張する梁啓超の『新民叢報』と激しい論争を展開した。君主立憲か、共和革命かという論争は1年以上も続き、この論争の中国国内に対する啓蒙の力は非常に大きかった。汪兆銘たちはこの時、みな法政速成科の留学生であった。この時、法政速成科で教えたのは梅謙次郎のほかに、美濃部達吉（憲法担当）、筧克彦（憲法担当）、小野塚喜平次（政治学担当）など、後に日本の代表的な法学者、政治学者となる人たちであった。汪兆銘たちは法政速成科で身につけた知識をもって自己武装し、速成科で習得した理論を孫文の革命理論を構築するためのリソースとして活用したのである。

啓蒙の力の強さは直接に辛亥革命のなかに現れている。辛亥革命の発端であった武昌蜂起は明確な指導者がいなかったなかで勃発し、しかもたちまち全国各地に影響を与えた。それは革命の機がすでに熟していたことを意味しているにほかならない。革命の成功はそれまでの留学生たちを主力とした啓蒙、革命活動なしには考えられないことである。その意味では、辛亥革命は留学生の革命でもあったと言えよう。

(2)　近代化の主力

さらに、留学生が帰国した後も、法政、教育、軍事など各分野で中国の近代化過程で主力として活躍した。

まず、法政面では、清朝政府は予備立憲を推進する過程で、1909年とその翌年に、国会と地方議会の開設を想定して、中央に資政院、各地に諮議局を相次いで設立した。統計によると、全21の省諮議局にはほとんど日本留学経験者が入っており、その多くは議長か副議長を務めていた。法政速成科出身の議長、副議長だけでも13名に上った[27)]。しかも、諮議局における議案の提出や審議過程のなかで、日本留学出身者はいつも指導的役割を果たした。また、資政院においても、留学出身者は中核的な存在であった。彼らは清末の国会開設促進運動を推進する大きな力であった。

教育面では、新知識を身につけた人材がまだ育っていなかったとき、いわゆる新式教育を担ったのは主として日本人を中心とした外国人教習であったが、彼らはやがて日本留学から帰国した留学生によってとって代わられた。留学生たちは近代的教育理念の確立に大きな貢献をしただけでなく、実践面において、全国各省の教育行政改革に参与し、また、各地で新式学校を興す事業に加わって、各レベルの公・私立学校を数多く創設した。そして、これらの新式学校の教員の多くは日本留学の経験者であった。例えば、師範や法政など各専門を学ぶ専門学校の専門教員数は、1909年の時点で全国で1,171名あったが、留学経験者は370名あり、三分の一以上を占めていた[28)]。留学生たちは中国における近代的教育を担う主力だったのである。

軍事面では、留学生の一翼を担った軍関係の留学生は、中国軍事の近代化に大きく寄与しただけでなく、辛亥革命や、それに続く袁世凱に反対する「第二革命」や「第三革命」という激動の時代のなかで重要なリーダーシップを発揮した。一方、ポスト袁世凱時代の中国の軍閥政治の中で、軍閥の多くは日本の陸軍士官学校に留学経験をもっていた。このように、軍関係の留学生は正負の両面で近代中国に大きな足跡を残した。

言うまでもなく、各分野で大きな力を発揮したこれらの日本留学経験者は、「親日」にしろ、または「反日」にしろ、さまざまな意味で自分たちのなかに「日本」を刻印されていた。彼らにとって、また近代中国にとっても、日本はまさに自分のなかでの重要な「他者」であった。

おわりに

近代の空前の規模に達した日中の留学交流は我々に何を残したのか。このことについて、中国人留学生との交流をきっかけに、中国観を大きく転換した吉野作造の言葉はヒントになるのではないか。吉野は『対支問題』(1930年)のなかで、日本の対中外交について次のように語っている。彼はまず、「或は同文同種といひ或は唇歯輔車といふ、口頭禅は幾万遍も繰り返されるが、目前の利害と感情とが斯う著しく喰ひ違ってゐては親まうにも親みやうがない」[29]と指摘する。そして、日本が中国に対してとるべき行動について次のように戒めた。

> 日本が支那に対して為せる過去の行動を慎密に反省すること。斯うした反省は、如何の点で彼等に徳とされ又如何の点で彼等の怨を買ひしかを明にするのみならず、同時に又我々をして如何の点を彼等に学ぶべきやを識らしめ、以て新に彼我相親の境地を発見するに資するだらう。(中略)同一行動も彼等からは我々同胞間に於けるとは全く別個の意味に取られないとは限らぬ。斯う云ふ点に付ての思ひ遣りは我々に於て実は格別に鈍いと思ふ。殊に支那関係の日本人の最初の出発点が国家的または政治的であっただけ此点の斟酌は最も大事である。此方面の不用意のため我々が幾ら無用の疑惑を彼等から蒙らされたか分からない[30]。

吉野と同時代の日本に、吉野と同じく日中の「相親」を唱えた者は決して少なくなかった。しかし、国力の差が歴然とした中で、そのような「相親」の思いが多くの場合、独善的なものだったと言わざるを得ない。そのような独善性は日中間のズレを絶えず再生産させていた。それに対して、真なる「相親」を望んだ吉野は、もっぱら政治的に打算するのを戒め、あくまでも対等な視線で両国関係を捉え、日本人に反省を促したのである。上記の吉野作造の言葉は現在においても、日本だけでなく、広く東アジアのすべて国々や人々の間でも通用するものではないか。

1）　ジョセフ・S・ナイ（山岡洋一訳）『ソフト・パワー——21世紀国際政治を制する見えざる力』日本経済新聞社、2004年、26頁以降を参照されたい。
2）　ジョセフ・S・ナイ前掲書、34頁。
3）　平野健一郎『国際文化論』東京大学出版会、2000年、11頁。
4）　平野健一郎前掲書、2000年、66頁。
5）　張之洞著『勧学篇』中州古籍出版社、1998年、116頁。
6）　同上。
7）　張之洞前掲書、117頁。
8）　康有為撰、姜義華等編校『康有為全集・第四集』中国人民大学出版社、2007年、105頁。
9）　外交史料館所蔵「在本邦清国留学生関係雑纂　陸軍学生ノ部一」（明治31年-明治36年）。ただし、原文のカタカナをすべてひらがなに変換して、適宜句読点をつけた、以下同。
10）（青年叢書第一巻）『武備教育』民友社、1895年、16頁。
11）　尾崎行雄「対支那処分案」、清崟太郎、小松悦二編『愕堂集』読売新聞社、1909年、1413頁。
12）　法政大学史料委員会編『法政大学資料集・第11集（法政大学清国留学生法政速成科特集）』1988年、148頁。
13）蒋方震「軍国民之教育」『新民叢報』22号、台湾藝文印書館、1966年、47頁。
14）　青柳篤恒「支那留学生教育と列国」『外交時報』122号、明治41（1908）年1月。
15）　青柳篤恒「支那の子弟は何故に我邦に遊学せざる可からざる乎」『早稲田学報』141号、明治39年11月1日。
16）　前掲『法政大学資料集・第11集』4頁。
17）　前掲『法政大学資料集・第11集』263頁。

18)　筆者は法政大学の貴重資料室で実際に梅謙次郎が法政速成科の学生のために準備した講義録を目にしたことがある。随所に手直しが施された原稿に、梅の真剣さを窺うことができる。

19)　以上、前掲『法政大学資料集・第11集』101-104頁参照。

20)　前掲『法政大学資料集・第11集』259頁。

21)　さねとうけいしゅう『中国人日本留学史』くろしお出版、1981年、461-463頁。

22)　さねとうけいしゅう前掲書、479頁。

23)　吉野作造「日支交渉論」『吉野作造選集8』岩波書店、1996年、152頁。

24)　吉野前掲書、150頁。

25)　吉野作造「第三革命後の支那」『吉野作造選集7』岩波書店、1995年、168頁。

26)　梁啓超「清代学術概論」『飲氷室合集・専集三十四』中華書局、1989、71頁。

27)　賀躍夫「清末士大夫留学日本熱透視—論法政大学中国人留学生速成科」、『近代史研究』1993年1月、55頁。

28)　尚小明『留日学生与清末新政』江西教育出版社、2003年、66頁。

29)　吉野作造「対支問題」『吉野作造選集7』前掲、288頁。

30)　吉野作造「対支問題」前掲、393頁。

第3章

近代中国と日本
——蔣介石を中心に

黄　自　進

はじめに

本章は、近代日中関係史上最も重要な人物である蔣介石と日本とのかかわりを検討することで、両国関係の変遷過程の本質を明らかにする。特に日中関係史の中で、日本の役割が中国を教え導くべき指導教官から侵略国へ、そして反共の盟友へと変遷する三つの異なる時期に焦点を絞り、これに対応して蔣介石の生涯を青年留学期、戦争期、戦後相互提携期の三期に区分して結論を導く。

こうした観点から、本章は蔣介石の日本観およびその背後にある各要因に着目し、両国関係史における蔣介石の位置づけを再検証する。

1　師としての付き合い

蔣介石が初めて日本を訪れたのは、1906年、19歳の時であった。ところが、この留学は1年にも及ばず、4月に来日すると年末には帰国した。彼は元来、軍事の勉強を志していた。しかしながら、中国の私費留学生が日本の士官学校に入学するには、清朝政府の推薦が必要であることを知り、彼は即座に東京の清華学校の課程を辞めて帰国した[1)]。翌年の春、彼は清朝が新設した直隷省保定の「通国陸軍速成学堂」に合格し、同校在籍学生の身分で清朝政府から選抜され、日本で陸軍を学ぶ留学生となり、東京の振武学校において、陸軍将校としての予備教育を受けた。

振武学校は1903年に創設されたが、それは日本政府が、清朝の日本軍事留学生を専門的に育成するための予備学校であった[2)]。授業内容は、日本の正式な軍事教育課程と連動しており、日本の軍事教育機構の一環であった。一般の科目については、すべて教師の資格を持つ者を教員として任用したが、実技の科目は士官学校の教官が兼任した。学校の経営は委員会制を採用しており、委員長1名、常任委員4名が置かれていた。これらは皆、陸軍の現役軍人であって、この人事配置は同校が日本陸軍と密接な関係にあったことを証明している。

日本の陸軍将校の養成課程では、士官学校に入学する前に必ず部隊における実習経験が必要とされていた。このため蔣介石は、1910年11月に振武学校を卒業すると、翌月、新潟県高田の野戦砲兵第19連隊に配属された。本来、そこでの実習は1年の予定であったが、実習が満期となる1か月前に辛亥革命が勃発し、蔣介石は帰国して革命に身を投じることとしたため、日本における学業を中止した[3)]。

蔣介石は順調に、かつ完全に日本での軍事教育を終えたわけではないが、この日本留学の経験が彼の革命陣営に加入する鍵となった。すなわち、3年間の振武学校における基礎教育と、1年間の日本における兵役実習生活は、彼の近代文明に関する知識の基礎となった。とりわけ、日本において養成された軍事的素養は、後に彼が軍隊生活の中で頭角を現し、かつ一躍国家の指導者となる要因となった。青年時期、特に1年間の兵役生活において、見て、聞いて、考えたことが蔣介石を大きく啓発したということは、蔣介石が指導中枢に加わった後の、何回かの講演内容を見れば誰にでもわかることである。

たとえば、1944年1月10日、軍事委員会の軍政部指導第一団の軍官と兵士に対して講演した際、蔣介石は、日本の連隊における生活経験を通して得た、以下の三つの見解をもって結論とした。第一に、国家の命令に従うことは軍人の本分である。第二に、軍人が戦場に赴くとき、犠牲を惜しまず、危険を恐れないでいられるかどうかは、核となる信仰があるかどうか、またそれまでに十分な政治的訓練を受けたかどうかということで決まる。第三に、軍隊には職業学校の機能がある。軍隊はまさに一つの集団生活である。そこでは、あらゆる技能を持つ人材の共同参加が求められる。したがって、軍隊はすべての隊員に高度な技能を要求する。これによって軍隊生活の質が向上するとともに、すべての者が特殊な技能を習得できる。それゆえ、兵役を終えた後も、生活の道を求めることができるようになるのである[4)]。

この講演からみれば、日本の軍隊生活の経験は、後の蔣介石にとって軍隊創設のための青写真となったと言えよう。このほか、1946年6月3日には、蔣介石は、ビルマ派遣軍部隊の青年将兵に対するラジオ放送の中で、日本の兵役生活において鍛えられた堅忍の精神が彼の革命事業の基礎となったということをテーマとして話し、彼自身の日本における軍隊生活に対して、肯定的な評価を与えている[5)]。

また、1942年8月22日、蘭州において開かれた興隆山軍事会議の際、西北部駐屯の軍幹部が補給困難に陥ったことに不満を述べた時、蔣介石は、日本の軍隊における生活体験で観察した事例を取り上げ、すべての担当者に対して「勤労倹約」に努めるよう要求した[6)]。

さらに、日本における軍隊生活の影響は軍隊管理の方面に限らず、国家を統治する理念の中にも至る所にその痕跡を見ることができる。たとえば、1934年2月19日、蔣介石は南昌の軍営における総理記念週において、江西省の党政軍および学界、商業界代表に対する「新生活運動の要義」という講演の中で、まず、国民の生活態度について強調することが、中国が再起できるかどうかの鍵であり、これが新生活運動の出発点であったと述べた。次に、新生活運動の意義を「整齊、清潔、簡単、樸素」と位置づけ、併せて、このような生活方式は現代文明の具体的な現れであり、国民生活の「軍事化」に見合う現代人の生活モデルであると考えた[7)]。彼は日本人の日常生活態度を取り上げ、中国国民に対し、真面目に見習うように呼びかけたのである。

このほか、日本での授業外の余暇を利用して、陽明学に対する興味を抱いたことは、彼の日本留学中の軍事学習における貴重な経験となった。その後、国民政府を台湾へ転進させ、1950年に党と政府の組織改革を行おうとした際、蔣介石は国民党党員に対し、特に「陽明精神」を学習するよう要求した。つまり、彼は日本の近代化の成功は日本の実践重視の伝統にあったと考えていたが、これらの理論は陽明学説の真髄であるとともに、日本の「武士道」に対する観察から啓発されたものであった[8)]。

以上をまとめると、日本における振武学校と連隊での生活経験は、蔣介石に少なくとも以下の四つの重要な影響を与えたと言える。第一に、堅忍不抜の人生観を培ったこと。第二に、全国民軍事化の重要性を体得したこと。第三に、科学知識を運用し、伝統の生活習慣の刷新を主張していくこと。第四に、「知行合一」学説の実践、励行を強調したことである。

2　敵国日本への対応

一方、日本が中国に領土的野心を抱いていることを、蔣介石は青年期に早くも認識していた[9)]。そのため、如何に日本を刺激せず、日本に衝突の口実を作らせないかということが、蔣介石にとって、その後の中日関係を判断する上での基軸的考え方となった。

蔣介石の対日戦争回避姿勢が明示されたのは、彼がかつて孫文に代わり北伐計画を準備した際、張作霖を討伐作戦対象に入れることに反対した時からである[10)]。蔣介石麾下の北伐軍が、1928年5月済南で田中義一の出兵による阻止に直面した際にも反撃に出ることをせず、北伐ルートを大きく迂回させてまで衝突を避けようとしている[11)]。1931年9月満洲事変後、即時の対日開戦に蔣介石が反対したのも、彼の認識では満洲陥落はそれほど脅威ではなく、むしろ国民党指導による革命勢力の衰退と崩壊の方が脅威だったからである。また、全面的に堅牢な国力を築くことが先ず重要であるとも考えていた。この点も、蔣介石が戦争を回避した要因となっていたと考えられる[12)]。

満洲事変勃発後、蔣介石は「絶交せず、宣戦せず、講和せず、条約を締結せず」の四大原則を以て日本に対応した。主動的宣戦を行わず、平和への道を自ら絶やすことをしないということは、蔣介石の平和に対する最終的な期待の表れだった。主動的に調停を求めず、講和条約を締結しないということは、蔣介石が敵の武力的威嚇に絶対に屈服せず、領土割譲と賠償を絶対にしないということの表れだった。このように、平和を希望するが自ら条約は締結しない、戦争は希望しないが戦うことは恐れないという方策は、蔣介石の戦争を行うことへの決意を反映している。しかし同時に、中国が戦争を準備する余地を確保するために時間稼ぎをしたいと、より強く望んでもいた[13)]。

満洲事変以後における蔣介石の対日戦略を分析すると、「日本に対抗し、共産党は絶滅させる」「西南地方の経営」「日ソを先に戦争させる」の三大項目を導きだすことができる[14)]。

「外部の侵略を防ぐために、先ず国内の秩序を安定させる（「安内攘外」）」とは、蔣介石が採った「日本に対抗し、共産党は絶滅させる」という戦略を反映したスローガンだった。中国共産党は組織と信仰を持つ革命勢力であり、当然伝統的軍閥と同一視できる存在ではなかった。1930年10月から1933年4月までの前後2年間、計4回にわたる共産党掃討作戦の失敗は、中国共産党が国民政府にとって対内的な重大脅威であることを、疑う余地のないものにさせていた。特に国民政府にあっては、満洲・熱河陥落後において形式的に統一された24省中14省が「半独立」的状態にあり、残りの直接統治が及ぶ10省の中の江蘇・浙江・甘粛以外の7省内で中共紅軍による根拠地が出現しているという状況のなかで[15)]、長江中下流および東南諸省に散在する中国共産党根拠地を完全に奪回するまでは、挙国一致による戦争準備確立を云々できる状況にはなかったのである。

「西南地方経営」は、蔣介石が長期にわたる抗日戦争のために、先ず後方基地の強化を目指した重要な戦争準備工程の一環だった。中国は日本に対抗するための海軍が不十分であり、そのため沿海各地は長期戦に適さず、抗戦するためには内地へ入らなければならなかった。四川省には山河があり、地形が要害堅固で複雑で、抗日戦には最も適した根拠地だった。しかし、同地は軍閥に占拠されて半独立状態にあり、国民政府の権力の及ばないところだった。そのため、西南を制圧するまで、蔣介石は抗日戦を唱えることができなかった。1935年春、蔣介石は第五回中共掃討作戦において自ら軍隊を率い、一路、湖南省から貴州省へ、さらに貴州省から雲南省へと共産党軍を追撃し、最後には四川省に入った。そして同地で共産党軍が総崩れとなった機会を利用し、国民政府中央の支配力を西南地方に進出させ、四川・雲南・貴州の3省を国民党政府の直属管轄に収めた。蔣介石は西南地方の掌握後、対日妥協的態度を改め、内モンゴル白霊廟防衛作戦において攻勢に転ずることとなったのである[16]。

ところで、日本の大陸政策は中国での領土拡大を唯一の目的とするものではなく、極東ソ連領への北進も目的の一つだった。1918年、日本がロシア革命に乗じて極東シベリアを4年間にわたり占領したことがその一例である。また、日本軍の満洲占領はソ連の北満洲における特殊地位の侵犯のみならず、極東シベリアにおける領土的安全に対する直接的な挑戦を意味するものでもあった。

満洲事変後、ソ連は6年間でシベリア駐屯兵力を6個師団から20個師団へ増強し、戦闘機も200機から1,560機に、戦車も4年間で250台から1,200台へ増強した[17]。この事実は、日ソ両国の敵対関係が日増しに緊張していったことを示している。また、日（満洲国）ソ国境における武装衝突の増加も、両国の緊張関係を示す指標の一つである。1932年当時、平均5日に1度だった衝突は、1936年には2日から3日に1度の割合で衝突するようになっていた[18]。この衝突頻度の高まりもまた、両国が一触即発の情勢だったことを端的に示すものであると言えよう。

蔣介石は、中国は「二等植民地」であり、世界の主要列強が精力的に進駐する権力の真空地帯であると考えていた。それは同時に、日本が中国を制覇しようとすれば、当然、他の列強との衝突を招くことを意味するものでもあった。このことは、日本の中国侵略政策にとって、中国の反抗より、列強の反発が最も危惧すべき重要事項であることを意味するものでもあった。この点をふまえて蔣介石は、日本がアメリカやソ連との間の矛盾を未解決のままで大軍を中国に派遣することは不可能であると考えており、中国との本格的な戦争の前に、日ソ間で戦争が勃発するであろうことを確信していた[19]。

蔣介石は2度ほど、具体的な形でソ連が日本に侵攻する時期を予測した。1度目は、1935年であり、もう1度は1936年3月である。前者はソ連がウラジオストクにおいて長距離爆撃機 TB 3 爆撃機を配置し始めた時期で[20]、後者はソ連とモンゴル人民共和国が軍事同盟条約を締結した時期である[21]。しかし、ヒトラーがドイツにおいて政権を手中におさめ、独ソ関係が日増しに悪化し、国際情勢が変化したことにより、蔣介石は「日ソを先に戦争させる」事に関して期待ができなくなった。つまり、ソ連は日本とドイツとの同時作戦を回避するため、コミンテルンを通じて民族統一戦線を唱えてきた[22]。コミンテルンの指示に従って、民族統一戦線を唱えていた中国共産党の新しい政策に共鳴したのは、全国の世論だけではなく、各地方の実力者も同様であった[23]。1936年12月12日、「西安事変」が勃発したことには、このような時代背景があったのである。こうした内外情勢の圧力の下で蔣介石は、ついに民族統一戦線に基づき、中国共産党との協力体制を築かなければならなくなった。そして、長期にわたって期待していた「日ソを先に戦争させる」という政策も放棄しなければならなかった。

他方、蔣介石は、日本政府がソ連への懸念を解消する以前に中国での領土拡大を図ることはないとの確信も持っていた。この確信の下、日本軍の華北における挑発に対し、軍事行動以外の手段によって華北での主権維持を図ることとなった[24]。

1937年7月7日、「盧溝橋事件」勃発後における日本側の企図は、当初、大軍で圧力をかけることで、華北の非武装地帯である冀東から更に南の盧溝橋までと、永定河および白河以北の冀察両省を、日本政府の勢力範囲として国民政府に同意させることだった[25]。

しかし、蔣介石は、日本側の企図に対し、先ず「上海出撃」、次いで「華中防衛」「以緩応急」「苦戦待変」と、適宜に対処していった[26]。新たな戦場を設けることとなる「上海出撃」は、蔣介石が日本政府の蚕食政策を打破し、日本軍主力部隊の進撃方向を変えること意図して実行された作戦だった。その結果、日本軍は860平方キロメートルの上海で、4万372人にのぼる死傷者を出すこととなった[27]。この数字は、上海の1,299倍の広さとなる総面積111万6,953平方キロメートルの満洲における満洲事変時、日本側の死傷者が1,200人だったこと[28]を考えれば、日本側にとってまさしく衝撃的な経験だった。

日本にとってこの経験は、中国軍人も勇敢に戦うことができるというイメージを喚起させるものとなった。この中国軍に対するイメージを払拭するために、また、「皇軍」が天下無敵であることを改めて明示し士気を鼓舞するためにも、日本側は南京へ進攻し、中国人の抗戦意志を徹底的に崩壊させることを新たな戦闘目標としなければならなくなるのである。蔣介石の敵を誘致するという作戦は、その目的を一定程度果たし、日本軍の作戦を当初の計画であった華北からの「南下」から、華中からの「西上」へと変更させることとなったのである[29)]。

1937年12月、南京占領後における日本軍の戦略目標は武漢攻略だった。この段階で武漢防衛のために蔣介石は、精鋭部隊を動員し、武漢および河南省の辺境地帯を確保し、山東省と安徽省の兵力を増強し、徐州を固め、日本軍の主力を津浦鉄道方面へ誘導する作戦をとった。この誘導作戦により、日本軍は長江を上り武漢に向かって西進することが当初の予定より遅れることとなった。それと同時に、黄河北岸の河南省・山西省の重要拠点を全力で守り、日本軍が黄河を南渡し、直接武漢へ侵攻することを阻害した。さらに、これらに並行し、ゲリラ戦を広範かつ活発に展開することで、日本軍を消耗・牽制させた。蔣介石は、津浦鉄道の南側を縦横に流れる河川と北側に連なる山岳という地の利を巧みに利用することで、戦闘内容を複雑にさせ、武漢防衛戦のための準備期間を10か月あまり獲得したのである[30)]。

1938年10月、武漢会戦が終結し、戦争のピークは過ぎた。中国の主力部隊は平漢および粤漢鉄道以西に撤退し、総司令部は重慶に移された。他方、日本は兵力不足と、侵攻を継続しても成果を得ることが容易でないことをふまえ、侵攻の中心手段を軍事から政治的なものに変更し、占領地を確実に支配する長期封じ込め政策を採用するに至った[31)]。これ以降、中国戦線は膠着し、国民政府が直面していた危機は取り除かれることとなった。

1941年6月の独ソ開戦以前、日本陸軍は中国侵略への兵力配置（72万から73万にまで）[32)]以外にも、全師団数の27％から29％を対ソ防備のために配備しておかなければならなかった[33)]。独ソ開戦以後、日本陸軍は対ソ臨戦態勢に入り、兵力を全兵員数の35％に増強した。具体的には、1942年当時、日本が満洲と朝鮮に駐屯させた陸軍兵力は78万人に及び、中国本土駐留日本軍を15万人ほど上回っていた[34]。

1941年12月の太平洋戦争勃発後、日本陸軍は南進と対ソ防備を並行して進めたため、満州および朝鮮に13％から35％の兵力（51万から95万まで）を駐屯させつつ、中国の戦場に19％から37％の兵力（61万から105万まで）を維持しなくてはならず[35]、その兵力不足は明らかだった。これは蔣介石が日中戦争初期に下していた判断と完全に一致するものだった。その意味では、中日両国の戦争は、蔣介石の意図した筋書き通りに進行したと言えよう。

蔣介石自身が認めているように、日中戦争において中国は、軍事的に日本に勝利したとは言い難い。日本が降伏したのはアメリカの攻勢により日本本土が作戦遂行能力を奪われたからであり、中国戦線における日本軍の戦闘能力喪失の如何とは直接的な関連はなかった。その意味で、抗日戦争勝利の所以の半分はアメリカの援助にあった。しかし、もう半分は中国側の戦略が正しかったからである[36]。

戦略が正しかったというのは、一つは中国が新しい戦場を開いたことが功を奏したことを指す。これに加えて「以緩応急」戦術の成功により、日本軍に速戦即決できなくさせたこと、さらには中国軍が主動的に自己に有利な戦場で日本軍と戦うことができたことも指摘できる。中国は８年間、日本軍に蹂躙されながらも60万から100万の日本軍[37]を中国戦線に釘付けにしただけでなく、遂に倒れることなく立ち続けたのである。このことを、太平洋戦争初期において42万の日本陸軍が全南洋地域を掌握し[38]、中国の同盟軍がフィリピン、マレーシア、ビルマ、オランダ領東インド諸島での日本軍との戦闘で退去あるいは投降した事実と比較すれば、蔣介石の抗日戦争統率持続が如何に難事業だったかは明らかであろう。

3　盟友としての日本

岸信介によれば、蔣介石の戦後対日政策は日本の早期復興をもたらしたものであり、特に以下の４点が特筆されるべきである。第一に、200万の在中国軍民が早期送還されたこと。第二に、日本の分割占領を阻止したこと。第三に、天皇制を守ったこと。第四に、賠償請求権を放棄したこと[39]。

これらの政策が日本の早期復興にいかなる役割を果たしたのかに関し、時期の順序にしたがって検討する。まず、天皇制の維持に関することである。連合国の首脳会議で天皇の問題が話題になったのは1943年11月23日であり、カイロ会談の前夜であった。同日、米国大統領ルーズベルトは、天皇制を存続させるか廃止させるかについて中国の意見を求めてきた。その場で蔣介石は、「それは日本の政治形態の問題を意味するので、戦後日本人自身の決定に一任すべきである。一時の戦争によって、他国の国体問題にまで干渉することは、両民族の将来に永遠の錯誤を残すことになるだろう」[40]と答えた。

このように、米中両国首脳の事前交渉において、蔣介石が天皇制の存廃問題をカイロ会談の正式の議題にすることに反対したため、戦後日本処分をめぐる米、中、英三か国の正式的な首脳会談において、ついにその問題については触れられることはなかった[41]。

1944年元旦に当たり、天皇制問題をめぐるルーズベルトとのカイロでの会談内容が、蔣介石によって、中国国民に紹介された[42]。つまり、連合国の諸首脳の中で、初めて「政治形態自決」を唱え、天皇と戦争責任のことを分けて考えるべきであると公言したのは、蔣介石であったわけである。

周知のごとく､天皇制存続をもたらしたのは米国の占領政策であった。特に、連合国最高司令官マッカーサーの政策により、天皇を戦争犯罪人として告発しなかったこと、また憲法改正を通して象徴天皇制に変わったことが、天皇が戦後もなお正統性を獲得できた重要な踏み台であった[43]。かかるマッカーサーの行動は米国の占領政策によるものであり、蔣介石とは関係なかった。

ただし、米国の占領政策の原点が、ポツダム宣言にあると考えれば、蔣介石の役割を無視するはできない。つまり、ポツダム宣言の第12項に「前記諸目的ガ達成セラレ且日本国国民ノ自由ニ表明セル意思ニ従ヒ平和的傾向ヲ有シ且責任アル政府ガ樹立セラルルニ於テハ聯合国ノ占領軍ハ直ニ日本国ヨリ撤収セラルベシ」とあった以上、マッカーサーがそれなりの活動を行う余地があったわけである。

言い換えれば、ポツダム宣言で天皇制廃止を明言しなかったので、マッカーサーがかかる活動をする余地が残されたわけである。また、カイロ会談で蔣介石が唱えた「政治形態自決」の精神がポツダム宣言に生かされたことを合わせて考えると、天皇制を存続させる過程における蔣介石の位置づけがさらに明らかになる。つまり、戦時下米国の対日世論は天皇処刑論が大勢を占めるほど険悪であり、軍部をはじめ国務省幹部も大多数が天皇制の残置に反対した。そこで国務長官代理グルー（Grew, J.C.）が天皇に対する蔣介石の見解を引用し、天皇を排除しないならば、日本人の降伏受諾のチャンスは高まるだろうと主張した[44]。双方が対峙した結果、天皇存廃を明言しないまま、「政治形態自決」という原則によることが妥協点となった[45]。「政治形態自決」という原則を立てれば、どちらへの方向にも解釈できるため無難である。このような蔣介石の知恵があったからこそ、天皇制は新たな発展に向けて出発点に立つことができたのであった。

「日本の分割に反対」することは、蔣介石の戦後日中関係の再構築計画の一環であった。米国における最初の計画は、ドイツの分割占領政策をモデルとして日本で再現させるというものであった。米軍の統合戦争計画委員会が作成した「JWPC385-1」計画によれば、日本占領は三段階に分けられ、最初の段階は3か月、第二段階は9か月、第三段階は占領目標が達成されるまでとされた。占領地域は四つに分けられ、北海道と東北地方はソ連軍、九州・中国地方は英軍、四国は中国軍の占領にそれぞれ委ね、米国が担当するのは関東・中部・近畿という本州主要部分である。ただし、首都東京は四カ国の共同占領であった。占領軍の構成は段階によって変化するとされた。すなわち、開始期は米国の単独占領で、23個師団85万人の米軍を投入する。第二段階になると米軍は8.3個師団31万5千人しか残さないが、その代わりにソ連軍が6個師団21万人、英軍が5師団16万5千人、中国軍が4個師団13万人をそれぞれ投入し、第三段階には米軍が4個師団13万5千人、ソ連軍が3個師団10万人、英軍が2師団6万5千人、中国軍が2個師団6万人とそれぞれ削減される、とされた[46]。

後に日本への平和的進駐が可能になったため、米国の進駐軍は元々予定された85万人から結局45万人にまで削減された[47)]。したがって、当初の各国分担の必要性が低下することになり、「JWPC385-1」計画が廃案になったのである。

ただし、四か国の共同占領計画が廃案になったにもかかわらず、中国軍を日本占領政策に投入させようとする米国の政策は変わらなかった。例えば、1946年2月21日に、米国のマーシャル特使は国共内戦調停のため、「国共整軍協定」を提出し、その中で中国本土の国共両軍がそれぞれの地域で駐屯できる師団数を列挙したほか、国民政府軍の単独駐屯地として日本に1個師団を駐屯させることを改めて取り上げた[48)]。また、米国の外交文書には、米中両国が中国軍の日本進駐を巡って協議した記録も残っている。それによれば、国民政府は1946年6月までに1万5,000人の軍隊を派遣し、三年間日本に駐屯させる。この三年間の駐屯費として、米国は総額2,500ドルの軍需物資を国民政府に提供する[49)]。この協議に関しては、当時の日中両国の新聞にも報道された[50)]が、内容には多少のずれがあった。例えば、日本の報道では、中国軍の進駐兵力は1万2,000人で、地域は名古屋を中心とし、三重、愛知、静岡の各県を含むとされた。

周知のごとく、結果として中国軍は日本に派遣されなかった。その理由は、蔣介石の息子・蔣経国の次のような回答からわかる。「当時米軍から、占領軍を出さないかという相談があった。われわれが占領軍を出すといえば、反対する者は誰もいなかったであろう。しかし、ソ連もまた、あくまで交戦国としての権利を主張して、軍を出すに違いない。そうすると日本は、東西ドイツ、南北朝鮮のように分裂し、収拾できない混乱に陥るだろうということで、わたしたちは米国一か国軍による占領を建議したのである」[51)]。

もちろん、中国軍が日本へ派遣しなかったから、ソ連軍も派遣できなくなかったとは限らない。ただし、終戦の翌日にソ連のスターリン首相が米国のトルーマン大統領に北海道をソ連軍占領地域とするように求めたこと[52)]、また1945年10月3日にソ連政府が米国の国務省に対し、日本を米、英、中、ソ四カ国で共同占領すべきであるという正式の文書を提出したこと[53)]を想起すれば、蔣介石の「日本分割に反対」する政策はソ連軍の日本占領政策をある程度牽制したと思われる。

終戦の際、日本が中国に駐屯していた総兵力は184万7,800人であり、本土は105万5,700人、満州は66万4,000人、台湾は12万8,100人であった。このうち、満州はソ連軍に占領されたため、日本軍民の引揚は国民政府と関係がなくなったので、国民政府の責任の元に引揚が行われたのは本土と台湾であり、軍人118万3,800人、居留民99万9,470人で合計218万3,270人であった[54)]。

ところで、邦人の引揚がなぜ蔣介石の日中関係の再構築計画の一環になったと考えられるのか。その理由は二つあると思われる。先ず、1946年7月2日までに全ての引揚が完了できた[55)]ので、そのように邦人が早期送還されることは、戦後日本復興にもつながったわけである。次に、他の国よりも中国における邦人の引揚が一番優待された。優待には二種があった。ひとつは、ある程度の現金を持つことを許されたことである。例えば、当時、在外同胞援護会は帰国した引揚者に対して、大人一人当たり100円（夫婦および子ども一人まで200円）、子ども二人以上四人まで100円、同五人以上200円を見舞い金として支給していた[56)]。これに対し、国民政府は、日本人引揚者に対し、一人当たり中儲券55万5,555元あるいは聯銀券1,000円を持つことを許した。つまり、中国からの引揚者は一人につき日本円1,000円と同額の現金を持つことが許されたのである[57)]。したがって、他国からの引揚者がほぼ裸で帰国し、在外同胞援護会からの援助があっても一家で400円を限度とされたのに対し、中国からの引揚者に限り、一人千円ずつを持ち帰れたことが、当時いかに貴重であったかが窺えよう。

また、国民政府が引揚者に対して、一人につき30キロの荷物を持たせて帰国させたことも、当時の引揚者にとって誠にありがたい政策であった。特に、日本の主要都市が空襲にあい、廃墟と化して、人々が一日二合三勺の配給で命綱をつないでいたこと[58)]を思い起こせば、30キロの荷物を持てたことは、人生の再出発においていかに役に立ったことか想像に難くない。

賠償請求権の放棄は、従来、蔣介石の日本に対する恩義の一つであるとされたが、この評価と現実との間にはそれなりのずれがあった。つまり、1952年台北で開かれた日華平和条約交渉においては、当初、国民政府は、サンフランシスコ対日平和条約の基準に沿い､「役務賠償」の請求権を得るべきだと主張した。だが、日華平和条約が結ばれた際に、正式の条約文には、国民政府は自発的に賠償請求権を放棄すると記された[59]。つまり、戦争被害を蒙ったのは中国本土であるため、国民政府が中国本土の支配権を持たない以上、賠償請求権を主張する権利がないというのが、吉田内閣の考え方であった。ただし、法律上の問題として国民政府を中国の正統政府と認めた上で条約を締結するものであったため、国民政府の賠償請求権を拒否することができなかった。そのため、条約には、国民政府が自発的に放棄すると記すことに両国が合意したわけである[60]。

以上述べたように、賠償請求権を完全に放棄することは、蔣介石の本意ではなかったが、復讐的な賠償請求権を要求するつもりもなかった。具体的な例を取れば、1943年11月23日に蔣介石は、カイロで米国大統領ルーズベルトとの会談を開いた際に､現金賠償を要求せずに､実物賠償の支払を主張した[61]。また、1948年５月20日に、彼は総統就任講演において、日本に対して復讐的な政策を絶対に取らないと宣言した[62]。

蔣介石は、最初から日本を窮地に追いやるつもりがなかったため、賠償問題に関しては先頭に立たず、連合国の政策に従う態度を取った。したがって、中国側は1949年９月までに、連合国の「中間賠償」政策によって、軍艦24隻を始め、359万1,272トンの機械設備、約2,207万282米ドル価値の賠償物品を受け取った[63]。もちろん、この受け取った賠償物品は、中国が蒙った損害と比較にならないものであった。中国側の計算によると、1937年７月７日盧溝橋事件を起点とした日中全面戦争について計算するだけでも、戦争８年間で中国人の死傷者は1,278万4,974人に達し、その中、一般の死傷者は913万4,569人、軍人の死傷者は365万405人であった。財産の損害は、約559億4,384万4,000米ドルであった[64]。

だが、戦争の被害にかかわらず、日中関係をあくまでも前向きに見ようというのが、蔣介石の信念であった。終戦後まもない1945年12月23日に、彼は密かに軟禁中の元支那派遣軍司令官岡村寧次大将と会見し､「日中両国は、わが孫文先生のご遺志に基き、固く提携することが緊要と思う」[65]と力説した。もっとも、蔣介石は後に国共内戦で敗れたため、日本と手を組んで一緒に新しいアジアの共栄を築こうとする夢をついに実現できなかった。しかし、日本と手を組んで反共統一戦線を築くための、ある程度の役割を果すことになった。つまり、早期復興できた日本があるからこそ、東アジアにおける米国の対ソ封じ込め政策が可能になったわけである。他方、日本が反共の要塞の役割を果たしたからこそ、台湾に逃げた蔣介石が陣営を固めた上で、中共と対峙できる余裕を持ったわけである。

蔣介石は1975年４月５日に逝去したが、この頃、ちょうど日本の産経新聞では「蔣介石秘録」が連載されていた。これは、産経新聞が、彼が逝去する一年前の８月15日から、中華民国の国家檔案（公文書）を主要資料とし、また蔣介石日記を根拠として、蔣介石の視座に立った「蔣介石伝」を描き出したものである。連載記事の副題は､「中日関係80年の証言」とされていた。言い換えれば、これは、蔣介石が産経新聞の筆を借りて、直接、日本国民に対して、彼の目に映った両国の歴史を示してみせ、併せて両国の友好関係に対する彼の期待を訴えかけたものであった｡非公開の公文書と国家元首の私的な日記の閲覧を直接、海外メディアに許可したことにより、この連載は可能となったのである。これは、世界的に稀なことであったが、さらに特筆すべきことは、この産経新聞の連載が蔣介石の死後も416日間にわたって継続されたことである。結局、この連載は、総計650日間も続いた[66]。

他国の国家元首の物語が、このように長期間にわたって隣国である日本国民の関心を呼んだことは、人類の新聞史上空前の事例と言える。これらの物語が日本社会において好評を得た理由は、生涯を通じた蔣介石の日本に対する情熱に、日本国民の心を打つものがあったからだろう。

おわりに

「日本に学ぶべきである」とする蔣介石の論調は、生涯を通して一貫したものであった。特に、日本がいかにして近代国家にふさわしい国民を養成していったのかという点は、蔣介石が最も関心を抱いたところである。ただし興味深いことに、蔣介石が関心を示したのは、日本の国民生活に現れた合理性と効率性に留まり、日本が立憲体制をどのように築き上げてきたのか、日本の政党内閣がどのように発展していったのか、日本がいかなる産業政策を通して工業国に変貌してきたのか、というようなことであり、国の運営の仕方については、あまり関心を示さなかったことである。つまり、蔣介石は、日本軍の戦闘力を高く評価したからこそ、日本の軍事教育に学びたかったのである。また、その延長線として、日本社会の動員力を高く評価したからこそ、日本の全民軍事化および軍隊社会化（国家総動員体制）の経験を学びたいと思ったのである。他方、日本の政界における各勢力の間の権力闘争、利益衝突をいかなる政治構造の枠の下に解決していくかというような政治制度面に関わる事項については、彼はそれほど関心を示さなった。このことから、蔣介石の軍人としての本性を窺うことができるし、さらに独裁者としての蔣介石の一面も窺うことができよう。

満州事変以降における蔣介石の対日政策は「安内攘外」であった。「日本に対抗し、共産党は絶滅させる」というのがこの「安内攘外」政策の文字通りの解釈である。ただし、蔣介石がこの「掃共抗日」政策を看板に掲げ、声高に宣伝してきたことには、それなりの目的があった。つまり、掃共作戦を実施しながら「地方勢力削減」「対日作戦回避」という目的をも達成することが、蔣介石がこの「掃共抗日」政策をスローガンとして用いた目的であった。

また、日本との戦いは避けられないとする国内世論に反して、蔣介石はあくまで「対日作戦回避」が可能であると信じていた。このことは中国をめぐる蔣介石の国際認識と関連している。つまり、蔣介石は中国は「二等植民地」であり、世界の主要列強が精力的に進出する権力の真空地帯であると考えていた。それは同時に日本が中国を制覇しようとすれば、当然、他の列強との衝突を招くことを意味するものでもあった。このことは日本の中国侵略政策にとって中国の反抗よりも列強の反発が最も危惧すべき重要事項であることを意味するものでもあった。この点をふまえて、蔣介石は、日本がアメリカやソ連との間の対立を未解決のままで大軍を中国に派遣することは不可能であると考えており、中国との本格的な戦争の前に、日ソ間で戦争が勃発するであろうことを確信していた。

しかしながら、「西安事変」が勃発したことにより、蔣介石はついに民族統一戦線に基づき、中国共産党との協力体制を築かなければならなくなった。そして、長期にわたって期待していた「日ソを先に戦争させる」という政策も実現には至らなくなったが、これはある程度の機能を果たしたと言える。盧溝橋事件以前、蔣介石は、日本政府としては、ソ連の懸念がなくなるまでは中国で領土拡大を計ることはないと確信していたのである。したがって、日本軍の華北における挑発に軍事行動以外の手段で対応することにより、華北での主権を維持した。さらに彼はこの時期を利用して、「西南三省」を掌握することにより、その後の長期作戦の根拠地を確保できた。盧溝橋事件後には日本のソ連への懸念を利用して、中国戦線における日本軍の動員力の限度を正確に計算することができた。このように、日中両国の戦争は、概ね、蔣介石の目論み通りに進行したのである。

「天は自ら助けるものを助く」。これは、蔣介石が、長年、日本を観測して得た結論であった。そしてこれが、中国国民に対して日本から学ぶようにと呼びかけた動機であった。抗日戦争の末期、彼は両国がかつての敵から友になることを期待していた。とりわけ両国は、戦前においては、反共を国策としたことで共通しており、戦後においても反共の前提の下、密接に協力した。また、第二次世界大戦末期、アメリカが共産勢力の脅威をはっきりと認識せず、対日政策の柱を懲罰に置いていたことが、蔣介石が対日寛大政策を主張する要因となった。そして、蔣介石が完全に望んだものではなかったが、天皇制の維持、日本領土の保全等は、すべてが戦後日本復興の基礎となったのである。そして復興後の日本は、太平洋において、国際共産主義勢力に対抗するための基地となった。ところが、中国共産党の長期政権の確立に従い、日本政府は1972年に「日中国交回復」を唱え、国民政府を棄てる決定をするにいたった。この事態の変化は、もちろん蔣介石が望むところではなかった。そこで、彼は産経新聞において、「蔣介石秘録」を650日間連載させることによって、日本国民に対して直接、「蔣介石が両国の友好と相互扶助に期待している」と訴えかけたのである。

1）　蔣介石「対従軍学生訓話」（1944年1月10日）、秦孝儀編『総統蔣公思想言論集』（台北、中央文物供応社、1984年）所收、第20巻、315頁。
2）『振武学校一覧、明治三十八年十二月末調』、防衛庁防衛研究所図書館所蔵、1頁。
3）　黄自進「蔣介石の人格形成と日本」『日本研究』第42集、京都、2010年9月、96-97頁。
4）　前掲蔣中正「対従軍学生訓話」、318-319頁。
5）　蔣中正「對全國青年遠征軍退伍士兵廣播詞」（1946年6月3日）、『総統蔣公思想言論集』第32巻所収、154頁。
6）　蔣中正「興隆山軍事会報訓詞」（1942年8月22日）、『総統蔣公思想言論集』第19巻所収、184-185頁。
7）　蔣中正「新生活運動之要義」（1934年2月19日）、『総統蔣公思想言論集』第12巻所收、78頁。
8）　蔣中正「実践與組織」（1950年6月11日）、『総統蔣公思想言論集』第23巻所收、273頁。
9）　蔣介石が、日本が中国に対して領土的野心を持っているとの見解を述べたのは、1911年が最初である。蔣中正「革命戦後軍政之経営」（1912年7月）、黄自進編『蔣中正先生対日言論選集』（台北、中正文教基金会、2004年）所收、98-100頁。
10）　蔣中正「上総理條陳軍事意見書」（1921年1月10日）、同上、123-124頁。
11）　黄自進「蔣介石と満州事変:「不絶交、不宣戦、不講和、不訂約」の対日政策の原点」『法学研究』第75巻第1号、東京、2002年1月、377-378頁。
12）　黄自進「満州事変前後における国民政府の対日政策―蔣介石の思惑を中心に」『東アジア近代史』第5号、東京、2002年3月、14-15頁。
13）　前掲黄自進「蔣介石と満州事変―「不絶交、不宣戦、不講和、不訂約」の対日政策の原点」、393-395頁。
14）　黄自進「日本的侵華政策與蔣介石的対応：1932-1945」『思與言』第41巻第4期、台北、2003年12月、193-223頁。
15）　半独立的な14省とは河北、山東、山西、綏遠、察哈爾、寧夏、青海、新疆、四川、雲南、貴州、西康、広西、広東であり、中央政府の直接統治が及ぶ10省のうち、江西、福建、湖南、湖北、河南、安徽、陝西の7省に中共の紅軍による根拠地が存在した。

郭廷以『近代中国史綱』（台北、暁園出版、1994年）、下冊、759頁。

16）　前掲黄自進「日本的侵華政策與蔣介石的対応：1932-1945」、194-196頁、216頁。

17）　外山操、森松俊夫編『帝国陸軍編制総覧』（東京、芙蓉書房出版、1993年）、第1巻、65頁。戸部良一『日本の近代（9）　逆説の軍隊』（東京、中央公論社、1998年）、285頁。防衛庁防衛研修所戦史室編『大本営陸軍部〈1〉昭和15年5月まで』（東京、朝雲新聞社、1974年）、400頁。

18）　前掲黄自進「日本的侵華政策與蔣介石的対応：1932-1945」、206頁。外山操、森松俊夫編『帝国陸軍編制総覧』、62、75頁。

19）　蔣中正「東亜大勢與中国復興之道」（1934年3月5日）、前掲黄自進編『蔣中正先生対日言論選集』所收、226-229頁。

20）　当時の蔣介石は、ソ連が一年後、日本に対して先制攻撃を始めるだろうと予測した。「蔣介石日記」（1934年4月12日）、アメリカ スタンフォード大学フーヴァー研究所蔵。

21）　同上（1936年3月31日）。

22）　ソビエトがコミンテルンを通じて民族統一戦線を唱えたのは、1935年8月の第7回コミンテルン大会であり、1936年8月15日、コミンテルンは中国共産党に蔣介石と妥協せよとの指示を与えた。同年8月25日、中共はこの指示に従って民族統一戦線を提唱した。周文琪、褚良如『特殊而複雑的課題：共産国際。蘇聯和中国共産関係編年史（1919-1991）』（武漢、湖北人民出版社、1993年）、294頁。黄修栄『抗日戦争時期国共関係記事:1931, 9-1945, 9』（北京、中共党史出版社、1993年）、121-123頁。

23）　張玉法『中華民国史稿』（台北、聯経出版社、1998年）、305頁。

24）　なるべく華北地域と中央政府との関係を切断しようとするのが、華北駐屯日本軍の政策であった。この政策に対応するため、蔣介石はいつも日本軍の要求に従い、華北における中央政府の組織を解散する形によって日本軍との衝突を避けようとした。だが、軍事的衝突を回避した後、蔣介石はまた、新しい中央側の組織を設立する事によって、華北における中央政府の主権を守った。このことは、満州事変から盧溝橋事件までの間に蔣介石が華北において「軍事委員会北平分会」「行政院駐平政務整理委員会」「行政院駐平辦事処」「冀東防共自治委員会」という四つの中央政府を代表する組織を設立したことにより裏付けられる。前掲黄自進「日本的侵華政策與蔣介石的対応：1932-1945」、213-216頁。

25）　秦郁彦『日中戦争史』（東京、河出書房新社、1977年）、224頁。

26）　前掲黄自進「日本的侵華政策與蔣介石的対応：1932-1945」、223-250頁。

27）　前掲秦郁彦『日中戦争史』、281頁。

28）　北岡伸一『日本の近代（5）政党から軍部へ』（東京、中央公論社、1999年）、169頁。

29）　呉相湘「中国対日総体戦略及若干重要会議」、薛光前編『八年対日抗戦中之国民政府：1937年至1945年』（台北、台灣商務印書館、1978年）所收、64頁。

30）　同上、69-71頁。

31）前掲郭廷以『近代中国史綱』、下冊、806頁。

32）前掲外山操、森松俊夫編『帝国陸軍編制総覧』、84、92頁。

33）防衛庁防衛研修所戦史室編『大本営陸軍部〈１〉昭和15年５月まで』（東京、朝雲新聞社、1974年）、400頁。服部卓四郎『大東亜戦争全史』（東京、原書房、1965年）、184頁。防衛庁防衛研修所戦史室編『関東軍〈２〉：関特演・終戦時の対ソ戦』（東京、朝雲新聞社、1974年）、23頁。前掲外山操、森松俊夫編『帝国陸軍編制総覧』75-76頁、108-109頁。

34）前掲外山操、森松俊夫編『帝国陸軍編制総覧』、102頁。

35）同上。

36）蔣中正「革命実践研究院軍官訓練団成立之意義」（1950年５月21日）、前掲黄自進編『蔣中正先生対日言論選集』所収、1010頁。

37）前掲外山操、森松俊夫編『帝国陸軍編制総覧』、97、102、123、131頁。

38）同上、102頁。

39）林金莖『戦後中日関係之実証研究』（台北、中日関係研究協会、1984年）、684頁。

40）U. S. Department of State, *Foreign Relations of the United States, 1943, The Conference at Cairo and Tehran* (Washington D. C.: U. S. Government Printing Office, 1961), p. 323.
林金莖『梅と桜―戦後の日華関係』（東京、サンケイ出版、1984年）45-46頁。

41）何応欽「蔣総統以徳報怨」『中国與日本』第138号、台北、1972年４月、124頁。

42）蔣介石「中華民国三十三年元旦告全国軍民同胞書」（1944年１月１日）、前掲黄自進編『蔣中正先生対日言論選集』所収、910-911頁。

43）五百旗頭真『日本の近代（６）戦争・占領・講和』（東京、中央公論新社、1993年）、250頁、269-272頁。

44）前掲林金莖『梅と桜―戦後の日華関係』、45-46頁。

45）Roger Buckley, *US-Japan Alliance Diplomacy 1945-1990* (Cambridge: Cambridge University Press, 1992), p. 10. 五百旗頭真『米国の日本占領政策　下巻』（東京、中央公論新社、1993年）、70-72、131-204頁。

46）前掲五百旗頭真『米国の日本占領政策　下巻』216-218頁。

47）江藤淳『占領史録　第４巻日本本土進駐』（東京、講談社、1982年）、32頁。

48）U. S. Department of State, *Foreign Relations of the United States, 1946, Vol. 9, The Far East: China* (Washington D. C.: U. S. Government Printing Office, 1972), pp. 268-269.

49）U. S. Department of State, *Foreign Relations of the United States, 1946, Vol. 9*, pp. 748, 750, 764.

50）『大公報』、1946年５月３日。『朝日新聞』、1946年６月６日。

51）サンケイ新聞社『蔣介石秘録　第14巻　日本の降伏』（東京、サンケイ出版、1976

年)、207頁。

52) U. S. Department of State, *Foreign Relations of the United States, 1945, Vol. 6, The British Commonwealth: The Far East*, pp. 667-668.

53) 『朝日新聞』、1945年10月7日。

54) 「在外邦人引揚概況」、『中央終戦処理　中華民国関係書類綴（除台湾）』防衛省防衛研究所所蔵。

55) 「岡村寧次将軍会談記」（中日文化経済協会編、『何応欽将軍中日関係講詞選輯』所収、台北、中日文化経済協会、1969年）65頁。

56) 「引揚民持帰リ金ノ件」、『中央終戦処理　中華民国関係書類綴（除台湾）』防衛省防衛研究所所蔵。

57) 中儲券は中央儲備銀行に発行され、中国の華南地域で流通した貨幣であるが、聯銀券は中国聯合準備銀行に発行され、華北地域で流通した貨幣である。「在東亜地域邦人調（第3号）」、『中央終戦処理　終戦聯絡中央事務局第五部』防衛省防衛研究所所蔵。

58) 小沢秀匡『昭和史　13巻』（東京、毎日新聞社、1983年）、34頁。

59) 条約原文はこのように記している。「中華民国は、日本国民に対する寛厚と善意の表徴として、サンフランシスコ条約第14条（a）1に基づき日本国が提供すべき役務の利益を自発的に放棄する」。

60) 黄自進「戦後台湾主権争議与「中日和平条約」」『中央研究院近代史研究所集刊』第54巻、台北、2006年12月、90-92頁。

61) U. S. Department of State, *Foreign Relations of the United States, 1943, The Conference at Cairo and Tehran*, Washington D. C.: U. S. Government Printing Office, 1961. p.324.

62) 蔣介石「宣誓就第一任総統職致詞」（1948年5月20日）、前掲黄自進編『蔣中正先生対日言論選集』所收、980頁。

63) 遲景德「從抗戦損失調査到日本戦敗賠償」、慶祝抗戦勝利五十週年両岸学術研討会籌備委員会編『慶祝抗戦勝利五十週年両岸学術研討会論文集』（台北、聯経出版事業公司、1996年）所收、1346-1347頁。

64) 同上、1336頁。

65) 舩木繁『岡村寧次大将』（東京、河出書房新社、1985年）、338-339頁。

66) サンケイ新聞社『蔣介石秘録』（東京、サンケイ新聞社、1985年）、上冊、3-50頁。

第4章

近代の台湾と日本

許　育　銘

はじめに

本章は主に近代における日本と台湾の関係の展開を振り返って検討するものであり、2015年までの歴史を時代別に区分してその間の変化、特徴を述べ、理解していただければと願っている。

多くの方は、台湾と日本とは地理的に近く、両国民の往来が頻繁であり、両国の関係は密接だと考えているだろう。確かに台湾人は日本が大好きで、海外旅行の行き先に選ぶのはいつも日本が一番目である。しかし、経済成長のお陰で多くの中国人観光客が日本を訪れ、大量の買い物をするようになり、現在、中国人観光客の数ははるかに台湾人観光客を超えている。そのため、現在、台湾人観光客が日本旅行に行くと、買い物の場所では日本人よりも中国人に出会うことの方が多いことに気付き、一部の台湾人は友人との間でその状況を笑い話として話したり、愚痴を言ったりしている。一方、日本の店にとって顧客が中国人か台湾人かはあまり関係ないことで、さらに日本人はもともと台湾人と中国人との区別が付かないので、台湾人はしばしば中国人に間違えられる。多くの台湾人はこのような混同から抜け出したいが、それは簡単に言えばある種の台湾主体性の表現である。この点は日本人にとって理解しにくいかもしれない。

日本と台湾の関係には、いつも「中国」という要素が存在している。従来、台湾は中国の一部に含まれてきたが、それには歴史的淵源がある。学術研究の面からいえば、日本の台湾研究は中国研究の中から発展してきたものであり、台湾と日本の関係は緊密であるが、日台関係史の研究成果は限られ、今日でも日米関係史や日中関係史のように独立した一つの専門研究分野になっていない。同様に、台湾の学界でも日台関係史研究は正式の専門研究分野になっていないが、大学の台湾史教養課程では必ず台湾が日本の植民地にされた過程を教えている。近年、これまで台湾の片方の見方で教えていた偏った状況は、少しずつ改善へと向かっている。

1　「120年」という数字

歴史を振り返ってみると、120年前の1895年の日清講和条約（下関条約）によって台湾は日本に割譲された。それは台湾や日本にとって大きなできごとであった。読者のみなさんは、「記念史学」という言葉をご存知だろうか。中国あるいは台湾では10年を一つの時間の単位とし、特に60年や100年を重視する習慣がある。歴史事件の場合、その発生から60年か100年経つと特に重視され、かならず沢山の記念活動が開催される。百年は言うまでもなく重要で記念すべき年である。60年は、中国古代の暦法観念から生まれた時間の概念で、干支を一回りするにはちょうど60年が必要なので、60年を「一甲子」といい、120年は「双甲子」という。2014年は日清戦争120年の年だったので、中国では日清戦争に関する記念活動と学術会議が多く開催されたが、その背後には濃厚な政治的においが漂った。2015年は抗日戦争（日中戦争）勝利の70周年の年であったため、中国は熱烈に多くの記念活動を行った。台湾の国民党当局は中華民国の正当性を主張するため、中国と競って、同様に抗日戦争勝利70周年の記念活動を盛大に執り行った。

一方、台湾当局は日清講和、台湾割譲120周年にどう対応したのか。120年という数字よりも、台湾は戦後の中華民国による台湾接収の歴史的意義をより重視すると思われる。「台湾光復70周年」を迎えた際、台湾で記念活動が行われたが、一部の台湾人は「台湾光復70周年」という言い方に反対した。彼らは、中華民国は外来政権だから「台湾光復70周年」ではなく「台湾終戦70年」と言うべきだと強く主張し、自分たちの記念活動を行ったのだ。そのことは実に複雑なことであり、台湾内部の対立状況の反映でもある。逆に対外関係から見ればどうなるのか。「日本と台湾の120年を振り返る」という命題は成立するべきだ。それは、現在の密接な日台関係があるからこそ、両国の歴史過程を振り返って検討するべきだからだ。もしも、蒋介石が国共内戦に勝利したら現在の「日台」関係は存在せず、「日華」関係になっていただろう。またもし当初、アメリカが台湾防衛に協力しなかったら、台湾は人民解放軍によって解放され、現在のような「日台」関係ではなく、「日中」関係の一部になっただろう。ここで言いたいのは、日本、中華人民共和国や中華民国とは異なる「台湾主体性」の存在である。

1945年から1950年までの期間、国共内戦と中華民国政府の台湾移転によって大量の中国人が台湾に移り、「本省人」と「外省人」という台湾社会の二重構造の形成をもたらした。そしてこの社会的な二重構造は、台湾の対外関係にも影響を与え、二重構造を形成した。すなわち、台湾という土地に、同時に「日華関係」と「日台関係」の二つの関係が存在しているのである[1)]。1945年から現在まで、日華と日台という二重構造が存在しているということは、日台関係において大きな特徴だと言えよう。戦後、日本経済の回復は速やかで、台湾の中華民国政府とは外交関係を維持しながらも中国大陸の市場を無視、放棄できなかった。そのため、日華関係は象徴的な友好関係となり、実際には脆弱な関係だった。結局1972年には日華は断交し、日中関係が正常化した。中国は改革開放後、市場経済の発展によって急速な経済成長を遂げたが、台湾と中国の国力の差は日本にとって一目瞭然のことであり、したがって日本は当然中国を重視し、台湾を軽視することになった。こうして、台湾と日本の間に相互認知の落差が起きた。他方、台湾は両蔣（蔣介石、蔣経国父子）時代の後、対外的には東アジア冷戦の解消により、「脱冷戦化」だけではなく、「脱内戦化」も進展した。台湾の「民主化と本土化（台湾化）」の急速な進展により、「華」を代表するものが次第に弱くなり、「台」を代表するものが徐々に拡大した。李登輝総統時期になると、李登輝は日本の教育を受けたので台湾の「日本語世代」の代表者として日本と親しくし、日本との関係の発展に力を入れた。中国の天安門事件発生後、たくさんの日本人が中国に失望したため、民主化が進んだ台湾を改めて高く評価することになった。日台関係は、主に台湾の変化に伴い友好的かつ積極的に発展し、さらに強調されたことがわかる。

しかし、台湾社会の変容から反映される「華」と「台」との断裂と接合の問題に関して、日本がどう見るのかは問題である。ある研究によると、戦後日本の台湾認識は、（戦前の帝国時代から続く）「台湾」という見方と（日中戦争と国共内戦から続く）「中華民国」という見方の二元的なものであった。同時に並存した上述の二つの認識は、時代によって濃淡の変化はあったが、1950年以降の冷戦時期の台・日・米・韓を含む東アジア国際関係に関わる分野では、ほぼ「華」が歴史の主役として研究が行われ、「台」に対する研究の痕跡はほとんどなかった[2)]。したがって、同時期の台湾社会が中華民国体制の下でどう調整、適応したかに関する日本側の研究は明らかに不足しており、今後さらなる分析が必要であり、この点も今後双方が努力すべき点である。

2　日本の台湾統治

近代日本と台湾の関係の120年にわたる発展過程を振り返ってみるにあたり、日本と台湾をめぐる政治地理的環境を分析する必要がある。そして、空間から時間へと分析を進めていきたい。

台湾と日本は「黒潮文明経済圏」に属し[3)]、地理的にみると、台湾の東海岸に瓶を投げると三日か四日程で九州南部や四国沿岸に着くほどのつながりがある。しかし、歴史の記載によると、台湾と日本の往来が明確に始まったのは室町時代以降のことである。当時、日本は台湾を高砂、高砂国、高山国と呼んでいた。「大航海時代」になり、ポルトガル人やスペイン人が日本で南蛮貿易を行った際には、台湾も海上貿易の発展により次第に世界の舞台に上がった。その頃、日本は台湾の地理的位置の重要性に注目し始めた。元和２年（1616年）、徳川家康は長崎の代官村山等安に台湾征服を命じ、等安は次男の村山秋安に２、３千人を率いて台湾征服に行かせたが、暴風により成果なく帰ってきた。寛永５年（1628年）、台湾のオランダ東インド会社は日本の商人との貿易紛争である浜田弥兵衛事件（タイオワン事件、ノイツ事件）を起こした[4)]。その後、日本は鎖国に入り、台湾との間で暫く重大な進展はなかった。19世紀に入ると、東アジア海域で台湾―琉球―日本はアーチ形の島鎖のように見なされ、アジアにおける列強の国際的権力闘争の舞台に上がった。近代以降、福澤諭吉の「台湾領有論」の主張をはじめ、日本は政治地理的戦略思考に基づき、辺境の琉球防衛から徐々に領土拡張に転じ、1895年、ついに台湾を獲得した[5)]。

日本の地理的位置はその対外行動を制約するが、日本は地政学に基づき国防戦略を計画した。日清戦争前後の時期の日本は、地方レベルでは日本領土を保全することを目的としたが、地域レベルでは東アジア海域をコントロールし、清帝国と朝鮮との連盟、或いは日本を脅す勢力の形成を防ぐことに専念し、国際レベルでは「脱亜入欧」を実践し、西太平洋でアメリカを挑戦した。福澤諭吉の「琉球防衛、台湾割譲」論は日本の国防戦略思想の原型と言える。台湾はまさに東アジアの地政学的変動の中核になったのだ。台湾にとって日本は最も近い隣国で、与那国島と台湾との距離はわずか111キロである。ちなみに東京と与那国島は2,112キロも離れている。よって今日の台湾の地域安全保障から考えると、日本という隣国も非常に重視されるのである。

明治維新後、台湾は戦略的に日本の南進の要衝に位置するため、日本が奪取を図る要地となった。1874年、日本は台湾南部の牡丹社に出兵し、事件後、賠償を請求したほか、台湾侵略の第一歩として清朝に日本の琉球併呑を認めさせようと迫った[6)]。1890年以降、日本で出された一部の論著、例えば福州駐在領事上野精一の「視察台湾報告書」、参謀本部編『台湾誌』と稲垣次郎の「東方策結論草案」等から、日本が台湾の豊富な資源と重要な戦略的地位に強い関心をもっていたことがわかる。1894年、日清戦争の勃発後、日本の軍･政高官は、台湾を占領し、南進の踏み板にするべきだと強く主張した。1895年、下関の春帆楼で日清講和条約が締結され、清朝は台湾を日本に割譲した。その旅館は現在も営業しており、入口の右側に日清講和記念館が設けられ、調印時に使った机、椅子を参観に供している。

台湾は日本に割譲される前、清朝により212年も統治されていた。その212年のうち、清朝が台湾を重視して力を入れたのは最後の10～20年だけであり、台湾の地位と価値をずっと把握できなかったのである。そのため、清朝が台湾の対日譲渡を決めると、台湾の人民は、政府は無力で台湾を保護できず、外国は干渉を欲しないのをみて自主自立を求め、「台湾民主国」の建国を宣言した。しかし、「台湾民主国」建国の目的は中国から離れ、新しい国家を作るものではなく、第三国の干渉により日本から台湾を取り戻そうという外交戦略にあった。したがって、台湾の独立は一つの手段、過程であり、最終的目的は中国に復することだった。台湾民主国の指導者は「願わくば島国の為に、永く聖清を載せん」と強調し、台湾民主国の年号を「永清」と名付けたのである。当時の策略は、まず独立し、後で清朝と統一するというものであり、独立は暫定的手段であり、いつか統一するチャンスを獲得しようというものだった。当時の地政学からみれば、独立によって台湾は主体性ある政権を得られたにもかかわらず、清朝を離れることができず、その短い独立の行動はただ清朝の統治に戻るための手段だったのである。

日本は軍隊を台湾に派遣し、台湾民主国の抵抗を速やかに平定し、1895年11月、台湾全土の平定を宣言した。しかし、台湾人民の抵抗や蜂起は依然として続いた。1915年、余清芳が西来庵王爺廟で起こした「タパニー事件」が平定されたことで、台湾人の武装抗日運動は一段落した。「タパニー事件」は台湾の日本植民地時代に起きた多くの事件のなかで最も規模が大きく、犠牲者も最も多く、また台湾の漢人史上で最後の大規模武装抗日事件であった[7)]。他方、日本は最初の植民地として台湾をいかに統治するか模索しながら、近代化建設を導入し、台湾の統治を図った。その中での代表的な人物は、台湾総督府民政長官を務めた後藤新平である。日本がわずか11年間で台湾の財政的自給を果たしたことは、世界の植民地史においても奇跡だと言われている。

1915年から1937年までの間は台湾統治の安定期で、台湾人の日本の植民地統治に対する対応は、抵抗から「非武装抗日」に転じた。この時期、台湾人は明確な政治意識を宗旨とする団体、例えば近代的政治団体や文化団体、社会団体を組織し、利用し、共同意識や一致した信念をもつ人を結びつけ、設定した目標に向かって共に努力しようと運動を展開した。その主な代表は、林献堂が指導した「台湾議会設置請願運動」である。1921年には、医師の蔣渭水が青年学生と台湾各地の社会的名望家を結びつけて「台湾文化協会」を設立した。その後、「台湾文化協会」は台湾の多くの民族運動や社会運動、政治運動の大本営となり、また多くの社会運動団体の母体となった[8)]。1930年、台湾総督府が実施した「理蕃事業」による長期にわたる労役強制と圧迫のため、原住民による大規模な抗日事件が起きた。すなわち、「霧社事件」である。台湾の映画監督魏徳聖は2011年に「霧社事件」を映画化した。映画名は「セデック・バレ」で「霧社事件」を理解する上で入門的な内容である。魏徳聖は2014年にもう一つの映画、「KANO 1931　海の向こうの甲子園」の制作に携わったが、これは当時の台湾社会を理解するのによい映画である。映画名のKANOは嘉義農林野球チームの略称「嘉農」の日本語音である。1931年、大日本帝国統治下の台湾で原住民と日本人と漢人による嘉義農林野球チームKANOが組織された。野球チームの実力はとても弱かったが、新監督近藤平太郎の指導によって台湾全島のチャンピオンを勝ち取っただけでなく、第17回夏の甲子園大会への出場を果した、という話である。

1937年から1945年までは日本の台湾統治の成熟時期である。台湾人の抗日運動には「祖国化」の現象が現れた。台湾の抗日運動については、これまで主に二つの解釈がある。一つは、台湾の抗日は祖国に帰依する、つまり祖国復帰を最終目的としたとする見方だ。もう一つは、日本統治の下で台湾人はすでに「台湾民族」を形成したので、抗日運動は「台湾民族」の独立運動だったとの見方である[9)]。もともと、これ以前の時期に、多くの台湾知識人は日本の台湾への差別待遇に反対し、日本の伝統文化による同化政策と皇民化を拒み、文化面と政治面から日本の植民地支配の圧迫に対抗すべきだと主張した。そのため、1937年に始まった日中戦争は台湾の抗日運動の転換を促し、少なからぬ台湾青年は対岸の中国大陸に行き、抗日戦争に身を投じた。彼らは日本の植民地時期に生まれ、完全な日本式教育を受けていたにもかかわらず、思想の根底で自らの祖国は中国だと認識していたため、祖国の力を借りて台湾を日本から解放しようと考えた。彼らは国民党または共産党に入党した。台湾人で共産党に入った代表的な人物は謝雪紅であり、日本統治時期の台湾共産党（日本共産党台湾民族支部）の創始者の一人でもある。台湾人で国民党に加入した代表者は李友邦、翁俊明であり、李友邦は中国の広州へ行き、黄埔軍官学校に入って国民党に育成され、台湾義勇軍の将軍になった。翁俊明は孫文の中国同盟会に参加した最初の台湾人で、1937年に盧溝橋事件が発生すると、直ちに日本国籍離脱の声明を出し、後に「中国国民党台湾省党部」を成立した。日本で有名な女優ジュディ・オングは翁俊明の孫娘である。

3　戦後の日台関係

1945年8月の敗戦後、日本は台湾を放棄し、中国がそれを受け継ぐ形で連合国代表として台湾に来た。この時から台湾の帰属問題については後にさまざまな見解が出てくる。国民政府は台湾の行政長官として陳儀を派遣した。行政長官の職務は日本統治時代の台湾総督にあたる。陳儀は日本に留学した経験があり、夫人も日本人であり、国民党内では日本通として知られていた。だが、彼の統治時代に「二二八事件」が起き、罷免され、後に免職となり、のちに台湾で蔣介石に処刑された。1949年、中国大陸における内戦で共産党に敗れた蔣介石は台湾に撤退した。1945～50年の間、約200万人もの人が台湾に逃れてきた。この1949年から「二つの中国」という分裂状態に入った。台湾にある中華民国は「大陸反攻」をスローガンとし、対岸の中華人民共和国は「台湾解放」を掲げ、相対立したのである。1950年、台湾が窮地に陥っていた時に、朝鮮戦争が起こり、この逆境は一転した。元々「台湾海峡には一切関与しない」立場をとっていたアメリカは立場を変え、冷戦の中で台湾の国民党政権を保護することとなり、それを続けたのである。これは台湾が東アジア地政学の中核に位置するからでもあった。1950年2月、中国とソ連が中ソ友好同盟相互援助条約を結んだのをきっかけに、アメリカは台湾を自陣営に引き入れ、日本に中華民国政府との講和を働きかけ、一連の交渉の結果、1952年4月に「日華平和条約」が締結された。この条約の前提は、台湾の中華民国政府を承認することであった。

もっとも、この前提に関して日本政府にはいろいろな考えがあった。後の研究での解釈もさまざまであるが、少なくとも当時の日本はこの前提をすぐには受け入れなかった。当時、吉田茂首相は中国との外交関係樹立を模索していたとの説もあれば、吉田首相はたとい中華民国を承認しても、なお中華人民共和国との領事関係、実質的経済関係を模索していたとの説もある。のちには「二つの中国」、「政経分離」が議論された。すなわち、日本は台湾にある中華民国政府との間で「政治関係」を樹立すると同時に、中国大陸との「経済関係」を維持し、北京政府と行き来をし、対中外交を展開したのである[10)]。1950年代から、日本は台湾の中華民国政府との関係を維持したまま、日中民間貿易協定によって中国との関係を発展させたが、これに対し台湾側は強い反発の意を表し、1958年5月に長崎国旗事件が起きた。この事件により中国と日本の関係は閉ざされ、主に対中国貿易を行っていた日本企業に大きな打撃を与えただけでなく、後の日中関係のターニングポイントとなった。吉田茂、池田勇人、佐藤栄作と歴代の内閣は、中国か台湾かの二者から一つを選ぶことはしなかったのである。

1962年、日中民間貿易の「LT貿易協定」により設置された高碕達之助事務所（北京）と廖承志事務所（東京）は、貿易関係だけでなく、日中両国間の半ば公的な交渉の窓口としての機能も果たした。日本の左翼の人物は次々と中国大陸を訪問し、中国側もしばしば「文化団体」を日本に派遣し、活動を行った。日中接近の状況に対処するため、1963年5月、台湾の蔣介石は国民党秘書長の張群に日本を訪問させた。同年8月、日本の企業は中国にビニロン・プラントを売り、政府から日本輸出入銀行の融資保証の約束を得た。これに対し台湾側は激しく抗議した。同年10月、中華人民共和国の中国油圧機器訪日代表団が来日した際、団員の周鴻慶が亡命を求め、まずソ連大使館に逃げ込み、その後亡命希望先を中華民国に変える事件が発生した（周鴻慶事件）。池田勇人内閣は、結局、台湾への亡命を希望していた周鴻慶を中国大陸に送り返したが、一連の日本の非友好的行動に中華民国政府は不満を表し、駐日大使を召還するなど抗議の意思を示した。この時の日台関係はもう破裂寸前であった。1964年2月、池田首相、大平正芳外相は、吉田茂元首相に個人の名義で中華民国を訪問することを要請し、吉田は台湾を訪れ、蔣介石に面会して国民党政府支持を約束する「吉田書簡」をわたし、これにより緊張関係が少し和らいだのである[11]。

1971年10月、国連総会で中国代表権問題に関する決議の採択が行われた。日本は中華民国を支持し、中華人民共和国の加入に反対したが、結局、失敗に終わった。1972年2月アメリカが突然、中国に接近したことに衝撃を受けた日本は、中国との国交改善に向かった。同年7月、国会で親中派の田中角栄が首相に選出され、田中は組閣後、9月に北京を訪問し、日中国交正常化の共同声明を発表した。これと同時に、台湾の中華民国も日本との国交断絶を発表した。ただし、日台間の民間レベル、反共産主義の問題では引き続きよい関係が保たれ、文化、貿易関係は引き続き発展していった。1952年から1972年の間、台湾と日本との正式の外交関係（「日華関係」）は存在したものの、とても脆弱なものであり、民間での「日台関係」もそれほど緊密なものではなかった。一方、日本は海外における台湾独立運動の重要な拠点になっていた。1955年2月、廖文毅と台湾独立党により日本で「台湾共和国臨時政府」が設立され、これは1977年まで存続した。1959年、台湾独立運動家の王育徳などは日本で台湾青年社を設立し、在日台湾人留学生を対象に啓蒙活動を行い、日本語による月刊誌『台湾青年』を刊行[12]、その後、許世楷、金美齢等多数の台湾人留学生が加入していった。台湾独立運動の中心的人物の一人許世楷は、後の2004年には当時の陳水扁政権の台北駐日経済文化代表処の代表（駐日大使に相当）に選ばれた。

1972年に中華民国と日本との政府間関係が断絶した後も、台湾と日本の間では緊密な経済、文化の交流関係が存在した。中華民国政府は「亜東関係協会」（1992年に台北駐日経済文化代表処に改称）を設立、日本側は民間団体の名義で「財団法人交流協会」を設立し、相手側との関係事務を行った。相互の関係は単なる民間関係ではなく、準正式関係と認識されていた。これらのネットワークを通じて日台間の経済、文化、人的交流は、日華断交の影響を受けて一時期後退を見せたものの、1973～74年の日台航空路線摩擦を経て、以後、台湾との実質的な外交を通じて更に安定した発展をみせた。この様な経済、文化を中心とした日台間の準正式関係を「七二体制」と呼ぶ[13]。

この様な準正式、非正式外交の強化により、日華議員懇談会（「日華懇」）が出現した。これは政党の壁を超えた国会議員の連盟であり、灘尾弘吉、藤尾正行、中川一郎、玉置和郎、田中龍夫、渡辺美智雄等の議員により1973年3月に成立した。初代会長に灘尾弘吉氏が就任、元は自民党内の政治団体であったが、1997年自民党内の分裂後、各党の親台湾議員の加入を認め、最も多い時期には総数300人に達した。これは衆参両院議員総数の40％余りに当たる。日華懇以外にも経済貿易会議、東アジア経済会議など定期的、非定期的な組織を使い、半官半民的に日台間の準正式、非公式外交が強化されていった。

このように、日華関係は1972年の断交をもって正式の外交関係ではなくなったが、依然準正式、非正式な関係が維持された。台湾での中心的人物は蒋介石、馬樹礼を中心とする外省人の旧世代であり、彼らは台湾の国際的孤立、政治の自由化、台湾化の波に耐えながら奮闘した。1980年代は日本では親台政治家の黄金期とも言え、台湾の反共意識に共感しながら、民間の経済関係を中心に新たな日台関係を築き、これらの基礎は徐々に強固なものになった。この中国、台湾、日本の「比較的安定した」時代、台湾は劣勢に立たされながらも正面から「七二体制」に挑戦せず、実質的な関係を強化し続けた。

1980年代末、東アジアの国際関係と各国の政治情勢の変化を受けて、日台関係は新たな展開を迎えた。冷戦終了の前後、台湾内部では大きな政治的変化が起こった。それは政治的民主化並びに台湾化、脱内戦化の進展であり、これらにより台湾と大陸との関係は現状維持が主となり、中国統一からは遠ざかった。これらの変化は台湾内部にとどまらず、80年代から90年代初期の中ソ和解、天安門事件、冷戦終結、ソ連崩壊等国際政治の大変動と連動した。東アジアの構造変動は、日台関係に新たな変化をもたらした。一つ目は、日本にとって中国のソ連に対する戦略的価値が低下し、他方、民主化により台湾を無視できなくなったことである。二つ目は、李登輝総統を始めとする日本の植民地時代に教育を受けた人達が政権の主流になり、これらの人々は日本と密接な関係にあり、日本にとても好意的であったため、台湾で親日的要素が高まったこと。三つ目は、中国の経済的、軍事的発展により、愛国主義、反日主義が高まり、日本人嫌いの感情が高まったこと。四つ目は、民主化と台湾化により日台関係は更に緊密になったものの、同時に台湾の植民地統治や日中戦争に関わる歴史問題などが表面化してきたこと。すなわち、以前は戦略的考慮のため対日批判は抑えられていたが、民主化に伴い慰安婦問題、尖閣諸島の領土問題など、対日批判が可能となったのである。

2000年民進党の陳水扁が総統に当選したのをきっかけに、日台関係は新たな幕開けを迎えた。これは同時に今までの「国民党と日本の関係」、「年配の日本語世代と日本人の関係」の時代が終わったことを意味した。対日関係の促進は陳水扁時代の重要な外交政策であり、対日政策担当部門の強化、「米日台安保対話」を促進し、また「日台価値の同盟」を提唱し日台の実質的な交流を展開した。2008年に馬英九総統が就任後もただちに台日パートナーシップ構想を提唱し、2009年を「台日パートナーシップ促進年」と定め、日台関係の強化を図った[14)]。馬政権は日台関係重視の姿勢を示してきたが、尖閣諸島の領有権を主張し、2012年8月には日、台、中による資源の共同開発を提唱した。また、慰安婦問題については「人権侵害の重大な戦争犯罪だ」と述べ、日本政府に慰安婦への謝罪と賠償を要求するなど、いずれも歴代政権より主張を強めている[15)]。

おわりに

2011年、東北地方で巨大地震が発生すると、中華民国政府並びに台湾の民間組織は迅速に救助隊を派遣した。また、台湾各地で集められた寄付金は台湾ドルで70億元以上に上り、世界一に達した。台湾の日本に対する情熱的な援助は二国間の歴史的関わりがもたらしたものだと言える。岸田文雄外相は、2013年1月、交流協会成立40周年の祝辞において、日本と台湾では10人に7人は相手国に親近感をもっているとの調査結果を発表した。この日台間の深く熱い友情と信頼感は、まさしく民主、自由、平和など共通の基本的価値観が存在することの反映である。

ここ120年間の近代日台関係は、前期50年は宗主国と植民地の関係、後期70

年は国と国との関係とに分けることができる。1945年以後、国民党政府は台湾を接収し、1949年に台湾に逃れてきた。中華民国は日本の台湾搾取に代わり、日本語禁止などの措置を行い、台湾社会に二重構造をもたらした。台湾社会は中華民国のシステムの中で民主化と本土化を進めてきた。今後日本と台湾の関係が、中国ファクターが存在する中においても、台湾の主体性を維持し、よい方向に向かっていくことを期待する。日台関係の歴史を知りながら、日台の友好関係を大切にし、未来の日台関係をもっと強靱なものにしていきたい。

最後に、一つの例を紹介したい。ご存知の方も多いと思うが、台湾にはパイナップルケーキ（鳳梨酥）という有名なお菓子がある。台湾に旅行に行った人のほとんどがお土産として買って帰る菓子で、一年に約300億台湾元売れているという。実は、伝統的なパイナップルケーキの餡はパイナップルではなく、冬瓜と砂糖でできているのだが、近年、その餡に本当のパイナップルを入れるものが出ている。材料のパイナップルは、少し値段はかさむが、台湾原産のパイナップルが最も合うと言われている。このパイナップルを台湾の主体性にたとえてみてほしい。そして次に台湾に来た際に、パイナップルなしのパイナップルケーキとパイナップル入りのパイナップルケーキを食べ比べてみてほしい。この味の違いから、台湾の主体性を体感することができると思う。

1）川島真、清水麗、松田康博、楊永明『日台関係史1945-2008』東京大学出版会、2009年、36頁。

2）洪郁如「日本学界対戦後台湾史研究的状況」（『2012年台湾史研究的回顧與展望研討会論文集』、2012年12月）14頁。

3）林満紅「『黑潮文明経済圏』的歴史與文化：台日関係篇」（許光泰『亜洲共同課題的挑戦』国立政治大学国際関係研究中心、1999年）68-103頁。

4）1628年浜田彌兵衛が台湾で商売を行った際、台湾のオランダ東インド会社が税を徴収し、さらに物資、武器等を没収したため、双方が衝突した。浜田彌兵衛は当時オランダ台湾行政長官ピーテル・ノイツ（Pieter Nuyts）の息子を日本に拉致し、同時に日本は平戸のオランダ商館を閉鎖し、オランダ東インド会社が日本で貿易できなくし、莫大な損失を与えた。結局、ピーテル・ノイツは判決二年を下され、日本に引き渡され、監禁された。中村孝志「台湾をめぐる日蘭関係」『日本歴史9　朱印船と南への先駆者』、1986年７月、譯文刊『台湾風物』第46巻第２期、1996年６月、15-43頁。

5）　呉密察「台湾領有論與琉球―福澤諭吉外政論的一個考察」（同『台湾近代史研究』稻鄉里出版社、1994年）51-68頁。

6）　松永正義「台湾領有論の系譜―1874年の台湾出兵を中心について」『台湾近代史研究』創刊号、1978年、15-22頁。

7）　タパニー事件は西来庵事件、玉井事件とも言う。台湾人が初めて宗教の力で団結し日本に反抗した重要な事件である。事件の計画を立てた地点が台南市西来庵王爺廟であることから「西来庵事件」と呼ばれ、また事件の主要人物が余清芳（1879年-1916年）だったため、「余清芳事件」ともいう。余清芳等の計画から始まり、江定等の処刑まで約二年間で1,957人の台湾人が逮捕された。その内起訴されたのが1,482人、死刑判決を下されたのは915人にのぼる。実際に死刑が執行されたのは135人で、300人近くが獄中で死亡した。康豹 (Paul R. Katz)『染血的山谷―日治時期的噍吧哖事件』三民書局、2006年を参照。

8）　詳しくは陳翠蓮『台湾人的抵抗與認同1920-1950』遠流出版公司、2008年を参照のこと。作者によると、日本統治時代半ばから台湾人の長期にわたる反植民地運動の努力の結果、政治、文化面から鮮明な目標を追求することができた。政治面では台湾人共同意識の形成、植民地統治への反対、全島範囲での台湾人自治の追求等があり、文化面では台湾文化協会並びに『台湾民報』での宣伝と議論を通して台湾人の自覚を喚起したこと等があった。彼らは近代的価値に基づく文明社会を主張していた、という。

9）　台湾抗日運動の「台湾派」と「祖国派」の議論は、王政文『台湾義勇隊―台湾抗日団体在大陸的活動、1937-1945』五南、2007年、103-108頁を参考とした。

10）　陳肇斌『戦後日本の中国政策――九五〇年代東アジア国際政治の文脈』東京大学出版会、2000年、1-5頁。

11）　この時の吉田書簡は第二次吉田書簡とも言う。台湾問題と自民党の政治関係については、井上正也『日中国交正常化の政治史』名古屋大学出版会、2010年、第四章を参照。

12）　何義麟『戦後在日台湾人的處境與認同』五南出版社、2015年、156頁。

13）　川島真他前掲『日台関係史1945-2008』95頁。

14）　1988年から現在に至るまでの台湾の政治的変化と日本との関係については、井尻秀憲『激流に立つ台湾政治外交史―李登輝、陳水扁、馬英九の25年』ミネルヴァ書房、2013年を参照。

15）「台湾総統に蔡氏　日台関係改善を期待　政府、手腕注視」『毎日新聞』2016年１月16日。http://mainichi.jp/articles/20160117/k00/00m/010/104000c

第2部

帝国日本の拡張と東アジア

第5章

植民地朝鮮と日本伝統芸能の遭遇

――狂言朝鮮公演記

金　蘭　珠
花井みわ 訳

はじめに

1868年の明治維新に触発された近代化と西洋化の波の中で、600年の伝統をもつ芸能 能楽の衰退傾向は極限に達した。しかし、1879年に皇室に能舞台が設置され、明治政府の有力官吏と華族たちが主軸になって能楽支援団体が設立されるなど、明治の新しい支配層によって能楽伝統の脈は再び繋がるようになった。

一方、伝統的能楽が隆盛の機会を得た重要な分岐点の一つに、日露戦争の勝利とそれにつづいた日本の植民地支配をあげることができよう[1)]。朝鮮と台湾、中国本土へと日本の植民地支配が拡大するにつれ、植民地に渡った日本人の後を追って、能楽師たちも謡曲の指導者として進出していった。また本土で人気のある能楽師が京城、釜山、仁川、旅順、大連、台南、青島、済南、上海など海外の植民地都市に出かけることも多くなった。近代の能楽は日本帝国主義のアジア進出とともに、アジア植民地という新しい舞台を発見することになったのである。

これまで近代能楽史の主な争点は、この時期の能楽の低迷と劇的な再生、その過程で起きた家や芸能人たちの浮き沈みと舞台の変化の様相などを探ることに焦点が合わせられてきた。それが最近は、近代時期海外植民地に普及した能楽の実態を究明する論文が発表されている。しかし、残念なことにこれらの研究のほとんどは当時の新聞資料と雑誌の記事を羅列的に紹介することに留まっており、研究の比重も能に偏っている[2)]。能楽成立以来、狂言が能の附属物のような待遇を受けてきた歴史を考えれば、あるいは当然のことかもしれない。

しかし、この時期能とは別に狂言の単独公演が海外植民地で活発に行われたことを想起すると、今後、狂言の海外植民地公演に焦点を合わせた研究が進むべきだろう。更に、わたしたちが注目すべき点は、この時期狂言の重要な海外の舞台がまさに植民地朝鮮であったという点である。明治から大正、昭和にかけて狂言界を担った代表者たちが次々と朝鮮公演を行ったのにもかかわらず、これらの事実は、韓国近代文化と演劇の専門研究者の間ではほとんど知られず、注目されてこなかった。

この時期、狂言の朝鮮公演がどのような様相で展開されたかを考察することは、近代狂言史はもちろん、韓国の近代演劇史の一断面を見ることにも繋る。このような認識の下で、本章では、能楽の一つの軸である狂言が近代朝鮮の文化空間にどのように遭遇したのかを考察するとともに、それが韓国文化界と日本能楽史に与えた意味についても考えてみたい。

1　1910年茂山千五郎の公演

(1)　1905年海外舞台の発見

能楽の歴史上最初の海外公演地は朝鮮であった。1905年、日本の京釜鉄道株式会社の招聘により、同鉄道開通祝賀公演のために、24名の能楽公演団が朝鮮に入国したのである[3)]。その時、この公演団に参加した狂言師二世茂山忠三郎良豊（1848～1928）は、14泊15日に及ぶ訪韓日程を旅行記録として残した。しかし、初めての朝鮮公演は大したインスピレーションを与えなかったためか、この時の旅行記には公演そのものに関する内容はほとんど見られず、またその後二世茂山忠三郎が再び朝鮮の舞台に立った記録も見当たらない[4)]。それにくらべて、忠三郎に同行した同僚の茂山千五郎（1864～1950）はこの時の朝鮮公演に対して比較的良い印象をもったようである。

> （京城の舞台の）二日目には午前十時に始めて五時頃に終ひ（ママ）ましたが、

……見物は日本人が多く韓人は少なかったですが、狂言は割合に能く解ったやうです。……釜山では二十八日の午前十時から南浜商業会議所の倉庫内で催しましたが、仮の舞台とはいへ橋掛りも六七間ありました。……見物は二千名以上で何れも日本人ばかり。凡て日本へ見物に来られるのと同じ体裁でしたから、恰度本邦で演じて居るやうな心地が致しました。

（『京都日出新聞』1905年6月4日[5)]）

上記の記事は1905年5月25日の京釜鉄道開通式の翌日の、5月26日京城とついで28日釜山で催された慈善公演に関する回顧談である。1905年、能楽史上最初の海外公演は朝鮮の人々にこれと言った印象を残さず、日本人だけの祭りで終わった。しかし、千五郎のインタビューの内容で興味深いのは、26日の公演の観客に韓国人がいたということと、彼ら韓国人が狂言の内容をある程度理解している雰囲気であったという点である。もちろん、この日客席にいた韓国人はこの公演の主催者古市公威京釜鉄道総裁などの招待で来た、ある程度政治的地位をもっている人たちであり、能・狂言の純粋な観客ではなかっただろう。しかし、彼らが日本の伝統芸能である狂言の内容をある程度理解し、反応を示したという点は、海外舞台における狂言の可能性を示すものであったろう。それ以後、当時、我こそはと意気込む狂言師たちは次々と朝鮮に渡り、公演を行うことになった。

⑵　1910年朝鮮公演と千五郎の狂言

1905年朝鮮での公演で好印象を得た茂山千五郎は、在朝日本人たちの能楽への関心と熱意の可能性を見たようである。そして5年後の1910年、彼は再び朝鮮舞台を訪れた。公演誘致の諸事情に関して『京城新報』には次のような記事が掲載された。

近頃当地に於ける謡曲の流行は非常のものにて其の流派も一様ならざるが、加か（ママ）も能楽師を有せざることとて未だ此の催しなかりしを遺憾とせりし同好の士は過般大阪にて発行する『国諷』能楽雑誌社主幹泉氏の来城せしを好機とし能楽開催の事を交渉したるやうに聞き及び居りしが今回愈々其の尽力にて大阪に於ける斯道の大家喜多流の家元観世の大江又三郎、脇師に高安の猪八郎、狂言師には茂山千五郎其の他の一行廿五日大阪出発二十七日下の関(ママ)にて、廿九日及び十一月〔十二月〕一日の両日釜山にて、二日着城四日、五日の両日に旭町萬千閣に開催する。

（『京城新報』1910年11月23日）

上記の記事で目立つのは、1910年当時朝鮮で謡曲が流行し、各流儀の謡曲会が盛行したということである。統計によると、この時期京城居留地に居住していた日本人は、1910年9月現在34,468名[6]に達していた。この記事によれば、この年すでに在朝日本人の謡曲好きの需要は本土の能楽師たちを招き入れるほどのものであり、先述の1905年に比べて大変進展した状況であった。そのことはこの公演を企画、主催した『国諷』の主管、泉秋花の言葉からも確認できる。

朝鮮は彼の古市公威氏が在韓の折京釜鉄道開通式の余興として数千円を投じて能楽の催しが出来た事はあつたが其頃は未だ謡の趣味を持つて居る人などは殆ど皆無といつてもよかつたので、……唯鉄道の開通式に野卑な余興に金員を費するよりは高尚優美なる能を催す方よからんとの夫〔ママ〕に古市氏ありてこそ其儀が成て出来た催しであつた[7]。

（「報道、朝鮮及下関の催能」『国諷』第6年－1月号、1911年1月）

泉によると、1905年能楽の最初の朝鮮公演は現地の事情とは関係なく、古市公威京釜鉄道総裁という個人の趣向と意志によって貫徹された側面が大きい。それに比べて、『国諷』が主催した朝鮮公演は現地の能楽の需要が働いた結果と言える。もちろん、このような変化は1910年の日韓併合を契機に植民地朝鮮が全方位から日本の影響を受け始めたこと、そして、なによりも日本人の大量移住と無関係ではないだろう。いずれにせよ、1910年の日韓併合を基点に、日本能楽界は朝鮮を新しい舞台として認識するようになったのである。

それでは、このように推進された朝鮮での公演はどのようなものであっただろうか。11月30日と12月１日、釜山の守谷旅館で成功裏に公演を終えた一行はまっすぐ夜行列車に乗って京城へ向かった。京城での公演は旭町の萬千閣で開かれ、入場料は一人２円均一だった[8)]、という。植民地時期、旭町は現在の会賢洞一帯であり、京城府区域画定事業により造成され、京城一の歓楽街として料亭がずらりと軒を並べたところであった。正確な場所は特定できないが、千五郎一行が上演した萬千閣もやはり大きな規模の高級料理店であったと推測される。この時の公演は、主催者側表現を借りると、観客の熱い呼応を得た大変成功した舞台であった。

> 歓喜の声湧くが如し、京城は十二月四日の日曜日一日五番能を催すだけの筈であつたが観覧者の熱心なる希望は到底一日では満足されず是非五日も夜能として三番だけ見せて貰ひ度しとの希望を容れ四日は午前九時より五日は午後四時として開催した。観覧者の喜びは喩ふるにものなく茂山氏の功名なる狂言などを見ては得堪えずしてドツと笑ふ声湧くが如く、余りの歓喜に楽師一同も大満足をなし茂山氏の如きは何ぞモウ一番装束のあるもので狂言を一番加へませうかとまで云つて呉れたほどだが時間の都合もあつたので先づ予定だけのものにして置いた。
>
> （泉秋花「旅行日記、朝鮮及下関の催能」『国諷』第６年－３月号、1911年３月）

この公演で注目すべき点は能と狂言の演目数で、４日の上演では能５番と狂言４番、５日は能３番と狂言２番が上演された[9)]。この中で４日の「松風」と５日の「葵上」が全曲上演ではなく一部場面のみの上演であることを考えると、能と狂言の演目の数はほぼ対等と言えよう。すなわち、能を中心とする既存の上演のパターンとは異なり、狂言が占める割合がかくも大きかったわけである。なお、上記の報道には、12月４日と５日の両日の公演が観客から大きな反響を得たとするが、特に熱い反応を引き出したのは狂言であった。この時の雰囲気を主導した人物がまさに京都の名優茂山千五郎であった。５年前、茂山忠三郎と共に朝鮮公演を行った後、再び訪れた朝鮮での舞台で千五郎は客席を沸かせるほどの大きな反響を引き出したのである。

当時、明治狂言界は和泉流の三宅派が東京を、大蔵流の茂山派が京都を中心とする関西地域を席巻していた。この中の千五郎家は茂山派の本家として写実的な芸風を標榜したが、明治時代には神事奉納狂言をはじめ各種宴席にも気軽に出ており、関西市民との連帯を重んじながら繁栄した。1905年と1910年に朝鮮公演を行った人物はこの千五郎家の家元の十世千五郎正重（1864～1950）であった[10]。彼は父親の正虎の芸能を受け継いだ優れた役者で、お伽倶楽部を組織して（1906年）小学校の子どもたちに狂言を教えるなど、狂言大衆化の先頭に立った役者であった。後に彼は自分の狂言について次のように自評した。

> 私は前かた（ママ）、「豆腐」という変なあだ名をつけられた事があります。これは京都では、お菜に困りますと「湯豆腐にでもしようか」という事を申しますが、つまり余興に困つたら茂山の狂言、という事になる意味からやそうで、しかし私流に考えますと「豆腐」誠に結構で、皆様に好かれるのなら湯豆腐になろうが鯛と一緒にたかれようが、豆腐の方で文句をいう必要はないと存じまして、益々よいお豆腐になるように努力して参りました。
>
> （茂山千作翁記念刊行会『茂山千作　狂言八十年』都出版社、1951年）[11]

ここには当代観客の娯楽として笑って楽しむことができる狂言を志向した千五郎の演技観がよく表れている。1910年の朝鮮公演は、彼のこのような演技が更に積極的に発揮された公演であったのではないだろうか。笑いの芸能とは言え、すでに600年余りの歳月を経て古典中の古典として定着した狂言が客席を沸かせる笑いを引き出すということは、珍しいといえば珍しい風景である。ある面でこの破格の公演は、もしかすると本国ではなく海外公演であったからこそ可能であったかも知れない。

かつて1868年、大蔵流の家元弥太郎虎年は幕府の滅亡とともに奈良に都落ちし、「わたしは腐って栄えるより固く守って壊滅する道を選ぶ。だから、各弟子家もこれを銘記して取り締まるようにせよ」という遺志を下した。その後、彼は酒に酔いつぶれ廃人のように過ごし、あげくは1881年41歳で他界した。しかし、家元と距離のある分家や弟子家の狂言師たちは彼の遺志とは正反対の道で生きる道を模索していたのである。

一方、千五郎と共に公演した中垣利幸は能楽史上最後の「南都禰宜狂言師」と評価される役者である。南都禰宜は奈良の春日大社に従事した下級神職として主業である神職以外に能楽役者としてかなり活発な活動を展開したという。中垣は彼の祖父と父が明治30年代に相次いで死亡すると、1907年14歳の時に茂山千五郎に入門し、共に舞台に立ったと言われる[12)]。式楽を中心とする主流能楽とはまた異なる能楽史の一ページを飾った南都禰宜狂言師の最後の跡継ぎが20世紀初め植民地朝鮮で公演を行ったことは興味深い。

しかし、熱烈な観客の反応にもかかわらず、1910年の公演は赤字で、主催した『国諷』社に深刻な財政負担を与えて幕を下ろした。主幹の泉氏の言葉によると、それは当初出演予定だった喜多流の家元六平太（14世、1874～1971）の出演がなくなり、予約キャンセルが相次いだからであった[13)]という。しかしながら、このような財政的問題とは別に、日本能楽界の朝鮮での興行、特に、狂言の興行については希望を与える公演であったと言えよう。

2　1910年代中頃～30年代の狂言公演

⑴　1910年代の朝鮮謡曲界と野村万造の公演

植民地時代、京城、釜山、仁川、平壌などの主要都市では能楽同好会が盛行した。1916年1月10日付け『京城日報』には京城で謡曲が流行している実態が報道されているが[14)]、その中に南山町にある中川静松堂という謡本販売所を取材した記事が載っている。その内容を見ると、同店は210曲程度の現行謡曲に観世、宝生、金春、金剛、喜多流の謡本を備え、その数が相当あること、値段は11銭均一で販売し、最も多く売れた謡本は「羽衣」と「紅葉狩り」であり、流儀別では観世流と宝生流が最も流行ったなど、1910年代中頃の京城謡曲界の現況を一目で推測できる。また、記事には1916年当時、この店が京城内だけでも600～700名の顧客をかかえていたことが明かされ、当時の能楽愛好家たちの規模がうかがえる。1915年度の京城居住日本人が62,914名[15]であったというから、これを単純計算すると、日本人100名に１名の割合で謡曲趣味をもっていたということになるが、児童人口を除いて成人人口だけを数えてみれば、はるかに高い比率になるだろう。なお、この時期の謡曲愛好家たちを職業別に見ると、東洋拓殖株式会社の社員、官公庁官吏、銀行員、裁判所職員、弁護士、実業家、軍人、医者、鉄道局職員、郵便局員、李王職職員、会社員等[16]であり、在朝日本人の中でもエリート層が主流を占めていることがわかる。

このように朝鮮で能楽が盛行する中で、1917年、狂言の単独公演が京城で実現した。近代能楽界の特徴の一つは、狂言が能から分離、独立しようとする動きを見せたことであろう。各流儀及び家別に演能組織ができ、能とは別に狂言だけを趣味とする愛好家たちが増えるにつれて狂言会も増えるようになった。近代能楽界のこのような動きが朝鮮にも伝わったわけである。

> 能狂言師野村万造一行が中心となり泉友会同人が加はつた申楽狂言の二日目は五日午後七時から京城ホテルの大食堂に開かれた。何分謡曲趣味の多い京城の事とて各流同好者の来会者非常に多く頗る盛んであつた。
>
> （「申楽狂言を観る―五日京城ホテルに開催」『京城日報』1917年９月６日［３面］）

この時の演目は４日「末広がり」（野村万造）、「清水」（鈴木助一、大西恭之）、「宗八」（野村万介）、「不須」[17]（森川万次郎、野々村謙三）、「柿山伏」（工藤武城）、「棒しばり」（野村万作）、５日に「蚊相撲」（野村万作）、「寝音曲」（野村万介）、「成上り」（野村万造）、「狐塚」（鈴木助一）、「船ふな」（原一郎、天本嘉六）であった。公演にはプロの狂言師の他、素人による狂言も上げられたが、すべて喝采を浴びながら夜10時に終わったと伝えられる[18]。

この日の公演を主導した者は、五世野村万造（1862～1938）を筆頭に彼の二人の息子である野村万作と野村万介であった。五世野村万造は、1880年初頭に金沢から東京にのぼり、一時は戸籍係や鉄道会社職員として働きながら生計を立てたが、後半生は狂言のみに専念しながら二人の息子の教育に力を注いだという。京城公演を敢行した1917年、彼は55歳で、当時東京狂言界の最古参であり、和泉流を代表する役者となっていた。彼の後半生の演技に対しては、たしかに優れた役者ではあるものの、その芸は狂言が追求して来た高尚な笑いとは距離があるとも評価された。1928年、能楽評論家の坂本雪鳥は、彼の演技に対して「事物の理を知っていてまたその器量において和泉流第一人者であるこの人に典雅な味がない点は残念千万」であると評していた[19]。

しかし、大衆に密着した彼の演技こそが、映画や西洋演劇のような近代的劇場芸術に対抗できる最も有効な武器であり、植民地海外公演において更に光り輝くものでありえたかも知れない。1917年の京城公演以外にも野村万造一家は、1919年の夏、北京、満洲、京城での巡回公演[20]と、1929年７月30日、釜山公会堂で和泉流狂言会を開くなど[21]、当時の狂言の家の中でも 海外公演に最も積極的であった。

(2)　1920年代の狂言界と朝鮮公演

呉鉉烈は「1928年度の韓国能楽会員数は500数十人に達した。これは当時の日本五ヶ県の能楽人口に匹敵する数字であった」[22]と指摘している。このように1920年代在朝日本人の能楽への需要は引き続き増加したが、このような雰囲気に呼応するかのように、1923年６月16日付け『京城日報』には和泉流多々良外茂三（1891～1947）一行の狂言会が大々的に報道された。

> 東京に於ける能狂言界の大家山本藤三郎[23]、藤江又喜師等と比肩して名声躍々たる和泉流能狂言の巨星多々良外茂三師一行五名は過般来満州に於ける同好者の招聘に応じて満州各地を巡遊至る処で沸くが如き人気を以て迎へられて居たが今回朝鮮を経て帰東の途に就く事となつたので京城に於ける同好者は此の機会を逸せず師の妙技に接せんとし予て交渉中のところ今回愈々交渉纏まり来る十六日午後五時から南山町京城ホテルで一夕の狂

言会を催す事となつた。

（「能狂言界の大家――多々良師一行が来る」『京城日報』1923年6月14日）

上記の記事では宣伝を目的としたためか、多々良外茂三に対して「特に狂言師としての技術が卓越であるのみならず生まれつきの美声で観客を虜にし、実に三拍子を併せ持った狂言師の典型として評価される」役者として精一杯ほめ立てている。多々良は、1923年の京城公演に続き、1929年の7月には釜山公演で野村万造父子と共に和泉流狂言会にも出ている。

一方、上記の記事によると、多々良一行は京城のみならず、満洲一帯で巡回公演を行ったという。ところが、このような積極的な海外公演は、現地日本人居留者の需要だけではなく、実は日本本土の能楽界事情とも関係があるように思われる。前述したように、近代時期狂言は能の従属的位置から離れて独自の道を模索し始め、漸次演者の地位向上にも声を上げることになった。このような動きが最も極端に表出されたのが、1923年に発生した狂言師ストライキ事件であった。大蔵流の山本東次郎と和泉流の野村萬斎、野村又三郎、藤江又喜等をはじめとする東京狂言師20名全員が能5流を相手に出演料40％の引き上げを要求し、その案が決裂すると直ちにストライキを起こしたのである。これにより、東京で開かれたすべての能楽公演が狂言師なしに開かれるという能楽史上前代未聞の事態が発生したわけである。この事態に対して『読売新聞』などの日本文化界では「数百年の長い因襲の屈服から目覚めた痛烈な自己認識の叫びとして時代の一反映とも見ることが出来よう」[24]と、ストライキに同調した。この事態はこの年の5月、脇方、囃子方、狂言方の出演料を20％引き上げる協議案で妥結された[25]。

従来能に比べて劣悪で従属的な立場であった狂言界の事情は、明治維新以後一層厳しくなっていた。このような切迫した状況を打開するため、狂言界は処遇改善の声を上げる一方で、新たな活路を見つけ出すことにも積極的に乗り出さなければならなかった。このような状況の中で、海外植民地の舞台が興味を引いたのであろう。また、実際に能に比べて身軽な人員で公演が可能な狂言は海外公演に適してもいた。

(3) 1935年の満鮮巡回公演

1930年代に入って梅若六郎など何人かの能の大家たちが朝鮮を訪問した。そのうち名優の狂言師を同伴した大規模な能楽公演としては、1935年７月の宝生流の宗家と三世茂山忠三郎が共演した満鮮巡回公演が挙げられよう。この公演団はその年大連に立てられた能楽堂の開館記念公演のために企画されたものであった。大連能楽堂は観客600名を収容できる本格的な能楽専用の劇場で、1930年代の海外植民地でこのような能楽堂が建設されたことは、日本能楽界にもセンセーションを呼び起こす大事件であった。この落成式公演のために宝生流の家元宝生九郎重英と宝生新、それから三世茂山忠三郎をはじめとする24名の公演団が結成されたのである。一行は、８月17日と18日の大連能楽堂落成式記念公演だけでなく、新京（８月13日）、奉天（８月14日）、鞍山（８月15日）、大連（８月17日、18日）、青島（８月23日）、上海（８月27日、28日）等、植民地の主要都市を巡回し公演を行った[26)]。

京城公演はこの満鮮巡回公演の初舞台を飾るもので、８月11日に長谷川公会堂で行われた。長谷川公会堂は今日の小公路に位置し、植民地時期、外国演奏者たちの演奏会場としてよく利用され、言わば1920、30年代の京城において今日の世宗文化会館のような役割を果たしていた。それまでの能楽公演がホテルや旅館、料理店、倉庫、あるいは遊楽館や寿座のような日本人経営の私設劇場で行われて来た事を考えると、公演環境が一層整備されたことになるだろう。

この日出演した狂言師茂山忠三郎（1895〜1959）は、1905年京釜鉄道開通式記念公演に参加した忠三郎の長男である。氏は父の芸風を引き継ぎ写実性に傾倒せず、淡々としてスケールの大きい演技で評判を得ていた。このように、宝生流の家元と当時最高の狂言師が満鮮巡回公演の初舞台として選択したのが京城公演であった。

ところが、何らかの理由で、この公演に対する情報は韓国では見つけられない。これは『満洲日報』『大連日報』『満洲日日新聞』等の満洲の日刊紙や『満洲謡曲界』[27]などが連日のように満鮮巡回公演を大々的に報道したこととは全く対照的である。当時朝鮮における能楽公演と京城謡曲界の動態を他のどのメディアより積極的に扱っていた日刊紙は『京城日報』であったが、この『京城日報』にも、この公演に関する記事は一行も見当たらない。そのかわり、同じ時期来韓した文楽公演団に関する関心は熱く、『京城日報』は8月8日から11日までに一日も欠かさず文楽関連記事を載せていた。公演団は竹本津太夫、吉田文五郎等、文楽界の巨匠が率いる70余名の大規模な公演使節団であった[28]。公演は1935年8月9日から4日間、朝日座で行われたが、『京城日報』の記事[29]によると、満員御礼で立錐の余地のないほどであったという。ちなみに公演場の朝日座は1920年、京城の中心部の本町に建てられた客席500席規模の公演芸術劇場であった。

当代最高の能楽役者たちの野心に満ちた京城公演は、このように大規模な文楽来韓公演に妨げられ、何も訴えかけられないまま終わってしまった。その一番の原因は、『京城日報』側が同社主催の文楽公演の紹介にのみ熱中したあまり、能楽の公演を無視したことにあると思われる。日本語で発行された『京城日報』は植民地時期の朝鮮において日本文化の宣伝の役割をはたした日刊紙であった。この『京城日報』が近代能楽史においても珍しい、アジア主要都市を巡回する大規模海外公演団の京城公演のニュースを一切扱わなかったわけである。それは、華麗な見ものを全面に押し出した人形劇、文楽に対する在朝日本人の関心と人気が能楽を圧倒したためであろうか。

1935年のアジア巡回公演を最後に、能楽の名人たちの朝鮮公演の便りは消えさった。1937年、日中戦争が勃発してから伝統芸能の海外公演は、ほとんどが満洲と中国等に駐屯している日本軍のための慰問公演となり、朝鮮においてもたまに在朝日本人の謡曲同好会による小規模な慰問公演が神社等で開かれた事例が見当たる程度であった。

3　韓国近代演劇史と能楽

20世紀初めに日本のアジア侵略と共に植民地に広がっていった日本人の間に

謡曲同好会が流行ったことは前述した通りである。この時期、朝鮮、満洲、台湾、中国等海外植民地で起こった謡曲同好会の状況は日本国内の能楽界の注目をも集めた。『能楽』などの能楽専門雑誌に毎号、京城、釜山、仁川、旅順、大連、台南、青島、済南、上海等、植民地主要都市の謡曲界の動静が掲載された。なお、国内の多くの役者たちが海外植民地に出かけたが、彼らのほとんどは現地の同好会の師匠として活動し、名優たちによる海外公演も活発に行われた。

韓国の場合はやはり京城と仁川、釜山、平壌などの大都市で能楽が繁昌したが、その様相は一般人たちが同好会を結成して謡、仕舞、囃子などを習い、またこの熱気を追って日本国内の名人たちが来韓公演を行う形であった。なお、近代能楽の特徴の一つとして女性愛好家の増加をあげることができるが、そのような傾向は在朝日本人社会にもそのまま移植された。「当時上流婦人の趣味や素養として謡曲の稽古が強調されるなか、女性同好会の能会が開かれるなど活発な活動が行われた」[30]という。

このような雰囲気のなか著名な役者たちの来韓公演も相次いだ。その規模と話題性で注目すべき公演としては、1）1910年の茂山千五郎公演、2）1917年９月の京城における野村狂言会公演、3）1919年６月の野村万造一行による北京、満洲、京城巡回公演、4）1923年６月の和泉流多々良狂言会公演、5）1929年７月の釜山公会堂における和泉流狂言会公演、6）1935年の茂山忠三郎一行の満鮮巡回公演などが挙げられよう。これらの公演は当代最高の狂言師による舞台で、朝鮮内の謡曲界にも大きな反響を起こしたであろう。

このように能と狂言の来韓公演が頻繁に行われ、なおかつその公演内容が新聞紙上等を通して紹介されたことを考慮すると、朝鮮文化界がそれを認識する機会は充分あったと思われる。そうなると、われわれの関心は自ずと「植民地時期の在朝日本人社会に吹いた能、狂言の熱風は、朝鮮文化界、特に演劇界にどのような影響を及ぼしたか」、ということになる。結論から言うと、この時期能と狂言に対する朝鮮文化界の関心と影響はほぼ皆無であったと言えよう。

周知のように、近代の朝鮮には異国の文物が波のようにうちよせ、能楽が伝わった20世紀の初頭には、中国と日本の伝統芸能がすでにその活動を展開していた。清国の場合、1882年韓清山民水陸貿易章程の締結と共にソウルに居住するようになった清人を対象に、京劇をはじめとする各種の民間芸能が市場通りや臨時仮設劇場で催された。そして1904年には清人専用の劇場が建てられ、1909年には80人[31]、130人もの清国の娼婦たちが団体で来朝したという報道[32]まで見える。

ところが、ここで注目されるのはこれらの清朝の民間芸能や特に京劇が在朝中国人だけでなく、朝鮮の大衆、更には伝統演能者の間でも人気を集めたということである。これについてはこの時期大活躍した朝鮮パンソリの名唱、李東伯（1867～1950）の回顧談が参考になるだろう。

> 清渓川二街水標橋を渡ったところに清国人の街があり、そこに清国人唱劇館があった。この唱劇館で毎日清国人の唱優が唱劇を演じたが、中国人はもちろんわが同胞も多く観覧した。その当時、京城の唱楽人たちはこの唱劇館で演じられる『三国志』に興味と好奇心を持っていた。特に姜龍換名唱は暇さえあればここに住み着いているかのように来観したが、氏はこの清国の唱戯を真似てパンソリ「春香伝」を唱劇として発展させた[33]。

上記の引用文で興味深いのは、パンソリ唱劇が中国の京劇をモデルとして創案されたということである。柳敏栄によると、韓国伝統劇の近代における最大の変化は、それまで大衆から絶対的な支持を得ていたパンソリが唱劇形式で公演され始めたことである[34]という。このパンソリ唱劇が京劇をヒントに生まれたと言う李東伯の話はその真偽[35]とは別に、それほど中国の京劇がパンソリの役者たちに強い印象を残したという反証にもなるだろう。なお、韓国演劇史上最初の近代的演出家として評価される洪海星（1893～1957）が、1934年の満洲巡回公演の時に体験した京劇を元に、「中国劇芸術の研究」という海外演劇論を発表するなど[36]、近代韓国の演劇界は京劇に深い関心を示していた。

一方、近代韓国の演劇界に影響を及ぼしたアジア伝統芸能に、日本の歌舞伎があった。先行研究によると、すでに「仁川では海岸を埋め立てた濱町の300

坪の敷地の上に、日本の歌舞伎座をそのまま模倣した歌舞伎座が1904年度に設立されたが、純和風の２階建てのこの劇場は130個の電灯を灯し、約1,000名の観客を収容する、当時最高の劇場であった」[37]という。1906年、仁川ではこの歌舞伎座を中心として歌舞伎のほかさまざまな演芸物が上演された。釜山では、1906年に松井座、幸座等の日本人劇場で歌舞伎や浄瑠璃などの伝統芸能が上演された。また、京城では1906年の頃から日本人による演劇専用の劇場が日本人居留地に立てられ始めたが、「1907年には本町座、坂本座、歌舞伎座、壽座、京城座を中心として公演が活発に行われ、そのレパートリーは歌舞伎から新派劇に至るまで多様であった」[38]とする。

朝鮮で上演されたこの時期の歌舞伎は、これを紹介した日刊紙などの短い報道からみて、正統歌舞伎役者による本格的な公演ではなかったと思われる。しかし、韓国最初の新派劇団であった革新団を結成した林聖九（1887～1921）が、若い時、「日本人劇場で上演されていた新派劇や歌舞伎を見て外国の新しい演劇に目覚めた」[39]と言っていることから、当時の朝鮮の演劇人たちが日本の歌舞伎に相当の関心を持ち、また積極的に鑑賞しようとしていたことが察せられる。また、韓国最初の新劇「銀世界」（1908年初演）は「既存のパンソリを改良したもの」とされるが、それは作家「李人植が歌舞伎の改良を目指した日本の演劇改良運動の影響をうけて作り上げた作品」[40]であるとされる。

以上のように、近代韓国の演劇史では中国の京劇と日本の歌舞伎の影響が認められる。それに対し、能楽は40年近く朝鮮に存在しながら、朝鮮人社会との接触がほぼなく、特に朝鮮演劇界からはいかなる注目も受けなかったのである。それは何故であろうか。考えてみれば、それはなによりも能楽が背負っている600年の伝統の重さ、言い換えれば、古語の不可読性や奥深い美的世界の難解さのためではなかろうか。つまり、普通の日本人にさえ難しいといわれる能楽を外国人である韓国人が鑑賞するには無理があったわけであろう。 しかし、1930年代のアイルランドの演劇人、ウィリアム・イェーツが能楽の形式美を自分の演劇に取り入れたことや、ブレヒトの演劇に及ぼした能の影響[41]を思い出せば、長い間近距離で接触する機会があったこの芸能に韓国演劇界がまったく関心を持たなかったことは不思議にも思われる。

いずれにせよ、在朝日本人たちの間の能楽ブームは植民地時期を通してずっと続いた。映画や新劇、西洋音楽が近代人の文化趣味として台頭するなかで、植民地の日本人社会で能楽が流行った原因は何であろうか。それについては色々な解釈がありうるが、まずは能楽を日本伝統芸能の精華としてもてはやした日本国内の事情があげられよう。植民地在住日本人の多くは支配層の地位にあり、本国におけるよりも多くの経済的利益や機会を享受していた。しかし、彼らの心のなかには本国の人に対するマイノリティーとしての劣等感も内在しており、日本の国粋として浮上した能楽こそがその彼らの文化的プライドを満たしてくれるものであっただろう。また、植民地の日本人たちは能楽を共にならい、鑑賞することによって祖国への郷愁を共有し、日本人としてのアイデンティティーを確認したのであろう。

近代韓国の演劇史と能楽との関係を述べながら、最後に付け加えたいのは、両国における伝統芸能の運命の交錯についてである。前述のように、1910年になって在朝日本人社会に謡曲が流行り、役者たちの来韓公演が本格化した。このように1910年度が朝鮮における謡曲ブームの分岐点になったのは言うまでもなく韓日併合という歴史的要因が作用したためである。ところが、まさにこの時点から朝鮮の伝統芸能は本格的な弾圧を受け始めた。1910年５月に日韓併合条約が強制的に締結されてまもない同年９月の『毎日新報』[42]には、韓国伝統演劇の看板作であるパンソリ「春香歌」の上演が傷風敗俗の演劇ということで禁止されたという記事が見い出される。この時期朝鮮総督府は、役者たちを淫蕩婦女であると非難して監視し、甚だしくは観客まで取り締まった。無論このような弾圧でパンソリや韓国の伝統芸能がまったく姿を消したわけではない。しかし、上演のレパートリーにおいては「唱劇より具体的内容のない舞踊やアクロバットのような演芸物に偏る」[43]など相当な屈折を強いられたことは明らかである。

1908年、帝国議会は「邦楽の白眉である能楽」に対していまだになんらかの奨励がないことを反省し、特に能楽を奨励する方策を講ずるなど、邦楽保護法の制定を促すという旨の建議案[44]を採択する。しかし、朝鮮民族の愛した伝統芸能は淫風敗俗の取り締まりを受け、その居場所を失いつつあった。植民宗主国と植民地の伝統文化の運命の相違を思わせるところがある。

おわりに

人類の歴史において、異なる文化の相互接触と伝播の多くは、国家間の政治的、軍事的、経済的な支配と被支配の垂直的関係の下で進行してきた。600年の伝統をもつ日本の舞台芸術である能楽の韓国伝播もそのようなかたちで行われた。能楽史上最初の海外公演は、1905年、日露戦争と深く関わる京釜鉄道開通記念公演として行われ、また朝鮮でおこった謡曲ブームや能楽公演は、朝鮮合併と植民地支配という歴史をベースにしていた。植民地朝鮮における狂言の公演もそういった状況の下で続けられた。

この時期に朝鮮の舞台に立った狂言師の面々は、大蔵流の二世茂山忠三郎、茂山千五郎正重、三世茂山忠三郎、和泉流の野村万造、野村万作、野村万介、多々良外茂三など、当代の狂言界をリードしていた主役たちであった。これらの公演は当時の記録によると、観客の熱い反応と謡曲界の高い関心を呼び起こしていた。このように、植民地時代を通じて持続した謡曲ブームや能、狂言の公演は、しかし、当時の朝鮮文化界とのなんの接点も設けられないまま、植民地時代の終焉とともに姿を消した。

狂言は、主人と下人をめぐる階級的葛藤、堕落した宗教への嘲笑、家父長的家族制度の下の男女関係など人間社会のあらゆる局面を取り扱う。だいたいは悲劇になりがちなこれらの出来事を狂言は笑いをもって表現する。そして、その笑いというのは非難をともなう鋭い諷刺や冷笑ではない。どちらかと言えば、大らかでとにかく温かい。その笑いには世界と人間に対する温かい視線が感じられる。多分これこそが狂言の魅力と特質であろうが、狂言のこのような魅力は、韓国をはじめアジアの人たちが持っており、また自ら求めてきた日本文化へのイメージ、多少刺激的でグロテスクともいえるイメージとは異なるものである。

今日の文化交流は、各国の文化における平等性や固有性を認め、相互理解を目指す活動といえよう。日本を代表する伝統芸能である能と狂言は、日本文化の固有性と人類普遍の価値を見出せるすばらしい文化コンテンツである。能楽の研究者として私は、韓国の人々が能楽の魅力を味わえる機会がもっと増えることを願う。そのような意味において、植民地朝鮮における狂言の公演を通じて植民地朝鮮と日本伝統芸能との遭遇を振り返ってみたこの試みが、これからの日韓文化交流の在り方を考える上で、いささかの示唆を与えることができれば幸いである。

1）日露戦争と能楽に関しては、金蘭珠「1905年能楽朝鮮公演記—茂山忠三郎吉豊の記録を中心に」『人文研究』70、嶺南大学校人文科学研究所、2014年4月、419頁を参照。

2）呉鉉烈「韓国当地能楽享受の諸相、稿—在韓国謡曲家名盤」『法政大学大学院紀要』43、1999年；飯塚恵里人「明治末年の韓国における能楽公演—明治四三年「国諷」能楽公演を中心に」『翰林日本学』13集（翰林大学校日本研究所）2008年；仲万美子「歌舞伎、文楽、能楽の大連公演（1935年）は誰によって鑑賞／支援されたか」『同志社大学総合文化研究紀要』28（同志社大学）2011年；李ジソン・山本華子「1910年代朝鮮における日本伝統音楽事情1—1915～1917年前半期の『京城日報』記事を中心に」『日本研究』32（中央大学校日本研究所、2012年3月）575-581頁；李ジソン・山本華子「1910年代朝鮮における日本伝統音楽事情2—1917年後半期～1919年の『京城日報』記事を中心に、『国楽教育』36（韓国国楽教育学会、2013年11月）、107-111頁」。なお、最近の研究成果のうち、徐禎完の研究は海外植民地に進出した能の性格を帝国主義日本の文化統治戦略と連関して把握しようと試み、幅広い資料を渉猟してこの時期の植民地能楽の性格と文化史的意味を導き出そうとした点で突出している。徐禎完「植民地朝鮮における能—京釜鉄道開通式典における「国家芸能」能」『植民地朝鮮と帝国日本—民族、都市、文化』（勉誠出版、2010年）；同「総力戦体制下における芸能統制—能楽における技芸者証とその意味を中心に」、『外国学研究』25集（韓国外国語大学校外国文学研究所、2013年9月）；同「近代能楽史と植民地能楽史」（立命館大学コリア研究センター研究会発表文、2014年1月15日）。

3）1905年京釜鉄道開通祝賀公演に関しては、池内信嘉『能楽盛衰記』（東京創元社、1926年）；呉鉉烈（1999年）前掲論文；飯塚恵里人（2008年）前掲論文等でその事実が言及され、徐禎完（2010年）前掲論文でその推進の背景について詳細に考察されている。

4）　この公演記に関しては、金蘭珠（2014年4月）前掲論文で詳論した。

5）　この記事内容は、倉田喜弘『明治の能楽』3、国立能楽堂、2004年、378-379頁；金蘭珠（2014年4月）、前掲論文、416頁ですでに紹介されているが、本章では狂言に焦点を合わせて分析を試みた。

6）　京城居留民團役所 編『京城発達史』日韓印刷株式會社、1912年、423頁による。

7）　1910年度国諷社企画公演に関する研究として、飯塚恵里人が『国諷』掲載の関連記事を紹介しているが（2008年、前掲論文）、本章では1910年代朝鮮の植民地的状況で茂山千五郎公演の性格を究明することに焦点を合わせて考察した。

8）　公演情報は、大蔵楽大会の番組『京城日報』（1910年12月2日）、3面。

9）　この時の演目は、4日、能三輪、弱法師、松風［見留］、鉢木、船弁慶／狂言、佐渡狐（尾崎伊三郎）、伯母ヶ酒（茂山千五郎）、悪太郎（茂山千五郎）、不聞座頭（中垣利幸）、5日能、小袖曽我、望月、葵上［梓之出］／狂言　膏薬煉（尾崎伊三郎）、二九十八（茂山千五郎）であった（上演演目に関しては、「大能楽大会の番組」『京城新報』（1910年12月12日）、2～3頁の記事に拠る）。

10）　千五郎の芸風に関しては、主に小林責『狂言史研究』（東京、わんや書店、1974年）、121頁を参照。

11）　茂山千作翁記念刊行会『茂山千作　狂言八十年』都出版社、1951年、88-89頁。

12）　1927年に彼が35歳で亡くなると、禰宜役者の伝統を継ぐ能楽師の命脈も絶えた。以上、中垣利幸に関しては、宮本圭造「南部禰宜衆の演能活動」『上方能楽史の研究』（東京、和泉書院、2005年3月）参照。

13）　これに関しては、飯塚恵里人（2008年）前掲論文、12頁を参照。一方、この時、取りやめとなった喜多流の六平太公演は、1923年5月19日と20日に喜多会京城支部主催で京城公会堂で開催された（『京城日報』1923年5月15日夕刊記事）。

14）『京城日報』1916年1月10日、15日記事。

15）　金ヨングン『日帝下日常生活の変化とその性格に関する研究』延世大学校博士学位論文、1999年6月、60頁。

16）　前掲『京城繁昌記』552-553頁。

17）　現行曲名「附子」。

18）『能楽』15-10、1917年。

19）　野村万造に関しては小林責『狂言史研究』東京、わんや書店、1974年、256-278頁参照。

20）　これに関しては、『能楽新報』1919年6月号と「能狂言の名手野村万造来る」『京城日報』1919年8月7日3面に短い記事が載っている。

21）　上演曲は「蚊相撲」（多々良外茂三）、「悪太郎」（六世野村万造）、「武悪」（野村万介）、「二人袴」（初代野村萬斎）等であった。以上は『謡曲界』1929年7月号記事に拠る。

22）　呉鉉烈、1999年、前掲論文、304頁。

23）山本東次郎（1864～1935）の誤記であろう。
24）「狂言方の罷勤は能楽界初めての大問題」『読売新聞』1923年2月21日の記事。
25）『東京朝日新聞』1923年5月1日記事。
26）1935年の満鮮公演に対しては仲万美子（2011年）、前掲論文参照。
27）これは満洲で発行された能楽専門雑誌で、当時満洲で能楽がいかに盛行したかが推測できる。
28）彼らは台湾駐屯日本軍の慰問公演を終えて、8日午後、列車で京城に到着した。
29）『京城日報』1935年8月10日記事。
30）李ジソン・山本華子（2012年3月）、前掲論文、581頁。
31）『大韓毎日新報』1909年4月16日。
32）『皇城新聞』1909年6月27日。
33）この引用文は、朴晃『唱劇史研究』（白鹿出版社、1976年、17頁）に収録された内容を要約したものである。
34）開化期外国演劇の輸入とパンソリの近代的変容については、柳敏栄「開化期と伝統劇の変貌」『韓国近代演劇史新論』上巻、太学社、2011年、74-79頁を参照した。
35）柳敏栄は京劇がパンソリ唱劇化に影響を及ぼしたと指摘した。
36）洪海星に関しては、李サンウ「演劇と人間」『近代劇の風景』2004年、99-100頁参照。
37）李ヒワン「ミリム劇場再開館、元都心劇場復活を夢見る。李ヒワン博士の仁川史散策―10、仁川に消えた劇場たち」『仁川日報』2013年10月4日、http://news.itimes.co.kr/news/articleView.html?idxno=500731.4
38）金ホヨン「開化期公演芸術の流れとその受容の様相」『韓国近代公演芸術の生成とその変容の様相』韓国文化社、2008年、24頁。
39）林ソング『韓国民族文化大百科』韓国学中央研究院、http://terms.naver.com/entry.nhn?docld=537409& cid=1638&categoryld=1638.
40）李サンウ、前掲書、41-43頁。
41）1930年、能「谷行」を元に演劇「エスマンノマン」を制作、上演した。
42）『毎日新報』1910年9月15日。
43）柳敏栄、前掲書、123頁。日帝時代伝統演戯の弾圧に関しては主に柳敏栄前掲書、119-125頁を参照した。
44）これについては、池内信嘉『能楽盛衰記』下、東京創元社、1993年、262頁参照。

〈追記〉

本章は、筆者の韓国語論文「교겐（狂言）朝鮮公演記―식민지 조선과 일본전통예능의 조우」（狂言朝鮮公演記―植民地朝鮮と日本伝統芸能の遭遇）『동아시아문화연구』（東アジア文化研究）57（2014.5）、漢陽大学校東アジア文化研究所刊行に加筆修正したものである。

第6章

在朝日本人の研究の現況と課題

李　圭　洙

はじめに

近代以降、東アジア社会は日本の帝国主義化、中国の半植民地化、朝鮮の植民地化という激しい葛藤と紛争の過程を経た。帝国と植民地の対立は、戦後にもこれらの国家の社会的な変動と多くの歴史的な課題をそれぞれの構成員に残した。日本は敗戦とともに、従来の東アジアに対する固定したイメージと不条理な歴史認識を克服しなければならない責務に直面せざるをえなかったし、朝鮮と中国は、植民地または半植民地の経験の清算と新国家建設という激動の時期を迎えた。

21世紀の東アジア社会は、国家間の対立と葛藤を克服し、相互の理解と疎通を通じて和解しながら、「共存の場」を目指して進むべき課題を抱えている。しかし、帝国と植民地の経験という近代の遺産は、現代社会にも依然として影響を及ぼしている。したがって、東アジア諸国の相互関係に関する歴史的な省察は、現在の東アジア社会が抱えている問題の起源を明らかにすることができるという意味で、現在的かつ実践的な意義がある。また韓国社会は、東アジアという範囲のなかで、自らが経験してきた植民地の遺産の「光と影」を主体的に克服しなげればならない。ここで取り上げようとする帝国と植民地の挟間で存在した在朝日本人をめぐる検討が必要とされるのも、まさにそのためである。

日本は、近代以降、半世紀にわたり朝鮮を植民地として支配した「帝国」であった。帝国国民としての在朝日本人は、帝国の誕生や拡大の局面のなかで、朝鮮に対する歪曲した視線と認識を形成していった。敗戦後、半世紀以上の時間が経過し、世代交代も行われた今、「流されてしまった過去の歴史」を掘り起こすことは、あまり意味がないと強弁する人も多い。しかし、歴史学の本領である「記憶をめぐる闘争」は、まだ大きな現在的な問題として残っている。帝国と植民地の間で、現場の不条理を自ら体験した在朝日本人は、歴史の裏道に埋められたが、彼らの朝鮮での生活様式や記憶・回顧などを通じてつくられた朝鮮認識は、今もさまざまな形で再生産されているからである。

問題は、「記憶をめぐる闘争」とは、単に過去の歴史に対する債務意識として残っているのではなく、現在や未来の日韓関係、そして21世紀の東アジアの平和体制をいかに構築していくのかという課題に深く結びつく領域である。在朝日本人の植民者としての体験と記憶を歴史的に清算するのは、こうした東アジア社会の平和に貢献できる方案を模索する前提の一つでもある。

1　「帝国」・「植民地」研究の視角

「帝国」と「植民地」をめぐる現在までの研究を振り返ると、「植民地近代化論」や「植民地近代性論」の問題提起が影響力を振るうなか、植民地期を異民族による民族収奪の暗黒時代としてのみ理解するよりも、20世紀における韓国近代の一つの過程として理解しようという主張が力を伸ばしてきている。もちろん、いわゆる文化研究のような視野の研究は、植民地期の姿を多様な形で新しく描いているという点で歓迎されるべきであろう。しかし、植民地社会における「民族」の問題と「個人」あるいは「社会」の問題のうち、どちらがより大きな比重を占めていたのかについては、研究者の実践的な悩みが必要であり、植民地期を「植民地近代」として概念化する場合、「独立」という当面の歴史的な課題を忠実に履行した独立運動勢力とその根底から動いた「民族主義」を重視すべきであろう。

解放後、韓国の歴史学界の課題は、「植民地収奪論」に基づいて日本が強制した植民史学を批判することであった。停滞性論と他律性論を内容とする植民史学に対する批判は、民族主義史学の継承に基づいた内在的発展論の定着過程でもあった。この観点によると、植民地期以前は、資本主義の萌芽が「近代」

への自然発生的な移行を準備する段階であった。そして、植民地期は日本の民族的な差別と経済的な収奪のため、自生的に移行する可能性が圧殺された民族史の暗黒時代として認識された。朝鮮後期以来、暗黙裡に成長してきた近代化の芽が日本の侵略によって踏みにじられながらも、それがどのように発展してきたのかを明らかにすることに集中されたこうした一連の試みは、植民史学を払拭することに一応貢献したと言えるだろう。また「植民地収奪論」は、日本の不当な支配体制に抵抗した民族解放運動勢力の動きに民族的な正当性を付与した。1960年代以降、「植民地収奪論」は韓国史学界の通説として位置づけられた[1)]。

ところが、社会主義体制の動揺は歴史学研究にも大きな変化を引き起こした。1980年代半ば以降には、日本の植民地支配をどのように眺めるかをめぐり「植民地近代化論」が、従来の「植民地収奪論」を批判する形で進められた。彼らは「収奪と抵抗」という対立的な歴史認識の克服を唱えながら、むしろ「収奪と開発」として植民地期を評価すべきだといういわば「植民地開発論」を登場させた。そして「植民地近代化論」に立つ一部の経済史研究者は歴史学界の歴史認識を「植民地収奪論」と批判し、その修正を要求しはじめた。歴史学界は、それに対して彼らの主張を反批判し、「植民地近代化論」のもつ時代錯誤的な歴史認識を猛烈に批判した。両者の「格闘」が繰り広げられたのである[2)]。

一方、1990年代半ば以降には、脱民族主義・脱植民主義などを掲げた「脱近代主義」の立場から「植民地収奪論」と「植民地近代化論」の両者をすべて批判する「植民地近代性論」が台頭した。「近代性」と「収奪」が、どのように相互作用し弁証法的に統合されるのかを究明しなければならないということである。彼らは、既存の民族主義的な言説は、植民主義、近代性、民族主義を互いに分離して独立した変数として扱っているとの認識の上で、日本の抑圧と搾取だけを強調する歴史叙述ではなく、ヘゲモニー概念を借用して、植民地社会を「近代的な支配―従属の関係」で把握することを提案する。国家権力や特定の支配階級が、さまざまな制度を動員して社会階層の自発的な同意を創出・維持するメカニズムに注目しなければならないということである。彼らは、植民地期の「近代性」と「文化的なヘゲモニー」の間の関係を重視する。つまり、植民地における近代性は、韓国人が受動的に受け入れられた結果ではなく、直接または間接的に参加することによって構築されたものとして見なす。また、「植民地近代性論」は、植民地期における住民のアイデンティティは、単に「民族」だけではなく、階級・ジェンダー・地域・身分などさまざまなレベルで与えられていたことを強調する[3)]。

「植民地近代化論」と「植民地近代性論」が提起した批判のポイントは、植民地期を「支配と抵抗」という枠組みのみで解釈すると、この時期の近代的な変化の様相を具体的に把握することができないということであった。しかし、この二つの視点には、「近代的な変化の様相」を理解する方法や目的に相当の違いがある。すなわち、「植民地近代化論」は、植民地期の近代的な変化について「変化の主体」の問題を捨象したまま、単なる経済的な側面から解放後の韓国資本主義の高度成長と結びつける。それに対して「植民地近代性論」は、社会文化的な側面から民族主義の差別と排除の論理、規律権力の個人的な内面化のような「近代性」が、すでに植民地期に形成されたことに注目し、それを「脱近代」の問題意識と関連させている。要するに、「植民地近代化論」と「植民地近代性論」の双方とも、「植民地収奪論」に内包された民族主義を批判するが、「植民地近代化論」は先進近代国家の完成を目指す近代至上主義であり、「植民地近代性論」は民族主義に基づく近代国家からの「脱却」を志向する脱近代主義であると言える。

これらの言説は、表面的には植民地期を対象として取り上げた議論であるが、実は、我々が20世紀の歴史経験を総括的にどのように評価すべきなのかという問題と絡み合う。韓国社会に自主的に近代化する能力があったのか、日本は韓国社会と韓国人をどのように変貌させたのか、植民地の遺産は解放後の高度成長にどのような影響を与えたのか、韓国近代の固有の特徴は何か、今日の韓国社会の時代的な課題は何か。議論の過程で提起されたこうした問題は、韓国の長期的な近代の流れを理解するためにも示唆するところが多い。

しかし、これらの「植民地近代化論」と「植民地近代性論」がもつ最大の欠陥は、植民地期の「近代性」に注目しながら、「植民性」には関心をもたないという点であろう。これらの言説は、植民地という空間で示された近代性、特に日常生活の中の近代的な規律システムに関心をもって、これを批判的に分析したという点では、それなりに意義を見つけることもできるが、「植民地近代性」という特殊性が具体的に何なのかを十分説明していない。こうした「激闘」のなかで、彼らは近代性の分析と批判に重点を置いた結果、植民性はあくまでも副次的なものとして認識されてしまった。

最近では、「脱近代主義」の立場から植民地期を眺める視点も台頭している。彼らは、20世紀の韓国の近代は、大きく植民地の経験と国民国家の形成過程として構成されていると唱えながら、植民地経験を解釈するための新しい視線として「植民地近代」の概念と日本との「協力」を強調した。彼らにとって植民地は近代世界システムのなかで最も重要な軸であり、「近代」の固有で重要な現象の一部として受け入れられる。西欧と植民地は、同時に発現した近代性の様々な「屈折」を表現しているだけであり、「西欧＝普遍」や「植民地＝特殊」という図式は成立しないと、最初からすべての近代は、当然として「植民地近代」と断言した[4)]。

これらの問題提起は、ポストモダニズムの方法論で植民地期を再解釈し、最終的には植民地期を「民族」ではなく、「個人」と「社会」を中心に眺めようとするものである。しかし、こうした問題提起のなかには、深刻な誤解があると考えられる。歴史学界の植民地研究は、単に「民族」という分析枠組みのみに閉じ込められていたわけではないからである。むしろ、分析の枠組みとして階級・社会・女性・身分など多様な分析基準を適用してきた。植民地期の労働運動・農民運動・女性運動・衡平運動・青年運動などの社会運動史研究は、こうした流れをよく表したものである。ただし、これらの社会運動史研究は、植民地という特殊な状況のなかで展開されたので、当然ながら「民族解放運動」としての性格を帯びるしかないことを強調しただけである。

こうした認識は、植民地期をめぐる評価においてはもちろんのこと、在朝日本人に対する評価にも極端に表れる場合さえある。在朝日本人は、植民地支配体制を根底から支えた「侵略の先鋒」ではなく、植民地開発と開化に寄与した「ありがたい恩人」として眺めることができるという見解が、最も代表的な例であろう[5]。

このような議論は、端的に言えば「植民地近代化論」や「植民地近代性論」という濾過装置のない時流に便乗して、植民地支配の「肯定的な役割論」あるいは「植民地恩恵論」を強弁することに過ぎない。近現代における日韓関係を照明したときに、日本の侵略に反対し、朝鮮人と連帯して闘争した日本人も確かに存在しており、彼らの具体的な活動を明らかにすることも重要であろう。「悪意の日本人」の姿だけでなく、「善意の日本人」のそれも何の偏見なしに見つめなければならない[6]。

しかし、少数の「善意の日本人」を取り上げ、彼ら在朝日本人の「善意」の部分を強調することによって、いわば「草の根の収奪過程」を合理化することができるわけではない。在朝日本人を対象として、より総合的な研究が必要な理由もまさにここにあると言えよう。日本社会の内部に「植民地恩恵論」という異常な歴史認識が依然として存在する限り、支配と被支配の歴史的な経験の克服と植民地支配の批判という「植民地収奪論」に依拠した歴史認識は、未だに適時性をもつと言えるだろう。問題は、どのような側面で「収奪」なのかを明らかにすべきである[7]。

2　接点としての在朝日本人

在朝日本人に関しては、梶村秀樹[8]が「侵略の先鋒」という問題を提起した後に、木村健二[9]を中心として社会経済史研究が進められた。梶村秀樹は、近代日本の庶民の生活史のなかで、朝鮮をはじめとする植民地の生活史は、研究者が回避してきた領域であったと在朝日本人の存在に注目しながら、彼らの存在形態、意識と行動を先駆的に分析した。梶村秀樹は在朝日本人を「侵略の尖兵」と規定して、その屈折し錯綜した深層意識を戦後日本人が無自覚的に継承したという点を批判した。梶村秀樹の研究は、在朝日本人の最初の研究成果として、以降の研究に基本的な認識の枠組みを提供した。

梶村秀樹の「侵略の尖兵」という問題意識は、高崎宗司にそのまま継承された。高崎は、植民地支配が少数の政治家や軍人だけではなく、日本の庶民の「草の根の侵略」、「草の根の植民地支配」によって支えられたと規定し、1876年の釜山開港から敗戦による帰還まで在朝日本人の歴史を概括した[10)]。高崎が提起した「草の根の侵略」というカテゴリーは、吉見義明の「草の根のファシズム」論に影響を受けたものとして見えるが、内田じゅんも指摘したように在朝日本人を「草の根の侵略者」という一つのイメージとしてのみ規定した結果、在朝日本人の多様性と多面性を見落としていると思われる[11)]。要するに、「侵略者」という同一性の下での階層・地域・ジェンダー・世代の違いなどが軽視されているだけでなく、支配勢力の一部を構成しながらも、事案によっては、総督府権力と絶え間ない摩擦を起こし、緊張関係を維持していた在朝日本人の二重の性格が見過ごされているということである。

高崎宗司の研究以来、居留地の形成、経済活動、地域社会などさまざまな分野で研究が進むなかで、政治史の分野では、まず居留民団の成立と解体、そして日韓併合前後の植民地権力と在朝日本人社会の葛藤を明らかにした研究が相次いで発表された[12)]。まず、全盛賢は1910年代半ばから20年代までの商工会議所の組織と活動を産業と経済政策に関連付けて分析した。彼は、在朝日本人が「日本の直接的な統治の対象であると同時に、支配権力の一環である」という「二重の性格」をもっている点を指摘しながら、彼らは植民地権力の手先という受動的な存在ではなかったし、商業会議所を通じて朝鮮鉄道網の建設完備や移入税撤廃など、植民地の産業と経済政策に介入して、自分たちの利益を貫徹させていたと主張した[13)]。

寄柔呈は、本国政府の朝鮮経済政策に関わり、在朝日本人が朝鮮居住者であり、朝鮮の植民勢力として地域的一体感、要するに「朝鮮主義」をもって1920～30年代の植民地の内外で展開した政治活動を「朝鮮産業開発普及金請願運動」と「鮮米擁護運動」の事例をもとに分析した。寄柔呈は、在朝日本人の「朝鮮意識」を強調しながら、在朝日本人社会の朝鮮意識がどのような理念と論理で本国との政治関係で争点を作り、結果的に植民地政策の決定にどのような影響を及ぼしたかを考察した[14]。

李昇燁は、1910～30年初頭までの在朝日本人の動向を、その植民地統治権力及び朝鮮人社会との関係、そしてその変化の様子を中心に究明した。具体的には、地域のエリート・居留民団・公職者・弁護士会を中心とした在朝日本人有力者たちの政治運動、居留民団の廃止に伴う自治擁護運動、三・一運動に対する在朝日本人の対応と動向、三・一運動の後、新たに再編された政治空間で展開された統治権力と民間、日本人と朝鮮人、支配ブロック内部の対立と権力の関係を分析した[15]。

また、内田は開港から敗戦後の帰還に至る時期までの在朝日本人の通史について政治史的に接近した。内田は商工業者を中心とした在朝日本人の主流層を「帝国のブローカー」と命名して、彼らは植民地権力との摩擦を起こしながら緊張関係を維持する一方で、自分たちの利益を追求するために、朝鮮人の上層部と協力しながら、政治活動を展開したと評価した[16]。特に、三・一運動後の植民地産業化のための財政確保が必要になると、日本帝国議会を相手に公式請願や非公式のロビー活動などを展開しながら、他方では、内鮮融和を旗印に朝鮮人の協力者と同民会を組織して朝鮮統治を安定化させようとしていた在朝日本人の姿をダイナミックに描いた。植民地権力、在朝日本人、朝鮮人上層部との間の対立と協力を含むさまざまな方式の相互作用を分析することにより、権力の動作、支配のメカニズムをより複合的に把握したという点で高く評することができる。

一方、最近では「植民地公共性」論、「官僚維持支配体制」論、「農村エリート」論などが提起され、「植民地地域政治」、「植民地地域社会」への関心が高まり、地域社会の政治構造、植民地権力と地域社会との関連構造に関する研究が発表されている[17]。これらの研究では、三・一運動後の地方制度の改正により地方自治体が創立され、極めて制限的ではあるが、「公論の場」が開かれた点が注目を集めた。地方制度の改正で在朝日本人が多く居住する府には、府制が施行されて府協議会が設置されており、また制限選挙ではあるが、選挙を通じて協議員が選出され、地方の政治、都市政治、地域政治が活性化された。「地域開発」と「地域の発展」が標榜され、日本人と朝鮮人は地元の多数の利害関係がかかっている懸案をめぐり葛藤と対立だけでなく、協力や競合あるいは妥協するなど、さまざまな方法で地方政治と都市政治を展開していた。

これに関連して洪淳権は、最初の開港場であり、在朝日本人の割合が高い釜山に居住する日本人の人口変化、社会階層の問題、面協議会・府会・邑会の選挙を中心とした地方選挙、府協議会や府会の運営、地域開発事業の内容とそれを取り巻く地域の政治勢力の動向などを分析して、地方社会の権力構造と植民地支配のメカニズムを明らかにした[18]。李俊植は、群山の日本人有力者の集団の形成過程、植民地権力、朝鮮人有力者の集団の動向を扱った。日本領事館と統監府の保護の下で、群山の日本人が利益の独占体制を確立し、自分たちの利害関係を貫徹するために、陳情や請願の名目でのロビー活動、例えば、群山港の築港・湖南線の鉄道誘致・中学校設立運動などを展開したということ、群山府として転換しながら府会の日本人と朝鮮人の割合に変化が生じ、朝鮮人は数字や割合の両面で増加し、朝鮮人と日本人の間の意見の対立が現れたことなどを指摘した[19]。

加藤圭木は、1930年代の港湾都市である羅津に注目した。吉會線の終端港が羅津港に決定される過程で、地域の有力者の動向がどのように変わったのか、また、それに伴う羅津の面協議会と邑会、府会のメンバーは、どのように変わったのかを探る一方、地方財政の財源の負担をめぐる行政当局と朝鮮人有力者と日本人の有力者との間の対立を分析した[20]。また宋圭振は、1910年代を中心に、交通の要衝である大田を建設する過程で、日本人のロビー活動、具体的には、湖南線の鉄道分岐点の誘致と歩兵80連隊の誘致、そして教育施設の拡充過程などを明らかにした[21]。

また、ヘンリー・トッド（Henny Todd）と 廉複圭は、日本人が最も多く居住している京城を事例として分析した。ヘンリー・トッドは、植民地の中心地である京城を中心として、衛生、博覧会、神社をめぐる総督府と朝鮮人、在朝日本人と朝鮮人、朝鮮人知識人と民衆の間に展開されたさまざまな関係に注目した[22]。廉複圭は、1920年代における京城市区改修事業の移管と収益税の制定論議、1920～30年代の京城府協議会の「清渓川の問題」の議論を事例として、都市問題をめぐる在朝日本人と朝鮮人との間の対立を分析しながら、地域政治の推移を考察した[23]。

一方、社会経済史の分野でも、多くの研究が行われた。前にも述べたように、梶村秀樹が「下からの植民主義」という問題を提起した後に、木村健二は、国際人口移動または労働力の移動の観点から、近代日本の人口移動を解明するために、在朝日本人の移動を研究した。とくに、木村健二は、在朝日本人に対する多数の論文を通じて、在朝日本人の存在を日本人の海外進出過程および日本国内の近代化と関連した国際的な人口移動現象として把握しようとする社会学的アプローチを試みた。すなわち、日本の近代化の過程で海外に進出した日本人、特に日清・日露戦争を契機に活発に朝鮮に進出した在朝日本人の社会的・経済的な背景、居留民団、商工会議所、在朝日本人ジャーナリズムの活動などを緻密に分析した[24]。

その後、開港場と居留地を中心に形成された植民都市に焦点を合わせて在朝日本人に再び照明をあてた研究が相次いだ[25]。仁川[26]・群山[27]・釜山[28]・木浦[29]など各居留地における在朝日本人社会の形成と人口変動、居留民団、商工会議所の現況など、各地域の在朝日本人に対する研究が蓄積されている。英語圏では、ピーター・デュース（Peter Duus）が開港期から日韓併合までの在朝日本人社会を概括した[30]。また、在朝日本人の人口変化の様相を年度別、出身地別、産業別に追跡した巨視的な研究も行われた[31]。

朝鮮に進出した企業に対する研究は、農業[32]・水産業[33]・金融[34]・商業[35]など多様な分野から行われた。在朝日本人の個々の資本家と企業活動に対する実証研究は、木村健二をはじめ、金明洙、裵錫満、河野伸和などが具体的な事例研究を行なった。木村健二は、朝鮮の科学的な経営管理のパイオニアとして京城商工会議所会長の賀田直治を分析し、在朝日本人の実業家12人の伝記を検討しながら、彼らの経歴、経営手法、組織、公共事業を含む公職関係、朝鮮人との交流、故郷との関係を明らかにした[36]。

金明洙は、土木請負者である荒井初太郎と、台湾の開発に従事した後、朝鮮に渡り、大きな富を蓄積した賀田家の賀田金三郎と賀田直治の事例を分析した。荒井初太郎の事例研究を通じて、日本人土木業者の韓国進出の背景と過程、進出以後の土木請負活動と成長過程だけでなく、在朝日本人の土木請負業者が日本の関連業界の中で占める位置と特徴を解明した。また、賀田家の事例によって在朝日本人企業家の資本蓄積と企業活動を検討することにより、彼らの世代交代とその特徴を明らかにした[37]。

また河野伸和は、日露戦争以後、朝鮮に進出して敗戦後も日本で「水産財閥」で生き残った中部幾次郎の林兼商店の経営と資本蓄積過程の事例を研究した。これにより、朝鮮漁業の変遷過程の中での日本人の役割と植民地をベースに発展した日本漁業の起源を明らかにした[38]。裵錫満は、釜山の代表的な在朝日本人の有力者である香椎源太郎と埋築業者である池田佐忠を検討した。特に、香椎源太郎の日本硬質陶器買収に焦点を当てて分析することにより、在朝日本人の企業家の成功要因と帰還後の企業活動を解明した。また、釜山港の開発の主役であった池田佐忠の企業活動を明らかにするとともに、彼が成長できた主な要因として政界、軍部、官僚系の人脈をも分析した[39]。

以上のように、在朝日本人は「帝国」と「植民地」の接点であり、「近代性」と「植民性」の内在的関連を究明することができる重要な研究テーマの一つである。在朝日本人は、帝国の植民地侵略と収奪が国家権力と彼らが支援した民間人が結合して総体的に行われたことを実証するための主な研究対象となった。日本人の朝鮮移住過程をめぐる実証研究と在朝日本人の歪曲された朝鮮認識に対する強い批判も提起された。最近では、各開港場に焦点を当てて植民都市の形成と関連させつつ、在朝日本人の人口変動、社会組織や団体の現状とその社会構造的な特性を明らかにすることによって、日本の植民地支配の性格と植民地近代を深く理解することができる根拠が整いつつある。

おわりに——研究の新しい進展のために

在朝日本人は、日韓関係史の接点をなす存在である。在朝日本人の存在形態を究明することで、日本の植民地支配はどのようなメカニズムと相互作用によって従来の朝鮮社会を再編させたのかを明らかにし、植民地社会の各分野を実証的かつ具体的に研究することが要求される。そして、これに基づいて、帝国と植民地の社会状況を総合的に分析することにより、新しい歴史像を構築する必要がある。以下では、接点としての在朝日本人の研究の進展のために、今後想定されるいくつかの課題を提示したい。

まず、近代日本の海外移民の数量的な把握を前提に、植民地朝鮮が占める位置と役割を究明しなければならない。最近、日本史領域での移民研究では、対米移民、ブラジル移民、朝鮮移民、台湾移民、満州移民のように、各地域別に区分する傾向が強い。また、分析のテーマも、主に移民の職業、世代、女性問題、民族関係、受容と補償、個人史など個別的になっている。だが、帝国日本の海外移民を検討するにあたっては、まず、議論の前提として、日本の海外移民史を時期的に区分して、移民を類型化することが要求される。すなわち、移民の時期区分を①初期移民期、②移民の成立期、③移民の多様化と社会化の時期、④国策移民と戦時下の時期に区分して時系列的な推移を概観した後、「植民地圏域」と「非植民地圏域」という移住対象地の特性を考慮しながら、日本人の海外移民を類型化する必要がある。また、朝鮮を含む各地域の移民の数、移民の出身地など日本の海外移民の総体的な把握を通じて、植民地朝鮮の移民が占める位置や特徴を把握しなければならない。さらに、移民の背景を社会経済的な観点からアプローチするために、日本政府の移民保護方針に象徴される流入要因と流出要因を確認する必要があろう。

第二に、近代日本の「海外移住論」と移民団体に対する解明である。初期の日本の移民事業では、周知のように、政府よりもむしろ民間の知識人による「海外移住論」が積極的に提唱されており、移民の誘致のための多様な移民団体が組織された。これらの初期の「海外移住論」と移民関連団体の状況を把握することにより、移民をめぐる思想と関連組織の実体を究明しなければならない。また、移民関連団体には、東方協会（1891）、植民地協会（1893）、台湾協会（1898）、東亜同窓会（1898）、朝鮮協会（1902）などが知られている。これらの団体には、周知のように、当時の有力な政治家と実業家が深く関与し、海外移民の送出のための世論を主導しながら、移民を積極的に誘致するための現地調査を広範に実施していた。これらの著作物や団体の目的を具体的に検討することにより、近代における日本移民の「海外移住論」の淵源とその実行システムを究明しなければならない。

第三に、朝鮮の開港と日本人移民のメカニズムとの関連性に対する解明である。開港以来、日本人が韓国に定着する社会経済的な背景、在朝日本人社会の形成過程、帝国の尖兵としての役割、朝鮮の伝統と社会への影響などを究明しなければならない。このため、各開港場の日本人の全体的な傾向のほか、貿易商と不動産業者、戦争に協力した日本商人、従軍記者などが主な研究対象になるだろう。具体的には、日清戦争後の戦線に沿って北上した商人、日本の移民奨励政策に基づいて朝鮮に渡った移民をはじめ、遊郭を舞台にした女性など、多様な日本人の群像が議論されるべきであろう。一方、帝国の尖兵として活動した開港場における在朝日本人は、朝鮮の伝統と文化に大きな衝撃を与えた異質な存在でもある。彼らは、朝鮮国内で自らの既得権を確保するために、居留民団、民会、商工会議所などの政治経済的な自治組織を形成しながら、朝鮮社会に定着した。これらの団体の性格と朝鮮人との関係を究明することで、近代初期における日韓両国の交流史の性格を考察しなければならない。

第四に、支配民族・被支配「国民」と植民地社会との関連性である。1905年以来、植民地で成長した在朝日本人社会に対し、①支配民族としての優位性に基づいた植民主義の創出、②朝鮮総督府の統治対象としての朝鮮人とともに植民地社会の一員であった側面から分析することも必要であろう。韓国併合初期における日本人の職業分布をはじめ、朝鮮に住んでいた日本人官僚と警察官、日本人教師、「新天地朝鮮」に運命をかけた日本の下層民など多様な階層の分析が必要である。今後の研究では、具体的な実証に基づいて、朝鮮総督府―在朝日本人―朝鮮人という分析の枠組みで朝鮮総督府と植民地政策に対する在朝日本人の認識、朝鮮総督府と在朝日本人の有力集団の利害関係なども検討されるべきである。これらの方法論的な枠組みの再考は、植民地社会の深層で多様に行われていた朝鮮人と日本人との対立、葛藤、提携、文化的な相互浸透などの実状と性格を究明する作業になるだろう。

第五に、日本人移民の植民地朝鮮に対する表象である。植民地期の日本人移民の存在形態と朝鮮に対する表象を把握するために、日本の敗戦後に作成された「植民地の体験記録」などを活用して、移民の実像に改めて光を当てる必要がある。特に植民地の記憶に関する検討は、解放前後の連続と断絶の問題と関連して韓国人の植民地の記憶との比較に基づいて行われるべきである。解放後、「ウェジョン（倭奴）時代」に対する韓国人の記憶は、日本人の個人に対する好感と日本国家に対する怒りという両面が存在するからである。したがって、この問題は、解放以後における韓国民族主義の国民統合の過程を考慮しながら、日本に帰国した日本人の朝鮮と朝鮮人、韓国と韓国人に対する記憶と関連して考察しなければならない。

1）「内在的発展論」は、一般的に経済史的な立場で、朝鮮後期以降から成長してきた資本主義的な関係が、日本の侵略がなければさらなる成長や発展を遂げただろうが、侵略のために挫折されたものと認識している。しかし、「内在的発展論」の本来の意味は、韓国史の主体的な発展を追求していく視点で、韓国社会に近代社会を生成させた要素を発見し、その軌跡を追跡することを課題とする見方である。これについては、梶村秀樹「朝鮮近代史研究における内在的発展論の視角」『東アジア世界史探求』汲古書院、1986；梶村秀樹「一九二〇～三〇年代の民族運動」『朝鮮の近代史と日本』大和書房、1987。

2）「植民地近代化論」をめぐる双方の議論については、次の論文を参照すること。Carter J. Eckert, *Offspring of Empire: The Koch'ang Kims and the Colonial Origins of Korean Capitalism, 1876-1945*, Seattle, Washington University Press, 1991；安秉直「한국근현대사 연구의 새로운 패러다임」『창작과비평』98, 1997；고동환「근대화 논쟁」『한국사시민강좌』20, 일조각, 1997；권태억「‘식민지 조선 근대화론’에 대한 단상」『한국민족운동사연구（우송조동걸선생정년기념논총 2）』나남출판, 1997；김동노「식민지시대의 근대적 수탈과 수탈을 통한 근대화」『창작과비평』99, 1998；정병욱「역사의 주체를 묻는다：식민지근대화론 논쟁을 둘러싸고」『역사비평』43, 1998；주종환「일제 조선토지조사사업에 관한 ‘식민지근대화론’ 비판－근대성을 강조하는 나까무라 교수의 역사이론에 대하여」『역사비평』47, 1999；정연태「‘식민지근대화론’ 논쟁의 비판과 신근대사론의 모색」『창작과비평』103, 1999；安秉直 편『한국경제성장사－예비적 고찰』서울대출판부, 2001；정연태「식민지근대화론의 새로운 성과에

대한 비판적 검토」『역사비평』58, 2002 ; 박섭 외『식민지 근대화론의 이해와 비판』백산서당, 2004 ; 박찬승「식민지시대 역사연구의 쟁점」『한국사연구 50년』혜안, 2005 ; 정태헌『한국의 식민지적 근대 성찰』선인, 2007 ; 허수열「식민지근대화론의 쟁점-근대적 경제성장과 관련하여」『東洋學』41, 2007 ; 신용하 외『식민지 근대화론에 대한 비판적 성찰 (이화학술원학술총서 1)』나남, 2009 などを参照。

3）　これについては、신기욱「식민지조선 연구의 동향」『한국사시민강좌 20』일조각, 1997 ; Gi-Wook Shin and Michael Robinson (eds.), *Colonial Modernity in Korea*, Havard University Press, Cambridge, 1999 (신기욱, 마이클 로빈슨 외・도면회 옮김『한국의 식민지 근대성 – 내재적 발전론과 식민지 근대화론을 넘어서』삼인, 2006) ; 김동노「식민지시 일상생활의 근대성과 식민지성」『일제의 식민지지배와 일상생활』혜안, 2004 ; 조형근「한국의 식민지 근대성 연구의 흐름」『식민지의 일상 – 지배와 균열』문화과학사, 2006 などを参照。

4）　윤해동・천정환・허수・황병주・이용기・윤대석 엮음『근대를 다시 읽는다 1・2』역사비평사, 2006 ; 윤해동・황병주 엮음 『식민지 공공성 – 실체와 은유의 거리』책과함께, 2010.

5）　黒瀬悦成『知られざる懸け橋』朝日ソノラマ、1996 ; 김충렬・백영훈・최종설『마스토미 장로 이야기』한국장로교출판사, 2009. これらによると、桝富安左衛門は、植民地地主として韓国の伝導事業と教育にも関与した人物で、韓国と日本の「知られていない架橋」だったと評価される。桝富安左衛門 は、他の日本人とは違って、キリスト教の信仰に基づいて韓国の独立を支持し、教育、農業、宣教活動などを広げて韓国のために一つの麦のような献身的な生活を送ったと評価している。これに対する批判は、이규수「일본인 지주 마스토미 야스자에몽 (枡富安左衛門) 과 '선의 (善意) 의 일본인' 론 재고」『아시아문화연구』19, 2010.

6）　例えば、곽건홍「한일노동자 연대의 개척자, 이소가야 스에지」『노동사회』32, 1999 ; 이규수「후세 다츠지 (布施辰治) 의 한국인식」『한국근현대사연구』25, 2003 ; 이준식「재조 (在朝) 일본인교사 죠코 (上甲米太郎) 의 반제국주의 교육노동운동」『한국민족운동사연구』49, 2006 などを参照。

7）「支配と抵抗」という観点に基づいた在朝日本人研究は、日本社会の内部に「植民地恩恵論」という歴史認識が現存する限り、支配と被支配の歴史的経験の克服と植民地支配の批判という側面から現在性がある。しかし、研究の視野を20世紀の韓国近代に拡大して、植民地時代の変化の様相に焦点を合わせると、支配と抵抗の観点は、植民地で在朝日本人を通じて発現されるさまざまな社会的現象を理解するためには、一定の限界があるだろう。「植民地収奪論」に基づいた在朝日本人研究の現状と意義については、이규수「'재조일본인' 연구와 '식민지수탈론'」『일본역사연구』33, 2011参照。

8）　梶村秀樹『朝鮮史と日本人 (梶村秀樹著作集 1)』明石書店、1992。

9）　木村健二『在朝日本人の社会史』未來社、1989。
10）高崎宗司『植民地朝鮮の日本人（岩波新書790）』岩波書店、2002。
11）　内田じゅん「書評 高崎宗司著 植民地朝鮮の日本人」『韓国朝鮮の文化と社会』２、2003。
12）　야마나카 마이「서울 거주 일본인 자치기구 연구（1885-1914）」가톨릭대학교 석사학위논문, 2001；박양신「통감정치와 재한일본인」『역사교육』90, 2004；방광석「한국병합 전후 서울의 '재한일본인' 사회와 식민권력」『역사와 담론』56, 2010；李東薫「在朝日本人社会の『自治』と『韓国併合』―京城居留民団の設立と解体を中心に」『朝鮮史研究會論文集』49, 2011；박양신「재한일본인 거류민단의 성립과 해체」,『아시아문화연구』26, 2012.
13）　전성현『일제시기 조선 상업회의소 연구』선인, 2011.
14）　기유정「일본인 식민사회의 정치활동과 '조선주의'에 관한 연구 -1936년 이전을 중심으로」『서울대학교 대학원 정치학과 박사논문』, 2011.
15）　李昇燁「全鮮公職者大会；1924-1930」『二十世紀研究』4, 2003；李昇燁「三・一運動期における朝鮮在住日本人社会の対応と動向」『人文学報』92, 2005；이승엽「'문화정치' 초기 권력의 동향과 재조일본인사회」『일본학』35, 동국대학교일본학연구소, 2012.
16）　内田は「ブローカー」という分析用語を次の三つの側面で使用したという。第一、日常的な商業活動から大規模な陳情運動に至るまで在朝日本人の利益指向的な心情(the profitoriented mentality)、第二に、居留民の自治に絶え間ない制限と制約を加える植民地権力の代行者（agents）でありながら、下手人（pawns）である居留民の中間者としての位置を捉えるために使用した。つまり、植民地国（＝官）と居留民社会（＝民）の境界が固定されない曖昧な存在であるので、帝国のブローカーは中間的な存在としての影響力をもつようになるということである。第三、居留民の権力と彼らの植民主義そのものが被植民者との関係のなかで、どのように構成されているのかを示すために、この概念を使用したという。内田じゅん「植民地期朝鮮における同化政策と在朝日本人―同民会を事例として」『朝鮮史研究会論文集』41、2003；Uchida, Jun, *Brokers of Empire :Japanese Settler Colonialism in Korea, 1876–1945*), Harvard University Asia Center, 2011.
17）　植民地権力と地域社会との関連構造に関する研究については、松田利彦「植民地支配と地域社会―朝鮮史研究における成果と課題」、松田利彦・陳姃湲編『地域社会から見る帝国日本と植民地―朝鮮 台湾 満洲』思文閣出版、2013参照。
18）　홍순권『근대도시와 지방권력–한말·일제하 부산의 도시발전과 지방세력의 형성』선인, 2010.
19）　이준식「일제강점기 군산에서의 유력자집단의 추이와 활동」『동방학지』131, 2005.
20）　加藤圭木「一九三〇年代朝鮮における港湾都市羅津の『開発』と地域有力者」『朝

鮮史研究会論文集』49、2011。

21)　송규진「일제강점 초기 '식민도시' 대전의 형성과정에 관한 연구 - 일본인의 활동을 중심으로」『아세아문제연구』45, 2002.

22)　Henny Todd, 'Keijo':Japanese and Korean Construction of Seoul and the history of its Lived space, 1910-1937,University of California at Los Angeles, Ph.D, dissertation, 2006.

23)　염복규「일제하 도시지역정치의 구도와 양상 -1920년대 京城市區改修 이관과 수익세 제정 논란의 사례 분석」『한국민족운동사연구』67, 2011 ; 염복규「식민지시기 도시문제를 둘러싼 갈등과 "민족적 대립의 정치"」『역사와 현실』88, 2013.

24)　木村健二「在外居留民の社會活動」『近代日本と植民地』5、岩波書店、1993；木村健二「朝鮮居留地における日本人の生活態様」『一橋論叢』115-2、1996；木村健二「在朝鮮日本人植民者のサクセス・ストーリー」『歴史評論』625、2002。

25)　손정목『한국개항기 도시변화과정 연구―開港場·開市場·租界·居留地』일지사, 1982 ; 孫禎睦『都市社會經濟史研究―韓國開港期』一志社, 1982 하시야 히로시 지음·김제정 옮김『일본제국주의, 식민지 도시를 건설하다』모티브북, 2005.

26)　代表的な研究としては、노영택「개항지 인천의 일본인 발호」『기전문화연구』5, 1974 ; 橋谷弘「釜山·仁川の形成」『近代日本と植民地 3』岩波書店, 1993 ; 김학준「개항 시기와 근대화 노력시기의 인천」『한국학연구』6・7합집, 1996 ; 정광하「개항장을 기반으로 한 일본의 대한침략사 소고」『통일문제와 국제관계』8, 1997 ; 양상호「인천개항장의 거류지확장에 관한 도시사적 고찰」『논문집』1, 1998 ; 강덕우「인천개항과 관련한 몇 가지 문제」『인천학연구』1, 2002 ; 박찬승「조계제도와 인천의 조계」『인천문화연구』1, 2003 ; 김윤희「개항기 (1894-1905년) 인천항의 금융 네트워크와 韓商」『인천학연구』3, 2004 ; 이규수「개항장 인천 (1883-1910)―재조일본인과 도시의 식민지화」『인천학연구』6, 2007 ; 문영주「20세기 전반기 인천 지역경제와 식민지 근대성 - 인천상업회의소 (1916-1929) 와 재조일본인 (在朝日本人)」『인천학연구』10, 2009 등을 참조.

27)　김영정 [외] 지음『근대 항구도시 군산의 형성과 변화 : 공간, 경제, 문화』한울아카데미, 2006.

28)　坂本悠一・木村建二『近代植民都市 釜山』櫻井書店, 2007 ; 홍순권편『부산의 도시형성과 일본인들』선인, 2008 ; 아이 사키코「부산항 일본인 거류지의 설치와 형성」『도시연구』3, 2010.

29)　고석규『근대도시 목포의 역사 공간 문화』서울대학교출판부, 2004.

30)　Peter Duus, *The abacus and the sword : the Japanese penetration of Korea, 1895-1910,* Berkeley : University of California Press, 1995.

31)　기무라 겐지「植民地下 朝鮮 在留 日本人의 特徵―比較史的 視点에서」『지역과 역사』15, 2004 ; 이규수「재조일본인의 추이와 존재형태―수량적 검토를 중심으로」『역

사교육연구』125, 2013.

32) 浅田喬二『日本帝国主義と旧植民地地主制』御茶の水書房、1968 ; 이규수「후지이 간타로（騰井寛太郎）의 한국진출과 농장경영」『大東文化硏究』49, 2005 ; 홍성찬「일제하 전북지역 일본인 농장의 농업경영—1930, 40년대의 사례를 중심으로」『일제하 만경강 유역의 사회사—수리조합, 지주제, 지역 정치』혜안, 2006 ; 최원규「일제하 일본인 지주의 농장경영과 농외 투자—전북 옥구군 서수면 熊本農場 地境支場의 사례를 중심으로」『일제하 만경강 유역의 사회사—수리조합, 지주제, 지역 정치』혜안, 2006 ; 하지연『일제하 식민지 지주제 연구—일본인 회사지주 조선흥업주식회사 사례를 중심으로』혜안, 2010.

33) 藤永壮「植民地下日本人漁業資本家の存在形態—李堈家漁場をめぐる朝鮮人漁民との葛藤」『朝鮮史研究会論文集』24、1987 ; 여박동「일제하 통영, 거제지역의 일본인 이주어촌형성과 어업조합」『日本學志』14, 1994 ; 김수희『근대 일본어민의 한국진출과 어업경영』경인문화사, 2010.

34) 홍성찬「日帝下 平壤지역 일본인의 銀行설립과 경영—三和·平壤·大同銀行의 사례를 중심으로」『延世經濟硏究』3-2, 1996 ; 홍성찬「韓末·日帝初 在京 일본인의 銀行설립과 경영 - 京城起業·京城銀行의 사례를 중심으로」『한국사연구』97, 1997 ; 홍성찬「日帝下 在京 일본인의 朝鮮實業銀行 설립과 경영」『延世經濟硏究』6-2, 1999.

35) 木村健二「朝鮮進出日本人の営業ネットワーク—亀谷愛介商店を事例として」杉山伸也編『近代アジアの流通ネットワーク』創文社、1999 ; 하야시 히로시게『미나카이백화점 조선을 석권한 오우미상인의 흥망성쇠와 식민지 조선』논형, 2007.

36) 木村健二「戦時下植民地朝鮮における経済団体と中小商業者」東京国際大学博士学位論文、2006。木村健二「在朝日本人史研究の現状と課題—在朝日本人實業家の傳記から讀み取り得るもの」『일본학』35、2012.

37) 김명수「재조일본인（在朝日本人）토목청부업자 아라이 하츠타로（荒井初太郎）의 한국진출과 기업활동」『경영사학』263, 2011 ; 김명수「한말 일제하 賀田家의 자본축적과 기업경영」『지역과 역사』25, 2009.

38) 고노 노부카즈「일제하 中部幾次郎의 林兼商店 경영과 "水産財閥" 로의 성장」『동방학지』153, 2011.

39) 김동철「부산의 유력자본가 香椎源太郎의 자본축적과정과 사회활동」『역사학보』186, 2005 ; 배석만「부산항 매축업자 이케다 스케타다（池田佐忠）의 기업 활동」『한국민족문화』42, 2012 ; 배석만「일제시기 부산의 대자본가 香椎源太郎의 자본축적활동 - 日本硬質陶器의 인수와 경영을 중심으로」『지역과 역사』25, 2009.

第7章

渋沢栄一の対米認識の形成
——1879年のグラント将軍接待と1902年の欧米訪問を中心として

李　　　佩

はじめに

日本資本主義の父と呼ばれる渋沢栄一（1840～1931）は国内の経済発展だけでなく、対アジア経済進出や対米民間外交においてもリーダーシップを発揮し、後世に豊かな遺産を残した。渋沢は1870年代から朝鮮と中国への経済進出を積極的に模索し、生涯の最後まで対アジア事業を続けたが、このことは学界でも熱心に論じられている。他方、渋沢とアメリカに関しては、木村昌人氏や片桐庸夫氏などの研究に代表されるように、1902年以降の渋沢の対米言動、特に日米関係の悪化に対応するための活動が民間外交という枠組みで整理されている。しかし、1902年までの渋沢栄一の対米認識の形成過程、その間の変化および原因に関する研究はまだない。そして、渋沢の対外活動に関するこれまでの研究はほとんどが国別に分けて論じており、例えば対中関係の研究では中国に対する認識と活動だけを論じ、対欧米関係などと関連させることはなかった。渋沢を主体として、1902年までの彼の対米、対中、対英認識と活動の間の内在的連関に言及する研究は、管見の及ぶ限りまだなされていない。また、いままでの渋沢研究は近代日本の資本主義経済の発展という文脈の中で、「偉人」渋沢の業績を論じるものがほとんどであった。だが、実際には渋沢もたくさんの失敗を経験し、また経済や世界の変動に対する戸惑いもあった。渋沢の困惑や失敗も含め、成長する一人の人間として理解し、その人生の発展段階の歴史的現場にできるだけ接近することも重要だと考える。

筆者は研究を進める中で、渋沢の対米、対中、対英認識と行動の間に内在的連関があることに気付いた。渋沢の全体的対外活動と認識のなかでこのような内在的連関を追究しない限り、断片的なイメージしか描けず、問題の本質まで明らかにすることができないと思われる。「歴史はプロセスであり、このプロセスを一一分断して部分だけを研究してはいけない。……如何なる事柄も相互的に関連している」[1)]と言われるように、渋沢が一つの主体としてほぼ同時進行で展開した対各国活動の間の関連は、なおさら緊密であったと言えよう。言うまでもなく渋沢の対外活動は、政権交代などによる日本の対外政策の変化と内外の経済変動に制約されながら展開したものであった。本章は、日本の内外情勢の変動、財界の対外経済進出および渋沢の内外事業の展開を視野に入れながら、1902年までの渋沢の対米認識の形成と変化および対英、対中認識との内在的連関を明らかにすることを試みる。また先行研究では看過された歴史的断片を拾いつつ、根底で東洋の伝統的価値観をもって欧米を観察する渋沢のスタンスや対米認識の中の感情的要素についても触れてみたい。

1　「欧米夷狄」観の形成と崩壊

渋沢はアヘン戦争勃発の年1840年に豊かな農民の家に生まれた。「いままで並立していた、西洋的国際社会とアジア的秩序とが接触して、前者がその優位を後者に押し付けた」[2)]時代のなかで、1853年、日本はペリー提督率いる「黒船」の来航を受け、翌1854年、「日米和親条約」を締結し、300年近い「鎖国」を終えた。更に1858年に初代アメリカ駐日領事ハリスと江戸幕府の結んだ「日米修好通商条約」によって、日本はアメリカ人はじめ国内在住の欧米人に対して司法権が及ばず、関税をもって自国産業を充分に保護することもできなくなった。

(1)　伝統的儒教教育と「欧米夷狄」観の形成

青年時代の渋沢栄一の対外認識は、中国の儒家思想の影響を色濃く受けていた。渋沢は幼時より父と従兄の尾高淳忠から四書五経などの儒学の経典を学んだ。「聖人の道」が行われているはずの中国がアヘン戦争で「洋夷」に敗れたことは、同時代の日本に大きな衝撃を与えた[3)]。渋沢は『清英近世談』などの書籍を読んで、「成る程西洋人は無茶なものだ乱暴なものだ、それを敵とするに善し悪しを考へる余地などはない」、「米国も亦外国の一つとして同様に考へて居りました」[4)]。これが渋沢の最初のアメリカ観であった。

西洋からの衝撃で国防意識と排外的民族主義が高まる中、幕藩体制は動揺し、西南諸藩が台頭し、日本は政治的激動の時代に入った。また、欧米との貿易の開始により、日本は世界経済の中に組み込まれた。一方、「尊王攘夷」派による外国人殺害や領事館破壊のような排外事件が頻発した。このような情勢の中、渋沢は1861年に江戸遊学に出て、尊王攘夷の志士としての意識を形成し、1863年には同志とともに外国人居留地焼き討ち計画を立てた。後年渋沢はこの頃の排外意識について「余は、欧米諸国はすべて他国を侵略するを事とする国なりと思えり。かの英国が支那に対して、アヘン戦争をなし、支那の領土を占領せしがごとき、強く吾人の排外的思想を鼓舞し」[5)]たと回顧した。渋沢の考えには中国への同情と「夷狄」への憤慨が交錯しており、また日本の運命へのつよい懸念もあった。

留意すべきなのは、渋沢はアメリカを「夷狄」の一つとして捉える一方、攘夷を論じる尾高淳忠『交易論』に寄せた序文において、仁義忠信を伴う各国間の交易の必要性を認めたことである[6)]。これは後年の彼の対外意識の変化の伏線とも言えよう。

(2)　1867年の欧州訪問と「欧米夷狄」観の崩壊

1867年の欧州訪問は渋沢の対外認識と人生の方向を変えた。外国人居留地焼き討ち計画は、尾高長七郎の必死の説得によって中止となったが、長七郎は逮捕され、渋沢にも嫌疑が及んだ。京都に避難した渋沢は一橋家に仕える平岡円四郎の説得により、1864年に仕官の道を選び、武士の身分を得た。一橋慶喜が第15代将軍になった翌年1867年1月、渋沢はその財務・経営能力と順応性が高く評価され、将軍の弟徳川昭武を正使とする幕府のパリ使節団の随員に抜擢された[7)]。

欧州に赴く船中での食事から、渋沢は早速「西洋」と遭遇し、未知の文化に対し積極的かつ貪欲に挑もうとした[8]。船中、彼は随行員の杉浦愛蔵から、1861年に米国公使ハリスが、「秘書官ヒュースケンが殺された時に、英仏の公使の強硬な言を却け、公使館であった善福寺を一歩も去らず、日本の為めに死を賭して図つてくれた」ことを聞かされ、真に敬服し、「仁義道徳が西洋人にないと信じて居たのは過りであった、見聞が狭かつたからである」[9]と悟った。ハリスの言動に東洋の仁義道徳を見つけたことをきっかけに、渋沢の対米認識が変わったのである。

1867年の欧州渡航は、上海、香港をふり出しに西力東漸がもたらした諸港を乗りついでゆく旅であり、その間に渋沢は偏狭な攘夷主義から完全に脱却した。またいままでの研究で看過されているが、渋沢の欧米観の変化は初めての中国体験による中国観の変容に伴うものでもあった。上海に上陸した渋沢は租界の綺麗な洋風建築、瓦斯燈照明、架設された電線、公衆衛生の設備が整った欧式市街を目にした。しかし上海城は「捨水汚湛し乾く間なし」の狭い道路で「牛豕鶏鶩諸飲食の店見世先にて烹賣せる故各種の臭気混淆し鼻を穿ち」、乞食が多く、「貧しきものは衣服垢敝して臭気なる」[10]、「土人蟻集して往来を塞ぐ各雑言して喧しきを英仏の取締の兵来りて追払へば潮の如く去り少く休めば忽ち集る其陋体厭ふべし」[11]という状況であり、それはあまりにも強烈な衝撃であった。更にショックをうけたのは「欧人の土人を使役する牛馬を駆遂するに異なら」[12]ぬことであった。中国に食い込んだ西洋勢力の状況を目にした渋沢は、中国への視線も微妙に変化させた。彼は、中国は「東洋名高き古国にて幅員の広き人民の多き土地肥饒物産の殷富なる欧亜諸洲も固より及ばざる」も、「世界開化の期に後れ独其国のみを第一とし尊大自恣の風習あり」、開国後も「尚舊政に因循し日に貧弱に陥るやと思はる豈惜まざらむや」[13]と嘆き、遺憾に思うとともに批判的視線をも向けたのだった。

これとは対照的に、香港上陸後の渋沢は中国から割譲された香港で英国人がこの往昔の辺鄙なる一漁村を「人烟稠密貿易繁盛の一富境」まで開発したことに多大な関心を払い、造幣局、新聞局、病院、書院など多くの施設を見学し、英国陸海軍の装備に圧倒されたほか、「中華の学」を学び広めることにおいて「夷狄の人」が「中華の人」を凌いだ事実を認識した。渋沢から見れば英国は「利柄を掌握し、通塞を専断し、開合高低変化を計り、東洋貨力之権を執る」[14)]、「文明の素ある」[15)]国であった。この認識は後年英国をモデル国家とすることにもつながった。

欧州滞在中、日本と欧州列強の産業・軍備の圧倒的な差に驚いた渋沢は、使節団業務のかたわら、欧州の近代工業社会や資本主義経済活動を積極的に見聞きし、「文物ノ富、器械之精」[16)]に傾倒し、また日本のような官尊民卑の弊害がないことに深い感銘を受けた。1867年のパリ万博見学で渋沢が一番感心したのはアメリカ製の紡績機械と農耕機械であり、それらは英国製よりも優れていると見なした。この最初の米国機器との出合いは、後に実業界に入ってからの渋沢と米国の付き合いにもつながった。1867年の欧州訪問の収穫は、渋沢が後に財界の指導者となる基礎を築いたのである。

(3)　帰国後の欧米観の変化

1868年11月、欧州から帰国した渋沢は明治の新時代に直面した。明治維新の一連の変革は列強の支配する国際社会に独立国として伍していくため、必死に政治権力と経済構造をつくり出す試みであった[17)]。渋沢は欧州で習った「合本主義」と近代的金融の知識を活かし、静岡に半官半民の組織「商法会所」を設立し、高い利益を上げることに成功した。1869年末には大隈重信の説得を受けて大蔵省に入り、大蔵大輔井上馨の片腕として財政･金融制度の確立に尽力し、その傑出した才能が認められたが、財政改革の主張が入れられず、1873年５月、井上馨、益田孝とともに官を辞した。渋沢の辞職のきっかけとなった「財政改革に関する奏議」は井上馨と渋沢栄一の連名によるものであり、その内容は「今欧米諸国は民皆実学を務めて智識に優なり……我が民はすなわちこれに反す……欧米諸国の民たる、概ね智識に優にして特立の志操を存す……今我が民すなわちこれに異なり……智識開けず志操確からず」[18)]と欧米を模範として前面に出すものだった。退官した渋沢は、大蔵省時代から指導にあたってきた第一国立銀行の頭取に就任し、商工業の発展と官尊民卑の打破を目指し、欧米を模範に人生の新しい段階を切り開いていった。

欧州から帰国した渋沢は、明治期の多くの洋行帰りの知識人や政府関係者と同じように、中国を中心とする華夷秩序的な世界像から欧米を頂点とする「開化」の段階的なものへと転換した[19)]が、上海で西洋人が中国人に暴力を振るうことを見たことにより、西洋文化への疑いも抱いていた。明治初期の西洋崇拝の風潮にもかかわらず、渋沢は東洋の伝統文化を評価し、西洋社会のマイナス面に警戒心を持っていた。

2　対米国民外交の嚆矢——1879年アメリカ前大統領グラント将軍の接待

1870年代の日本は政治的には諸外国との通商条約を改正し、一人前の独立国家として国際社会に伍していくこと、経済的には欧米資本主義諸国にキャッチアップするための環境整備を進めることが課題となっていた。対外的には、明治政府は1874年に台湾へ出兵し、対外膨張路線を確立した。渋沢はバンカーとして銀行業の確立に大きく寄与したほか、投資家・経営者として近代産業の創設にも積極的にかかわった。英国をモデル国家とした渋沢は、お雇い外国人の招聘や欧米への技術者派遣などを通して欧米との接点が多くなってきた。また1877年に銀行業者組織の「択善会」、1878年に東京商法会議所をつくり、商工業者の組織化を図った。渋沢は1870年代から中国、朝鮮への経済進出に積極的に動き出し、1877年には時の大蔵卿大隈重信の依頼で、三井物産社長益田孝とともに対清1,000万円借款交渉のため上海に赴いた。この交渉は結局、破談となったが、彼は上海の商況などを調査し、清国との貿易打開策について政府に進言した。また、渋沢は、1878年には釜山で第一国立銀行の支店を設立した。このように、1870年代の渋沢にはアジア志向と国益志向が明らかに見られた。

(1)　グラント将軍来日の背景と日本の歓迎

1879年7月3日、グラント米国元大統領（Ulysses Simpson Grant）一行を乗せた米国軍艦リッチモンド号が横浜に入港し、グラント一行は「祝砲烟花の轟声中に艦を棄てゝ上陸し、直に鎮守府に入る、此處には岩倉右大臣、伊藤、西郷、井上の諸参議等出て迎へ」[20]た。グラントは南北戦争の北軍総司令官として北部の勝利を導き、米国大統領を2期（1869～77年）務めた[21]。グラントはすでにいかなる公職も退いていたが、その名声ゆえに世界旅行中、行く先々で各国政府に優遇され、程度の差があったがその旅は公的な性格を帯びるようになった。中国では李鴻章、恭親王と数回会見し、琉球問題をめぐる日中紛争について議論したほか、李鴻章から中国側の公文を日本政府に渡すことも頼まれた。

グラントの世界旅行の最後の目的地は日本であった。日本政府は早くも1879年1月にグラントが「有名ノ大統領二有之且先年岩倉大使同国へ派出ノ節グラント氏在職中ニテ大使ヲ懇待致サレ候廉ハ可報酬筋ニモ有之」として、「各国皇族ヲ御饗待被為在候振合二照準シ御手厚二御接遇相成」[22]という接待方針を決めた。接待予算において同年来日のドイツ皇孫とイタリア皇族の接待費を削り、さらに予算を追加し、グラントの接待費を22,000円にした[23]。日本滞在中、グラントは数回にわたって〔明治〕天皇に謁見したほか、政府の最上層部や華族、民間の著名人、在京の各国外交官などとも交流した。グラント接待のため、民間各界も大いに動員された。政府系の『東京日日新聞』は日本滞在中のグラントの言動を詳細に報道し、渋沢と福地源一郎は一連の歓迎イベントを主催した。

防衛省防衛研究所の陸軍大日記と海軍省記録には、グラント接待関係の資料が170巻にも及んでいる。1870年代を通じて、グラントの来日は明治政府が最も重視した外賓の接待であった。この空前の接待には明確な外交目的があった。第一は条約改正問題に資することである。1878年、寺島宗則外務卿は米国との交渉で関税自主権回復を認めさせる成果を得た、英国などの反対で実施できなかった。このため、日本政府はグラント来日を契機とし、日本が「文明国」であることを演出して、米国との更なる条約改正を実現し、さらに改正条約実施のための国際世論の醸成に寄与することを期待していた。第二に、1879年4月、日本政府が琉球藩を廃して沖縄県を設置して以降、琉球問題をめぐり日中関係は緊張した[24]。グラントは日中両国の信頼する友人として、調停役を担当したので、日本政府はグラントの日本への好感を獲得し、外交交渉を日本に有利な方向へ導こうとし、大々的な働きかけを行ったのである。「かくて迎接や、従来例を見ざる人民の歓迎表示運動が、一しきり続いた後、将軍グラントは伊藤公及び元老院議員の多数に伴はれて日光に往った。其地で日支間の係争事項が慎重に議せられ」[25]た。渋沢は政府と太いパイプを持っており、グラント接待に潜む政府の思惑を承知していたであろう。

(2)　東京商法会議所会頭としての渋沢栄一の役割

東京商法会議所の資料によれば、「アメリカ合衆国前大統領グラント将軍夫妻来朝シ、栄一、福地源一郎、益田孝等当会議所会員中心トナリテ同将軍ノ歓迎ヲ斡旋セシ」、1879年8月25日に「東京府民総代トシテ上野公園ニ明治天皇ノ臨幸ヲ仰ギ同将軍夫妻ヲ招請」した[26]。ここに至って、凡そ二か月間にわたるグラント歓迎の諸活動はクライマックスに達した。これは渋沢の努力と密接な関係があった。この数万人の参加したイベントの準備に関し、渋沢と福地は総括を担当した。

東京商法会議所会頭渋沢らによる民間の歓迎活動は、東京府の活動の中に組み込まれて展開した。民間人である渋沢にとっても、これは初めての国賓接待であった。渋沢は東京府会議長・商法会議所副会頭・『東京日日新聞』社長の福地源一郎とともにこの民間歓迎活動の中心にあり、「日本の国情が西洋諸国に劣らないと云うことを示」[27]すため、一連のイベントを企画・実施した。渋沢の果たした役割は以下の通りであった。

第一に、接待費用の調達に関し、渋沢は商工会議所の会員を動員して寄付を求めたほか、喧嘩までして三菱家などにも寄付の要請をし[28]、自身も5千円の巨額を寄付し、総額3万円を集めた[29]。当時は、一月5円あれば庶民は何とか生活できた時代であり、3万円は国のグラント接待予算をも上回る大金であった。

第二に、組織面でも、渋沢は様々なグラント接待の活動を展開し、大きな役割を果たした。またグラントを最大限満足させるため、渋沢は1867年の欧州行で習った西洋文化と礼儀を最大限に生かし、歓迎式典に「蓬莱橋の傍に緑門を設け、紫陽花にてUSG（即ちグラント君の姓名）の三字を作り」[30]、提灯行列を行って歓迎するなど、近代日本の対外交流史にも残る空前の大歓迎ムードを作り上げた。その活動面では、渋沢は益々中心的な存在となり、彼が尽力した民間の歓迎イベントとしては、本節冒頭にあげた上野公園での催しのほか、①7月3日の新橋駅における歓迎式典、②7月8日の虎の門工部大学校における東京府民主催の1,500人規模のグラント歓迎洋式舞踊会、③7月16日の新富座（当時、東京唯一の劇場）における皇族、大臣、参議など同席の歓迎観劇会、④8月5日渋沢の飛鳥山邸におけるグラント招待午餐があった。8月5日は、渋沢設立の東京王子製紙会社にグラントを招き見学させた後、渋沢は飛鳥山の邸宅で盛大な宴会を開き、至れり尽くせりのもてなしをした。これは日本近代史上、民間人邸宅における国賓招待の最初のケースであり、予想以上の成功を収めた。

第三に、グラント接待の諸活動が困難に瀕した際、渋沢は強い手腕を発揮し、政府上層部とのパイプを生かし、問題解決に大いに寄与した。すなわち、7月中旬以降、東日本にはコレラが蔓延したため、右大臣岩倉具視は一時上野公園における天皇臨幸に難色を示した。井上馨から岩倉の内意を知った渋沢は、岩倉宛に書簡を出し、本件を猶予すれば「折角是迄政府、人民ヨリシテ同氏へ表シ候懇篤之誼モ此一挙之為ニ或ハ画餅ニ属候様ニ相成候ハ必然之勢ナリ」[31]としてその決心を促し、さらに親交のある東京府知事楠本正隆にも大いに働きかけた。渋沢の懸命な努力が報いられ、8月23日宮内省は天皇臨幸の許可を通達した。

(3)　グラント接待の成果と影響

1879年のグラント訪日の接待は日本政府にとっても、また政府の「グラント工作」を補完する民間接待活動の中心にいた渋沢にとっても、成果は大きいものであった。日本側はまずグラントの日本への好感を得ることに成功した。グラントは「日本人はすでにアジアの中で一番優れた人民だ」[32]と称賛したのである。日本政府はその対日好感を利用し、グラントから清国恭親王と李鴻章の真意を聞き出した[33]ほか、グラントに「琉球は日本の領地にして其人民は日本人なり」という日本の主張に同調させた[34]。結果として日本政府はグラントの「分島方案」よりも自身に有利な方案で本問題の解決に一段落をつけた[35]。日本政府によるグラント接待が琉球問題交渉に与えた影響については、先行研究ではほぼ言及されていない。

渋沢は一民間人として政府の外交目的達成に最大限に貢献した。この功績により、明治政府は渋沢に賞を贈った。渋沢にとってグラント接待は、官尊民卑の社会で政府の動員下の義務であると同時に、その国益志向や東京商法会議所会頭としての使命感から自ら進んで行った仕事でもあった。グラント接待に関する新聞の大々的報道にともない、渋沢栄一は一躍社会の有名人となり、後年の財界リーダーとしての地位確立の一助となった。1879年以降、渋沢は大衆向けの出版メディア「百人一首」にしばしば登場し、一農民から名高い実業家にまで登りつめたことによって、「当時の人心に大いなる刺激を与へまた世人から讃仰せられたることが深かった」[36]。また渋沢の「国民外交の端緒が此処に開けた」[37]。「伊藤・井上等の人々もよく注意してくれた」[38]中、渋沢は政府外交の補完として、民間外交の舞台に登場した。自らを前面に出しながらも政府を後ろ盾にし、役割分担は違うものの最終的目標を共にした。この最初の国民外交の体験は後年渋沢の展開した民間外交に大きな影響を与えた。渋沢は1870年代日本政府の「李鴻章工作」にもかかわっていたが、それは後の渋沢の日中米三国関係を重視する姿勢と関係があった。

また看過できないのは、グラントへの接待には渋沢の米国に対する感情的要素も入っていたことである。渋沢は敬虔な聖公会信徒であるハリスの価値観に共鳴し、「その人に就てその国を思ふ……その観念からグラント将軍歓迎のことにも、特に一層の力を入れた」[39]。つまり、ハリスへの敬意は米国への好感となり、それはグラント接待の精神的モチベーションともなった。そしてグラントの平易で格式張らないが大物としての存在感をもっていたことは渋沢によいイメージを与え、アメリカへの更なる好感と興味へとつながった。

3　対米認識の変化――日清戦争後の仮想敵アメリカ

19世紀末に入り、日本経済と東アジア国際環境には大きな変化が起きた。日清戦争後、明治政府は清国から3億6,000万円の賠償金を手に入れたことをきっかけに、ロシアを仮想敵とする大規模な軍備拡張に走った。渋沢は経済の視点から国の安全には不必要な軍拡であり、軍事公債の募集は民間の資金需要を圧迫することになるとして猛反対した。1890年代に財界リーダーとしての地位を確立した渋沢は、日清戦後財界の台頭とともに、公的諮問機関への参加、政府への建議、政府との太いパイプなどを通して商工業発展に有利な経済と社会政策の実現を自身の重要な役目とした。国際情勢において、「1895年の三国干渉を契機として、ドイツ、フランス、英国、ロシア、それに日本までもが、中国において積極的に利権を求め、勢力圏を設定し、領土割譲までを追求するようになるが、それでもなおアメリカ政府は依然無関心であった」[40)]が、アメリカの東洋貿易商人は積極的にアジア進出に向け動き出した。

このような情勢のもと、渋沢の対米認識にも変化がみられた。それは日清戦争の勝利によって日本は東洋の盟主への道に邁進するに違いないが、海洋国家として中国への経済進出においてアメリカとの衝突が不可避である点に集約された。18世紀以来の英国重商主義の影響で英国をモデル国家とした渋沢は、国益の根本は商業にあり、海外貿易と海運業の発展が国家富強の根源だと考えていた。日清戦後、渋沢は戦後経営策について積極的に提言し、1895年10月、「戦後の海運拡張の方針及程度」という講演の中で、日清戦争における商船の働きを高く評価し、日清戦争の勝利は海運業が国家を捍衛する力があることを証明した[41)]ことだとし、「天津の線路〔航路――引用者注〕、上海の線路、浦潮斯徳線路、支那海の線路、濠州線路、米国線路、是は目下に於てどうしても開かれたい」[42)]と主張した。更に国家発展戦略の角度からアメリカ航路の必要性と緊迫性を力説し、アメリカ航路において「是非此の巡洋艦二艘を海軍省で造りて、平時には他に貸与して斯う云ふ航路に供して商業交通の発達を謀り、戦時には軍国の用に供するのが一番国家に取って大利益であらう」[43]と強調した。このようなアメリカを仮想敵だとする考えの背景には、当時アメリカが欧州各国との植民地獲得競争、海軍拡張、電信・電話技術革命に対応するため、1890年に海軍拡張並びに太平洋と大西洋を繋ぐ運河開通計画を立てたことなどがあった。日清戦争当初、アメリカのメディアの多くは日本の勝利が文明の勝利であり、敗北は中国にとってよい薬になるだろうと親日的報道を行ったが、アメリカ海軍当局の中には日本海軍の成長に危惧の念を抱くものも出始めた。米国のハワイ併合の直接的動機は日本の進出を防ぐためであった[44]。渋沢は日清戦争が「十分なる戦勝の結果、平和条約も整ひ、支那に対しての通商の手続きもそれぞれ運びの付くに際しては、必らず日本の経済上に一の新面目を開くと云ふことは免れぬことである」[45]として、戦後の対中経済進出に大きな期待を寄せていたため、アメリカを仮想敵だとしても不思議ではなかった。

その後渋沢は間もなく朝鮮での鉄道敷設権や中国向けの綿糸輸出などにおいて競争相手としてのアメリカに遭遇した。日清戦後、アメリカ、フランスは朝鮮で鉄道敷設権を獲得し、他方、ロシアは李鴻章との密約によって中国国内の鉄道敷設権を手に入れた。鉄道建設が対外経済進出の利器だと考える渋沢は、朝鮮での鉄道建設を目指し、実業扶植によって朝鮮の独立を保つことを主張した。1898年4月渋沢は初めて韓国を訪問し、5月釜山における講演で、「他方に於ては我は常に受動的なるに独り当国に対しては主働的なり。然して我は其貿易の覇権者たるの位置を占む」[46]ことを大きな成果として捉えると同時に、「東洋の英国､否東洋の主権者として寧ろ世界商工業の中心を以て立つべき我々日本の実業者たるべき者は須らく茲に一点の考慮なかる可からざるなり」[47]として、日本が東洋の盟主になるべきだと宣言した。この時点で渋沢は政府関係者と協力してアメリカ人モールスから京仁鉄道敷設権の譲渡を受け入れたほか、京釜鉄道の敷設権をも手に入れた。日本の実業界の対外意欲が足りず、対外経済進出が欧米に比べて大いに遅れていることを批判してきた渋沢は、これらの成果の前で、東洋の盟主に満足せず、更に英国を追い越して世界商工業の中心になるべきだと発奮した。

早くも1898年に渋沢は日本が東洋の中心になれるかどうかは中国への経済進出にかかっているという考えかたを示し[48]、更に1900年に東洋における商権の完全な確立と鉄道や鉱山への資本輸出を対中経済進出の目標として掲げた。1900年の義和団事件に対し、政治家の中国分割論と違って、渋沢は経済の視点から中国保全を主張し、中国への経済進出に大きな情熱を注いだ。渋沢は明治前期から紡績業にも深く関わり、1900年８月に「吾々の大に覚悟をして置かねばならぬことがある。それは清国に対する輸出綿糸の競争者である。其競争上最も恐るべきものは英吉利にあらず、印度にあらずして米国である」[49]と判断し、「紡績業における平和の戦争が来ない前に此の騒動の起ったのは却て幸であるかも知れぬ」として、「此の困難の間を研究の時代として事に当れば、困難を知らぬ米国と競争して勝てぬものではない」と呼びかけた[50]。つまり、1900年において渋沢は中国向けの綿糸輸出においてアメリカが最大の競争相手であるという具体的な競争認識をすでにもっていた。日本が東洋で商権を確立し、東洋の盟主になるためには、英国のほかアメリカとの競争にも備えなければならないと渋沢は考えていた。

4　対米基本姿勢の形成——1902年欧米訪問

20世紀初頭、東アジア国際関係は歴史的転換期を迎えた。日本にとって欧米諸国との関係を調整しながら朝鮮・中国への経済進出を推し進めることが大きな新しい課題であった。1900年に男爵を授けられたことにより、渋沢は民間経済人として人生のピークを迎えた。渋沢が企業家としてもっとも活発に活動するのは1900年代であった[51]。1902年１月日英同盟が成立した。世界に冠たる大国英国と同盟を締結したことで「国民の多数が喝采殆ど狂に近き」[52]、社会全体は異常とも言える興奮状態にあった。渋沢は、日英同盟は日本が軍備拡張をせずに安全保障を強化するチャンスだと認めると同時に、経済の視点から「之を以て直に非常なる変化を貿易或は経済上に及ぼすべしと思惟するは誤れり」[53]、中国への経済進出において英国より大いに遅れている日本は「今回の条約の効力を発揮する為には、鉄道、船舶、銀行等の設備を整へざる可からず」[54]と非常に冷静に見ていた。

1902年5月15日、渋沢は再婚した兼子夫人などを連れて東京を発ち、アメリカと英国を中心とする延べ170日間にも及ぶ欧米訪問の旅に出発した。1900年代は通信、航海などの技術進歩により、世界的範囲で人、マネー、物が移動し始めた時期であり、渋沢の前には伊藤博文、松方正義、渡辺国武、岩崎弥之助などもそれぞれの目的で欧米を歴訪した。渋沢の欧米行きは日本社会で大きな話題となった。

(1)　欧米訪問の動機

渋沢の欧米訪問の動機について、筆者は渋沢の1900～1902年の日記と1895～1902年の講演・談話・文章などを中心に渋沢の国内外事業を視野にいれながら考察した結果、以下のように考える。

第一に、1897年10月に金本位制が実施されてから数年内の日本経済の展開は、金本位制反対だった渋沢の想像をはるかに超えたものであり、渋沢に大きなショックを与えた[55]。正しく経済情勢を判断して将来への政策提言や布石を自身の役目だとする財界リーダーの渋沢は、海外からの日本経済への影響の増大を認め、国際経済と社会の変化の研究を迫られていた。第二に、渋沢は中国と韓国における欧米各国の利権競争が激しくなったことをつよく意識し、実業家として欧米各国の状況を知ることが特に必要だと主張した。特に渋沢は世界一の工業大国に急成長したアメリカにつよい関心をはらい、「壮健な中に一度見たいといふ観念は持って居った」[56]。1901年渋沢はアメリカの艦隊歓迎や公使館との交流でアメリカとの接点を多く増やした。同年にハリスの奉使日記を読んで、その「正義人道」に共鳴したほか、ハリスの誘導がなければその後の日本の発展がなく、そして財界リーダーとしての自身もなかったと考えていた[57]。第三に、日清戦争後政府の財政政策による民間経済への抑制などによって、渋沢の手がけた多くの事業、特に京釜鉄道（ソウル・釜山間）、岩越鉄道（郡山・新津間）、九州鉄道などの資金不足問題が深刻となった。特に京釜鉄道は日清戦争後日本の朝鮮への経済進出における最大の案件であった。渋沢は鉄道国有化に反対し、各鉄道会社に直接外資を導入することを主張し、1901年から外資導入のための法的障害の撤廃を求める行動に踏み切り、1902年1月から5月まで7回にもわたり総理大臣桂太郎と鉄道抵当法について協議した[58]。京釜鉄道、岩越鉄道、九州鉄道への外資導入は渋沢の欧米行きの直接の動機であった。また渋沢の欧米訪問は日本政府と全面的に連動しながらのプロジェクトでもあった。

(2) 初めてのアメリカ

初めてのアメリカは渋沢に鮮烈な印象を与えた。いい天気と思いもよらぬアメリカ人の好意に恵まれ、愉快であると同時に驚きの連続でもあった。大陸横断鉄道に乗って旅行した渋沢はまずアメリカの「広大無辺の地」での大規模耕作法、鉄道が農地まで広げて農産物の運搬を効率的に行い、「農業の富源が推し測られぬ」[59]ことに驚いた。アメリカ滞在中、ユニオン鉄工所、カーネギー製鋼工場、プルマン車輌製造場、ボールドウィン機関車製造所、アメリカン煙草会社、ナイアガラ水利電気会社などを視察したが、いずれも当時各業界のトップ企業であった。カーネギー製鋼工場の「巨大ナル、各種器械装置ノ壮宏ニシテ整頓セル、鋼鉄ノ鋳造又ハ鍛錬ノ順序等総テ電気器械ヲ以テ操縦ス、其壮大ニシテ軽妙ナル実ニ驚クニ堪ヘタリ」[60]と渋沢は記している。渋沢にはその東洋市場への進出が気になり、その場で確認したところ、国内需要さえ供給し兼ねぬということで、アメリカ国内の発展エネルギーに圧倒された。プルマン車輌製造場は「細大精粗能ク其秩序アリテ工場極テ整頓セ」られ[61]、アメリカは「何でもおおざっぱ」という渋沢の先入観を改めさせた。渋沢はアメリカ工業の特徴について、規模が圧倒的に大きいこと、最新機械の使用により人手を省き効率と生産性の高いことを指摘した。ニューヨーク滞在を通して渋沢はアメリカの保険業、銀行業、海運、陸運業などすべてが発達していると見て、アメリカの「農に商に工に総て余地なく進むと云ふ有様」[62]に驚愕した。

また渋沢はアジアにも関心の深いセオドア・ルーズベルト大統領に謁見した。大統領の日本美術と軍事力への賛辞に対し、渋沢は大きな刺激を受け、「今後益々奮励シテ商工業ノ発達ニ勉メ、他日再ヒ閣下ニ拝謁スルトキハ、閣下ヨリ我国ノ商工業ニ関シテ更ニ同一ノ讃辞ヲ辱フセンコトヲ期ス」[63]と答えた。渋沢は、同大統領を「大決心を以て渾身惟是国家、極めて闊達、極めて雄大其全力を其事柄に傾注すると云ふ、実に敬服すべき人物」[64]と評価した。アメリカ経済界も日英同盟を歓迎しており、大統領が親書をもって渋沢を経済界に紹介したことも大いに働き、ニューヨークの巨商たちが次から次へと渋沢のために鄭重な招宴を開き、一行に熱烈な歓迎ムードを実感させた。経済人との交流の際、渋沢は将来の協力パートナーを探すという意識を強く持ち、ナショナル・シティー・バンク頭取スチルマンとの出会いによってその可能性を見つけ出した。渋沢は学識、資産、人格とも申し分のないスチルマンとの出会いをアメリカ訪問の最大の成果として捉え、日本の公債の米国市場における発行などにおいてその協力に大きな期待を寄せた[65]。

6月30日アメリカ亜細亜協会主催の招待会で、渋沢はアメリカ資金を日本へ導入するメリットを力説した上で、日清戦争後中国が日本を模範とし日中親善の傾向があり[66]、日中が文字、風俗人情など相通ずるところが多いため、「我国ノ有スル特種ノ便利ニ結合スルニ貴国ノ低利ナル資本ト優等ナル智識経験トヲ以テシ、互ニ相提携シテ清・韓ノ富源ヲ開発スルハ豈目下ノ急務ニアラスヤ」とアピールした。この日米協力による清韓開発論は渋沢の経済的視点と合理主義からの考えであり、その後も日本政府の列強を排除して中国に経済進出をしようとする政策に制約されながらも、渋沢はこの主張を実践していった。

また渋沢は教育、慈善施設などを通してアメリカの物質的発展を支える精神面を理解しようとした。イェール大学見学後、渋沢は「此幽静ノ土地ハ即チ紐育、シカゴ其他各都府ノ繁昌、熱閙ノ根元ニシテ、所謂静ヨリ動ヲ生スルモノト云フヘシ」[67]と、東洋の考え方をもってアメリカを解釈した。多くの公益事業にかかわった渋沢は、1848年設立の慈善学校ジラード・コーレーを「百事整備至レリ尽セリ」と評価し[68]、深い感銘を受け、日本の新聞のアメリカ社会は拝金主義だというイメージを改めた。渋沢は違う民族からなるアメリカの国家統合力を高く評価し、「一国の人民相和して事業を進め、国運の宣揚を勉め他国に対して商工業の拡張を謀ることに就きましては、全く一団体」[69]であることに対し羨望を感じたのであった。

(3)　欧州視察と渋沢の英米比較論

ついで英国を訪れた渋沢はビジネスの交渉で多忙ながらも、その合間をぬって精力的に企業、工場見学を行った。造船、製鋼、紡績業、軍事工業を中心に視察した渋沢はアームストロング社[70]の造船所につき、「其規模ノ宏大ニシテ設備ノ整頓スル感歎ノ外ナキ」[71]、また「軌道布設工事堅牢ニシテ整頓セル実ニ驚クニ堪ヘタリ」[72]と記している。京釜鉄道、九州鉄道、北越鉄道のロンドンにおける社債発行、英国シンジケートの中国鉄道敷設への日本資本参入に関する協議がほぼまとまったことをうけ、渋沢は英国が日本との経済協力に好意的であり、日英同盟の効果は政治に留まらないと認識したが、英国人の傲慢さ、英経済界の対応や新聞の報道ぶりは米国とはかなり差があると思った。また大英博物館などの文化施設には賛辞を惜しまず、豊かで安定した英国社会に対し、渋沢は儒教的教養に基づき観察し、感無量であった。

かつて1867年にフランスを訪れた際、渋沢にはパリがすべての点において進歩していると映ったが[73]、今回の訪問では、クレディ・リヨネ銀行には一目を置いたものの、「其当時と今日とを比較せば多少の進歩ありしは疑なき事実なるも、耳目を驚かす程進歩せる形跡は認むるを得ざりし」[74]と記している。一方、ドイツの隆盛に渋沢は深い感銘を受け、クルップ鉄工場の職工寄宿舎の美観[75]に夢のような労資関係を見出した。渋沢はドイツの秩序のある進歩を高く評価し、「今後欧羅巴中で独逸が一番盛なる所になりはせぬか」[76]と予言した。

渋沢の欧米認識には歴史認識、現状判断と未来への見通しが交錯していた。渋沢は英国の商業道徳を高く評価し、その「数百年来涵養せし商工業は実に堅固のものであり」[77]、「進歩の程度より云へば米国より遥に後くれたるものあり、然れども英国はどことなく沈着の所あり、如何に評するも英国は尚当分世界を支配するの力あり」[78]と判断した。一方、アメリカは「今や欧州を凌駕せんとするものあるのみならず既に或点に於ては全く欧州を凌駕せるものあり」[79]、

「併進退急激之土地と存候に付、将来農事之不作とか又は職工之同盟罷工とか種々之出来事より俄然頓挫を来し候義無之とも難申候」と見ていた。肝要の外資導入に関して、渋沢はロンドンの世界金融市場の中心としての地位は動かず、「アメリカが英国の金融市場の中心を奪ふと云ふことは、更に歳月を経過しなければ無いこと」[80]だとして、「日本が資本の共通を図るに於ても今日は尚ほ英国に行くの必要あり、英国に求むるは之を他に求むるより早くして且つ効ある」[81]と断言した。

(4)　欧米訪問による対米認識の変化

1902年の欧米訪問によって、渋沢は先進各国の発展、世界経済のグローバル化を把握しながら日本と欧米との巨大なギャップに憤慨した。この欧米訪問は渋沢への影響が大きく、それは様々な面にわたるが、ここではその対米認識の変化だけに絞って述べる。

第一に、渋沢の世界認識において、英国をモデル国家とすることから、アメリカを重視しながら先進各国の長所をバランスよく取り入れることを主張することへの大きな変化が見られた。帰国した渋沢が、一連の経済談で日本との対照例としてしばしば挙げたのは、もはや英国ではなくアメリカであった。彼は、アメリカに「感服するより、むしろ恐怖の念があった」と言う[82]。渋沢のアメリカ重視の姿勢には、将来世界の中心が英国からアメリカに移行するという予測、安い製品をつくり突飛猛進の勢いで東洋市場に侵入するアメリカが将来東洋市場における一番おそろしい商敵であるという判断[83]、そしてアメリカの未来を高く評価し、日本が外資導入をする際の重要な経済パートナーとして捉えるという三つの内容が重なっていた、と考えられる。このような渋沢の対米認識は対英認識の変化に伴うものであった。

第二に、帰国後の渋沢はアメリカに対処するため、早速行動に取りかかり、社会に向けた言論だけでなく、政策提言においても自由主義から保護主義へ徹底的な転換をなしとげた。1903年１月から、渋沢は保護主義の必要性を強調する一連の文章を発表してアメリカの保護政策の効果を高く評価し、７月には東京商工会議所会頭として、保護政策を確立して輸入品を制限しながら国内工業製品の競争力を高めて輸出の拡大を図るべしとの建議書を桂太郎首相に提出した。先行研究では、渋沢は1901年或いは1903年から保護主義に傾いたことは指摘されているが、その原因については十分説明されていない。筆者は1870年代から1905年までの渋沢の経済観を表す言説を詳しく整理し、1902年の欧米訪問は渋沢が保護主義に転換する大きなきっかけであり、その狙いは財界が中核的利益であると見なす中国への経済進出において巨大なアメリカを打ち破るための時間稼ぎだったことに気づいた。

1902年以降、渋沢は対外的には日米協力による中国開発を唱え、アメリカからの資金を利用しながら日本主導で中国開発を行うことを目指し、対内的には自由主義から保護主義に徹底的に転換した。日米協力による中国開発論と保護主義政策への転換は、まさに一体両面のものであった。

おわりに

1902年の欧米訪問によって形成されたアメリカ重視の姿勢は、その後およそ30年間にわたって渋沢の基本姿勢となった。このような対米認識は､その対英、対中認識と相互に連動したものであった。1902年以降、渋沢の対外活動はアメリカと中国を中心に展開し、それは日中関係の中のアメリカ要因と日米関係の中の中国要因を強く意識したものとなった。特に1909年の実業界引退後、渋沢の対米認識と活動は対中言動と表裏一体の関係になってきた。東洋市場における日米衝突を回避するため、渋沢は日米協力による中国・韓国開発を主張し、またその実践に努めた。たとえば、1910年には韓国稷山金鉱の経営を日米共同経営に移し、1916年には日米共同出資により中国で銀行を設立するため、日本の政界とアメリカ経済界に様々なかたちで接触し、働きかけた。また渋沢は日米経済界交流の経験を日中交流に活かし、1910年代末に日中実業家の交流機構を設ける構想を出したが、これは実は日米連合高等委員会設置案を引き継ぐものであった。

1902年以降、渋沢は英国を再度訪れることはなかったが、1909、1915、1921

年と三回も訪米し、米排日運動、日米経済交流及び日中米三国協調などの対応、協議にあたった。最後の訪米は81歳の高齢の時であった。1909年の訪米の際、渋沢はアメリカの進歩は1902年訪米の際の予想をはるかに上回り、いずれの分野においても世界一のレベルだと認識し、更にアメリカを重視した。そして1914年に訪中した時、渋沢は大冶鉄山の規模はアメリカの鉄鉱山をはるかに超えたことに大いに驚き、「垂涎三尺」と言い、中国の広大な土地、未開発の豊富な資源と大きな市場を深く認識したことによって、中国への経済進出におけるアメリカとの協調を更に重視するようになった。1915年の訪米時には、渋沢は将来日米双方が真剣に考えなければならないのはカリフォルニア州の排日運動ではなく、太平洋彼岸の中国であると指摘した。1919年以降、渋沢は中国の排日運動に対処するため日華実業協会を中心に様々な活動を展開しながら、日中関係の悪化は中国にいるアメリカ人宣教師の扇動と関係があると考えていた。この頃、渋沢は、米中との関係は絶対的に大きなものだが、日英間には経済提携に値するものがなく、東洋市場でも日英実業家の感情は疎遠だと述べていた[84)]。1920年代に日中米三国の協調を自身の大きな任務とした渋沢は、日中間の衝突がエスカレートする中、日中関係は日米関係以上に重大になったと認識し、戦争回避のため経済の視点からさまざまな努力をした。興味深いのは、渋沢が亡くなる二か月前の1931年9月、彼は日中関係がうまくいかないのは第三者が水を差したのだと指摘していたことで、この第三者とはアメリカのことを指していた。

また看過できないのは、アメリカ人とアメリカ社会に儒教の考え方と共通する要素を多く見つけ出したことによって、感情的にアメリカに親近感を抱いたことで、このこともまた渋沢の対米認識と活動に大きな影響を与えたと言える。1923年9月、25万人の命を奪った関東大地震の10日後、渋沢は海外の友人24人に手紙を送り、援助を求めた。この24人はすべてアメリカ人であった[85)]。この頃、アメリカでは渋沢は「Grand old man」として親しまれていた。

1）　E.H. カー（陳恒訳）『歴史とは何か』、商務印書館、2014年、37頁。

2）　入江昭『米中関係のイメージ』、平凡社、2002年、35頁。

3）　松沢弘陽「幕末西洋行と中国見聞（一）」『北大法学論集』38（5-6上）、1988年7月20日、176頁。

4）　渋沢栄一「グラント将軍の歓迎会を回想して」『竜門雑誌』第509号、1931年2月、渋沢青淵記念財団竜門社編纂『渋沢栄一伝記資料』第25巻、渋沢栄一伝記資料刊行会刊、1959年、529頁。

5）　渋沢栄一「講話」、『日米関係委員会協議会報告書』、1920年、35頁。

6）　于臣『渋沢栄一と義利思想』、ペリカン社、2008年、56-57頁。

7）　幕末に、英国の駐日公使パークスが薩長藩に接近したことに対抗し、フランスの在日公使ロッシュは通商の主導権のため、幕府への接近をはかり、1867年にパリで開催する万国博覧会への参加を働きかけた。

8）　見城悌治『評伝日本の経済思想　渋沢栄一「道徳」と経済のあいだ』、日本経済評論社、2008年、21頁。

9）　渋沢栄一「グランド将軍歓迎の追憶」『竜門雑誌』第509号、1931年2月、前掲『渋沢栄一伝記資料』第25巻、530頁。外交史料集『続通信全覧』の記載によれば、ヒュースケンが殺害された事件後、在京の英国・フランス・オランダ・プロシアの使節は、自らの安全を確保し、また国内攘夷派を抑える力が無い幕府に圧力をかけるべく江戸から横浜へと退去したが、ハリスのみはそうした行為が日本国民を刺激して一層の危険を惹起するとともに、弱体化した幕府を窮地に陥れるものであるとして江戸に留まった。

10）　渋沢栄一・杉浦靄人『航西日記』（巻之一）、1871年、6-7頁。

11）　同上、8頁。

12）　同上、8頁。

13）　同上、8頁。

14）　同上、10頁。

15）　同上、11頁。

16）　慶応3年8月2日（1867年）渋沢栄一から尾高淳衷宛ての書簡、前掲『渋沢栄一伝記資料』別巻第三　書簡（一）、313頁。

17）　石井寛治『日本の産業革命』、朝日新聞社、1997年、14頁。

18）　前掲『渋沢栄一伝記資料』第3巻、743-748頁。

19）　松沢弘陽「幕末西洋行と中国見聞（一）」『北大法学論集』38（5-6上）、1988年7月20日、173頁。

20）　大日本文明協会編『日米交渉五十年史』、1909年、208頁。

21）　グラント政権は行政部門の絶え間ない汚職事件に見舞われて、社会的に強く非難を浴びた。政界を去った後もグラントは世間の非難と煩わしさで安心できる場所がなかったため、政治的に無難なかたちでなお一定の注目を集める立場を確保する手段として海外渡航が構想されたと考えられる。

22）1879年1月17日寺島外務卿より三條太政大臣宛「米利堅合衆国前大統領『グラント』氏来航二付御接遇の儀伺の件」、『日本外交文書』第12巻、128頁。

23）1879年2月8日寺島外務卿より三條太政大臣宛「米国前大統領『グラント』氏接待費不足ノ儀上申ノ件」、『日本外交文書』第12巻、132-134頁。

24）『日本外交文書』第12巻、177-179頁。

25）トリート著・村川堅固訳補『1853-1921年日米外交史』、右文館、1922年、133頁。

26）前掲『渋沢栄一伝記資料』第17巻、173頁。

27）渋沢栄一「グラント将軍の歓迎会を回想して」『竜門雑誌』第474号、1928年3月、前掲『渋沢栄一伝記資料』第25巻、526頁。

28）伊原敏郎編『明治演劇史』、1933年、前掲『渋沢栄一伝記資料』第25巻、500頁。

29）「雨夜譚会談話筆記」（下）1927年11月-1930年7月、前掲『渋沢栄一伝記資料』第25巻、508頁。

30）『東京日日新聞』、1879年7月4日

31）1879年8月1日渋沢栄一・福地源一郎から岩倉具視宛の書簡、前掲『渋沢栄一伝記資料』第25巻、509頁。

32）1879年7月16日グラントからDaniel Ammenへの書簡、ガラシーノ・ファクンド「明治前期の他者認識を巡って：U.S.グラント一行訪問に錯綜する眼差しから」『日本学報』、2014年3月、208頁。

33）1879年8月12日伊藤博文内務卿から清国駐剳剳宍戸公使宛ての書簡、『日本外交文書』第12巻、185頁。

34）同上。

35）謝必震「歴史的心結：琉球問題与中日関係」、『紀念世界反法西斯戦争勝利70周年国際学術研討会論文集』延吉・延辺大学、2015年8月、収録。

36）穂積重遠「百人一首中の青淵先生」『龍門雑誌』第436号、1925年1月、『渋沢栄一伝記資料』別巻第八、263頁。

37）渋沢栄一「グラント将軍の歓迎会を回想して」『竜門雑誌』第474号、1928年3月、前掲『渋沢栄一伝記資料』第25巻、526頁。

38）同上。

39）渋沢栄一「グラント将軍歓迎の追憶」『竜門雑誌』第509号、1931年2月、『渋沢栄一伝記資料』第25巻、530頁。

40）入江昭『米中関係のイメージ』、平凡社、2002年、54-55頁。

41）渋沢栄一「戦後の海運拡張の方針及程度」、1895年10月13日、『渋沢栄一伝記資料』別巻第五講演談話（一）、8頁。

42）同上、11頁。

43）同上、12頁。

44) 入江昭『米中関係のイメージ』、平凡社、2002年、52-54頁。
45) 前掲渋沢栄一「戦後の海運拡張の方針及程度」、8頁。
46) 1898年5月釜山における渋沢栄一の演説、前掲『渋沢栄一伝記資料』別巻第五講演談話（一）、32頁。
47) 同上。
48) 前掲『渋沢栄一伝記資料』第23巻、678-679頁。
49) 渋沢栄一「不権衡なる経済界の発達」『銀行通信録』第177号、1900年8月、『渋沢栄一伝記資料』別巻第六 談話二、290頁。
50) 同上、291頁。
51) 島田昌和『渋沢栄一　社会企業家の先駆者』岩波書店、岩波新書、2011年、83頁。
52) 『幸徳秋水全集』第4巻、明治文献、1968年、368頁。
53) 渋沢栄一「日英同盟の効果」、『東洋経済新報』第223号、1902年2月、『渋沢栄一伝記資料』別巻第六談話二、302頁。
54) 同上。
55) 渋沢栄一「現今及将来の経済界」、『東京日日新聞』第8468号、1900年1月1日。
56) 「本社第廿八回春季総会に於ける青淵先生の演説」、『竜門雑誌』第168号、1902年5月、前掲『渋沢栄一伝記資料』第25巻、97頁。
57) 渋沢日記、1901年9月14日条、前掲『渋沢栄一伝記資料』別巻第一 日記、209頁。
58) 渋沢日記、1902年1月～5月を参照。
59) 「青淵先生の欧米視察談」、『竜門雑誌』第176号、1903年1月、前掲『渋沢栄一伝記資料』第25巻、432頁。
60) 渋沢日記、1902年6月11日条、前掲『渋沢栄一伝記資料』別巻第一　日記、244頁。
61) 渋沢日記、1902年6月9日条、前掲『渋沢栄一伝記資料』別巻第一　日記、243頁。
62) 「日本貿易協会晩餐会に於ける演説」、高瀬魁介編『渋沢男爵最近実業談』、1903年8月、前掲『渋沢栄一伝記資料』第25巻、421頁。
63) 全国商業会議所聯合会編『渋沢男爵欧米漫遊報告』、1902年12月、前掲『渋沢栄一伝記資料』第25巻、187頁。
64) 渋沢栄一「我富を我物と思はぬカーネギー氏の見識」、『富の日本』第1巻第7号、1910年8月。
65) 1902年7月2日渋沢栄一から阪谷芳郎宛書簡、前掲『渋沢栄一伝記資料』別巻第三　書簡（一）、458頁。
66) 全国商業会議所聯合会編『渋沢男爵欧米漫遊報告』、1902年12月、前掲『渋沢栄一伝記資料』第25巻、192頁。
67) 渋沢日記、1902年6月18日条、前掲『渋沢栄一伝記資料』別巻第一　日記、250頁。
68) 1902年6月13日渋沢栄一日記、前掲『渋沢栄一伝記資料』別巻第一　日記、245頁。
69) 「青淵先生の欧米視察談」、『竜門雑誌』第176号、1903年1月、前掲『渋沢栄一伝記資料』第25巻、431頁。

70)　日清戦後の軍備拡張で、海軍は甲鉄戦艦6隻と一等巡洋艦6隻の世界的水準の大艦隊を建設することが決められた。この12隻の中の6隻はアームストロング社に発注された。この頃渋沢が会長を務めた石川島造船所の浦賀分工場が初めて建造した遠洋航海用汽船の交通丸は1901年8月に進水式を行ったばかりであり、アームストロング社との差は想像を超えるものであった。

71)　渋沢日記、1902年8月5日条、前掲『渋沢栄一伝記資料』別巻第一　日記、260頁。

72)　渋沢日記、1902年7月10日条、前掲『渋沢栄一伝記資料』第25巻、250頁。

73)　会田雄次編集·解説『財界人思想全集6　財界人の外国観』、ダイヤモンド社、1970年、61頁。

74)　『神戸又新日報』、1902年11月1日。

75)　渋沢日記、1902年8月25日条、前掲『渋沢栄一伝記資料』別巻第一　日記、268頁。

76)　「渋沢男爵の談片（四）」、『中外商業新報』第6239号、1902年11月5日、『渋沢栄一伝記資料』第25巻、323頁。

77)　渋沢栄一「東京商業会議所開催歓迎会に於ける欧米商工業視察談」（高瀬魁介『男爵渋沢栄一君最近実業談』、国光社、1903年）46頁。

78)　「渋沢男の視察談」、『中外商業新報』第6235号、1902年10月31日、前掲『渋沢栄一伝記資料』第25巻、408頁。

79)　同上。

80)　「青淵先生の欧米視察談」『竜門雑誌』第176号、1903年1月、前掲『渋沢栄一伝記資料』第25巻、434頁。

81)　前掲「渋沢男の視察談」。

82)　『時事新報』、1902年11月9日。

83)　『時事新報』、1902年11月17日。

84)　『東京日日新聞』、1919年10月18日。

85)　渋沢研究会編『渋沢栄一　公益の追究者』、山川出版社、1999年、169-170頁。

第8章

戦争と平和のメディア表象
——満鉄発行のグラフ誌を手がかりとして

貴志俊彦

はじめに

戦前の記憶が風化しつつある昨今、戦時中に作り上げられた戦争と平和のイメージと同様に、戦後に扶植されたそれらのイメージを、ともに相対化し、検証する時期にきている。それぞれの立場で主張される「正義」や「国際協力」のあり方について、人類社会にとっての叡智の産物としての平和の意味との齟齬がないのか、あらためて自ら問い直す重要な節目の時期を迎えている。

本章では、南満洲鉄道株式会社（以下、満鉄）が発行した2つのグラフ誌を検討素材とする。ひとつは大連で満鉄総務部が発行したグラフ誌で、いまやよく知られている『満洲グラフ』である。このグラフ誌は、満洲事変の2年後、すなわち1933年9月15日に創刊された。それは世界的に有名なグラビア誌『LIFE』が創刊される3年ほど前のことであった。『満洲グラフ』は、その後12年にわたってつづき、114号（1944年1月1日発行）を最終号として廃刊となった。

創刊時、この編集を担当したのは満鉄総裁室情報課嘱託の写真家淵上白陽たちであった。戦後の日本で淵上白陽ブームが起こったのは、1994年名古屋市美術館で開催された「異郷のモダニズム——淵上白陽と満州写真作家協会」展が契機であり、この展覧会の図録も評判をよんだ[1)]。さらに、2009年末に東京のゆまに書房が『満洲グラフ』の復刻本を刊行すると、海外でもいくつかの研究成果が発表された[2)]。しかし、以下に述べるように、『満洲グラフ』を「先端的なモダニズム写真誌」とする評価は一面的なものであり、本章では発行された全号数を通覧してその再評価を試みることを課題としたい。

いまひとつ補足的に取り上げるグラフ誌は、1938年4月に満鉄北支事務局が北京で創刊した『北支画刊』である。これは『満洲グラフ』と比べると知名度は低く、発行期間もわずか1年間にすぎなかった。ただ、その発行時期は、淵上が『満洲グラフ』編集に携わっていた晩年と重なるし、とりわけ盧溝橋事変の翌年に創刊されたことには注目したい。

この2つの日本語グラフ誌は、日本（内地・外地）向けに大陸誘致を促すことを目的としていただけでなく、中国大陸に渡った日本人に対しても故郷から離れたその地をあらたな「郷土」として意識化させることを目的として発行された弘報メディアだった[3)]。そこで、本章では、満鉄がこれらグラフ誌を通じて、とくに盧溝橋事変の報道について、日本人にいかなるメディア表象でもってこれを伝達しようとしていたのか、また、「事変」の「収束」後に誌面に登場する「建設／再建」「開発／開拓」といったイメージの内容と意義とは何だったのかといった点についても検討課題としたい。

1　盧溝橋事変勃発による『満洲グラフ』の変質

『満洲グラフ』が創刊された1933年9月は、日中間の一時的停戦を定めた塘沽停戦協定締結の直後であった。創刊当初、写真頁とレイアウトは写真家の淵上が、解説文については満鉄総裁室弘報課所属で俳人の金丸精哉が担当した[4)]。淵上･金丸による編集方針は、たんなる満鉄の弘報誌という誌面作りではなく、また『アサヒグラフ』（1923年1月25日創刊）のような報道グラビア誌とも違って、満洲独自のスタイルをめざすものであった。当初、その誌面は淵上の影響もあって、ピクチュアレスクとグラフィズムを融合させた美術写真の路線を歩んでいた。

『満洲グラフ』の編集は大陸でおこなわれたが、印刷は創刊号から最終号に至るまで、ほぼ大阪市浪速区恵美須町にあった細谷真美館が担当していた。ちなみに、この印刷所は、淵上が1922年に写真雑誌『白陽』（白陽画集社）を刊行したときにコロタイプ印刷を依頼した所であり、その縁で『満洲グラフ』も印刷することになったと思われる。こうした大陸での編集、日本国内での印刷というやり方は、後述する『北支画刊』や、その後継誌として華北交通株式会社（以下、華北交通）が発行したグラフ誌『北支』でも継承される。ただ、そのやり方が合理的だと思われていたわけではなく、編集担当のひとりであった金丸は第3号の編集後記のなかで次のようにぼやいている[5)]。

> 印刷を内地でやるので、発行1ヶ月前に原稿を纏めて送らなければならない。季節向の材料を集めるにも非常な困難を感ずる。新鮮なニュースも載せられない。玄界灘を距てゝゐては校正も充分にはゆかぬ。其他、頁数の制限、隔月発行等々いろんな不便がある。

しかし、そうしたやり方が満洲の出版界にとって出色の成果であると捉える向きもあった。たとえば、満鉄の図書館報『書香』73号（1935年7月10日）に掲載された書評「『満洲グラフ』を評す」では、いささか身内びいきの感があるが、次のような評価が下されている。

> その出来上がりの麗美なことに於ては満洲諸雑誌中これの右に出るものがない。これ全く内地の印刷所で作らせるといふ英断、換言すれば編輯者の眼が高くて、地方の印刷所では承知出来ないといふ考を実行に訴へた結果である。美しいばかりでなく、本誌の流布はコスモポリタンである。在満の士だけでなく、日本へ、外国へ、その気品ある実力と、英文解説の効果とが全世界人へのプレゼントとして呼びかけてゐるのである。

さて、1935年から、『満洲グラフ』の流通ルートは海外発送を意識して拡大した。同年1月発行の9号から雑誌の英文タイトルは *Pictorial Manchuria* から *Manchuria-Graph* に改められたし、8月発行の13号からは定期刊行物として第3種郵便に認可されて配送が容易になった。さらに11月発行の16号からは、販路が満洲から日本（内地・外地）にも拡張されたという[6)]。

『満洲グラフ』が月刊誌として定期的に発行できるようになるのも、1935年5月発行の10号（「北鉄接収特輯号」）からである。実際の編集作業は淵上と金丸が継続して担当していたものの、この号から編集担当者の名前は満鉄総務部庶務課に代わって能登博の名前が登場する。淵上と金丸は雑誌の編集についてはアマチュアであったため、満鉄社員会発行の『読書会雑誌』の編集主任として活動していた能登の経験が買われたと思われる。早稲田大学文学部出身の能登は、1919年に満鉄入りし、人事課、社会課、読書会雑誌編集、地方部地方課、総務部庶務課弘報係で勤務したほか、大連鉄道育成学校講師、大連女子人文学院講師を兼務したこともあり、33年からは鉄路総局人事課福祉係主任を兼務し参事に昇任していた。じつは能登は、満鉄の弘報を先導した八木沼丈夫とともに、月刊の総合誌『新天地』を編集した経験があった[7)]。

八木沼については、総務部庶務課弘報係主任時代に淵上を大連に招いたことで知られている。彼は1920年に4年間勤めた満洲独立守備隊を除隊した後に満洲日報社入りし、『新天地』の編集に携わるかたわら、24年9月には『満洲日日新聞』のハルビン支社長に就任し、28年6月には満鉄総裁室情報課の嘱託に転職、満鉄社員会機関誌『協和』の編集長に就いた。その後、1929年3月に社長室情報課弘報係主任として正式に満鉄社員となり、30年6月総務部庶務課弘報係主任などを務めた[8)]。能登博が『満洲グラフ』の編集長になったのは、八木沼の影響を抜きには考えられない。

能登編集長時代の1936年、『満洲グラフ』という雑誌名にもかかわらず、取り扱う話題が満洲という地域的枠組みに収まらなくなっていた。同年1月に発行された18号の「編集後記」には、「満洲グラフも満洲にのみ跼蹐する時代は去り、視野を東亜に展ぐべき時になった」と書かれていることからも明らかである。こうした編集方針を受けてか、1936年発行の24号から27号までは北京、泰山、青島、芝罘など華北各地が取り上げられ、28号では満鉄嘱託だった一色辰夫らが満洲国とソ連との国境地帯で撮った写真を中心とした特集号「満ソ国境河川をゆく」が組まれている[9)]。このように、盧溝橋事変の前年、『満洲グラフ』はすでに華北全域も意識した誌面づくりに変化しており、こうした傾向

表 8-1　満洲と華北の満鉄日本語グラフ誌

満　洲			華　北		
雑誌名・発行期間	編集者	出版社	雑誌名・発行期間	編集者	出版社
『満洲グラフ』創刊号(1933年９月)～９号(1935年１月)	満鉄総務部庶務課(淵上白陽・金丸精哉)	南満洲鉄道株式会社			
10号（1935年５月）～29号(1936年12月)	能登博				
30号（1937年１月）～55号(1939年２月)	松本豊三		『北支画刊』創刊号（1938年４月）～10号（1939年１月）	満鉄北支事務局（城所英一）	平凡社
56号（1939年３月）～60号(1939年７月)	菊地　清				
61号（1939年８月）～65号(1939年12月)	長嶋高春				
66号（1940年１月）～72号(1940年７月)	平野　栄		『北支』創刊号（1939年６月)～５巻８月号(1943年８月)	華北交通資業局（加藤新吉）	第一書房
73号（1940年８月）～107号(1943年６月)	芝田研三				
108号（1943年８月）～114号(1944年１月)	濱本一人				
			『華北』創刊号（1944年２月)～１巻９号(1944年12月)	華北交通東京事務所（河瀬松三）	華北交通

（出所）筆者作成

は「満支交通の一体」を狙う満鉄にとっては当然望ましいことであった。しかし、誌面は創刊当初のように写真芸術を意識したものから、しだいに日本人誘致などのための弘報誌という特徴を色濃くしていった。

表 8-1のとおり、能登が『満洲グラフ』の編集長として活動していたのは29号（1936年12月１日発行）までであるから、１年半あまりの間に20号近くを担当したことになる。その後、能登は、『満洲グラフ』の発行人であり満鉄映画製作所で尽力していた林顕蔵とともに、国策映画会社である満洲映画協会の発足に携わる10)。これも、能登が満鉄映画班員としても活動していた経験が買わ

れてのことである。

1937年1月、能登の後任の編集長として松本豊三が就任した。松本は、1922年東京帝国大学経済学部を卒業後、満鉄に入社。25年いったん満鉄を離職して大阪毎日新聞社の記者になり、29年からは神戸又新日報社で整理部長・社会部長・編輯局長を歴任し、33年に再び渡満し満鉄嘱託になる。満鉄では、総務部資料課情報係主任、資料課長、鉄道資料編纂係主任を経て、1936年9月に参事に就任した。翌月総裁室弘報課長に就任すると、満洲日日新聞取締役も兼任しつつ、『満洲グラフ』の編集を担当することになったのである。松本は、55号（1939年2月1日発行）の発刊まで2年あまり編集長として活動したことになる[11)]。なお、松本の就任とともに、林顕蔵に代わって新しい発行人となった松井義夫は1935年に満鉄経済調査会から『清朝経費の研究』（経調資料第66編）を刊行したことでよく知られている。

ところで、章末の表8-2をみてもわかる通り、創刊号から35号（1937年6月1日発行）までの間（総号数の約1/3）、満洲事変や熱河事件後の混乱、とりわけ日本軍と現地軍との戦闘状況について、誌面上ではほとんど取り上げられることはなかった。その代わり、鉄道線の開通や接収、北満や北朝鮮の開発・風俗、満洲の炭鉱業、林業、漁業などのトピックが誌面を飾った。

そうしたなか、1937年7月に盧溝橋事変が起こった。この事件をはさんで発行された『満洲グラフ』の36号（1937年7月1日発行）と37号（同年8月1日発行）の表紙写真は、じつに意味深長である（図8-1）。一見抽象的にみえる写真は、じつは華北の基幹産業のひとつである製塩場の「波紋」を撮ったものである。その抽象的な表紙デザインは、あたかも盧溝橋事変が日中間に「波紋を呼ぶ」ことを暗示していたかのように思われる。周知のとおり、日本語で「波紋を呼ぶ」ことは良い結果を導くときには使われず、将来の不安や危惧を示すときに用いられる。そのため、こうした表紙写真が、当時検閲を担当していた旅順要塞司令部のチェックにひっかからなかったのは不思議に思える。

『満洲グラフ』の表紙に初めて「事変」の文言が記載されたのは、38号（1937年9月1日発行）の特集号「北満洲の火山・北支事変画報」においてで

図 8-1　36号・37号表紙の「波紋」

（出所）『満洲グラフ』36号、37号、1937年7月、8月、表紙

あった。松本編集長のもとでも編集を担当していた金丸精哉は、この38号、つづく39号の特集号「支那事変・北支特輯号」の取材、編集を担当していたが、あまりの激務により体調を崩し、『満洲グラフ』の編集からはずれることになった。そのときの状況について、金丸は次のように語っている[12]。

> 第39号といふのは、昭和12年10月発行の、普通号の3倍もある支那事変特輯号であつて私は、これを最後として、創刊以来手塩にかけて来た満洲グラフと一時縁切りとなつた。私は、この編輯前と、編輯直後の2回に亘つて北支の現地に出張したのであつたが、事前突発以来の過労が祟つて、第2回目の出張で天津で発病、当分再起不能に陥つたのでたうたう、かうした仕儀に立ち至つたのである。

こうして39号でもって淵上・金丸の編集体制は終焉したが、その後、「事変」を扱った特集号としては41号（1937年12月1日発行）、42号（1938年1月1日

図 8-2　43号「南京攻略特輯」

（出所）『満洲グラフ』43号、1938年２月、表紙

発行)、44号（1938年３月１日発行）が発行されており、いずれも「事変特輯」と銘うたれていた。また、43号（1938年２月１日発行）では「南京攻略特輯」が組まれ、『満洲グラフ』はそれまでの誌面にはみられなかった戦時報道的機能を前面に押し出すことになった（図 8-2）。この時期の『満洲グラフ』特集号にみられる誌面構成の変化としては、しだいにフォト・ジャーナルを志向するものへと変質していた。しかし、そのことは、淵上白陽がめざした編集路線からはずれていったことを示している。

なお、満鉄社員会が発行していた『協和』で盧溝橋事変に関する記事が初めて掲載されたのは、『満洲グラフ』よりも１か月早く発行された199号（1937年８月15日発行）のことであった。同号には、「北支事変特報·北支事変日誌」「北支事変画報」「北支事変と列国の態度　事変関係の条約・協定」の３編の記事が掲載されている。その後、200号（同年９月１日発行）から208号（1938年１月１日発行）まで、断続的ながら「日支事変」あるいは「支那事変」と銘うった特集号がつづく。

ここで確認しておきたいことは、満鉄が『満洲グラフ』や『協和』の特集号を通じて表現していたことは、「北支事変」「支那事変」を一過性の事件として処理し、さらにそれらの「収束」を強調したかったという点にこそある。このことは、早くも1937年10月発行の『満洲グラフ』39号（228頁）に掲載された写真頁「抗日支那膺懲の聖戦」に付された次の文章からもうかがえる。

> 我軍によつて悪軍閥を一掃された北支の各地方には、早くも、良民による自治運動が澎湃として起り、北支那は平和の曙光が輝きはじめやうとしてゐる。

このように、『満洲グラフ』の誌面から読み取れることは、満鉄、あるいは満洲という地域を支配下においていた関東軍は、1938年の４月頃には「事変」は「収束」したと整理したがっていたことである[13]。

では、「事変」の「収束」によってグラフ誌はどのような誌面構成へと変化

図 8-3　農村の「建設／再建」を示すイメージ

（出所）『満洲グラフ』45号、1938年４月、表紙

図 8-4　女性の社会進出を強調するイメージ

（出所）『満洲グラフ』60号、1939年 7 月、11-12頁

していったのだろうか。たとえば、『満洲グラフ』の45号（1938年 4 月 1 日発行）の特集号のタイトルは「再建支那の鼓動」とあり、表紙が若い農民の笑顔を撮った写真で飾られている（図 8-3）。このような例は、46号（1938年 5 月 1 日発行）掲載の写真頁「復興南京」のように都市が「復興」する様子や、農村の「開発／開拓」を進める姿を描く47号（同年 6 月 1 日発行）の写真頁「黎明の大地を拓く若き戦士」「大地に根ざす」「若く逞しき力」、52号（1938年11月 1 日発行）「大地に育つ子等」といった写真頁にもみられる。これらの写真頁からみれば、1938年 4 月以降の誌面は「事変」が「収束」し、「建設／再建」「開発／開拓」が進んでいるという写真で埋めつくそうとする編集意図が働いていたのだと指摘できる。これこそ、戦時下の日中間における「国際協力」のあり方を示す内容であった。

さらに、「建設／再建」「開発／開拓」のイメージに加えて、盧溝橋事変後に急増する日本人の定着を促す大陸での「生活」イメージも登場してくる。とりわけ、「生活」イメージの登場は、女性の社会進出を示すメッセージの展開として表現されることが多かった。その典型的な例が、1939年7月発行の60号に掲載された写真頁「颯爽！大陸に働く女性」である（図 8-4)。この頁には、時代の変化を示すかのように、次のような一文が添えられている。

> 食ふ為以外にも、働くことの意義があつてもいゝ筈だ。女性を永久に象牙の塔に封じ込むには、時代はあまりに新しい展開を示しつゝある。颯爽と働く女性！新満洲の舞台に躍る邦人生活の一断面として、夏の便りに捧ぐる所以。

名古屋市美術館学芸員の竹葉丈は、誌面が「生活」を軸に時代の安定を訴えるようになった変化を的確に捉え、次のように分析している[14)]。

図 8-5　写真頁「在満邦人生活展」

THE LIFE OF THE JAPANESE ON THE CONTINENT

誌上在満邦人生活展

THE WEARING APPAREL OF THE

服装のとり

（出所）『満洲グラフ』56号、1939年3月、9-10頁

「開拓」や「建設」といったテーマは「生活」へと移行し、“力”をも象徴するかのような1点の作品は、説明文とのコンビネーションによるフォト・ストーリーを目指す複数の組み写真によって構成される。

こうしたフォト・ストーリーの典型が、『満洲グラフ』56号（1939年3月1日発行）に掲載された写真頁「誌上在満邦人生活展」である。この誌面には、「輻輳のとりどり（衣の部）」「海の幸山の幸（食の部）」「安住の家々（住の部）」が紹介されているが、明らかに日本人の満洲への「進出」と定着を促そうと意図する記事であった（図 8-5）。しかし、同号に掲載された記事頁「大陸生活明暗相（まんしうぐらし★ルポルターヂュ）」では、次のような問題も指摘されている。

> 事変の進展と共に必然的に招来した物資供給の不足、輸入制限、原料高、生産費の増大、通貨膨張、はてはホロ苦い物品課税などの影響が大陸の小売物価にどんな高騰のグラフを描き出したかを調べて見ますと、（略）事変による挙国的難局打開の必然的な国民負担は日満一如の在満邦人にもひた押しに押寄せてゐる事が容易に想像せられます。

こうした「生活」の内容にスポットライトがあてられたのは、なにも日本人だけではなかったし、満洲以外の地域も対象であった。たとえば、中国西北地域の回教徒（48号）や大小興安嶺のオロチョン（49号）、満鉄沿線や北満のカトリック教徒（50号）、ハルビンのドイツ人（50号）、三河地方のカザフ人（51号）、ハルビンやロマノフカ村などの亡命ロシア人（53号、59号、72号）、間島省などの朝鮮人（59号）、興安総省や承徳などのモンゴル人（65号）など、エスニック・マイノリティの「生活」が注視されたことも指摘しておきたい。こうした記事は、満洲国が標榜していた「五族協和」的世界が現実に実態化しているというイメージ形成に役立ったことだろう。その一方で、記事数からみれば、マジョリティであった漢人、ときには「満人」の生活に対する関心はむしろ意図的に排斥されていたといわざるをえない。これは、この時期の『満洲グラフ』のひとつの特徴といえる。

松本が編集長を離任する直前の54号（1939年1月1日発行）には、満洲写真作家協会の最後の「満洲写真作家協会展〔第5回〕作品特輯」が組まれている。その編集後記の執筆者名には確かに「淵上・小玉」と名前があがっている。そのため、淵上がこの号の編集担当であったことは間違いない。ところが、後続の号には編集後記に淵上の名前は再び登場することはない。54号は淵上が直接編集に携わった最後の号だったのだろう。淵上が『満洲グラフ』の編集から気持ちが離れたのは、誌面構成、編集方針がしだいに報道写真に偏重しつつあった変化による。1939年3月頃、淵上は『満洲グラフ』の編集をはずれて、満洲写真聯盟、満洲写真作家協会の活動に尽力するが、妻の死がきっかけとなって1941年3月に帰国することになった[15)]。

ポスト淵上以降の『満洲グラフ』は、その後もおよそ5年間発行された。つまり、『満洲グラフ』の全号数からみれば、淵上が編集に関係していた号は半分程度にすぎなかったことになる。しかし、これまでポスト淵上時代の『満洲グラフ』について言及されることが少ないまま、淵上時代の誌面づくりによってこのグラフ誌を「先端的なモダニズム写真誌」とする評価が下されていることはいささか一面的な感を逃れられない。なによりポスト淵上時代の『満洲グラフ』が、盧溝橋事変勃発の翌年から、太平洋戦争へ突入する時期にあたっていたことには留意すべきである。また、この戦時体制下に準じて、満洲国では行政改革が断行されて、満洲国国務院総務庁情報処（のち弘報処）が産官の弘報機能を一元化させ[16)]、満洲国と満鉄の弘報事業のかかわりが強化された時期でもあった。

淵上が編集を離れ、56号（1939年3月1日発行）から編集長も松本豊三から菊地清に交替した。菊地は、1928年東京帝国大学法学部政治学科卒業後、29年に満鉄に入社し、社長室、庶務部、総務部、東京支社などを歴任した後、総裁室弘報課情報第1係主任に就任し、『満洲グラフ』の編集長に着任することになった。さらに、菊地は1939年4月に満鉄副参事、調査局資料課長も兼任する[17]。

その後も編輯者は頻繁に変わった（表 8-1）。61号（1939年8月1日発行）から65号（1939年12月1日発行）までは、長嶋高春が編集者となっている。長嶋は、1921年に満鉄に入社し、商事部、経理部、興業部、現場監督総局、総務部などを歴任して、39年2月に総裁室弘報課第2係主任に就任した。長嶋は、1939年6月から『子供の満洲』を刊行している[18]。長嶋が就任して以降、とくに1939年9月1日発行の62号以降をみれば、文字表現による記事頁はさらに増えて、そのことで相対的に写真頁の役割が低下することになった。長嶋自身が文筆家であったことが誌面づくりに決定的に影響していたと思われる。その誌面の内容も、地域の「建設／再建」「開発／開拓」、さらには「生活」をより強調するものになっていた。

つづいて66号（1940年1月1日発行）から72号（1940年7月1日発行）までは総裁室弘報課第1係主任であった平野栄、そして1940年8月刊行の73号からは芝田研三が編集を担当する。平野は、1926年東亜同文書院を卒業後、大阪市役所に勤務し、34年に満鉄に転職。総務部資料課、大阪出張所を経て、総裁室弘報課に勤務していた[19]。また、芝田は、1929年に九州帝国大学法文学部を卒業後満鉄入りし、東京支社、奉天公所、奉天地方事務所、北京公所、北平事務所、総裁部資料課などを歴任し、36年10月に総裁室弘報課情報第一係主任となった[20]。なお戦後、芝田は電通大阪支社ラジオテレビ局長、関西テレビ常務取締役を歴任している。

ポスト淵上時代の『満洲グラフ』の誌面内容も、戦線の拡大といった状況は封印されて、地域の「建設／再建」「開発／開拓」、そしてすでに述べたとおり日本人を含めたエスニック・マイノリティの「生活」を強調するように変化していく。『満洲グラフ』の誌面が再び戦争によって彩られるのは、太平洋戦争勃発後、1942年2月1日発行の91号（「怒涛狂ふ太平洋を制圧せる我が無敵海軍の艨艟」など）が刊行されて以降である。実際、101号（1942年12月1日発行）から104号（1943年3月1日発行）は「聖戦へ 挙国一致の体当り」シリーズが組まれている（表 8-2、文末に掲載）。日本にとって、この「聖戦」の遂行こそ「正義」のあり方であった。

2　満鉄北支事務局による『北支画刊』の創刊

盧溝橋事変勃発翌年の1938年4月15日、満鉄北支事務所は月刊グラフ誌『北支画刊』を創刊した。すでに拙稿で紹介したように、『北支画刊』は、北京の「現地編輯」がアピールされ、印刷および発行は平凡社が担っていた。発行された全10号をみると、グラフページが190編、記事ページ（よみもの）が17編、圧倒的に視覚重視の雑誌であり、『満洲グラフ』を継承した誌面づくりとなっている[21)]。編集長を務めた城所英一は、八木沼丈夫と同じく歌誌『満洲短歌』の同人であり、また満鉄社員会誌『協和』編集長を経験していた。

満鉄社員会誌『協和』215号（1938年4月15日発行）に掲載された『北支画刊』の広告には、「真にグラフ界の最高峰！」というキャッチコピーとともに、次のようなゴシック体の広告文が目をひく。

> 見よ・聖戦に甦る平和の姿！
> 知れ・新生中華の真の様相！

この雑誌の性格が、1938年4月以降発行の『満洲グラフ』と同様に、中国の「建設／再建」「開発／開拓」イメージの扶植にあったことが端的に示されている広告文である。むろん、誌面には、「前線」（3号）、「芝罘陸戦隊」（5号）、「匪襲の夜は明けて（満鉄社員の意気）」（6号）などの写真頁のように、戦争に赴く日本兵の姿が掲載されることもあった。しかし、多くの場合、こうした日本兵の写真は戦禍イメージとはほど遠く、たとえば「皇威洽（あまね）し」（4号）の写真キャプション「征馬一歩を進むる毎にすぐその足跡から和平は萌芽し、成長し、やがて結実する」や、「無敵皇軍」（5号）のキャプション「広大無辺の北・中支一帯の平原に今皇軍は良民保護の重責を負つて鉄壁の警備陣を敷いてゐる」にみられるように、「和平」到来のイメージとして表象されていたのである。『満洲グラフ』10巻1号（1942年1月発行）で掲載された「満洲国軍」

の戦闘の姿も、同様なイメージ創出を意図したものである。

このように、『北支画刊』は、創刊時から事変の「収束」後の「平和」到来を表現することを方針としていた。実際、1938年４月発行の創刊号には「新生中華」、６月発行の３号には「中支維新」「建設途上」、９月発行の６号には「民心安定し産業興る」「交通再建」、10月発行の７号には写真頁「宣撫と修復」、８月発行の８号には「建設」など、事変後の再建を描く写真頁が頻繁に掲載された（図 8-6）。

このように、『北支画刊』の誌面に戦争を刻印した記事が載るのはむしろ稀で、鉄道、商業、工業、農業などの「建設／再建」「開発／開拓」を示す、「平和」の景観写真が掲載される。同時に、とくに在華日本人向けに「郷土化」意識を促すような日常的な「生活」イメージの形成を促す写真頁も多くみられる。たとえば、「事変一周年」を謳う７月発行の４号では、「日本人進出」に「支那家屋で育つ日本の子供」などの写真頁がアップされており（図 8-7）、以下の説明文が付されている。

> 風俗習慣の全く異なつた此地で日本人の婦女子達は如何な風に生活しつつあるか？衣・食・住の中、衣は割合に簡単に解決されてゐる。（略）食も亦家庭では原則的な完全に日本化されてゐるので問題はなく（略）一番問題になるのは住で、尠くとも北支に於ては生活の三要素はその難易の点から住・食・衣の順序になる。

このように、「生活」イメージを謳う写真を掲載する編集意図には、「平和」のイメージの扶植とともに、盧溝橋事変以降に急増する日本人コミュニティの定着を促すことがねらいであった。

『北支画刊』は第10号（1939年１月15日発行）をもって廃刊となったが、最後にその後継誌として華北交通資業局が発刊した『北支』についても触れておきたい。同誌は、華北交通が創業してからほぼ２か月後の1939年６月１日に創刊されたグラビア誌である。『北支』で「事変」関係が扱われたのは第４巻７

図 8-6 「復興」「建設」イメージ

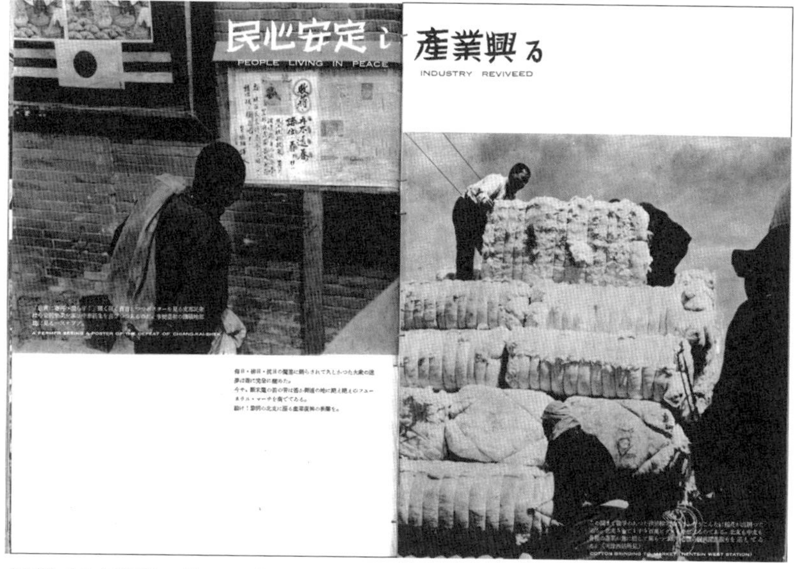

（出所）『北支画刊』 6号、1939年 9月、1-2頁

図 8-7 「生活」イメージの表象

（出所）『北支画刊』 4号、1938年 7月、15-16頁

月号（1942年）のみで、その号では「支那事変五周年」という特集号が組まれている。この特集号のなかの「躍進する水陸交通」という項目には、3年間の「成果」を以下のように記載している[22]。

> 建設の激しい努力の3箇年、鉄道の輸送量は旅客が2倍、貨物が1倍半になり、自動車の輸送量は旅客が2倍、貨物が7倍、水運のそれは旅客が2倍、貨物が10倍半になつた。建設と整備の同時的遂行が凡ゆる困難を超えて達成されつつある。

このほか、この特集号では、「戦禍と水害」を克服し、「宣撫工作」や「鉄路愛護村」の活動の進展により治安が回復し、「華北交通創業」の結果、「建設と整備」が進んでいるという「成果」の文字説明が、「建設／再建」「開発／開拓」といった表象イメージとともに掲載されている。

しかし、この特集号が発行された時期には、すでに太平洋戦争が勃発していた。満鉄や華北交通が発行するグラビア誌においても、戦争の遂行を裏打ちできる資源開発にも関心が移り、関連記事が増えていく。たとえば、『北支』昭和17年1月号（1942年1月1日発行）には特集「東亜共栄圏の期待する 北支の資源」が組まれ、同第5巻第4号（1943年4月1日発行）の特集号「決戦下・華北交通の使命」には2編の「対日資源の輸送」という記事、つづいて第5巻5月号（1943年5月1日発行）は華北の資源が網羅された写真頁・記事頁で埋められている。今日からみれば、こうした資源開発の写真こそ、戦争の遂行を促す記事であったと理解できようが、満鉄のグラビア誌の編集意図からすれば、あくまで「建設／再建」「開発／開拓」など「平和」のイメージが強調されたものであったと指摘できよう。

おわりに

戦後「日中戦争」と呼ばれるようになった悲劇は、戦前の日本では「北支事変」「支那事変」「日支事変」と呼ばれる一方、中国では「七七事変」と称され、両国ともにこれを一時的な軍事衝突、あるいは敵のテロ行為とみなして、「戦争」という言葉の使用を回避していた。日中間で戦域が拡大し泥沼化していく現実とは異なり、各種メディアは両国の軍事的衝突が一過性のものであり、それゆえその「収束」時期についても意図的に明示しようとしていたと思われる。

しかし、現実に盧溝橋事変が勃発して以降、日中双方とも終わりなき戦闘状態と戦域の拡大によって、多大なる軍事力を投入せざるをえず、それぞれに疲弊していった。このように組織だった戦争状態があり、日中双方に多くの犠牲者を出したにもかかわらず、本章でとりあげた『満洲グラフ』や『北支画刊』には、一時的な戦闘状態を示す頁はあっても、人の生死にかかわる状況が克明に記録されることはなかった。むしろ、1937年12月北京に中華民国臨時政府が成立した後、「事変」による戦闘状態が「収束」したかのように、38年4月頃から誌面には「平和」の到来が示唆され、「建設／再建」「開発／開拓」を促す表象イメージが散りばめられた。それらの表象を規範コードとして受け入れた日本人や一部の中国人は、満洲、華北の自給自足的な「生活」「や「郷土化」を促す運動に参画していった。

本文でみたとおり、満鉄が発行したグラフ誌には戦禍を意識化させる内容はじつに少なく、1941年12月に開催された大本営政府連絡会議のとき、「支那事変ヲモ含メ大東亜戦争ト呼称ス」るとの決定が下されて、「事変」が「戦争」状態にあることが公認されるに及んで、ようやく誌面は「聖戦」「決戦」といった表記によって戦況や戦禍の写真（それでも限定された）が掲載されるようになった。『満洲グラフ』では、101号（1942年12月発行）からの特集号「聖戦へ挙国一致の体当り」から、最終号の114号（1944年1月1日発行）まで、誌面は戦争動員を促す「聖戦」「決戦」イメージ一色で飾られたのである。ただし、それは戦争の悲劇や悲惨さをリアルに表現したというにはほど遠く、むしろ戦意高揚を鼓舞した内容であったことは、当時日本で発行されていたメディア誌となんら変わりはなかったのである。

このように、『満洲グラフ』や『北支画刊』が描く「事変」も「平和」も作為的で演出された誌面上の虚構にすぎず、写真という視覚メディアを用いることで「戦争」なき日常空間を示すことを可能にした。こうしたグラフ誌に掲載された写真を真実の姿だと読み誤る読者も少なからずいたし、今日でもそうした傾向は否定できない。写真や映像といった視覚メディアがリアリティを感じさせるだけの技術が進歩していく反面、現在を生きる私たちは、「報道」という媒体に秘められた作為性に躍らされず、「正義」や「国際協力」のあり方についていっそう自覚的にあるべきなのであろう。

表 8-2 『満洲グラフ』の特集号名と表紙写真

年	月	巻号	特集号名	表紙写真	備考
1933	9	Vol. 1, No. 1（1号）	〔創刊号〕	高梁の穂	
	11	Vol. 1, No. 2（2号）	—	砂漠	
1934	1	Vol. 2, No. 1（3号）	—	軌道	
	3	Vol. 2, No. 2（4号）	満洲国御大典特輯号	〔騎兵〕	3/1溥儀、満洲帝国皇帝に即位
	5	Vol. 2, No. 3（5号）	—	娘々祭・迷鎮山	
	7	Vol. 2, No. 4（6号）	秩父御名代宮殿下御来満・満支直通列車運行開始記念夏期特輯号	〔沿道の樹木〕	7/1北京～奉天間の直通列車運行開始
	9	Vol. 2, No. 5（7号）	—	〔工事中の図寧新線〕	
	11	Vol. 2, No. 6（8号）	—	特急あじあ	11/1新京～大連間特急あじあ運転開始
1935	1	Vol. 3, No. 1（9号）	—	〔結氷の黒龍江〕	
	5	Vol. 3, No. 2（10号）	北鉄接収特輯号	綏芬河駅	5/2回鑾訓民詔書を発布
	6	Vol. 3, No. 3（11号）	—	〔奉天〕	
	7	Vol. 3, No. 4（12号）	—	〔牧地〕	
	8	Vol. 3, No. 5（13号）	—	〔モンゴル人の風俗〕	

1935	9	Vol. 3, No. 6 (14号)	満支国境・古北口の長城線・多倫のラマ踊り	〔古北口の長城〕	
	10	Vol. 3, No. 7 (15号)	—	〔大連－ハルピン直通成る〕	
	11	Vol. 3, No. 8 (16号)	炭都撫順・古都吉林	〔撫順炭鉱〕	
	12	Vol. 3, No. 9 (17号)	佳木斯に延びる新線・蒙古の怪奇ラマ教	〔葛根廟〕	
1936	1	Vol. 4, No. 1 (18号)	満洲のお正月・羅津開港	〔年画〕	
	2	Vol. 4, No. 2 (19号)	日満最捷路に躍る北鮮	〔羅津〕	
	3	Vol. 4, No. 3 (20号)	建設途上の国都新京	〔新京〕	
	4	Vol. 4, No. 4 (21号)	満洲の林業	〔材木置場〕	4/30満独貿易協定正式調印
	5	Vol. 4, No. 5 (22号)	苦力の生活	〔桜〕	
	6	Vol. 4, No. 6 (23号)	満洲の美術写真	〔編み物をする女〕	
	7	Vol. 4, No. 7 (24号)	—	〔天津 or ハルピンの狛犬〕	
	8	Vol. 4, No. 8 (25号)	—	〔北海公園〕	8/25「満洲農業移民百万戸移住計画」決定
	9	Vol. 4, No. 9 (26号)	—	〔満洲化学工業会社〕	
	10	Vol. 4, No. 10 (27号)	—	〔興安嶺〕	
	11	Vol. 4, No. 11 (28号)	満ソ国境河川をゆく	〔松花江〕	
	12	Vol. 4, No. 12 (29号)	日本移民の相貌	〔日本人農婦〕	
1937	1	Vol. 5, No. 1 (30号)	特輯・大哈爾濱	〔毛皮をはおる女性〕	
	2	Vol. 5, No. 2 (31号)	—	〔スケート〕	

1937	3	Vol. 5, No. 3 (32号)	冬の森林と漁業	〔間島の原生林〕	
	4	Vol. 5, No. 4 (33号)	満鉄創業三十年記念特輯	〔汽車の車輪〕	
	5	Vol. 5, No. 5 (34号)	—	〔凧〕	
	6	Vol. 5, No. 6 (35号)	満洲の美術写真	緑蔭／伊達良雄作	
	7	Vol. 5, No. 7 (36号)	—	〔波紋〕	7/7盧溝橋事変勃発
	8	Vol. 5, No. 8 (37号)	—	〔波紋〕	8/27満鉄、天津事務所を北支事務所に改組
	9	Vol. 5, No. 9 (38号)	北満洲の火山・北支事変画報	〔北満洲の休火山〕	
	10	Vol. 5, No. 10 (39号)	北支（支那事変）特輯号	〔華北の地図〕	
	11	Vol. 5, No. 11 (40号)	支那事変特輯	〔爆撃された戦場〕	11/30満蒙開拓青少年義勇軍送出を閣議決定
	12	Vol. 5, No. 12 (41号)	事変特輯	〔爆破された光景〕	12/14中華民国臨時政府成立
1938	1	Vol. 6, No. 1 (42号)	事変特輯	〔兵士2名〕	
	2	Vol. 6, No. 2 (43号)	南京攻略特輯	敵の本拠に掲ぐる感激の日章旗（占領直後・12月13日撮影）	
	3	Vol. 6, No. 3 (44号)	事変特輯	武具物々しき陸戦隊の勇士（青島上陸の日）	
	4	Vol. 6, No. 4 (45号)	再建支那の鼓動	〔農民のアップ〕	4/1満鉄調査部成立
	5	Vol. 6, No. 5 (46号)	—	〔連翹〕	
	6	Vol. 6, No. 6 (47号)	青少年義勇移民	〔青少年義勇移民訓練所の地図〕	

1938	7	Vol. 6, No. 7（48号）	—	〔2人の旗袍を着た女性〕	
	8	Vol. 6, No. 8（49号）	—	〔大興安嶺〕	
	9	Vol. 6, No. 9（50号）	—	支那劇「覇王別姫」の虞美人	
	10	Vol. 6, No. 10（51号）	—	〔三河〕	
	11	Vol. 6, No. 11（52号）	—	〔開拓移民の母子〕	11/7北支那開発株式会社成立
	12	Vol. 6, No. 12（53号）	愛路運動五箇年の回顧	〔愛路運動の少年〕	
1939	1	Vol. 7, No. 1（54号）	満洲写真作家協会展作品特輯	クラシックな壁掛／大井根多一郎作	
	2	Vol. 7, No. 2（55号）	—	〔スキー〕	
	3	Vol. 7, No. 3（56号）	特輯・誌上在満邦人生活展	〔夜の大通り〕	
	4	Vol. 7, No. 4（57号）	特輯　仙境閭山	〔仙人の刺繍〕	4/17華北交通株式会社発足
	5	Vol. 7, No. 5（58号）	—	〔鯉のぼり〕	5/14ノモンハン事件勃発
	6	Vol. 7, No. 6（59号）	—	〔姑娘〕	
	7	Vol. 7, No. 7（60号）	ハルピン松花江の夏	〔舟遊び〕	
	8	Vol. 7, No. 8（61号）	鏡泊湖を探る、満洲のサラリーマン生活	〔海水浴〕	
	9	Vol. 7, No. 9（62号）	鉄道運営壹萬粁記念特輯	〔数字の1に模（かたど）った機関車の写真〕	
	10	Vol. 7, No. 10（63号）	特輯大興安嶺を征く、大陸カメラ使節報告展	あじあ／立大多川元治	

1939	11	Vol. 7, No. 11 (64号)	—	〔農民の上半身像〕	
	12	Vol. 7, No. 12 (65号)	—	〔女性スケーターの上半身像〕	12/12満洲開拓基本要綱決定
1940	1	Vol. 8, No. 1 (66号)	—	〔漢人・朝鮮人女性のツーショット〕	
	2	Vol. 8, No. 2 (67号)	—	〔雪上の子供〕	
	3	Vol. 8, No. 3 (68号)	—	〔正装する子供〕	
	4	Vol. 8, No. 4 (69号)	—	桜が咲いた！牧城子ニテ・大連舞踊研究所福井陽子	
	5	Vol. 8, No. 5 (70号)	—	承徳・普楽寺の唐獅子	
	6	Vol. 8, No. 6 (71号)	—	シーズンに入つた吉林の鵜飼ひ	
	7	Vol. 8, No. 7 (72号)	—	渤海の磯風	
	8	Vol. 8, No. 8 (73号)	—	黄昏の姑娘	
	9	Vol. 8, No. 9 (74号)	—	李燕芬（満映女優）	
	10	Vol. 8, No. 10 (75号)	—	金州林檎「国光」実る	
	11	Vol. 8, No. 11 (76号)	—	晩秋の開拓地（松陰村）	
	12	Vol. 8, No. 12 (77号)	開拓地を巡る	勃利青年義勇隊大訓練所にて	
1941	1	Vol. 9, No. 1 (78号)	—	千振郷の新春	
	2	Vol. 9, No. 2 (79号)	—	新京のスケート・リンク	
	3	Vol. 9, No. 3 (80号)	—	建国忠霊廟と満洲娘（モデルは満映の白玫と鄭暁君－左）	

1941	4	Vol. 9, No. 4 (81号)	—	日本娘と支那娘	
	5	Vol. 9, No. 5 (82号)	—	〔熱河〕	
	6	Vol. 9, No. 6 (83号)	—	エミグラントの睦み(新京にて)	
	7	Vol. 9, No. 7 (84号)	—	ぶらんこ	
	8	Vol. 9, No. 8 (85号)	—	緑蔭に戯れる	
	9	Vol. 9, No. 9 (86号)	—	世界一の満鉄撫順炭礦龍鳳竪坑で働く華工	
	10	Vol. 9, No. 10 (87号)	—	長白山頂き近く獐(のろ)を射る	
	11	Vol. 9, No. 11 (88号)	—	稲作増産に開拓地の悦び	
	12	Vol. 9, No. 12 (89号)	—	西域で発見された壁画の断片(旅順博物館蔵)	12/8太平洋戦争勃発
1942	1	Vol. 10, No. 1 (90号)	—	銀盤に鍛錬する日本娘(哈爾濱)	1/6満洲開拓第2次五ケ年計画決定
	2	Vol. 10, No. 2 (91号)	—	怒涛狂ふ太平洋を制圧せる我が無敵海軍の艨艟	
	3	Vol. 10, No. 3 (92号)	満洲子供グラフ	〔驢馬と少年〕	
	4	Vol. 10, No. 4 (93号)	建国十周年記念特輯号　附 最近十年間世界重要史年表	〔満洲国旗をもつ男〕	
	5	Vol. 10, No. 5 (94号)	—	北辺の皇軍勇士	
	6	Vol. 10, No. 6 (95号)	—	満洲国軍の精鋭	
	7	Vol. 10, No. 7 (96号)	—	働く女性 (ハルピン遊覧バス)	
	8	Vol. 10, No. 8 (97号)	—	〔興亜国民動員全国〕大会に参加せる日本女子青年隊	

1942	9	Vol. 10, No. 9 (98号)	—	オボ祭の日	
	10	Vol. 10, No. 10(99号)	—	秋陽傾く金州城外	
	11	Vol. 10, No. 11（100号）	第百号特輯	曠野の開拓へ協力する大陸の花嫁	
	12	Vol. 10, No. 12（101号）	聖戦へ挙国一致の体当り	蒙古の騎兵	12/8満洲国基本国策大綱発表
1943	1	Vol. 11, No. 1（102号）	聖戦へ挙国一致の体当り	「農村新年」綏化鉄道自警村にて	
	2	Vol. 11, No. 2（103号）	聖戦へ挙国一致の体当り	影戯（かげゑしばい）の戯者	
	3	Vol. 11, No. 3（104号）	聖戦へ挙国一致の体当り	拓士の花嫁合同結婚式	
	4	Vol. 11, No. 4（105号）	—	〔厳冬に見る関東軍の錬成〕	
	5	Vol. 11, No. 5（106号）	—	開拓青年義勇隊の春耕	
	6	Vol. 11, No. 6（107号）	—	満洲少女と野の花	
	7	Vol. 11, No. 7（108号）	—	満鉄・興亜一心刀の仕上げ	
	8	Vol. 11, No. 8（109号）	—	兵器増産陣へ乗出した姑娘	
	9	Vol. 11, No. 9（110号）	—	喇嘛廟と少年	
	10	Vol. 11, No. 11（111号）	—	森林鉄道（馬場八潮作）	
	11	Vol. 11, No. 11（112号）	特輯　戦ふ重工業	〔北の兵器廠〕	
	12	Vol. 11, No. 12（113号）	特輯　穀倉満洲	〔稲刈りする女〕	
1944	1	Vol. 12, No. 1（114号）	特輯　決戦満洲の推進「協和会」	〔全国聯合協議会〕	

注）カッコなしは原文のとおり。〔　〕内の写真名は筆者によるタイトルづけ。

1）『異郷のモダニズム―淵上白陽と満州写真作家協会』名古屋市美術館・毎日新聞社、1994年。

2）さしあたり、Annika Culver, *Glorify the Empire: Japanese Avant-Garde Propaganda in Manchukuo,* UBC Press, 2013. Philip Charrier, “Fuchikami Hakuyō and the ‘Manchukuo Pastoral’ in 1930s Japanese Art Photography,” *Japanese Studies,* Volume 34, Number 2, 2014. エレーナ・トゥタッチコワ「グラフ雑誌『満州グラフ』にみる戦前日本における満州国の視覚的プロパガンダ」（国際交流基金、アルザス・欧州日本学研究所編『アルザス日欧知的交流事業日本研究セミナー「大正／戦前」報告書』国際交流基金、2014年）など。

3）この点については、貴志俊彦「グラフ誌が描かなかった死―日中戦争下の華北」（貴志俊彦他編『記憶と忘却のアジア』青弓社、2015年）を参照。

4）金丸精哉については、小泉京美「故郷喪失の季節―満洲郷土化運動と金丸精哉〈満洲歳時記〉の錯時性」『フェンスレス』第2号、占領開拓期文化研究会、2013年を参照のこと。金丸の主要作品には、『満州雑暦』（1939年）、『満洲風雲録』（1941年）、『満洲の四季』（1941年）、『満洲歳時記』（1943年）がある。

5）『満洲グラフ』2巻1号（3号）、1934年1月、49頁

6）1941年3月の『満洲グラフ』の販売部数は約1万部であった。そのうち内訳は、日本内地・満洲における委託販売実数約5,000部のほか、総裁室弘報課における保管分約3,000部、門司などの鮮満支案内所に660部、奉天ほか鉄道局資料係に205部、鉄道総局弘報課に120部、新京支社に100部、東京支社鉄道課に95部、その他175部が配布され、委託販売と機関配布とがほぼ半々であったという。それが、翌月新体制規格版では32頁から36頁に増量され、販売部数も1万5,000部に増刷されることになったという（白戸一郎「中国東北部における日本のメディア文化政策研究序説―満鉄弘報課の活動を中心に」『京都大学生涯教育学・図書館情報学研究』9、2010年、128頁）。ただし、1941年3月時点発行部数が20万部の『写真週報』、数万部の『アサヒグラフ』と比較すると、『満洲グラフ』の発行部数はけっして多くはなかった。

7）中井幸一「暗黒時代のプロパガンダ」『日本写真全集10　フォトジャーナリズム』小学館、1987年、94頁。ただし、井村哲郎「『満洲グラフ』と満鉄の弘報」（『満洲グラフ』15巻、ゆまに書房、2009年、118頁）では、写真は弘報第1係の仕事であり、第2係は国際宣伝を担当していたとの指摘がある。

8）秦郁彦編『日本近現代人物履歴事典［第2版］』東京大学出版会、2002年、586頁。

9）一色辰夫は、このとき撮影した写真をまとめて、1939年に『北満のエミグラント』（光る丘社）を刊行している。

10）能登博が満鉄および満映にかかわっていたことは次の論文による。赤上裕幸他「越境する文化政策」『研究開発コロキアム　平成21年度成果報告書』2010年、52頁。

11）『満州人名辞典』中巻、日本図書センター、1989年、851頁（底本、中西利八編『満

州紳士録』第３版、満蒙資料協会、1940年)。竹中憲一編著『人名事典「満州」に渡った１万人』皓星社、2012年、1370頁。

12) 金丸精哉「満洲グラフを編輯して」『新京図書館月報』43号、1940年７月、12頁。

13) 満鉄社員会誌『協和』も、208号（1938年１月１日発行）までつづいた戦争特集号が終了したあと、盧溝橋事変についての記事は掲載されなくなる。これに関する記事が再び登場したのは、222号（1938年８月１日発行）の「事変が生んだ宿題　事変一周年記念座談会」、223号（1938年８月15日発行）の杉廣三郎「事変以来の北支鉄道の推移」、251号（1939年10月15日発行）の江口胤秀「支那事変と満鉄」にすぎない。そして最後に登場したのは、293号（1941年７月15日発行）「支那事変四周年回顧」であった。

14) 竹葉丈「絵画の効果、写真の機能―写真家・淵上白陽と『満洲グラフ』」『満洲グラフ』第15巻、ゆまに書房、2009年、141頁。

15) 『淵上白陽と満洲写真作家協会』（日本の写真家６）、岩波書店、1998年、68頁。

16) 前掲、貴志俊彦『満洲国のヴィジュアル・メディア―ポスター・絵はがき・切手』、第６章参照。

17) 前掲『満州人名辞典』上巻、32頁。

18) 前掲『満州人名辞典』中巻、704頁。

19) 前掲『満州人名辞典』中巻、816頁。

20) 前掲『満州人名辞典』上巻、77頁。前掲『人名事典「満州」に渡った１万人』、705頁。

21) 前掲、貴志俊彦「グラフ誌が描かなかった死―日中戦争下の華北」219、221頁。

22) 『北支』第４巻７月号、1942年、15-16頁。なお、『北支画刊』、『北支』、その継続誌『華北』に掲載された弘報写真については、貴志俊彦・白山眞理編『京都大学人文科学研究所所蔵 華北交通写真資料集成』（国書刊行会、2016年）を参照されたい。

＜追記＞

本稿は、2014年４月15日にボン大学で開催された夏学期公開リレー講座「Die Mandschurei in Vergangenheit und Gegenwart（満洲の過去と現在)」、および2015年５月16日に国立政治大学伝播学院で開催された「終戦七十年週年：日本帝国及其殖民地的戦争動員與視聴伝播」学術研討会でおこなった講演内容を統合し、加筆修正したものである。

第3部

現代東アジアの変容と展望

第9章

帝国日本の解体と戦後アジア

浅野豊美

はじめに――いくつかの写真から

本章は、日本帝国の解体にさかのぼりながら、今日の政治問題となっている「歴史認識問題」の起源を探ろうとするものである。具体的に焦点を当てるのは、敗戦によって帝国が解体された後、賠償の基本的な枠組みがどのように計画されていたのか、および、その計画はいかに変質して現代に至るのかという二つの問題である。その変質の延長に、「歴史認識問題」が発生していく起源を賠償政策の展開と絡めて論じていくこととしたい。

最初に、本章の基本的な問題意識を終戦直後のソウル駅前における写真の説明を通じて示してみたい。

本章の問題意識を象徴するものとして興味深いのは、軍団の行進の中に日本兵の姿が写っていることである。また、アメリカの通信兵を取り囲むのは武装解除された日本兵であるし、装甲車で行進するアメリカ軍部隊の写真にも日本

写真 9-1

韓国ソウルの駅前にアメリカの軍隊が1945年9月9日に進軍した際の写真。9月2日の東京湾のミズーリ艦上での降伏文書調印から丁度一週間後であった。アメリカの24軍団は沖縄から移動して韓国の仁川港に上陸し、ソウルの駅前に進駐した。

兵は写っている。装甲車に米兵と乗って後ろから道案内をしている日本兵の姿に注目して欲しい。こうした写真に象徴される日米間の特殊な関係こそ、帝国の解体と密接にリンクしながらアメリカの賠償政策の展開と共に、歴史問題の起源となったと考えられるのではないか。本編はこの仮説を取りまく歴史的背景を詳述せんとするものである。

写真 9-2

日本が35年間にわたって併合してきた朝鮮半島の統治権を、朝鮮総督府からアメリカの24軍団に正式に移管した1945年9月9日の調印式の場面である。最後の朝鮮総督阿部信行と朝鮮軍司令官が、アメリカ極東軍24軍団のホッジ司令官に朝鮮の統治権を渡した。ホッジの上官ダグラス・マッカーサーは、連合国軍総司令官であると同時に、アメリカ極東軍司令官でもあった。その指揮下には、日本に駐留した第8軍のみならず、朝鮮の第24軍団も編成されていた。

1　帝国の拡張と解体に関する基本的視点

歴史認識問題の起源を帝国の解体に絡めて論じるにあたっては、帝国の解体にともなった各種の財産やヒトの移動に注目することとしたい。なぜならそれこそが社会的生活と国際関係次元での帝国を結びつけているものであるからである。そもそも、日本帝国を支えたのは日本列島から権力の庇護の下に移住した人々であった。そうした人々は植民と呼ばれ、移民とは異なる存在であった。つまり、後者が主権国家間の水平的な関係を前提に、相手国の法制度に従いその領域の中に合法的に移住しコミュニティーをつくっていくのに対し、植民は「近代化」の遅れた日本の周辺地域、つまり、朝鮮半島、台湾・樺太島等に対して、治外法権特権による自国民保護権と商業上の保護の下に、さらには補助金を使って建設された港や航路等のインフラを利用することによって移住した人々であった。

本国からの治外法権と法的保護をベースに、官僚機構と警察･軍隊組織によって守られていた人々が、鉄道・電気・ガス・水道に象徴される近代的なインフラ設備を現地で事実上独占的に支配しながら構築していった近代社会こそが、植民地であったと言うことができよう。逆に言えば、帝国の敗戦によって、こうした保護を失った人々は、旧本国に引き揚げることを余儀なくされ、それと同時に、保護を失った人々が有していたインフラ、工場設備、家屋等に対する法的な権利は、あたかも「宙に浮いた」かのように、独立する予定の国家の支配権と共に、激しい政争にさらされていくことになったのである。

また、戦争遂行の段階で、植民地から「本国」に移住して、現代で言う「3K」、「汚い、厳しい、かっこわるい」労働に従事してきた人々の帰国をも、帝国の解体は促進するはずであった。しかし、後述するように帝国解体に伴う経済の混乱は、その流れを停止させることとなった。また、こうした帝国的社会の中で作られた「私有財産」が、純粋な19世紀的な意味での「私有」財産と呼べるのかどうか、それが大きな論争点として浮上していくことになるのである。

こうしたヒトの移動と財産保護という視点から見れば、日本帝国の膨張にあたっては軍隊や警察の力とともに、ヒトと財産への法的保護が重要であり、それゆえにその保護の崩壊は、より大きな悲劇を引き起こしたと言うことができるであろう。つまり、日本帝国が「無主地」とされた真空地帯に膨張したのではなく、すでに居留地制度と治外法権制度が設定された地域に向けた膨張が行われたが故に、植民地法制は日本人が第三国の外国人よりも有利な法的地位を保障するものとして、より重要なものであったのである［注(7)序章参照］。それゆえに敗戦による帝国崩壊と法的保護の喪失は、日本人居留民の「悲惨」な逃避行を必然化したと言うことができる。現地に残された私有財産は、ソ連とアメリカ軍政当局によって没収、もしくは一時保管扱いとされたが、それは引揚・送還業務の円滑な遂行に寄与したものの、アジア諸国との間での在外財産問題を発生させ、日本政府に対する引揚者からの在外財産補償要求問題を形成していくことになる。

帝国解体後に日本周辺地域への国民国家体系の拡張、すなわち、独立国家の建設と育成に取り組んだのがアメリカであった。アメリカは日露戦争を「教訓」として、日本の再拡張を許さない体制を、東アジア国際関係と日米の特殊な関係の構築によって作っていったとも言うことができる。それを象徴するのがサンフランシスコ講和条約を締結した際に、アメリカ国務省の顧問としてその起草に全面的に関与した、ジョン・フォスター・ダレスであった。講和を前にして日本を訪れ、吉田茂首相との交渉を通じて講和条約をまとめたダレスは、セオドア・ルーズベルト大統領の縁戚であり、且つ、国務長官をも務めることとなるロバート・ランシングの甥でもあった。ダレスは、日露戦争後の韓国保護権をめぐるハーグ密使事件に際して、オランダのハーグに、当時19歳の青年として会議を傍聴したこともあった。日露戦争後にロシアの南下を阻止すべく日本帝国の拡張を支持したことへの「苦い反省」を旨に、ダレスは戦後日本を完全なアメリカのコントロール下に置きながらも、日本と周辺地域との基本関係設定に向けた仕組みを作るべく、講和条約制定に臨んだと考えられるのである。この点は最後の章で述べたい。

2　帝国解体後の財産請求権問題の展開

満州、朝鮮、台湾に居住した在留邦人は、日本軍の無条件降伏により、ほとんどの財産を現地に置いたまま、多大な犠牲を出して日本本土へと引揚げた。1945年末の時点で見積もられた民間の在外邦人総数は、334万人余であり、軍人・軍属は、厚生省の管轄のもとで合計311万人余、官民合わせた引揚者総数は、660万人余と言われる。

引揚者の定住支援、そして再移民の斡旋は、在外財産の補償問題とも絡まって、日本政府の重い負担となった[1)]。定住援護支援によって国内に開拓者として入植した引揚者からは、ブラジル等への戦後移民になるものも多かった。初期の段階での民間人に対する援護措置としては、北海道や阿蘇山・富士山麓等の荒れ地に、開拓農民として入植させる政策が農水省によって展開されたが、期待通りの成果は挙がらなかった。むしろ、戦後日本社会で飛躍的に成長したプロレスや野球等のスポーツや、テレビ・ラジオを舞台とする芸能界や映画等の産業が、一般の引揚者の活躍の舞台となった、満州や朝鮮を舞台とした「反戦」をテーマとした「名作」映画はその典型的な例であろう。しかし、高度成長以前の日本社会に安住の地を見いだせず、ドミニカ、ボリビア、ブラジル等の南米への国策移民に応募した引揚者達も多くいた。

紙面の制約上詳述できないが、福島にある東京電力福島第一原子力発電所として使用されている土地の一部も、かつては引揚者が塩田による開拓を試みた土地であった[2)]。また、オウム真理教が「サティアン」という名前の化学工場兼修練所を築いた富士山麓の村である上九一色村も、満洲引揚者が開拓した村であった。他にも、成田空港はフィリピンのダバオ引揚者が入植したところであり、世界的に有名な自動車メーカー、トヨタの本社近くにある愛知県浄水も、海軍基地から払い下げられた後に満州帰国者による国内開拓地となったものであった。また、那須高原牛乳を生み出したのが宮城県の千振（ちぶり）開拓団であり、満洲から帰国した後に集団で再入植して成功した数少ない国内開拓の成功例であったことも、近年NHKドキュメンタリーで明らかにされている。

しかし、軽井沢や那須などの数少ない国内開拓地の成功例の背後には、圧倒的多数の「離農者」が存在していた。ある関係者から筆者が直接伺った話によれば、植民地で朝鮮人、中国人を「あごで使って威張っていた人たちが、朝4時や5時に起きて、牧場で牛たちにエサをあげる」ことは、大変な苦労が伴うものであった。離農者を吸収していったものこそ、南米への再移民であったし、高度成長が始まってからの大都市圏の膨張であったと言えるであろう。

しかしながら、1960年前後からの高度成長の本格化以後、大都市圏を象徴する東京の近郊には、東急、西武、東武、小田急、京王等の私鉄会社による電車通勤網が拡大され、電車の駅を中心にした大都市圏の膨張が起こった。これにより都会の労働者として過剰人口は吸収され、国内開拓も再移民も高度成長の濁流の中にもみ消されてしまった。戦後史といえば、専ら憲法、天皇制、安全保障、沖縄等の政治問題と直結する歴史が思い浮かぶ。しかし、引揚者を中心として見た戦後史は、原発や新幹線・電車、そして高原リゾート・牧場という形で、我々現代人の生活の足元に直結している。我々が当前の存在として受け入れてきた原発や、牧場のリゾートは、実は戦争の影を色濃く引きずっているのである。

こうした大変動の起点となった引揚は、植民地での生活を支えた財産を現地にそのままに置くことを意味した。その財産は、本来、次節で述べるように、アメリカによって賠償の一部として活用されるはずのものであった。アメリカは、日本人が植民地と外国に残した海外資産を「日本の在外資産」Japanese external asset と呼称し、その一切をドル建てで計算しようとした。それに際して在外財産は、国有、公有、私有の3つのカテゴリーに分けられ、北朝鮮、南朝鮮、華北、華中、華南、台湾、満州国という形で地域別に集計された。在外資産の中でも、特に重要と見なされたのが、製鉄・石油・工作機械を中心とする重化学工業設備であった。その一つの例として写真 9-3がある。

これは、鮮満国境にあった水豊ダムに設置された東京芝浦電機製の発電機であり、東芝製ではあるがアメリカのウェスティングハウス社からの技術提供によるものとされている。現代において、東芝は既にウェスティングハウス社を実質的に傘下に置きながら、中国やインドへも原発輸出計画を推進している。

写真 9-3

中朝国境の鴨緑江にあった水豊ダムの電気タービン

植民地時代の提携関係と現代とをつなぐプロジェクトこそ、両者の合弁で原子炉が導入された東京電力の福島第一原子力発電所であったと言えよう。

アメリカの技術や資金を使って植民地開発の最前線におかれていた重化学工業設備が、帝国の解体によって今度は賠償の対象となったのである。帝国の解体は、日本人社会を全部一掃したあとに、現地に重化学工業設備等を残置させて、それに依拠した急速な経済発展を実現させるという賠償政策の中に組み込まれ、その手段として推進されていったのである。

また、在外財産には、そのシンボルとしての重化学工業設備以外に、住宅という私有財産も含まれ、それが日韓交渉に複雑な影を落とすことになった。その例としては、日本本土に存在した韓国系の財産が挙げられる。朝鮮総督府の関係機関の財産や、最後の韓国皇太子、李垠（リウン）の東京の本宅がそれである。伊藤博文が韓国統監だった時代、大正天皇の皇太子時代の訪韓と対応する形で、李垠は1907年から日本に留学し伊藤の死後には、梨本宮方子と結婚して東京の赤坂に住んでいた。戦後に韓国大統領となった李承晩は、この赤坂の御用邸を韓国大使館とすべく、その所有権を李王家ではなく韓国政府に帰属されるべきものと主張していたのであった。結局、その建物は、無国籍となった李王家の私有財産とされ、西武グループが買い取って赤坂プリンスホテルの一部として使われることとなる。

プリンスホテルという名称の由来も、この韓国皇太子のプリンスに由来する。当時、西武グループを率いていた堤義明は、かつて拓務大臣を務めた関係で、李王家の執事や使用人に幅広い人脈を有し、彼等を西武グループの社員として受け入れることの見返りに、このプロジェクトを推進していったという。その対象となったのは、没落した李王家のみならず旧皇族にも及び、竹田宮家、東久邇宮家の邸宅も同様に、それぞれ品川プリンスホテル、高輪プリンスホテルとなった[3)]。

以上のように、帝国の解体は、工場や家屋を中心とする社会的インフラ等、生活に直結する財産の組み替え、すなわち所有権の移転を意味していた。ゆえに、そうした生活に直結する身近な財産であればこそ、元の所有者である引揚者は、その在外私有財産が日本政府の支払うべき公的な賠償の一部に使われたことを理由として、その補償をめぐる政治運動を激しく展開していくことになるのである[4)]。

第二次大戦後に日本から分離された地域に存在した在外日本資産は、サンフランシスコ講和条約とアジア諸国との国交正常化枠組みによって、日本政府が相手国に支払うべき公的な債務の一部として位置づけられた。政治的に重要であったのは、それらの在外資産の中でも私有財産を所有していた引揚者が、日本政府に向けて、在外私有財産は国際法上保護されるべきものとして、その補償を求める運動を展開していたことであった。

その運動は、1946年11月に発足した引揚者団体全国連合会（全連）を中心に1980年代に至るまで展開された。役員には、穂積真六郎、大野伴睦、田中武雄、川島正次郎等が就任しており、引揚者の多くは自民党員として総裁選挙を通じて影響力を行使し、自民党議員を中心とした「在外財産法的処理促進議員連盟」（長谷川峻会長）も結成された。

サンフランシスコ講和条約締結の気運が盛り上がると、全連は在外私有財産の補償を盛り込むように、ダレス特使とアチソン国務長官宛てに血判要望書を送付した。しかし、アメリカ側からの回答は、あくまで日本の国内問題として善処することを期待するとの内容であった。これに失望した全連は、平和条約締結に際して東京事務所に弔旗を掲げ、トラックに「私有財産之霊位」と書かれた位牌を積んで、祝祭気分に浸っている都民に冷水を浴びせ、国会議員に告別式挙行通知を送りつけるという過激な運動を展開した。

国際法上、私有財産は尊重されるべきものであるにせよ、在外私有財産に対して、なぜ日本政府は補償を行わなかったのであろうか。それは日本社会全体の経済的な負担を増すのみならず、財閥の復活さえ招きかねないものと見なされていたからであった。また、日本政府は各国との国交正常化に際して、政府間の「賠償」ではなく「経済協力」方式に固執したが、その一因は、もしも、日本政府が相手国政府へ正式な賠償を支払い、且つ、一切の請求権を放棄すれば、今度は日本政府が国内法上、引揚者の私有財産を補償しなければならぬという事態が生じることを避けたかったからであった。その意味で、在外私有財産補償問題は、戦後日本の対アジア外交を制約する国内要因となった。

その一方、引揚者、特に日中戦争以前から公式の帝国領土や満州等に居住し、且つ、公務員として各種の救済措置にも浴することができなかった商工業者や貿易・建設業者等の民間人にとって、在外私有財産問題の帰趨は、単なる生活救済の手段という意味を越えて、政府が「引揚日本人の政治的性格」をいかに明らかにするのかという一種の「踏み絵」の性格を強めていった。特にそうした運動を叫んだ引揚者は、自らは日本帝国主義の「走狗」、あるいは戦争協力者として憎悪されるべき存在ではなく、封建制の強い日本社会に飽きたらず「自由」を求めた開拓者であり、海外に雄飛し外地を墳墓の地とすべしという「国策」に殉じたものであったとして、その政治的性格を確認する要求を掲げた。それは、「裸（はだし）」で引揚げた際の、物心両面の被害を償う根本命題であり、肉親の帰還促進や国内での援護事業を推進していくための大前提として確認されなければならないものであった。

こうした引揚者の要求は、鳩山内閣が成立すると政策課題として検討されるようになり、1956年の在外財産問題審議会の復活、翌年の引揚者給付金等支給法の成立と、それによる生活再建のための資金総額500億円の支給となった。さらに1967年になると引揚者特別交付金支給法に基づき、約349万人の引揚者に対して総額1,925億円の給付金支払いが行われたのである。

しかし、それは在外財産への補償ではなく、あくまで外地で引揚者が有した「特別な意味と価値をもった財産」の喪失に「報いる」「交付金」にすぎなかった。内地に居住して外地に財産を有していた個人や法人への補償や、外地に登記された法人所有財産は除外されたからである[5)]。

3　アメリカによる賠償政策の展開――引揚と在外財産

アメリカが展開した賠償政策は、日本人の「外地」からの一斉引揚政策と一体のものであった。引揚については、近年、さまざまな角度からの研究が進められているが、それが財産をめぐる賠償政策と極めて密接に結びつけられたものであったことが判明している。

戦後日本にアメリカから派遣された賠償使節の団長を最初に務めたのは、エドィン･ポーレーという人物であった。写真9-4で、マッカーサーと並んで写っ

写真9-4

1946年5月17日。トルーマン大統領が東京に派遣した賠償使節団の団長ポーレーが、マッカーサー連合国軍司令官を訪問した帰りと思われる。

ている人物である。

戦争終結直後の占領軍が取り組んだ政策の中でも相当に重要な部分を占めたのは、賠償のための工場調査であった。当時の日本人は、焼け野原の中をさまようように、闇市経済によってその日暮らしを営んでいたが、その一方で、占領軍は日本本土の民主化の基盤となる制度の推進と、現物賠償の一環として日本本土から撤去されるべき機械や工場設備の調査に当たっていた。日本本土の中心部分にあった工場を撤去し機械を取り外し、それらをフィリピン・朝鮮半島・中国などの日本周辺地域に搬入して、それまで各地にあった現地の設備と合体させ急速な経済発展を実現するというのが、アメリカの賠償政策の要の構想であった[6)]。

つまり、この賠償構想の中心に置かれたのは、帝国の解体と、それを利用した急速な周辺地域の経済発展であったということができる。第一次大戦の教訓から、インフレを誘発する金銭による賠償は行わず、その代わりに帝国解体によって生まれる在外財産が、賠償の主要な対象となったのである。その意味で第二次大戦後の賠償構想は、資本賠償と呼ばれると同時に、帝国を解体し「地域」へと強制的に再編するという政策の手段となったのである。

20世紀初頭の東アジア史を振り返ってみれば、帝国を作るのか、それとも地域的結合を大韓帝国との間で模索するのかという選択肢は、日露戦争後の韓国保護政治の課題であり、それにアメリカも韓国での治外法権撤廃を承認するという形で間接的に係わった[7)]。帝国の地域への再編は歴史的な課題であったと言えよう。第二次大戦の終結は、アメリカを直接の推進主体とするという点で、各主体の位置は大きく異なったものの、この同じ課題を日韓米の三国関係を通じて再び歴史の表面に浮かび上がらせたのである。

この構想の中で重要な位置を占めたのが、引揚者であった。連合国は、それぞれの植民地社会を現地でコントロールする役割を担ってきた、在台日本人や在朝日本人社会を一掃し日本本土へと追放することで、現地の工場設備やインフラをそっくりそのまま現地の新政権に継承させようとしたのである。引揚者が、旧植民地から着の身着のままで、要するに生活の基盤たる財産から分離されて帰還したことは、こうした賠償構想の一貫にほかならなかった。

彼等こそが、戦後日本における戦争の記憶の中で、被害者の記憶に位置づけられる「着の身着のままの逃避行」の担い手となった。そして引揚者達がどこから帰還してきたのか、かつてどのような職業に就いていたのか、どの教育機関を卒業したのかによって、各種の引揚者団体が生まれ、その団体が互助会という形で戦後日本社会における在外財産補償問題を担うこととなったのである。

そうした朝鮮引揚者互助会から、日本の終戦連絡事務局に送られた陳情文の中で、最も重要視されていたのは「政治的性格」をめぐる問題であった。すなわち、「断じて忍ぶべからざる当面の三大問題、その一は即ち引揚日本人の政治的性格を決すべき基本問題」とされていた。「政治的性格」に係わる基本問題とは、要するに、朝鮮から引き揚げた人達全部が「帝国主義、資本主義の走狗として侵略搾取に当りたるものの如く誹謗する」ような論者の議論が間違っていることを、政府として明らかにせよという「認識」をめぐる問題であった。

戦後日本史上初めて、引揚者という存在がどのような存在であったのか、引揚とその背景としての「外地統治」に対する国民的歴史認識のあり方が問題となっていた。彼等の主張によれば、「我等のひたすら念願して已まなかったのは」日本と朝鮮という「両民族の緊密なる融合提携」と「朝鮮に於ける経済及び文物すべての向上発展を図らんとする以外」にはなかった。それにもかかわらず、引揚者達は日本社会の中で帝国主義者として攻撃を浴びていたと認識されていた。彼等の怒りは、以下のように日本の国民感情全体に訴えつつ、帝国主義者という批判に反論するものであった。「片鱗を挙げて全体を歪曲し、以て日本人の悉くを懺悔中傷するが如きは、まさしく何等か為めにせんとするものに非ずして何でありませうか」。これは、国民全体と引揚者とを同一化している点で、今日の「自虐史観」への批判と瓜二つである。

また、この批判が歴史認識問題の先祖というのにふさわしいのは、それぞれ、第二・第三の要求であった、未帰還家族の帰還促進、そして引揚者の国内定住援護支援という現実的な要求よりも、「政治的性格」を糺すことのほうが、優先順位が高いとされたことを見ても分かるであろう。未帰還家族の帰還促進は、帰ってくることのできない肉親を早く帰してくれという要求であったし、定住援護支援は、引揚げてきた人間たちに職業と住宅を与えよという極めて現実的な生活を左右する要求であった。引揚者の「政治的性格」を社会的に明らかにすることは、こうした生活的要求以上に、重要な問題とされたのである。

引揚者の「政治的性格」が歴史認識と大きく係わるのは、引揚者を「大陸発展」の先駆けとする主張が、「帝国主義者」という主張への対抗言説となっているためである。引揚者は、明治維新以来の「大陸発展」に準じた存在であったのか、それとも「帝国主義者」であったのかという歴史認識の分裂こそ、引揚者の実際の「凄惨」な引揚体験と絡まりながら、日本国民の被害者をベースとする記憶の背景となった。そしてこうした言説と記憶の体系の中に、在外財産問題は徐々に封印されていったと言える。在外私有財産の問題は、日本の国民感情を分裂させ、それゆえにこそ被害の記憶におおわれ尽くしたと言えよう。

実際に、戦後の日韓交渉でも私有財産の法的性格が問題となった。日本側が国内での運動や国民感情を意識しながら、前述の国際法に依拠して在外私有財産への請求を主張したのに対して、韓国側はその私有財産は「搾取」によって築かれたものであり「不当利得」に過ぎず国際法上の保護には該当しないとした。あるいは、韓国側は日本が民族自決権をポツダム宣言で認めている点を根拠としてそれに反駁した。しかし帝国主義的搾取が行われたのかどうかという歴史の問題は、引揚者の在外私有財産の評価に絡んだ引揚者の「政治的性格」に直結するがゆえに、日本にとっての国内問題であったのである。

本来は日本政府が払うべき賠償の一部としてこの民間人資産が使われたという現状に対して、公式に日本政府がそれを認めなかったのは、専ら、引揚者の個人資産への補償を行いたくなかったという事情に由来すると考えられる。その反射的な影響を受けて時間的に消滅させられたのが、韓国の民間人が日本政府に対して有した請求権であった。韓国の軍人・軍属等が有した請求権も、引揚者が有したはずの在外私有財産に関する請求権も、戦前に由来するものという時間的範囲を区切ることで相互に実質的に消滅させられたのである。韓国側からの請求権に対して、「相殺」を行うことは、日本政府が日本人引揚者からの請求を補償する義務を生じさせてしまう。それを避けて、時間的制約から逸脱した相互の請求権は各国の国内法に委ねられたと考えられるのである。つまり、日本人引揚者の韓国政府への個人請求権は残っており、それは韓国の司法判断に委ねられるという前提の上に、同時並行的に、韓国の民間人の個人請求権も、日本の司法判断に委ねられたのである。請求権の「完全且つ永久」の解決は、外交保護権の相互放棄を戦前に由来する請求権について行うことを意味し、お互いの国内法秩序に従った司法判断にその行方は委ねられたのである。「相互放棄」の上で、日本側は一方的に韓国に経済協力を行うが、韓国はそれを請求権への補償と解釈するというようにその法的解釈は各々自由に行われることとされたのである。それが日韓国交正常化によって実現した法的枠組みであった。

韓国での民主化以後の日本の、あるいは韓国での国内裁判所に対する訴訟提起は、こうした枠組みへの挑戦でもあった。

歴史的には、帝国解体以後も、日本本土に在日朝鮮人が残留した際、財産の持ち出し制限という制度が存在しており、それは在朝日本人が在外私有財産を持ち出す際の制限と同じであった。第二次大戦終結の時点で、在日朝鮮人の総数200万人の中で朝鮮半島に120万人が帰還したにもかかわらず、日中戦争開始以前に日本本土に居住した在日朝鮮人とほぼ均しい80万人は、帰還することがなかった。これは、朝鮮から日本に引揚げる日本人引揚者に認められたのと同額（初期には1,000円、途中から3,000円）の金額しか、持ち出すことを認められなかったためである。また、帰還する朝鮮の人々が持ち出せなかった財産は、「朝鮮人連盟」という団体に寄託されたが、朝鮮半島の経済が混乱しているために、再び密入国で日本に戻った場合には、返還されたと考えられる。しかし、それらの財産は現在の朝鮮総連や韓国居留民団に寄託されたままの状態にあると考えられるものの、現代への継承関係は不明である。

大きな問題となったのは、朝鮮の人々が旧日本人として「国民徴用」されたのか、もしくは外国人として不当に「強制連行」されたのかという、別の意味で政治的な性格であった。旧帝国の時代の戦争動員に対して、韓国の国民感情は日本人が勝手に始めた戦争に「強制的」に「連行」されたという意味を付したのに対して、日本側の立場は、あくまで、同じ日本国民として戦争に動員された、もしくは、自主的な契約によって企業に勤務したに過ぎないというものであった[8)]。当時は同じく日本国民だったという前提のもとでは、韓国人が持っている請求権は、日本の民間人並みに留まるのに対して、外国人であるとすれば、それは差別による「精神的苦痛」を含め、日本の民間人には認められていない権利にも拡大されることになる。同じ国民として動員されたのか、それとも「強制連行」であったのか、これも在外私有財産の性格と合わせて、戦後の日韓交渉における議論の対象となるのである。

こうしたヒトの有した請求権に関する戦後補償の障壁となったのは、民間人への戦争被害賠償が日本の民間人一般に対しては非常に薄いものにしか過ぎなかった点である。東京大空襲で手足をなくしたり、死亡したりしても、政府からの見舞金は一切出なかった。公務死をした軍人・軍属、そして民間人の中の例外としての被爆者および沖縄での戦闘協力者（この例外が作られるまでは、長い運動の歴史が存在した）をのぞいて、組織されていない民間人被害者に対する体系的で一貫した政府による戦後補償は、おそらく戦後復興を優先する余りに存在しなかったのである。

そもそも、民間人への戦争被害補償一般が薄いにもかかわらず、戦後の日韓交渉において韓国側から要求されたのが、「韓国人」に対する「強制連行」への精神的な補償であった。外国人として動員されたという韓国側の論理に従って、普通の日本の民間人以上の待遇を韓国人にのみ与えるとすれば、それは逆に日本人の国民感情に火をつけることとなりかねなかった。外交交渉の際、「国民感情」が許さないという言葉が、日韓双方から発せられた所以である。

4　賠償政策の転換――条件付経済復興と対日講和条約

(1)　実際の賠償政策転換の必然性

日韓交渉の中では、在外私有財産の性格をめぐり、そして韓国人が動員されたことに対する補償のあり方をめぐる、日韓の間の深刻な対立が存在したが、それを仲介した存在こそがアメリカであった。アメリカを抜きにしては、国民感情と一体となった深刻な衝突を回避することはできなかった。

アメリカの第二次大戦後の賠償政策が、資本賠償を基本としていたことについては既に述べたが、この政策は1947年を境として大きく転換した。戦後初期、旧敵国である日本政府への信頼がほとんどない状況において、極東委員会が中心となった連合国による対日賠償政策は、ドイツと同様に「経済安全保障」を優先するものであり、それが表現されたものが初期対日占領方針であった。つまり、アメリカにとっては、日本が再び東アジアの脅威とならないようにすることが最優先の目標であり、賠償は経済的発展を抑止する手段と位置づけられていた。その次の目標とされたのが日本の民主化であり、民主化を支えるはずの日本社会の福利厚生や経済復興は、あくまで日本人側の問題であるという前提の下に、経済復興の問題は、日本を抑止する経済安全保障に従属したものに過ぎなかった。

1945年12月7日、賠償使節団がエドウィン・ポーレーを代表として東京に派遣された際も、アメリカの対日賠償政策は日本が軍国主義を復活させないための手段であり、軍需工場を中心とした過剰産業設備を撤去して侵略を受けた地域に運んで、新たな産業基盤とすることが述べられた。日本国民の生活水準を、「侵略戦争」が発動される以前の状態を基準として経済統制によって制限し、過剰産業資本・工場設備を周辺地域に物理的に移転させようとした。その中で工場設備による賠償の最初の対象となったものこそ、日本政府および国民の在外資産であったのである。

しかし工場設備の撤去と移動・再設置による賠償という、世界史に前例を見ない賠償は、さまざまな問題をはらむものであった。

第一の問題は、工場設備の解体撤去費用が高額にのぼることであった[9)]。工場設備をせっかく撤去してきても、現地で設置稼働できず、また、撤去のためにかかった費用に比較して、その経済効果は極めて乏しいものであった。第二には、工場設備搬出の程度を決める際の基準となる戦争開始前の適正な日本国内の「生活水準」を決定することができなかった。第三に、工場を周辺地域に移動させて稼働させようとしても、そのために必要な技術の移転が簡単ではなかった。

第二の問題に関連していたのは、日本の経済復興の問題であった。戦争遂行の期間において民需をぎりぎりまで切り詰めながら軍需に転用されていた製鉄・造船・石油化学等重化学工場設備が全て撤去されれば、切り詰められた国民経済の緊迫状態は、戦中と同じように続いてしまうこととなる。また満州事変開始前の生活水準を維持するのにふさわしい産業力に押えるとしても、戦争中に摩耗し爆撃の被害を受けた設備を復旧する費用も見積もる必要があった[10)]。賠償手段としての工場設備移転は、金銭賠償と同様に、しかし別の意味で、恒久的な経済・政治秩序の安定、つまりは経済復興と、すぐには両立しないものであることが明らかになっていたのである。

占領に関する「逆コース」と関連して、第三の理由も深刻であった。日本本土で焼け残った石油精製や製鉄等の重化学工業設備を撤去して旧植民地に搬入したとしても、その設備を稼働させるためには、長い技術の取得期間が必要であり、しかも、新興国単独ではできないものであったことである。西欧におけるマーシャルプランが、既に技術も教育水準も十分な地域に注がれたが故に、大きな影響を発揮したのとは違って、同じ効果は、技術と教育水準が低く政治経済の安定性が損なわれている東アジアでは期待できないものであった。

こうしている間にも時々刻々拡大していったのが、周辺地域における政情不安であった。周辺地域で日本人技術者がいなくなってしまったことで、工場の生産設備が補修できず、部品の調達が困難となってしまい稼働を停止したことで、物不足によるインフレが進行し始めたからである。台湾で二二八事件が1947年２月に起こったのみならず、済州島では四三事件が1948年４月に発生している。農業生産の切め手となる肥料が生産できないところに、大量の帰還者が押し寄せたため、食糧が十分に行き渡らず不満がたまり、「共産主義者」と呼ばれた不満分子も経済の混乱に乗じて勢力を拡大していった。日本でも「米よこせ」デモが1946年５月中旬の食糧メーデーを契機に行われ、「朕はたらふく食ってるぞ」というプラカードを掲げたデモ隊が、皇居前広場に押し寄せていた。食糧生産基地としての台湾と南朝鮮から切り離された日本本土での食糧欠乏は、周辺地域よりもむしろ早かったと言えよう。

1946年5月、ソ連軍が満州から撤退し中国で内戦が勃発したことで、中国は経済が混乱したのみならず、日本の代わりにアジアの基軸となることは不可能なことが内戦の深化と共に明白となった。また、朝鮮でも米ソで分割占領されたことで、北からの肥料や電力送電と、南から北への食糧供給をめぐって、1947年に入ると紛争が起き始めていた。南の大韓民国政府と北の朝鮮民主主義人民共和国政府がそれぞれ分離独立したのは1948年8月、9月のことであった。アメリカの目には、日本の周辺地域において共産主義が中国でも朝鮮でも勢力を拡大しているように映じており、そうした情勢の中で工場をバラバラにして周辺地域に持っていって稼働させ、その地域を一気に経済発展させるというモデルは、現実性を全く失って撤回されていったのである。

生産設備で賠償をしようという政策は、第一から第三の経済的理由と、共産主義の拡大という冷戦的な理由と絡まって、その実現を困難にしていたということができよう。こうした困難に直面して、アメリカは日本を「アジアの工場」として再建するしかないという方向へと、占領と賠償を包括した総合的次元での政策を転換していったと考えられる。それこそが、いわゆる「逆コース」であった。つまり、賠償として中間工業設備を日本から取り払って周辺地域に分散配置するのではなしに、工場を日本本土に残したまま日本自体の生産力を急速に回復させ、「アジアの工場」として生産物を使った賠償へと切り替えると同時に、生産力回復のための大企業を指導する能力を持った保守派の復活を認める。この二つがアジアの工場の意味であったと言える。日本本土内部の保守派の活用・再登場の背後には、そうした東アジアの賠償と経済復興への展望が根本的に転換されたという情勢が存存していたのである。

この逆コースの中で、かつての軍需工場や燃料廠は、日本に大部分が残され民間に払い下げられた。それらは四日市の石油コンビナートや、豊橋の重化学工業設備、自動車工場を支える工作機械等として戦後日本に残されたのである。

⑵　逆コースの政治的条件と分割払いの条件付復興

こうした「アジアの工場」としての日本という政治経済の政策的位置を法的に表現したものこそが、サンフランシスコ講和条約体制であった。この枠組みは、アメリカが第一次大戦後の金銭賠償失敗の教訓を踏まえるという形式で日本の復興を優先させた上で、在外日本資産の私有財産を含めた接収と賠償打ち切りとの二本柱を法的な軸としながら、例外として、二国間賠償の可能性を未来の交渉にゆだねたものということができる[11)]。つまり、日本の復興を優先するという政策の転換は、二国間賠償による未来の賠償増加の可能性があり得るという形で、条件が付されていたのである。

この講和条約の中では、日本が「戦争中に生じさせた損害及び苦痛」に対して「償いをする願望」（一六条）はあるが、日本経済の存立を維持しつつ、これら一五条・一八条に由来する「他の債務を履行」しながら「完全な賠償」をすることは不可能である（一四条(a)の冒頭）という状況のもとで、賠償に優先順位が付されている。

第一四条は、日本と連合国のあいだで、私有財産を含めた在外財産の接収をもって、賠償と見なすと定めたもので、それにより連合国はそれ以上の賠償は求めないという枠組みが前半の一四条(a)で作られた。それは連合国国内にある日本人私有財産の没収を、日本政府が外交使節と宗教団体の財産をのぞいて承認することとしたもので[12)]、その代わりとして後半に対応する同条(b)で連合国側が日本に対しての戦争賠償を打ち切り、連合国側の日本に対する「すべての賠償請求権」（戦闘行為に由来する物的人的損害に対する賠償）、戦争遂行中に日本側でとられた行動に由来する「他の請求権」（軍票支払い等）、ならびに日本「占領の直接軍事費」を放棄するとしたものであった。

この一四条の例外とされたのが、第一に前述した二国間交渉による生産物と役務による追加賠償の可能性、第二に在日連合国財産、第三に戦前債務、第四に民間人が食糧や医薬品を援助された際の間接軍事費、すなわち占領経費であった[13)]。

第一の例外は一四条(a)項１で定められた。それは、ビルマやフィリピン等の旧連合国やその植民地であった地域が希望すれば、役務と生産物による二国間賠償協定を結ぶ義務が日本にあることを定めたものであった。日本が原材料購入のための外国為替の負担を被らないという条件付きではあったものの、工場設備そのもので支払う資本賠償以外に、この規定によって、生産物と役務による賠償が二国間協定で可能となった。第二が一五条(a)による在日連合国財産の返還規定である。これは、日本国にある連合国及びその国民の財産・権利又は利益で、戦争期間内のいずれかの時に日本国内にあったものの返還を、日本国の責任とする規定であった。第三の例外である一八条は、戦前から日本政府と企業・個人が連合国側に負っていた債務を有効と認めた規定で、相互的なものであった。戦前の外債の英仏米合わせてドル建てに換算した合計債務は、未払い利子累積額と元本も入れて四億ドル余りであった[14)]。さらに、第4の例外は実質的な「ガリオア債務」を意味していた。占領期に日本国民の生活を支えたアメリカからの援助物資の代金に該当する「間接占領経費」は、いつか支払うものとして、その返還が当面は猶予された。

このガリオア債務問題は防衛義務負担問題とともに、安全保障と経済にまたがる重大な日米間の問題として講和条約以降にも存在し続けたが、日本の復興が最優先であり、その解決をアメリカは早急に求めないという態度が、1957年の安保条約改定交渉が問題となる時期まで維持されていた。例えば、1953年10月5日より同月30日に至る間、ワシントンで開催されたところの、吉田総理特使の池田勇人（民主自由党・政務調査会長）と、ロバートソン国務次官補との会談において（19日）、ガリオア問題は「防衛力漸増等日本の他の財政負担と見合わせて考えるべきであり、ガリオア問題のみを切り離して早急に解決することはできない」との池田の主張が認められている[15)]。最終的に、1961年6月22日の池田ケネディ会談により合意され、1962年1月の返還協定締結により、最終的に4.9億ドルの15年分割払いとなった。その返還をいかなる方式で実行するかは、安保条約改定と日本の経済復興状況に左右されながら、戦後の日米関係の大きなテーマであり続けたのである。

債務の金額が確定しておらず、柔軟な政治判断の下で運用されたという点で、第一の例外である東南アジア諸国との二国間賠償協定に基づいた生産物と役務による支払いと、第四の例外である占領経費のアメリカへの支払いとの間には共通性がある。つまり、明確な金額が算出されておらず、将来の支払いを日本側に要求できる権利として留保された点で、日本の復興が進んだ分に応じて増額されていく「柔軟な賠償」の仕組みが作られたと考えられる。しかし、実際のガリオア債務は大幅に減額され、その分だけ経済協力資金を増大させることがアメリカから日本に1960年の安保改定以後に求められるようになるのである。

在外財産接収を承認することによって、それ以上の賠償を法的に打ち切るという枠組みが設けられる一方、日本経済が復興を実際に遂げたときには、その復興した分に応じて、アメリカがコントロールする「自由世界」に向けて、賠償を経済協力という形で徐々に増額させながら支払わせる仕組みを法的に表現したものこそ、サンフランシスコ講和条約体制であった。

おわりに――歴史認識問題の起源

このサンフランシスコ条約体制の中で、旧日本帝国から同条約第２・３条によって分離された地域については、第４条で、当該地域に残された財産に対する日本政府と日本国民の請求権、および、当該地域に所属する人間とその施政当局が有するところの日本政府と日本国民への請求権、この二つの各サイドからの請求権を、政府間で「特別取極」を結んで清算するという枠組みが作られた。つまり、本章前半で論じた、韓国・朝鮮人のいわゆる「強制連行」に由来する請求権、および、日本人の引揚者が朝鮮半島の南北両地域に有するその私有財産に関する請求権が、それらが効力を持つのか請求権たり得るのかという問題も含めて、交渉されたものこそ1965年の国交正常化に至るまでの日韓交渉であった。それは、今も交渉が形式的には継続中の日朝交渉の基本枠組みともなっている。

1972年の日中の間での国交正常化も含め、こうした国交正常化枠組みは、請求権の相互放棄と、一方的経済協力の推進という点で、サンフランシスコ講和条約に由来している。つまり、相互放棄が同第14条の(a)(b)のセットに由来し、経済協力が同じ14条(a)第一項に由来するからである。問題は、請求権の相互放棄と日本からの一方的経済協力とが、いかなる法的な関係であるのかという点にあった。つまり、相互放棄した見返りとして経済協力をするのか否かという点については、玉虫色の解釈が作られた。日本側がその両者の関係を法的にリンクしていると認めてしまえば、在外財産を失った日本人引揚者への日本政府からの補償義務を発生させてしまうからである。日本政府は、在外財産を喪失した引揚者に給付金を支払ったが、それはあくまでも法的義務の伴わない「給付金」という位置づけであった。

近年、韓国国民の戦争被害者からは、慰安婦訴訟に見られるように、日本政府に向けた訴訟が起こされ、結局最高裁で、その権利は行使できないことが確定されたが、それは日本人引揚者の私有財産への権利が、相手側法秩序の中では認められない状態にあることと対応するものであったためと言わざるを得ないであろう。

分離したはずの日韓双方の強い国民感情は、この財産と請求権の問題において、それらと深く結び付く歴史認識と絡まって強力に衝突している。韓国・朝鮮人から見れば、日本人の在外私有財産は、搾取によって作られた「不当利得」にほかならなかった。植民地時代に作られた日本人の私有財産は、総督府の補助金や差別的な高額手当によって、朝鮮人を「搾取」して築かれたものと見なされ、国際法上の保護対象となる私有財産とは認めないという立場が取られた。それに対して日本人の側から見れば、それは先祖の「遺産」であり、また、日本人の投資の生み出した利潤にほかならなかった。また、投資は、学校や役所等の公的インフラにも、電気会社、ガス会社等の私企業のみならず行われていたため、そうした投資をめぐっては、公私の社会的性格とそれに対応する公私財産の性格、財産蓄積の過程、所有権の存在のみならず、それらが歴史上必要であったのか否かという歴史にまで立ち入った発言が行われざるを得ず、日本代表側の発言は、当時の韓国の国民の「逆鱗」に触れる問題ともなった。

植民地研究・地域研究の起源とも絡まるが、韓国側の主張によれば、官公庁のみならず韓国全土の土地を「日本人が6～7割独占し、重要企業を90％独占している」という状態の中で日本人が蓄積した私有財産は、そうとは認められないものであった。また、日本がポツダム宣言で民族自決を承認していることも、韓国側からは、日本人引揚者への私有財産補償ができず、全てが国有化されなければならない理由として使われた。

他方で、「強制連行」に由来する請求権に関しても、それが「国民徴用」という形での国民の義務に由来する戦争動員なのか、それとも日本人が勝手に始めた戦争に外国人が動員された故のものなのかという点で、お互いの国民感情が真っ二つに対立することになった[16)]。つまり、日本政府側の「日本人並みの補償なら」可能であるという議論によって、韓国人原爆被害者や恩給適格者に対して、日本人並みの補償なら応じようとする日本側に対して、韓国側は「連合国民として」精神的な差別を受けたという前提に立って、精神的な苦痛による被害も対象に、韓国・朝鮮人にだけ加えられた特別な苦痛も含めて強制連行の補償をせよという論理を展開していた。それは2015年秋におけるユネスコの世界遺産への長崎の炭鉱の登録問題で、その炭鉱に動員された韓国人に言及せよという要求にもつながっている。

かつて、冷戦の時代には、こうした鋭い日韓の対立状況は、アメリカの仲裁によって押さえられていた。その仲裁は経済的な枠組みでも支えられ、アメリカが日本に対して有するガリオア債権の大幅減額と、韓国への日本からの一方的経済協力の推進・増額は、実質的に対になる形で政治的に結び付けられていた[17)]。

しかしながら、法的政治的枠組みによって封印されることで、ある種の解決をみたとしても、帝国の解体と引揚に由来するところの、移動の際に失った財産、生き別れや死別した家族等への「愛惜」や「愛情」を起源とする双方の強い集団感情は、現代にまで尾を引き、それはあたかも「宙に浮いて」さまよっているような状態となっている。帝国の解体に由来する引揚、帰還など、ヒトの移動に際して発生した個人の生の感情は、生活の基盤の解体・再編という激変を伴ったが故に強力である。それに対して、世代を超えて継承されていく際の国民的感情は、強力であるように見えて、公的な記憶や歴史に依存するのを免れない。それが1990年代中半のインターネットの大衆化とグローバル化によって、相異なる国民感情の衝突となって、電子空間で衝突を始めている。こうした状況が現代の歴史問題を生み出しているのである。

さらに補足すれば、歴史と絡まった国民の「感情秩序」とでもいうべきものが日韓双方で大きく異なることは、安全保障上の共通利益があっても相互の信頼が生まれないために、それを制度化することができない大きな理由の一部となっている。真っ二つに対立する国民感情の間で法的につじつまを合わせた状態は、米国を介して冷戦時代においてはうまく封じられていたものの、世界的な冷戦終結、韓国の民主化、そしてグローバル化という三つの要素が同時に進行していった1990年代になると、劇的な変化にさらされていると言えよう[18)]。

グローバル化によって簡単に国境線を越えられる時代、そして民主化によって、国内で自由に言論の自由が行使できる時代、そしてもはや国民感情を強力に封じ込める戦略的な必要性が冷戦終結によって重視されなくなった時代、お互いの国民感情は、相手方の歴史をめぐる教育や世論に責任があるとする非難という形を取って、正面から衝突を始めたのである。

現在において必用なのは、高級官僚と政治家・軍人エリートの密室での新たな談合ではなく、財産をめぐる「搾取」か「遺産」かの議論と、ヒトの動員をめぐる「強制連行」か、「国民徴用」かをめぐる議論とを、植民地研究の成果と突き合わせて詳細に議論しながら、その根本にある「保護国・併合」という近代史の起源さえをも絡めながら、互いのナショナルな尊厳をまず共通の大原則として承認した上で、それと矛盾しないような互いの国民史をいかに修正し記述するべきなのかについて、共同で議論をすることではなかろうか。また、単一の「国民的正義」から切り離して、両者が共有し得る「普遍的な正義」を歴史の中に発見していく作業を行うことも大切であろう。しかし、その際には、かつてそうした「正義」が逆に暴力的な事態を招いたり、あるいは現実を実際に建設的な方向へと動かしていったりという、規範の効用の功罪を見据えて議論することが必要となろう。そうした作業が新たなテーブルで、深く広く拡大していくことを願ってやまない。

1）　厚生省援護局『引揚げと援護三十年の歩み』、1988年。

2）　詳細は以下を参照のこと。浅野豊美「移住・引揚・国内定住地としての福島と原子力発電所」根川幸男編『近代日本人の越境と複数文化体験』ミネルヴァ書房、2016年。

3）　猪瀬直樹『ミカドの肖像』小学館、1986年。（新潮文庫、上・下、1992年、『日本の近代 猪瀬直樹著作集5』小学館、2002年）。宮様にも西武グループの誘いに乗るメリットがあったことが猪瀬によって指摘されれている。かつて住んでいた屋敷近くのホテルに、専用の部屋を所有し居住することができ、かつての居宅はバンケットホールとして結婚式等に活用される姿を目にすることが可能で、さらに、土地と建物を分割払いで西武グループが支払うことにより生活費も保障された。また、西武グループも、分割払いで土地や建物の代金を支払っているうちに、高度成長によって土地は急速に値上がりし、その代金の数倍の資産を手に入れることができたという。

4）　浅野豊美「サンフランシスコ講和条約と帝国清算過程としての日韓交渉」浅野豊美・木宮正史・李鍾元編『歴史としての日韓国交正常化 - 脱植民地化編』法政大学出版局、2011年2月。

5）　在外私有財産が特別な意味と価値を有していたとの意味づけは、引揚者が「当時の国策に沿って海外の第一線で働き、生活を営んでいたところ」に日本軍の降伏により「住み慣れた社会から遮断され」退去を迫られ、全く変わり果てた戦後の日本内地で生活を再建しなければならなかったという事情に由来していた。そのため外地に居住してきた人々にとって、外地で所有した財産は「長い間つちかわれた人間関係、生活利益、誇り、安らぎ等、人間としての生活の最も基本となる支え」であったと、政府の懇談会で認識された。つまり、引揚者の要求した「政治的性格」までは確認されなかったものの、財産形成の基盤となる「人間関係」と「誇り」の喪失に対する実質的な補償が、この交付金支給によって行われた。それは10年償還の無利子記名国債によって支払われ、これにより在外財産処理は一切終結という覚書が全連と自民党との間に交わされた。

　しかし、1979年度予算で旧陸海軍看護婦への「慰労金」という形を取った補償が実現すると、在外財産補償要求は再び活発化、1982年から総理府総務長官の私的諮問機関として戦後処理問題懇談会が発足、同年秋の中曽根内閣成立の際には、戦後処理を再検討するという公約で自民党員中の抑留者、引揚者から組織票が集められた。「軍人軍属恩欠者全国連盟＝恩欠連」、「全国戦後強制抑留補償要求推進協議会中央連合会」、「引揚者団体全国連合会」は500万票を集めたとも言われる。懇談会は1984年以後総務庁の管轄となり、その報告書に基づき1988年には平和記念事業特別基金等に関する法律が成立、翌年総務庁認可法人平和記念事業特別基金（http://www.heiwa.or.jp）の設置が行われた。しかし、この基金の業務は引揚者やシベリア抑留者、恩給欠格者の「労苦」に関した資料の収集と展示、調査研究、記録作成、および、「書状・銀杯の贈呈」に過ぎず、個人補償ではなかった。

引揚者側が唱えた「政治的性格」鮮明要求に対しては、こうした法案が国会で審議されるに際して、野党の側から「侵略戦争の露払いをした反動分子さえも犠牲者として補償し、これを鼓舞激励している」との批判や引揚者中の「反動的、侵略的勢力を温存し、激励し、軍国主義復活の推進者に育成」せんとしているとの批判が浴びせられた。さらには、自民党の支持母体となっているとして、自民党は引揚者を選挙地盤として利用せんとしているとの批判が登場し、対外発展（進出／侵略）や戦争の意味をめぐる論争が展開された。しかし1980年代当時はこうした問題が大きな社会的論争を呼ぶことはなかった。

6）　浅野豊美編『戦後日本の賠償問題と東アジア地域再編―請求権と歴史認識問題の起源』慈学社、2013年2月。本書の脚注なしの記述は、この書に由来している。

7）　浅野豊美『帝国日本の植民地法制―法域統合と帝国秩序』第二編、名古屋大学出版会、2008年。

8）　外村大『朝鮮人強制連行』岩波書店（岩波新書）、2012年。

9）　北岡伸一「賠償問題の政治力学」北岡伸一・御厨貴編『戦争・復興・発展』東京大学出版会、2000年、168-173頁。

10）　竹前栄治・中村隆英監修『GHQ 日本占領史　第25巻　賠償』日本図書センター、1996年。

11）　その誕生の経緯等、詳しくは以下を参照。Toyomi Asano, 'Between the Collapse of the Japanese Empire and the Normalization of the Relations with South Korea,' *Comparative Imperiology I*, ed. Kimitaka Matsuzato, by Slavic Research Center of Hokkaido University, PP.109-129.

12）　一四条(a)項2は、相殺を前提とする賠償分としての連合国による在外財産接収の規定であった。これは、各連合国に所在しその「管轄の下」にある、すべての日本の「財産、権利及び利益」を、「差し押さえ、留置し、清算し」「処分する権利」が連合国側にあることを主軸に、「処分」されるべき財産の定義(Ⅰ)と、処分から除外される例外項目(Ⅱ)、その例外に関する清算代金の返還方式(Ⅲ)、清算にあたっての準拠法は各国国内法であるべきこと(Ⅳ)を規定するものであった。

一四条(a)2(Ⅱ)は在外財産接収の例外規定であったが、一八条戦前債務継承規程との関係も重要であった。接収の例外とされたものは、連合国における外交館施設と外交官私有財産(ⅱ)、宗教・慈善団体財産(ⅲ)、そして円建ての日本政府と「日本国民の債務、日本国に所在する有体財産に関する権利、権原、若しくは利益、日本国の法律に基づいて組織された企業に関する利益又はこれらについての証書」(ⅴ)であった。これらの規定は、たとえ株券や社債がアメリカにおける日本資産接収によって処分されても、それらがドル建てである限り、その効力は日本にある担保物件や日本の本社の債務としては及ばないことを意味していた。しかし、この規定(ｖ)からは、日本（法）人がアメリカ企業や政府に有していた円建ての債務は除外され、一八条の戦前債務の継承規程によっても有効となっていた。

13)　占領中に日本に工場設備搬出という形で課された中間賠償分も払い戻されることはなかった。

14)　『日本外交文書　平和条約調書　第三冊』、一五五頁、および『同　第二冊』、七四五頁。

15)　「２．ガリオア問題交渉史（抜粋)」、2010-0758『日米ガリオア・エロア援助』外交史料館。特に、「第３章従来の日米交渉経緯、昭和27年～35年」。

16)　詳細な交渉過程は以下。浅野豊美「民主化の代償―「国民感情」の衝突・封印・解除の軌跡」木宮正史編『日韓関係 1965-2015 Ⅰ 政治』東京大学出版会、2015年６月、349-370頁。

17)　前掲『戦後日本の賠償問題と東アジア地域再編―請求権と歴史認識問題の起源』。

18)　詳細は以下を参照。浅野豊美「第１章　歴史と安全保障問題・連環の系譜―戦後五〇年村山談話と戦後七〇年安倍総理訪米」木宮正史編『シリーズ日本の安全保障（全八巻）第六巻　朝鮮半島と東アジア』岩波書店、2015年、15-44頁。

第10章

韓国の「ポストコロニアル」政策と日韓関係
――朴正煕政権期を中心に

権　寧　俊

はじめに

本章では、韓国において軍事独裁政権を設立した朴正煕元大統領と日本軍国主義との関係や朴正煕政権期に行われた「ポストコロニアル」政策について考察し、それらが韓国社会に与えた影響について考える。また、それらを通して、今日の「アジア共同体」創成を妨げる要因についても探ってみたい。

韓国は1948年の政府樹立以来、アジアおよび太平洋地域における共同体建設に国家的な関心を注いできた。特に、軍事クーデターで軍事政権を構築した朴正煕大統領は1964年にアジア太平洋協議会（Asian and Pacific Council；以下、ASPAC）の設立を提唱した。それを受け、1966年6月14～16日まで韓国ソウルで開かれた第1回閣僚会議においてASPACが創立された。参加国は日本、台湾、フィリピン、旧南ベトナム、タイ、マレーシア、オーストラリア、ニュージーランドなどを含む9か国であった。ASPACの設立目的はアジア太平洋地域における国家間の連帯と結束、政治・経済・社会・文化など諸分野への協力強化、そして新たなアジア太平洋地域の共同社会を建設することであった。しかしこれらの試みは、会員国のほとんどが西側陣営に属するアジア・オセアニア諸国であり、「親米・反共同盟」としての色彩の強い地域であったため、反共産主義という理念的な限界を帯びていた。したがって、1970年代に入って中華人民共和国の国際連合加盟とその後の米中接近、ベトナム戦争に対する欧米諸国における反戦運動の動きなどが起きると、参加諸国の足並みが乱れた。そしてその存在意義は失われ、1972年の第7回閣僚会議を最後に事実上の活動停止に追い込まれた[1]。

また、1967年8月には東南アジア諸国連合（以下、ASEAN）も発足していた。加盟国はフィリピン、タイ、マレーシア、インドネシア、シンガポールの5か国であった。この時期のASEANもASPACと同様に「反共同盟」に近かった。その後、ミャンマーやカンボジアなどが加わり、現在の10か国の連合体となった。

このように、東西冷戦下での「アジア共同体」構想は「反共産主義」を掲げる政治同盟の「共同体」に近かった。半世紀にわたるアジア諸国間の「反共」の壁はとても厚く、それによる対立は相互不信をもたらす原因にもなっていた。また、「反共」の名のもとに民主的諸権利を抑圧し剝奪するための制度的装置として働いた傾向も強かった。例えば韓国の場合、1948年12月に制定された「国家保安法」と1961年7月に制定された「反共法」は韓国民主化の過程において思想･言論の自由を縛る法律となっていた。冷戦体制が溶解した現在でも、「反共」の壁は崩れておらず、領土紛争や歴史認識問題と共にアジア諸国間の根強い相互不信の要因として残っている。また、その他に相互不信の大きな要因となっているのは、「自由と民主主義」という共通の価値観の有無や独裁体制（一党独裁体制を含む）、自民族・自国中心主義などである。

アジア諸国の多くは第二次世界大戦後に独立し、独裁者あるいは国軍が国家建設の中核を担っていた。フィリピン、タイ、インドネシア、ミャンマー、カンボジア、中国、韓国などがそれらの国にあたる。これらの国家では、開発政策を推進する上で、軍部出身者や国家官僚などの少数のエリートが権力を独占して国家運営を行った。政治権力だけでなく、経済的にも利権構造を築き、文民政権の実現を回避して実権を握り続けた。これらの多くの地域は、かつてアジア太平洋戦争の時代には「大東亜共栄圏」と呼ばれ、日本軍の支配下に置かれていた地域でもあった。その「大東亜共栄圏」の構想は東アジアおよび東南アジアに日本の植民地統治や軍政の過酷なイメージだけを残し、その影響は現在まで続いており、それが「アジア共同体」創成を妨げる要因にもなっているのである。

「アジア共同体」構想で最も重要なのは、「人的・文化的」交流を重ね、諸国間の連帯関係を強化させることであり、自民族中心主義を排し、政治権力や権限を集中させないことである、と筆者は考える。しかし、これらの軍や独裁者による「独裁政権下」では言論の自由や結社の自由が抑圧され、国民との対話断絶、意思疎通不能な社会となり、暴力と秘密警察・治安警察による社会の監視体制が作られていた。

1960年代～80年代の韓国は「軍部独裁」と呼ばれていた時代であった。この時期は経済面では経済開発計画が推進され、「漢江の奇跡」という新造語が生まれるほどの高度成長が続く時期であったが、政治の面では後退期であったと言える。特に朴正熙政権期はまるで日本植民地時代や旧満洲国の時代を連想させた。

そこで本章では、軍事独裁政権下の韓国で行われた「ポストコロニアル」政策について検討し、その政策が韓国社会に与えた影響について考察する。また、その影響がどのように「アジア共同体」創成を妨げる要因となっていたのかを考えてみたい。それを具体的に分析するため、まず第一に、韓国で軍事政権を作った朴正熙と日本軍国主義との関係について考察し、戦後「韓国軍閥」のルーツと形成について検討し、それが韓国社会に与えた影響について分析する。第二に、朴正熙の革命観と彼が考えた「韓国的民主主義」とは何かを明らかにし、それが朴正熙個人の永久執権構想である維新体制とどのような関係があるのかについて分析する。最後に、軍事独裁政権下で行われた「ポストコロニアル」政策について考察し、その展開の中で行われた「国民統合教育」がもつ意味について考えてみたい。

1　朴正熙と日本軍国主義

(1)　満洲国将校・朴正熙

朴正熙（パク・チョンヒ）は1917年11月14日に慶尚北道（以下、慶北）の善山郡亀尾で生まれた。1926年４月に亀尾公立普通学校に入学した。普通学校[2)]の時代には李舜臣とナポレオンに憧れ、軍人になることを夢見ていた。彼が書いた「私の少年時代」

は次のように述べている。

> 少年時代には軍人にたいへん憧れた。その頃大邱にあった日本軍歩兵第80連隊が時々亀尾地方に来ては野外訓練をするのを眺めては軍人になりたいと思った。普通学校時代には日本人化教育で日本の歴史に出て来る偉人たちを好きになったが、5年生の時に春園〔李光洙〕の書いた『李舜臣』を読んで李舜臣将軍を崇拝するようになった。6年生の時には『ナポレオン伝記』を読んでナポレオンを崇拝した[3)]。

貧しい農家の5男2女の末子であった朴正煕は、1932年4月に大邱師範学校に入学した。経済的な理由で大半の学生が官費の支給を受けられる大邱師範学校を選択したのである。しかし、師範学校の生活は朴正煕には合わなかった。そのため、彼の成績は急速に落ちた。1年生末では97人のうち、60位であり、2年生の席次は83人のうち、47位であった。3年生からはよりひどかった。3年生では74人のうち、67位、4年生では73人のうち、73位、5年生では70人のうち、69位であった。3年生の時には官費支給生からも脱落していた[4)]。朴正煕は勉強よりは軍事訓練と運動に強い関心を示していた。彼はこの学校で軍事教練を担当していた有川圭一を尊敬し、有川も彼の能力を高く評価し、時々教練の時間に彼を呼び出して動作の模範を見せる訓練助教にしたという[5)]。

朴正煕がその後満洲軍官学校に進学したのも有川の影響が大きかった。1937年3月に大邱師範学校を卒業した朴正煕は、同年4月に慶北の聞慶公立普通学校に赴任し、3年間勤務したが、長髪の是非をめぐって校長を殴り、辞職する事件を起こした[6)]。学校を辞職した後、彼は当時、満洲の新京で関東軍独立部隊長をしていた有川を訪ねたが、その際に有川から軍官学校への入学を勧められた。軍官学校の入学試験に必要な推薦は有川が書いてくれた。こうして朴正煕は1940年4月、新京の「満洲帝国陸軍軍官学校」の第2期生として入学した。第2期生は計480人であり、日本人の240人、中国人の228人、朝鮮人の12人で構成されていた。1942年3月に非日本人の中で首席で卒業し、満洲国皇帝溥儀から恩賜の金時計を授けられた。同年4月には日本の陸軍士官学校（以下、日本陸士）に編入学し、1944年3月に同学校57期として卒業した。その後、3か月間見習士官教育を受けた後、同年7月に熱河省駐屯の満州国軍歩兵第8師団に配属され、満州国軍少尉に任官した。1945年7月には中尉に昇進し、1945年8月15日の日本の降伏時は第8師団の副官を務めていた[7)]。

このように、朴正熙は少年時代から軍人に憧れ、軍人になろうとしていた。聞慶公立普通学校を辞職した理由や日本軍人になろうとした理由は、官製伝記作家らが主張するように「総力精神や皇民化政策に対する反発」、「独立に備えて軍事知識を養うため」ではなかった。ただ適性にあった職種を選んだだけであった。だから、「髪を刈れ」という指示に反発した彼は、それよりもっと厳しい規律と、天皇にたいする忠誠心を強要する満州軍官学校に入ったのである。また、満洲軍官学校と日本陸士の教育を受ける過程で、彼は当時の軍国主義の風潮、とりわけ「革新派」将校たちの「昭和維新」の思想に心酔したという[8)]。当時満州新京軍官学校校長であった南雲親一郎（1886～1963）は、朴正熙に対して「生まれは朝鮮であるが、天皇陛下に対する忠誠心は一般日本人より高く、普通の日本人より一層日本人らしさがある」と評価していた[9)]。

(2)「韓国軍閥」のルーツと形成過程

韓国軍を創建したのは米軍であった。解放後、韓国に進駐した米軍は米軍政庁を設置し、その傘下に国防司令部を設け、1945年11月に通訳将校養成のための「軍事英語学校」を設立した。翌年1月には南朝鮮国防警備隊を発足させ、5月には軍事英語学校に代わる「南朝鮮国防警備士官学校」を新設した。48年8月、大韓民国政府の樹立と共に前者は韓国国軍に、後者は陸軍士官学校（以下、韓国陸士）に再編された。朴正熙は1946年5月に釜山経由で故郷に戻り、同年9月に南朝鮮国防警備士官学校に第2期生として入学し、12月に同校を卒業して大尉に任官した[10)]。その後も朴正熙は進級をつづけ、61年に軍事クーデターを引き起こしたときには少将まで上がっており、「韓国軍閥」の重要メンバーになったのである。

「韓国軍閥」は1946年の建軍とともに生まれた。韓国軍の指導層は大きく「光復軍系」と「日本軍系」に区分される。光復軍は1940年に大韓民国臨時政府が組織した抗日軍組織であった。「光復軍系」出身は解放後の韓国軍建軍の際に軍首脳部の中心的な役割を占めていた。光復軍参謀長であった李範奭は初代国務総理·兼国防部長官となった。光復軍参謀総長であった柳東説[11]は統衛部（国防部の前身）顧問を経て統衛部部長となり、光復軍総司令部訓練処長であった宋虎聲は1946年に国防警備隊総司令官となった。

初代大統領・李承晩は、創軍初期は光復軍の精神を継承することを宣言したが、実際には「日本軍系」出身を多く登用した。それは李承晩の政敵であった金九を牽制するためであった。金九は大韓民国臨時政府の主席であり、当時李承晩の政治的ライバルであった。そして、「光復軍系」の多くは金九の政治的支持勢力であったため、李承晩は軍要職から「光復軍系」を除去した。その籍を占めたのは「日本軍系」出身であった[12]。

「日本軍系」は大別すると、①日本陸軍士官学校出身者（陸士組）、②満洲軍出身者（満軍組）、③学徒兵出身者（学兵組）、④陸軍志願兵出身者（志願兵組）に区分される。陸士組は、1933年から45年までに日本陸士を卒業した朝鮮人72人のうち第二次大戦で生き残った将校たちであった。彼らは陸士在学中に「鶏林会」という親睦団体を組織し、新生韓国軍の主役になった。韓国建軍から1961年の軍事クーデターまで、13年間の歴代参謀総長11人のうち、５人が「鶏林会」の会員であった[13]。

満軍組は約40人でほとんど北朝鮮地域の出身であった。代表的な人物としては、第５代と第８代の参謀総長を歴任した丁一権、第７代の白善燁、そして朴正熙などがいた。満州軍官学校卒業生のうちの優等生は日本陸士本科に留学したので、陸士組とは重複している。朴正熙は先述したように軍官学校の第２期生で陸士57期であった。満軍組は、李承晩が「光復軍系」を追い出し、陸士組を登用した後、その勢力拡大を恐れ、それを牽制するために育成したものである。李承晩が北朝鮮の黄海道出身であったことも関係した。そのため、満軍組は「韓国軍閥」の中で優位を占めていた[14]。

もう一つの有力な派閥は、学兵組であった。1943年10月に「陸軍特別志願兵臨時採用規則」が公布され、朝鮮人・台湾人学生を対象に「特別志願兵」が募集された。44年1月20日に大学・専門学校卒業者または在学中の4,385人の朝鮮人学生が、戦場に駆り出された。その中で幹部候補生になり将校に任官した者も多かった。彼らは韓国独立後韓国軍に参加した。歴代参謀総長のうち6人もいた[15)]。そのうち、第14代の張都暎は朴正熙と共に5・16軍事クーデターの中心人物であった。その他に少数派であるが志願兵組がいた。彼らは1938年2月の「陸軍特別志願兵令」の公布により、動員された朝鮮人青年・壮年であった。その数は1万8,000人であった。志願兵は学兵とは異なって学歴不問であった。志願兵組で歴代参謀総長となった人は2人いた。第11代の宋堯讃と第13代の崔慶禄であった。

このように、韓国の「軍閥」は建軍以後5・16軍事クーデターが起こるまでの軍指揮官のほとんどは「日本軍系」で占められていた。李承晩は巧妙に軍の派閥対立を利用して互いに反目牽制させながら、12年間の長期執権体制をつづけた。建軍以来陸軍参謀総長のポストは1年ごとに、陸士組と満軍組が交代で占めた。1959年2月に初めて志願兵出身の宋堯讃が11代の参謀総長になった。その後軍閥の重心は学兵組に移り、維新体制の72年までの総長は第13代の崔慶禄以外はすべて学兵組の将軍であった。つまり、朴正熙政権期においても「日本軍系」が多くを占めており、彼らは5・16軍事クーデターを契機に政治舞台の前面に躍り出て、以後30年間にわたって実質的に国家権力を掌握し続けた。1992年12月の第14代大統領選挙で金泳三が当選し、文民大統領が出現したことで、ようやく軍部による事実上の直接支配が終焉したのであった。

(3)　5・16軍事クーデター

1961年5月16日、陸軍少将・朴正熙が率いた中堅将校の一群が軍事クーデターを起こし、民主党政権を崩壊させた。朴正熙は自分の著書『国家・民族・私』のなかで、「革命はなぜ必要であったか？」の問いに次のように述べた。「4・19学生革命は、表面上自由党政権を打ち倒した。しかし、5・16革命は、民主党政権という仮面をかぶって妄動しようとした内面上の自由党をひっくり返した。私が機会ある度に、5・16軍事革命が4・19学生革命の延長であると強調する理由は、ここにある」[16]。

このように、朴正熙はクーデターを引き起こした大義名分として、李承晩政権から蓄積された不正腐敗と独裁、それを引き継いだ民主党政権の旧態依然とした政治手法と無能さ、不正腐敗と派閥闘争などを一掃することであった、と主張した。

しかし、実際には軍内部の問題がより大きかった。この問題は朝鮮戦争後の軍の肥大化にともなう派閥闘争と、高級将校の不正腐敗、不合理な進級（階級昇進）制度にともなう下級将校らの不満の蓄積などであった。特に、李承晩政権での軍内部の人事はひどかった。李承晩は軍の首脳である参謀総長職を少数の人に限定して再任、再々任させる人事政策を維持した。その理由は比較的に忠誠心が高い若い将軍を登用させることで、軍部を掌握しようとする狙いがあった。また、新しい人よりは慣れ親しんだ将軍を何度も再任させるのが安全だと考えたからだった。建軍初期は20代の将軍や30代の参謀総長、軍司令官がいた。さらに、韓国軍は朝鮮戦争前の10万人が、戦争が終わった直後の1954年には65万人に急膨張した。その結果､休戦までは早く進級する人が多かったが、朝鮮戦争が終わると一級昇進するのに7、8年もかかるようになった。例えば、軍事クーデターの主力になった韓国陸士8期生は1949年5月に終了し、記録的に1,300余人が少尉に任官したグループであった[17]。任官した同期生のうち半分は朝鮮戦争中に犠牲となったが、戦争が終わると彼らのほとんどが少領（少佐）に進級していた。任官後の4年間で3階級の進級だった。しかし、8年後に軍事クーデターを起こした時の彼らの階級は大多数が中領（中佐）であった。8年かけてやっと1階級の進級しかできなかった。階級社会である軍隊で昇進が停滞したのは一番深刻な問題であった。

もう一つ軍事クーデターの直接的な原因と動機として挙げられるのは、「整軍運動」の失敗である。1960年5月初め、陸軍本部情報参謀部の金鐘泌など8人の韓国陸士8期生が、陸軍参謀総長に提出する整軍建議書の連判状を準備中であったが、その情報が漏れ特務隊（防諜隊）の捜査を受けるようになった。しかし、暫定政府による陸海空参謀総長の更送のために関係者は訓戒という軽い処分となった。その後も彼らは止められず、国防部長官や民主党の幹部級国会議員との面会をはかり、整軍の重要性を説明したが、すべて失敗に終わった。さらに、同年５月下旬、合同参謀本部議長の招請で来韓した米国国防総省軍事援助局長パーマ大将は、離韓前に合同参謀本部議長との共同声明を発表したが、そのなかに内政干渉とも思われる表現があった。金鐘泌と韓国陸士８期生の15人は、合同参謀本部議長を訪問して共同声明の内容について抗議した。この行動が「下克上」と決め付けられ、軍法会議で金鐘泌ら３名は予備役編入になってしまった。彼らはこの事件を契機に整軍の要求よりも一歩踏み込んだ軍事革命を考えるようになったのである。さらに金鐘泌は朴正熙とは姻戚関係（妻は朴正熙の姪）であり、朴正熙が一番信頼する人物であったので、この韓国陸士８期生グループは朴正熙を指導者として仰ぐようになっていく[18)]。

実際、金鐘泌を中心とするこの韓国陸士８期生グループがクーデターを主導した。彼らは軍司令部、軍団司令部、師団司令部の参謀部署の同期生を説得して、積極的にも消極的にも革命に協力する態勢を整えた。特に、第１軍司令部や各軍団司令部でのクーデター鎮圧の動きをクーデターの指揮本部に通報したので、指揮本部は必要な対策を講じることができたのであった[19)]。

このように、５・16軍事クーデターは朴正熙がいう「革命」ではなく、ただ軍部の不満から生じた軍反乱であった。クーデターを成功させた「軍事革命委員会」は６か条の「革命公約」のなかで、このクーデターの課題が達成されれば政治家に政権を委譲し、軍事本来の任務に復帰するという約束をしたが、その約束を破り、政治舞台の前面に躍り出たのもその一つの証拠であると考える。

2　朴正熙の政治理念と維新体制

⑴　朴正熙の「革命観」

５・16軍事クーデターによって４・19革命後成立した民主党政権は崩壊し、軍事政権が樹立された。このクーデターは朴正熙が長い間抱いていた「革命精神」が一気に表出したものであった。その精神とは軍国主義のイデオロギーが内面化したものであった。彼は自分の著書『国家・民族・私』のなかで、韓国のような単一国家、単一民族社会の発展のための革命として、フランスの民権革命、中国の国民革命（孫文革命）、日本の明治維新、トルコのケマル・パシャ革命、エジプトのナセル革命、英国の産業革命を挙げていた。特に中国の辛亥革命、日本の明治維新、トルコのケマル・パシャ革命、エジプトのナセル革命の四つの革命について長文で述べていた[20]。ここで興味深いのは、孫文、ケマル、ナセルは、それぞれの国の国父と称される人物であることである。朴正熙も「中国の国父・孫文」、「ケマル・パシャ！彼はトルコの国父である」と評しており、ナセルに対しては「国民投票率99％のうち支持率98.8％という勝利を収め、革命委員会が公薦した大統領には99.9％という支持を得て正式に大統領となった」[21]と高く評価している。朴正熙自身も軍事クーデターで韓国の国父になりたかったのではないかと解釈される。

この四つの革命の共通点は「革命軍」という軍人（武士）によるものであったことである。朴正熙はトルコのケマル・パシャ革命とエジプトのナセル革命は、軍事クーデターで始まった第三世界革命の中で国家と民族のための成功した革命だと評価していた。中国の辛亥革命においては、「武昌事件を契機に革命に成功した革命軍は、政府軍との交渉により南京政府を樹立した」[22]と評した。明治維新についても「維新の功が大きい薩摩・長州・土佐の藩主たちが一線から退き、政治の実権は下級武士出身の木戸孝允、西郷隆盛などの中堅クラスに握られた」[23]と述べた。5・16軍事クーデターの勢力の中では朴正熙より先輩も多く、韓国陸士5期生と8期生などの後輩も多かったが、実権をにぎったのは朴正熙であった。この点においても明治維新と5・16軍事クーデターは共通するところが多い。それは朴正熙が長年間抱いていた革命のモデルが明治維新であったからである。朴正熙は明治維新について次のように評価した。日本は「明治維新という革命過程を経てから、10年ほどで一躍極東の強国として登場したではないか。実に、アジアの驚異であり奇蹟であるといわざるをえない」[24]と。朴正熙とクーデターを緊密に計画していた韓国陸士8期生の李錫采は自身の回想録の中で、クーデターの前から明治維新について研究していたと述べていた。彼は「私たちが日本の武士のように軍事革命により国家の近代化を図るならば、この革命は間違いなく成功すると固く信じていた」[25]と語った。これは朴正熙とともに当時クーデターに参加する多くの仲間たちの考えであったと思う。李錫采は、自分よりも「朴将軍は明治維新の本質を驚くほど明確に理解していた」と回顧した。

このように、朴正熙の「革命観」には日本の明治維新が大きく影響していた。彼は無名の若者たちが国の近代化を推し進めた「明治維新の志士を見習いたい」と称賛し[26]、「日本の明治革命の場合は、今後われわれの革命遂行に多くの参考となることは否めないので、私はこの方面に今後も関心を持ちつづける」[27]と言った。すなわち「韓国の近代化」のモデルを明治維新に設定するという考えである。そこには明治維新により日本帝国主義が成立し、それが朝鮮の植民地化につながったという歴史理解は存在しない。ただ単に明治維新による成功談だけが大きくとらえられているのである。これは結局、師範学校や軍官学校、日本陸士などで学んだ教育、体験などが、クーデターを成功させ、政権を掌握した後にも朴正熙の世界観に大きな影響を与えていたことを示すものだと考えられる。

(2)　維新体制

1972年10月17日に朴正熙大統領は、非常戒厳令を布告して国会を解散し、政党の政治活動を停止させた。10月27日には、非常国務会議において「祖国の平和統一を志向する新憲法」、いわゆる「維新憲法」を公布した。維新憲法に対する国民投票は11月21日に実施された。この投票は有権者の91.1%が参加し、そのうち92%が賛成投票するという空前の賛成率となった。これは韓国国民が、困難な祖国の平和的統一作業を進めるためには、大統領中心制に立った強力な指導体制が必要であることを進んで認めた結果であった[28]。

しかし、それは国民の想像を超える結果となった。この憲法の骨子は、「統一主体国民会議」という新たな主権受任機構を設立し、その代議員選挙によって大統領を選ぼうとする大統領間接選挙への改憲であった。また、大統領の再任制限を廃止し、大統領が国会と司法部を統制することができるようにして、大統領の権限を無制限に保障したものであった。朴正熙は1972年11月23日に新憲法に関する談話を発表し、次のように述べた。「憲法改正は、維新の課題を推進するための、制度的な道をひらいたのに過ぎないので、維新課業は今からが出発であります。（中略）われわれは、このたびの絶対的支持と固い団結を足場として、祖国の光栄ある新しい歴史を創造していくための、力強い前進をつづけるべきであります」[29]。

新憲法に基づき、12月15日に第１期「統一主体国民会議」の代議員選挙が実施され、2,359人の代議員が選ばれた。そして12月23日にソウルの奨忠体育館に集まった代議員会議において単独出馬した朴正熙は、2,359人の代議員のなかで2,357人の支持を得て第８代の大統領に当選し、維新体制を発足させた[30]。

これで、彼は以前から夢見ていたエジプトのナセルのような「99.9％という支持を得た韓国の国父」になったと言える。また、維新体制は「維新憲法」により独裁を制度的に支えることになり、朴正熙個人の永久執権が可能となったのである。

朴正熙は軍事クーデター直後から「韓国的民主主義の定着」を強調していた。1963年の大統領選挙の際に朴正熙は、この「韓国的民主主義」について次のように述べた。「解放以来、西欧的民主主義の衣裳を着用してみたが袖の長さも、背丈もわれわれの体にはふさわしくないものだから、これを体に合うように改良して着こなそうということである」[31]。すなわち、彼がいう「韓国的民主主義」とは韓国の実情に合う制度と体制を完備した民主主義であり、それを定着、発展させうる政治制度の改革が「維新体制」であったということである。

彼が構想していた「韓国的民主主義」を代弁する文章が当時「韓国弘報協会」が発行した『朴正熙大統領：その人とビジョン』に収録されている。そこには次のように述べられている。現在の冷戦体制下では、南北統一を効果的に推進するのは期待できず、韓国社会では「自由民主の美名のもとに、浪費とぜいたく、退廃と不健全、それに利己主義と無秩序が横行し、国力は分散して、一朝有事のさいに対処できる状態ではない」。そのために、「自由民主主義の守護と発展のためにも、われわれの文化的伝統、経済的実情、時代的要請に符合する、新しい制度・体制を模索」し、「われわれの実情にかなった制度と体制を完備した民主主義を、すなわち、韓国的民主主義を定着、発展させうる、政治制度の改革を断行することになったのである」[32]。

この「韓国的民主主義」は1972年1月から始まった「セマウル運動」（新しい村作り運動）の進行過程において定着していった。「セマウル運動」は「勤勉・自助・協働」のスローガンのもとに意識改革と農民の生活の革新、環境の改善、所得の増大を通し、都市にくらべて生活水準の低い農村を近代化させようとする目的で、全国規模で展開された政府主導の農村振興運動であった。この運動は1970年4月20日の全国地方長官会議で朴正熙が提唱して同年5月6日、セマウル運動推進法案が作られ、本格的に展開された。セマウル運動の成果としては、河川の整備・橋梁建設・水利施設の拡充・農地拡張などによる食糧自給基盤の整備、農漁村の電化、農家所得増大などが挙げられる。この成果は維新体制を支えるテコの一つとなった[33]。当時大統領特別補佐官であった朴振煥は「韓国的民主主義」とセマウル運動について以下のように述べた。

> セマウル運動は「村づくりの」運動であると同時に「人づくり」運動であり、「国づくり」につながっている（中略）。過去27年間、韓国における個人的自由の伸長と西欧的民主主義制度の導入は精力的になされた。それは「お国のため」というよりも「自分のため」という考え方に大きな発展があったからともいえよう。「自分のため」になすことが、同時に「お国のため」になる結果をもたらすためには、永い民主主義的訓練を必要とする。韓国の農民たちはセマウル事業を通じて自己のためになすことがお国のためにもなる民主主義を実証している（中略）。セマウル事業により農民たちは、自分らに必要な民主主義を自分たちの生活を通じて経験するに至った。このような意味からセマウル運動は、韓国における民主主義の土着化につながるものだといえる[34]。

以上のように、朴正熙は「韓国的民主主義」という美名のもとで維新体制を掲げ、永久執権者になろうとした。維新体制で朴正熙は、緊急措置権と国家解散権、定数の３分の１に該当する国会議員および裁判官の任命権などをもつようになり、事実上一人独裁と永久執権が可能となったのである。特に緊急措置権は、たんなる行政命令によるだけでも国民の自由と権利に無制限の制約を加えることができる超憲法的な権限であった。緊急措置権の発動を要する非常事態が発生したかどうかは、すべて大統領の判断によるものであったため、それは事実上、反維新勢力に対する弾圧の道具として悪用された。特に代表的なものが1975年５月に宣布された「緊急措置第９号」であった。これは維新憲法を否定・反対・歪曲または誹謗したり、その改正・廃棄を主張や請願したりする行為を禁じることであった。その違反者は令状なしで逮捕された。1970年代の緊急措置違反者総数は1,370人であり、そのうち拘束されたのが1,050人であった[35)]。この措置は1979年10月に朴正熙が暗殺される直後まで続いていた。

3　ポストコロニアル政策の展開

(1)　教育思想の統制

朴正熙による軍事クーデター以後、1980年代までの軍事政権下での韓国教育は、国家主義的な教育理念によって主導されたものであった。この時期では個人的価値より、「祖国の近代化と民族中興」という国家中心的価値が強調され、教育は国家発展と経済発展の手段とされていた。そのような背景から1968年12月５日に「国民教育憲章」が発表された。この憲章は、1990年代半ばまで韓国教育の指標として「民族的ナショナリズム」を強要し、韓国の教育理念を支配した。憲章の全文は以下の通りである[36)]。

> われわれは民族中興の歴史的使命を担い、この地に生まれた。祖先の輝く魂を今日に蘇えらせ、内には自主独立の姿勢を確立し、外には人類の共栄に貢献しなければならない。ここに我々の進むべき道を明らかにし、教育の指標とする。

> 誠実な心と健全な体で学問と技術を学び、生来の素質を啓発し、われわれのあるところを躍進の踏み台として、創造の力と開拓の精神を養う。公益と秩序を優先させ、能率と実質を尊び敬愛と信義に根ざした相互扶助の伝統を受け継ぎ、明朗にして温かい協同精神を振作する。われらの創意と協力を土台にして国が発展し、国の隆盛が自己発展の根本であることを悟り、自由と権利に伴う責任と義務を果たし、進んで国家建設に参与し奉仕する国民精神を昂揚させる。
>
> 反共民主精神に透徹した愛国愛族（民族）こそ我々の生きる道であり、自由世界の理想を実現する基盤である。永く子孫にのこす光栄ある統一祖国の明日を展望し、信念と矜持ある勤勉な国民として、民族の英知を集め、たゆまざる努力によって新しい歴史を創造しよう。
>
> 1968年12月5日　大統領　朴正熙

大統領宣布という形で発表されたこの憲章は、当時の韓国教育の国家主義的性格をよく表すものであった。これは韓国の教育目標として朴正熙が強調した「祖国の近代化と民族中興への貢献」を土台にした「国家主義的、民族主義的、反共主義的」である「民族主体性のある教育」、いわゆる「国籍のある教育」の表明であった。

「国籍のある教育」の主張は当時の国内外の政治情勢と深い関係があった。1969年7月に「ニクソン・ドクトリン」が発表され、ベトナムからの米軍の撤退が進められた。韓国においても駐韓米軍の2万人が撤収する問題が発生し、韓国の「自主国防」の必要性がより強く表明された。また、1968年の北朝鮮武装ゲリラの大統領官邸（青瓦台）襲撃未遂事件や大韓航空機のハイジャック事件などは北朝鮮の脅威を実際に感じさせるものであった。一方、戦後無批判的に受け入れたアメリカ式の民主主義に対する反省と批判とが教育界から出てきたのも、一つの要因であった。そのため、国史教育が強調された（後述）。1960年代には朝鮮時代や考古学などの分野から研究が盛んになり、1969年以降からは大学において歴史学科から国史学科が分離独立させられ、歴史学会からも1967年に韓国史研究会が分離独立した[37]。

このような情況の中で朴正熙政権は、国民精神教育を強化させるための「国籍のある教育」を推進するようになった。「国籍のある教育」が公式的に発表されたのは、1972年３月24日の文教部（現、教育部）主催で開かれた「全国教育者大会」であった。朴正熙大統領はこの大会で現在､韓国社会においては「国籍のある教育」が必要であると強調した。それ以降、「国籍のある教育」は国民教育憲章が志向する「祖国の発展と民族中興」という教育理念を確立するために、すべての教育における指標となった。また、「セマウル運動」や維新体制を支える教育活動事業として連携されるようになった。すなわち、「国籍のある教育」は国民教育憲章とセマウル運動教育を統合して安保的な維新教育に定着させる当局の狙いがあったのである。

当時の文教部は1974～1975年の教育方針の第一を「国籍のある教育」の拡大であると表明した。教育政策を短期間・効率的に伝達するために、1970年２月に設立した文教部所属の「中央教育行政研修院」を1974年３月27日に「中央教育研究院」に改編して運営するようになった[38]。

「国籍のある教育」が発表されると、当時の言論と教育界から多くの支持を受けた。同年３月25日の『東亜日報』は社説で朴大統領の指示通り、「我が教育は国籍不明ではなく、民族の正当性と国家の自主性を守った自主自立志向」の教育でなければならないと主張した。『朝鮮日報』も同日社説で、「国籍のある教育」を「教育者たちが各学校や地域社会において理論と実践を通じて拡大させなければならない」と主張した。また、教育現場からも支持があった。全羅南道教育委員会の学務局長であるイ・デロは「我が教育において国家と時代が要請する維新の課題を遂行するのに積極的に貢献できる新たな韓国人を養成する『国籍のある教育』が強化されるのは当然なことである」と主張した。また「国籍のある教育」を教育基本目標とし、それを構造的に理解するために次のようなことを提起した。理念は国民教育憲章、目標は新たな韓国人育成、内容は「国籍のある教育」（民族の伝統性尊重）、方法は維新体制。これを実現させるためには①民族の主体意識の昂揚、②維新教育体制の確立、③セマウル教育の推進、④保健・体育教育の強化、⑤科学技術教育の振興、などを推進することを主張した[39]。全羅南道の谷城三岐国民学校（小学校）教頭であるイム・ヨンソンは「我国の教育は一言でいえば自主性を失った模倣の教育であった」と批判し、それをのりこえるために「国籍のある教育」を強化させ、10月維新の旗の下で新たな韓国人像を形成していかなければならない、と主張し、そのために学校の教師の重要性を説いた[40]。

しかし、「国籍のある教育」に対して反対する教育者も多かった。例えば、1978年６月27日に全南大学の宋基淑教授ら11人は国民教育憲章を批判する「われらの教育指標」という共同声明を発表した。彼らはこの声明書で国民教育憲章を「(今日韓国教育の）失敗を集約した手本である」と批判し、「日本帝国時代の教育勅語を連想させる」と述べた。また、「反共民主精神に透徹した愛国愛族」教育についても激しく批判した。これらの教育は「全体主義と復古主義の道具となる危険があり」、「功利主義と権力への順応を助長」する恐れがあると批判した[41]。

宋基淑教授ら11人は「緊急措置９号」の違反として拘束・解雇された。これに抗議した学生30余人も除籍・停学とされた。延世大学の成来運教授も同様の罪で拘束された。これを「全南大教育指標事件」という。この事件は、2013年４月29日に光州地方裁判所で再審が行われ、宋基淑・成来運教授ら８人に無罪判決が下され、幕を閉じた。事件後35年も経ってからの名誉回復であった[42]。

このように、朴正熙維新政権は反対者を強圧的な方法で抑圧しながら「国籍のある教育」を推進しようとした。その方法は日本が「皇民化政策」を朝鮮に実施しようとした植民地政策に読みかえ得るほどであった。当時の教育は「われらの教育指標」声明書で指摘された通り、日本が1930年代から朝鮮植民地と満洲国で行った「国体イデオロギーの教育」と似ているところが多かった。特に「国民教育憲章」と1890年10月に宣布された「教育ニ関スル勅語（教育勅語)」[43]は、すべての教育においての指標となって、国民（臣民）に語りかける形式をとりながら、「忠孝教育」を強化したこと。また、教育全般の規範とした「国家に献身する国民づくり」という点からも、よく似ていた。「教育勅語」

精神をもって1930年代に行った教育は、「公益と奉仕」を揚げて、「忠義心あつく善良な国民」になることであり、「全国民が心を一つにして」「祖先が残した良い風習（徳の国）」を守っていかねばならないとしていた。この目的は、かなり抽象的・観念的なものであったが、具体的には、①教育勅語の「趣旨」を徹底させ皇室崇拝、国家への忠誠心を醸成する、②「忠義」「孝行」「正義心」「奉仕」などの道徳心を養い、③「祖先礼拝」をもって「忠孝教育」を強化することであった。これらの目標は毎週月曜日に行われた「愛国朝会」のプログラム内容に組み込まれ、具体的には教育勅語の朗読、宮城遥拝、訓話などが行われた[44)]。一方、戦後韓国においても毎週月曜日に「愛国朝会」が開かれ、国民教育憲章の朗読と「国民体操」、訓話などが行われた。1970年代の韓国教育は、「国民教育憲章」が示したように、すべての子どもは生まれながら「民族中興の歴史的使命」という重責を担い、全国民は「公益と秩序」を掲げ、「国の隆盛が自分の発展の根本」であることを忘れてはいけないとするものであった。

このように、「教育勅語」と「国民教育憲章」はそれぞれの時期の「国体イデオロギー教育」の象徴であった。すなわち、1930年代の教育はアジア太平洋戦争の遂行の過程で「皇国臣民化」を強化するために行ったものであり、1970年代の「国籍のある教育」は民族中興と愛国愛族の精神を強化させ、国民統合を図ろうとしたものであった。教育勅語は日本の敗戦後の1948年6月に衆議院、参議院の決議によって廃止、失効確認された。他方、韓国の「国民教育憲章」は、1994年に文民政権になってから「軍事政権時代の残滓」とされて廃止された。

(2)　学校教育の統制

朴正熙政権は「国籍のある教育」という維新体制の有用性を最優先するナショナリズム教育をより強固なものにするため、教育の基本方向を示す「国民教育憲章」を制定し、その理念を具現化するために教育課程を全面的に改定した[45)]。当時の文教部は教育の基本目標は「『国民教育憲章』理念の生活化を通して教育の体制を確立し、国籍のある教育を強化して維新課業の遂行に貢献できる人材を育成すること」であると示した[46]。そのために改定において最も重要視されたのは道徳（国民倫理）教育と国史教育の強化や高校・大学での「教練」教育であった。また、教育委員会（委員会のトップ・教育監は大統領が任命）など教育行政機関の権力強化も図った。それで教育、特に学校教育は政治権力に従属させられてしまったのであった。

まず、道徳教育の改定である。韓国の道徳教育は1955年8月の「第1次教育課程（1955～1962年）」から公民、社会生活科、道義教育、反共・道徳の名称のもと総合教科あるいは教育課程領域の一形態として行われてきた。「道徳」（高校・大学では「国民倫理」）教育が独立教科として設定されたのは「第3次教育課程期（1973～1981年）」からであった。そこでは道徳を1学年から14学年まで必須とし、その上、「首位教科」と位置づけ、国民倫理教育、国民精神教育が強調された。すなわち、当時の維新体制の維持のための教育手段として「道徳」（「国民倫理」）教育が利用されていた。第4次教育課程（1982～1988年）においても内容的には朴正熙政権時代のものを受け継いだ形になっており、民族史的正当性と正しい国家観の確立、民主国民の生活論理の定立などを目標とする全斗煥政権の国民精神教育は、朴正熙政権下の国民教育憲章と維新憲法の理念を引き継ぎ、特に体制への順応と適応・民族中興の使命感・国民的連帯、反共の信念などの国家意識をより強調していた[47]。

第二に、「国史」教育の改定である。文教部は従来社会科の一領域（分野）あるいは科目であった国史を社会科とは別の独立教科にし、その授業時間を増やした。また、1974年からは国史教科書を国定化した。その前には中学校で11種33冊、高校で11種11冊の『国史』教科書が存在していたが、それを一本化したのである[48]。その理由を文教部は次のように述べた。①日帝侵略期に形成された歪曲された歴史観を清算し、②光復以後、韓国歴史学界で積み上げてきた研究業績を体系化し、③学生たちに客観的・一貫性ある国史教育を実施し、「国籍のある教育」を強力に支えるためである[49]。また、中学教育課程では「国史」科目は必修となり、大学入試や公務員試験の科目にも追加されるようになった。さらに、新しい国定教科書の内容は「主体的民族史観の正立」、「新たな韓国人の形成」、「韓国的民主主義の土着化」など文教部の教育方針を反映させると表明した。これは、国定歴史教科書を通して当時の「維新体制」を正当化しようとしたのであった。

それに対し、各界より批判の意見も出された。高麗大学教授・金貞培は「私は歴史を画一化するのに反対する。画一的な歴史はありえない。歴史研究の重要性は事件の単純な記述より正しい理解と解釈にあるからである」と批判した。当時の梨花女子高校教師・朴尚煥は「(高校教育において重要なことは) 学生たちの思考の幅をひろげ、融通性を育て上げることであるが、歴史的史実にたいする画一的な解釈が強要される国定教科書はこの点、大きな弱点になると思い」反対する、と述べた[50)]。

このように、多くの人々は国史教科書の国定化によって歴史事実が画一化されることをおそれていた。それは確かにその予想通り、国定国史教科書は「維新体制」と軍事政権の正統性を支えるイデオロギー教育の広報媒体になっていた。国定国史教科書では、「5・16軍事クーデター」は「革命」と表記され、「朴正熙などの軍人が事態の深刻性にかんがみて、国家を危機から救い、不正・腐敗・不安から国民を解放させ、民主国家を建設しようという旗の下で、5月革命を起こした」[51)]と記した。「国民教育憲章」と「セマウル運動」については次のように記された。「精神革命と国民意識を高揚させ、農漁村の近代化を達成させようという意図から1968年末に『国民教育憲章』を制定・公布し、1970年初頭からは『セマウル運動』を全国的に展開していった。国民教育憲章は、国民精神の指標を確立し、民族の歴史意識を高めようとして制定され、セマウル運動は農漁村に、勤勉・自助 (自己救済)・協同の国民意識の革命を達成するための汎国民自覚運動であった」[52)]。さらに、朴正熙が暗殺された後、新たな軍部クーデターによって発足した全斗煥政権 (第5共和国) については、「第5共和国が正義の社会を具現するために、あらゆる非能率・矛盾・非理を洗いだし、国民の真の幸福を願って、民主福祉国家建設を志向している限り、われわれの将来は輝かしいものになるだろう」と評した[53)]。

このように、国定国史教科書は軍事独裁の正当化と朴正熙の長期執権のために歪曲されていた。

第三に、高校・大学に「教練」という教科を新設して軍事訓練を行った。解放後、韓国では1948年８月６日の「兵役法第78条」により、全国中・高等学校で現役将校による教練教育が実施された。朝鮮戦争のさなかの1951年12月１日には、大統領令第577号「学生軍事訓練の実施令」により、学校教育で教練は新たに教科として設定された[54]。しかし、この時期の「教練」は正規科目ではなく、正規科目となったのは1969年頃であった。その背景には1968年に起こった北朝鮮武装ゲリラの大統領官邸（青瓦台）襲撃未遂事件があった。1968年１月21日に北朝鮮は青瓦台を襲撃するために武装ゲリラ31人を侵入させたが、韓国の軍・警察に発見され、29人は射殺、１人は北に逃亡、残り１人の金新朝は生け捕りにされ、後で韓国に帰順（亡命）した。この事件は「金新朝事件」とも言い、映画『シルミド』の背景になる。また、同年１月23日には米国海軍の情報収集船プエブロ号並びに韓国漁船の拿捕事件が発生し、同年12月には蔚山・三陟地区に北朝鮮の武装ゲリラが侵入して人民虐殺や略奪事件などを行っていた[55]。

これらの事件は韓国国民の軍事的な危機意識を高め、郷土予備軍の創設と学生軍事訓練を実施させる契機となった。1969年２月に文教部の教育課程改正令により、国家総力安全保障体制確立と予備戦力化を目的として「教練」が高校と大学の正規科目として採択され、同年３月１日から全国の高等学校と大学で教練教育が実施されるようになった。高等学校は週２時間（年間68時間）、大学は週２時間（年間60時間）の教練教育を義務化した[56]。

文教部は教練教育の目標を次のように述べた。「教練教育の目標は国防の重要性を認識させ、透徹した国家観を確立し、愛国愛族の精神を強化すること」[57]。すなわち、戦争を経験しながった戦後世代の学生に、軍事訓練を通して国家観の確立と安全保障意識を鼓吹して国家総力戦体制を強化するためであった。そのため、大学の場合、必修の教養科目として反共理論教育を中心に校内軍事教育と兵役集団体操教育などが実施された。高校の場合は普通教科の必修科目として、毎週木曜日には教練朝会が行われ、男子高校生は教練授業がある日は「教練服」を着用し、銃剣術や各個戦闘訓練を受けた。女子学生は1970年から制式訓練と救急医療法・看護法などを週2時間履修せねばならなかった。教練科目を担当したのは、予備役の将校であった[58)]。

さらに、大学軍事教育では、1976年に板門店での衝突事件が起こると、大学1年生の男子学生を対象に学生中央軍事学校で10日間の兵営集体訓練が行われた。1981年からは大学2年生の男子を対象に軍事境界線にある軍部隊で、5泊6日の「前方入所訓練」が実施された[59)]。大学で一般軍事訓練および兵営集団的訓練、「前方入所訓練」を終えた学生には、兵役義務期間が45日～3か月間短縮される特典が与えられた。しかし、このような軍事政権による教練強化政策に対して反対する声も多かった。1971年4月から大学生たちが教練撤廃闘争を展開し、約2万人の大学生たちが大規模集会を開くと、朴正熙政権は「教練拒否学生は全員徴集する」という声明を発表した[60)]。また、兵営集団的訓練、「前方入所訓練」を受けない学生は必修教養科目である軍事訓練の単位を得られず、卒業ができないようにした。そのため、86年までの各大学では教練撤廃闘争と「前方入所拒否運動」が繰り広げられていた。1986年4月28日にはソウル大学学生・金世鎮と李載虎が「前方入所」を拒否して焼身自殺をはかり死亡した[61)]。1987年6月の民主化宣言により、1988年から「前方入所訓練」は必修から選択となり、大学生の教練教育も次第に廃止された。高校の教練教育も1993年第6回教育課程から銃剣術や各個戦闘訓練が中断となり、1997年の第7回の教育課程では必修科目から選択科目となり、事実上廃止となった。

このように、教練教育は、当時軍事政権が南北分断の現実を社会的不安感として利用して「学校の兵営化」を図ろうとし、体制維持の手段として活用していたため、次第にその正当性を失われ廃止されたのである。この韓国軍事政権期における教練は日本の影響を強くうけていたものであった。

日本での軍事教練は森有礼（文部大臣）によって1886年から諸学校に兵式体操として導入され、体操科の一部として実施されていたが[62)]、1925年4月に「陸軍現役将校配属令」が公布され、中学校以上の諸学校に現役将校が軍事教官として配属され、軍事訓練を行うようになった。1925年末までの配属将校は1,000

人を越えた。その後、軍事教練は正課となり、教練授業では学生の思想対策を兼ねて、各個教練・部隊教練・射撃・指揮法・軍事講話・戦史などが行われた。また、この教練の検定に合格すれば、軍隊に徴集された場合の在営期間が通常の２年から１年に短縮され、予備役将校となる幹部候補生の資格が与えられた。さらに、1926年には全国に青年訓練所が設置され、義務教育を終えた青少年を対象として軍事教練が行われ、この軍事教練を受けた者も在営期間が１年半に短縮された[63]。

このように学校教育において教練が実施されるようになったが、その背景には、第一次大戦後の加藤高明内閣の軍縮政策があった。1924年に加藤高明内閣は、与党、護憲三派の統一案として６個師団の削減、在営期間の短縮、軍部大臣武官制の廃止という合意を成立させた。また、この軍縮要求に応えるかたちで1925年に陸相･宇垣一成によって４個師団削減を内容とする軍縮が行われた。この軍縮に対して日本軍内部から大きな抵抗があったのは言うまでもない。しかし、宇垣はその抵抗勢力に対して「飴と鞭」を使い陸軍の主導権を握ることになった。宇垣の反対勢力に対する「飴の対応策」として考えたのは、常設師団を削減するかわりに、戦時動員を考慮して各学校において教練教育を行うことであった。これは戦時の動員に備えて多くの予備役将校を育成するためだけでなく、師団削減によってポストを減らされた現役将校の失業救済のためでもあったのである[64]。以後、軍事教練は学校教育で大きな地位を占め、軍国主義教育の中心となった。

このように、軍事教練は戦時動員に備えた措置であった。しかし、教練を通して国民の間に軍に対する理解を広め、国防知識を普及させようというねらいもあった。当時の総力戦にあたっては軍だけでなく国民全体が国防を担わねばならないとする「国防の国民化」の一環でもあったのである。それは韓国も同様に、国家総力安全保障体制確立と予備戦力化、国家総力戦体制を完備、「学校の兵営化」などが進められた。

おわりに

1979年10月26日に開かれた政府首脳晩餐会において、朴正煕は中央情報部長・金載圭によって射殺された。12月６日には、崔圭夏国務総理が統一主体国民会議代議員会で第10代大統領に当選した。こうして朴正煕時代は18年で終わりを告げた。そして、韓国民衆は維新体制と軍事統治が終わり、民主化の時代を迎えると期待をかけていた。韓国では、冬の時代が去り、春の時代が訪れたということで、これを「ソウルの春」と呼んだ。しかし、新大統領誕生のわずか６日後の12月12日、国軍保安司令官・全斗煥少将と第９師団長・盧泰愚少将を中心とした軍事クーデターが勃発した（12・12事態）。いわゆる全斗煥を中心とした「ハナ会」の新軍部勢力の登場であった。「ハナ会」は慶尚道出身の韓国陸軍士官学校出身者たちにより朴政権時代から軍内で結成された私的組織であり、朴正煕の死亡後、権力を掌握するようになった。この「ハナ会」のメンバーを粛清して軍部の政治的影響力の制度的・人的清算を果たしたのが、1993年に32年ぶりに文民政権を実現させた金泳三大統領であった。金泳三は金大中元大統領と共に生涯を「韓国の民主化」のために捧げた人であった。

このように、韓国の民主化は、「文民政治の実現」すなわち、1961年の軍事クーデター以来、国を動かしていた軍部勢力を政治から排除することであった。それは金泳三「文民政権」の誕生によって実現された。しかし、そこで韓国は真の「民主主義国家」になったのか。民主主義の制度はかなり定着したと言えるが、朝鮮半島の安全保障などの理由から表現や思想の自由に制約が残されている。その一例として現在韓国で起きている「歴史教科書」の問題がある。

韓国政府は2015年11月３日に中学校・高校の歴史教科書を国定化することを表明した。これまで韓国は日本と同様に検定制であったが、朴槿恵政権はこれを廃止し、政府が定める中高の歴史教科書を国定版に一本化する方針を示した。同年11月10日の閣議で朴槿恵大統領は「正しい歴史を学ぶことができなければ、魂に異常を来しかねない。これを考えると本当に恐ろしいことだ」と述べ、歴史教科書の国定化の必要性を強調した。それに野党や市民が猛反発し、2015年11月14日には約10万人規模の反対デモが行なわれた。国定教科書問題については、「権力が唯一の歴史観だけを国民に押しつける」といった批判や、「民衆を弾圧した軍事独裁政権を美化する画一的教育になる」と反発する声が多い。

そもそも韓国の歴史教科書が初めて国定教科書になったのは先述したように1974年の朴正熙政権期であった。当時は維新体制の時代であり、教育においては「国籍のある教育」が実施されていた時期であった。その「国籍のある教育」の一環として「国史」の教育が強調され、「民族主義史観に基づく植民地史観の克服と民族的自負心の矜持」が重んじられた。また、「学校の兵営化」をつくり、軍事政権を美化する教育が行われた。そのため、今回の国定化問題は朴正熙元大統領をめぐり、娘の朴槿恵大統領が「父親の名誉を回復」し、「父親の独裁を正当化しようとしている」のだという批判さえある。

さらに、今韓国では旧日本軍の慰安婦問題について朴裕河の著書『帝国の慰安婦』が問題視されている。同書には、慰安婦を「日本軍に強制連行されたと証言している人は少数である」とか、「朝鮮人慰安婦と日本軍兵士との関係は『同志的関係』だった」[65]という表現などがあり、韓国検察はこれを「虚偽の事実」にあると断じて著者を名誉毀損の罪で在宅起訴した。また、すでに同書は2015年2月に裁判所から出版差し止めの仮処分を受けていた。これに対して各層各界から「言論・出版の自由、学問・表現の自由が侵されつつあるのを憂慮」するとの抗議声明が発表された。確かに、学者の主張の是非や史実の正否を司法当局などの公権力が決めることは問題である。そのために世界の世論から「韓国の民主主義」が問われているのである。

以上のように、現在韓国では歴史教科書の国定化を含む、歴史解釈を国家権力が独占しようとする動きがあり、これは朴槿恵大統領が父親を美化しようとするものだという見方が根強い。韓国民主主義の根幹が揺れているのである。韓国では1990年代に入って文民が大統領になり、軍事独裁は終わった。理念的な障壁も越えた東アジア地域の多者間地域協力体に韓国が参加したのも、冷戦体制解体以後の1990年代になってからである。しかし、長年韓国社会に定着してきた軍事独裁の毒素は社会のいたるところに残っている。この軍事独裁の毒素は社会間の意思疎通や国家間の相互理解のための対話を断絶させる要因となっており、この毒素を除去し、韓国社会を支配してきた国家主義と軍国主義を一日も早く清算することが、日韓関係の改善および「アジア共同体」創成の近道になると考える。

1）坂本和一「『アジア太平洋（Asia Pacific）』コンセプトの有効性」（『立命館経済学』第55号第2号、立命館大学経済学会、2006年、127頁）。
2）普通学校は、植民地時代に朝鮮人を対象とした初等教育機関である。朝鮮総督府は1911年に第1次朝鮮教育令を公布し、公立普通学校の普及計画を実施した。1面1校の普通学校増設計画が完了したのは1936年頃であった。1938年の第3次朝鮮教育令により普通学校は小学校に改組され、さらに1941年には国民学校令の制定により国民学校となった。
3）この自伝は1970年4月26日に彼が書いたものである。朴正熙「私の少年時代」（『月刊朝鮮』1984年6月号、95頁。
4）趙甲済著（永守良孝訳）『朴正熙:韓国近代革命家の実像』亜紀書房、1991年、23頁、28-29頁。
5）同上書、30-34頁。
6）当時、教師らは軍隊式に頭を坊主刈りにするようになっていたが、朴は長髪のままであった。それが視察に来た視学に見つかり指摘された。1年1度のこの視察の評価によって校長の人事考課も決定されるので、校長は大変憤激し、彼を自分の部屋に呼び出して叱責した。ムカッとした朴はその場で校長を殴り、辞表を書いて投げつけた。同上書、46-48頁。
7）魯渟圭著『韓国史⑧朴正熙大統領』韓国企業経営研究院、2013年、22-25頁。
8）満洲軍官学校の教官の中では「2・26事件」の皇道派青年将校で処刑を免れ、満洲に追放された人もいた。代表的な人物が菅野弘であった。彼は朴正熙が所属していた第2連の指揮者であった。朴正熙は彼に格別な指導を受けたという。李俊植「朴正熙の植民地体験と朴正熙時代の起源」（『歴史批評』89号、2009年冬、歴史批評社）。
9）李俊植、同上論文。
10）「朴正熙大統領年譜・関連年表」（林建彦著『朴正熙の時代―韓国「上からの革命」の十八年』悠思社、1991年、274-276頁。
11）柳東説は日本陸軍士官学校の15期卒業生であったが、その後、大韓帝国軍の大隊長などを歴任し、新民会事件の際に中国に亡命して上海臨時政府の軍事部参謀総長となり、のちに韓国光復軍参謀総長となった。
12）金在洪著『朴正熙遺伝子』図書出版蓋馬高原、2012年、27-28頁。
13）鶏林は新羅の古都慶州の異称である。「鶏林会」出身の歴代参謀総長5人は、李應俊（第1代、陸士26期）、蔡秉徳（第2代・第4代、陸士49期）、申泰英（第3代、陸士26期、李鐘賛（第6代、陸士49期）、李亨根（第9代、陸士56期）である。大韓民国陸軍公式サイト「歴代参謀総長」http://www.army.mil.kr（アクセス2015年10月29日）。参謀総長に関しての資料は以下同様。

14)　金在洪著、前掲書、30-31頁。

15)　韓国史事典編纂会・金容権編著『朝鮮韓国近現代事典』第2版、日本評論社、2006年、236頁。学兵組の歴代参謀総長の6人は、崔栄喜（第12代、専修大学法学部卒）、張都暎（第14代、東洋大学卒）、金鐘五（第15代、中央大学卒）、閔機植（第16代、満州建国大学卒）、金容培（第17代、京城法学専門学校卒）、金桂元（第18代、延禧専門学校卒）であった。

16)　朴正熙著『朴正熙選集②国家・民族・私』鹿島研究所出版会、1970年、63頁。

17)　金在洪著、前掲書、32-33頁。金潤根著『韓国現代史の原点―朴正熙軍事政権の誕生』彩流社、1996年、30-31頁を参照。

18)　金潤根著、同上書、31頁。

19)　同上書、32頁。

20)「革命に成功した各民族の再建類型」（朴正熙著『朴正熙選集②国家・民族・私』、鹿島研究所出版会、1970年、145-180頁）を参照。

21)　同上書、179頁。

22)　同上書、150頁。

23)　同上書、157頁。

24)　同上書、153頁。

25)　李錫采著『閣下、我ら革命しましょう』ソゾクポ、1995年、66-67頁。

26)　朴正熙は特に中心人物の一人である西郷隆盛を尊敬し、西郷が語った「子孫のために美田を残さず」という言葉を好んで使っていたという。

27)　前掲書、『朴正熙選集②国家・民族・私』、157-158頁。

28)　林建彦著、前掲書、119-121頁。

29)「1972年11月23日、維新憲法の確定に際して発表された談話」（アジア公論別冊特集『朴正熙大統領―その人とビジョン』、韓国弘報協会、1973年、207頁）。

30)　韓国史事典編纂会・金容権編著、前掲書、488-490頁。

31)　アジア公論別冊特集、前掲書、46頁。

32)　孫榮信「1970年代の韓国」（同上書、25-26頁）。

33)　韓国史事典編纂会・金容権編著、前掲書、459頁。

34)　朴振煥「朴大統領とセマウル運動」（アジア公論別冊特集、前掲書、85頁）。

35)　金在明「維新体制の支える緊急措置の濫発」（『月刊中央』1991年9月）。ソン・ヒョンミン「朴正熙政権の禁止曲をめぐる監視と処罰」（『文化科学』通巻73号、文化科学社、2013年、275頁）。

36)「新しい歴史の創造」（朴正熙著『朴正熙選集③主要演説集』鹿島研究所出版会、

1970年、102頁)。

37) Jeong, Mee-Ryang「Research for the composition of teacher's image in the "National Identity Education" in 1970s and historicity」(『教育史学研究』24（2）、2014年12月、163-164頁)。

38) シン・ソンホ「1970年代『国籍のある教育』の実現過程―教員研修と教育雑誌の分析を中心に」、ソウル市立大学修士論文、2010年、46頁。

39) イ・デロ（全羅南道教育委員会・学務局長）「国籍のある教育で国民教育憲章の理念を生活化する」(『教育全南』15、全羅南道教育委員会、1973年3月、21-29頁)。

40) イム・ヨンソン（全羅南道の谷城三岐国民学校・教頭）「国籍のある教育推進のための教師像と児童像の正立」(『教育全南』18、全羅南道教育委員会、1973年12月、109-113頁)。

41) 全南大学校教授一同「我らの教育指標」、1978年6月27日（「HISTORIA」の韓国史史料14　http://historia.tistory.com（2015年11月23日閲覧)。

42) 「あまりにも遅かった無罪判決」(『朝鮮日報』& Chosun.com）http://news.chosun.com/（2015年11月28日閲覧）

43) 「教育勅語」の全文は、『官報』第2203号、1890年10月31日を参照されたい。

44) 佐々木光郎「昭和戦前期における少年教護院の『朝会』」(静岡英和学院大学・静岡英和学院大学短期大学部編『紀要』第8号、2010年、176頁）参照。

45) 1969年には臨時部分の改定を行い、1973年に全面改定を行った。教育課程の一般目標は「国家主義・集団主義のイデオロギー」徳目を総動員したものであった。

46) 前掲、イ・デロ（全羅南道教育委員会・学務局長）の論文。

47) 「首位教科」の威力は、例えば入学試験で同点者が出た場合、道徳の点数が高いほうをとるという大変強力なものであった。李和貞「韓国の小学校『道徳科教育課程』に関する一考察」(『日本道徳性心理学研究』、日本道徳性心理学研究会、2000年4月、32-44頁。田中光晴「韓国の教育改革の動向と道徳教育への影響―1990年代を中心に」(『九州教育学会研究紀要』34、九州教育学会、2006年、209-216頁）を参照。

48) 「世界史」は社会科に残ったままであった。

49) 「国史教科書国定に―検定制廃止国籍のある教育強化」(『京郷新聞』1973年 6月23日)。「中高『国史』教科書国定に」(『東亜日報』1973年6月23日）を参照。

50) 金貞培「多様性に離れ、少数著者の独断憂慮」、朴尚煥「教科書中心の暗記教育の弊害招来」(「国史教科書国定に対する各界意見」、『東亜日報』1973年6月25日)。

51) 高等学校教科書『国史』、国史編纂委員会（井上秀雄・鄭早苗の訳)『全訳　世界の歴史教科書シリーズ31　韓国』帝国書院、1983年、236頁)。

52) 同上、高等学校教科書『国史』、238頁。

53) 同上、高等学校教科書『国史』、240頁。

54) 金自永「高等学校教練教科による共産主義批判の教育実施に関する調査研究」、全北大学校修士論文、1988年、12頁。

55) 民主化運動記念事業会研究所編『韓国民主化運動史 1　第 1 共和国から第 3 共和国まで』ドルビョケ、2012年、541-542頁。尹載善著『韓国の軍隊：徴兵制は社会に何をもたらしているか』中央公論新社、2004年、112-113頁を参照。

56) 民主化運動記念事業会研究所編、同上書、544-546頁。

57) これは、1974年12月31日に制定・公布した「文教部令第350号」によるものである。

58) 曺喜昖著（李泳采監訳・牧野波訳）『朴正煕　動員された近代化―韓国、開発動員体制の二重性』彩流社、2013年、286頁。民主化運動記念事業会研究所編、前掲書544-546頁を参照。

59) 1976年 8 月18日に板門店で北朝鮮人民軍とアメリカ軍および韓国軍兵士との衝突事件が発生した。非武装地帯内の共同警備区域内のポプラの木を切ろうとした国連軍を成す 1 国であるアメリカ陸軍工兵隊に対して北朝鮮人民軍が攻撃を行い、 2 名のアメリカ陸軍士官を殺害し、数名の韓国軍兵士を負傷させた。韓国では「 8 . 18斧（おの）蛮行事件」とも呼ばれる。尹載善著『韓国の軍隊―徴兵制は社会に何をもたらしているか』中央公論新社、2004年、110-112頁。

60) 曺喜昖著、前掲書、286頁。民主化運動記念事業会研究所編、前掲書、550-559頁を参照。

61) 「金世鎭･李載虎焚身（焼身）自殺事件」、韓国史事典編纂会･金容権編著、前掲書、605-606頁。

62) 奥野武志著『兵式体操成立史の研究』早稲田大学出版部、2013年、 2 頁。

63) 戸部良一『日本の近代（ 9 ）　逆説の軍隊』中央公論新社、1998年、232頁。

64) 同上書、232頁。

65) 朴裕河著『帝国の慰安婦―植民地支配と記憶の闘い』朝日新聞出版、2014年、31頁、83頁。

第11章

中国改革開放初期の政策形成過程における日本人顧問

李　廷　江

はじめに

本章は、1979年前後の改革開放初期、中華人民共和国史上初めて招聘された日本人顧問を取り上げ、改革開放初期の政策形成過程における彼らの役割とその意味を明らかにしようとするものである[1)]。

エズラ・ヴォーゲルは、その鄧小平伝において、鄧小平の対日政策と改革開放政策との関連性に言及している[2)]。また、2014年に再版された『谷牧回顧録』は、改革開放初期の政策形成過程に日本人専門家が直接的、間接的に関わっており、その政策形成に日本要因はきわめて重要な影響を及ぼしていた事実を指摘している[3)]。

谷牧は改革開放の初期、国務院副総理として対外開放と経済改革を担当し、鄧小平の深い信頼を得ていた。彼は、改革開放政策が打ち出された1978年から1988年頃に至る約10年の間、ずっと鄧小平を補佐する特別な立場にあっただけでなく、対外開放・経済改革の政策形成過程において指導的な役割を果たしていた。また、改革開放の初期10年の間、日中政府間関係、特に経済交流については、谷牧が総責任者として担当していたため、官民を問わず日中間の重要な案件にはほとんど関わっていた。しかし、残念ながら、谷牧と日本との関係については、これまで多少触れられることはあっても、本格的な実証的研究はなされてこなかった。再版された『谷牧回顧録』は、中国政府が正式に日本人の経済専門家を国務院顧問として招聘したことに初めて触れ、また彼ら日本人顧問が実際に改革開放の実施にあたり政策提言を行い、その政策形成に関与していた経緯を具体的に記録しているのである。

1　背 景

中国政府の外国人顧問招聘の決断は1978年に始まる改革開放の初期の状況と関連している。すなわち、その背景として、1978年前後に全国に広まった大規模な海外視察ブームがあったことを指摘すべきであろう。

1978年2月16日、国家計画委員会は中共中央政治局に「幹部の海外視察を計画的に組織すべきである」と提案した。中国指導部は、中国の経済や科学技術の遅れを改めるには､積極的に海外の先進的なものをすべて学ぶべきだと認め、この意見書を強く支持した。その後、全国各地、各分野にわたって、史上まれに見る一大海外視察ブームが生まれた。当時の国務院香港マカオ弁公室の統計によると、1978年1月から11月末までの間、香港を経て出国した海外視察者と香港視察者の数は、延べ529回、3,213人に達している。このうち香港の視察は112回、824人であった[4]。これらの視察団のうち、中央政府の代表団は三チームがあり、一つは、谷牧の委嘱で国家計画委員会と対外経済貿易合作部が組織した香港マカオ経済視察団で、もう一つは、李一氓と于光遠が率いたルーマニア・ユーゴスラビア観察団、三つ目は、谷牧自らが率いた西欧五か国視察団であった。

海外の視察は人々の認識の変化をもたらした。当時の新聞、雑誌に掲載された海外訪問の紀行文から、長く続いた鎖国状態を経て、中国人がはじめて目を開き外部世界を見た時の衝撃を知ることができる｡視察団員の大多数にとって、それは初めての外国訪問であり、海外に出ることによって、自国の現況と資本主義先進国の現実の間の強烈なギャップを感じ、中国の立ち遅れと問題点を切々と認識し、対外開放の必要性と緊迫性を一層固めたのである。

日本視察は、その海外視察のなかでも極めて異色の存在であった。1978年10月、鄧小平が訪日から帰国した翌日に、鄧小平に近い中共の理論家として知られる鄧力群は、国家計画委員会副主任袁宝華を団長とする中国訪日代表団の顧問として一か月間、日本を訪問した[5]。鄧力群は帰国後、翌年2月に中国社会科学院の幹部集会において、こう発言した。「1978年10月から11月までの１か月、日本を訪問し、現地視察を行い、日本経済の急速な発展と我が国経済の現状を比較し、深い感慨を覚えた。まとめて言えば、我が国は1958年以来、経済の客観的な法則に反し、さらに文化大革命中に林彪･「四人組」の破壊があったため、経済の発展が20年も遅れたのだ」[6]。彼はさらに、「資本主義社会には腐敗したものもあるが、彼らの先進的経験は学ぶべきである」、「日本は確かに少なからざる面で、我々よりも進んでいる」と強調した[7]。

海外視察団の帰国報告のなかでも、日本視察のものが一番内容が多いと言われる。その理由の一つは、日本の経験の特殊性である。日本は香港、マカオ、シンガポールを除き、視察対象となった先進国・地域で唯一のアジアの国であり、日本の成功の体験が中国に与えた衝撃は、最も大きかった。日本は敗戦の打撃を乗り越えて経済を再建し、この20年間に素晴らしい高度成長を成し遂げた。日本ができることは我々もできる、と人々は感じたのだった。特に日本の成功の経験は、欧米資本主義モデルそのものではなく日本化された実例であったので、日本についての所感や情報は、中国政府の指導層や政策決定層の目を引き、共感を呼んだ[8]。1980年に谷牧の率いた中国経済代表団が日本を訪問した際にも、日本及び日本の友人と接触し、交流するなかで、日本が経験した問題、「例えば、エネルギー、教育、人材育成、技術移転と研究、企業間の競争等多くの問題は、まさに中国が急いで解決の道を探るべき差し迫った問題であり、日本の経験は中国にとって直接の参考価値がある」、と深く感じられたのであった[9]。

日本視察団員の顔ぶれは、他の国への視察団と比べて異色であった。例えば、有名な中共理論家の鄧力群もいれば、重要な中央の政策決定に参与する経済政策責任者である谷牧や著名な経済専門家の馬洪もいた。同時に、中央と地方の経済分野の業務に長く従事してきた各階層の幹部として、国家計画委員会副主任の袁宝華や地方経済行政の責任者である林乎加等もいた。そのため、訪日代表団は帰国後、直ちに内容の濃い視察報告をしあげ、中央指導部に提出し、日本への関心を高めた。また、彼らが中央政府部内で行った訪日帰国報告は、広く学界や社会の日本に対する関心と探究心を強く刺激した[10)]。例えば、袁宝華の訪日代表団に参加した鄧力群、馬洪、孫尚清、呉家駿による『訪日帰国後の思考』や馬洪の「日本工業企業管理視察報告」は、最も典型的な例である[11)]。重要なのは、著名なマルクス主義理論家や社会主義経済学者が日本視察を通じて理論的突破と革新をなしとげ、中国社会の思想面での解放に計り知れない役割を果たしたことである。

中国指導部が日本について一定の理解をもっていたのは、長い国交のない時期においても中国政府が日本の民間人や経済界との往来を保っていた結果であり、このため多少なりとも日本に対する知識があったのである。袁宝華は「英仏訪問から帰国後、華国鋒、李先念に報告したところ、非常に重視して頂き、李先念から、更に日本に行って見てくると良い、日本の競争はもっと激しいと言われた。そこで私は経済代表団を率いて日本を訪問した。李先念が提案したからである」と回想する[12)]。李先念は文化大革命時期から長く中央政府経済部門の責任者であり、日本との付き合いも多かったので、日本経済への視察と調査を指示したのは不思議ではない。このほか、鄧小平は日中平和友好条約締結批准書の交換式に参加するために訪日する前に、谷牧と共に中国政府の高級経済代表団の日本訪問を決定した。これにより、1978年10月31日に訪日代表団が出発したが、それは鄧小平が帰国した翌日であった。この件からも、当時の中国指導部がいかに日本を重視していたかを垣間見ることができよう。

中国の訪日代表団が大きな収穫を収めることができた原因には、このほか、日本政府と企業側の全面的な協力もある。例えば、国務院副総理余秋里が率いる視察団は、1980年４月２日から16日まで日本を訪れ、日本の経済発展の経験を全面的に視察することを目的とした。訪日期間中、余秋里一行は日本の政財界関係者と意見を交わし、各分野にわたる十数社の視察を行った。日本側の対応はきわめて懇切丁寧であり、外務省は十数名の官僚と経済専門家（大来佐武郎元外相を含む）を招集し、戦後日本の経済発展の歴史と経験を詳しく紹介し、さらに詳しい資料まで提供した。この他、鄧力群等の訪日帰国後の講話が多彩豊富な内容で幅広い反響を呼んだ理由も、その日本訪問が大いに視野を広げ、見聞を広げたことと無関係ではなかった[13]。

1978年から1979年の間、改革開放の歴史的な転換期にあたって、多くの中国指導者が海外を訪れ、欧米先進国を中心に行った視察は、彼らの思想、意識や観念を改める重要な契機となった。彼らは、欧米と日本から改革開放に役立つ思想的資源を意識的に摂取したのである。このような意識の変化と知識の蓄積の過程のなかで、改革開放の方向と内容を考える上で利用可能な外来の資源のうち、日本の要素が極めて重要な水源や鉱脈となったのはもちろんである。このように、中国の改革開放政策の決定者にとって、日本の経験とその意義は際だっており、日本の要素の重要性は中国首脳層の共通認識となっていた[14]。

中国政府と指導部の日本への関心が高まるにつれ､日本人の専門家を招聘し、海外の頭脳を借りようという考えが出てきた。そのため、谷牧が日本の著名な経済学者大来佐武郎等を中国政府の顧問として招聘することを提案すると、直ぐに鄧小平の賛同と支持を受けることができた。こうして、清末民初時期に中国で活躍していた「日本人顧問」は70余年の歳月を経て、再び中国政府の高級幕僚となったのである。

2　中華人民共和国史上最初の日本人顧問とその役割

⑴　招聘の決定

鄧小平と谷牧の、外国人専門家を中国政府の顧問に招聘しようという提案と決定は、事実上、前述した海外視察の続編であり、その目的は思想を解放し、中国の経済発展の新しい道を切り開くことにあった。

谷牧は、中国は万事改革、再建を待つ状況であり、海外への理解は不十分で、国際経済の仕組みはなおのこと研究されていないので、どのように世界の政治経済の流れを把握し、外国の経済発展の知識と経験を学ぶかは極めて重要だと考えた[15]。谷牧が招聘した最初の外国人顧問は４人おり、そのうち３人が日本人で、大来佐武郎（おおきたさぶろう）（日本経済研究センター会長、大平正芳内閣で外務大臣）、向坂正男（さきさかまさお）（日本総合開発研究機構理事長）[16]、小林実（日本興業銀行調査次長）であった[17]。大来と向坂の二人は、経済企画庁総合計画局長の経歴を持ち、戦後日本の経済復興に携わった著名な経済専門家であり、新日鉄会長で日中経済協会会長も務めた稲山嘉寛の推薦によるものであった。残りのグトフスキー（Armin Gutowski）は、ドイツ連邦共和国（西ドイツ）最高顧問5人の一人であった。実際には彼は国務院で一度演説をしたのみで、谷牧にとっては日本人顧問がより重要であった[18]。大来らが出した中国経済に関する見解と提案は、当時の中国政府が重大な決断をする際に大きな役割を果たしたのである。

日本人顧問の招聘もまた、当時の日中関係を物語る証である。谷牧の元秘書で、中日経済知識交流会の初期の参加者の一人であった李灝の記録によれば、日本人顧問の招聘については、最初、1978年12月24日に谷牧が上海錦江飯店で日中経済協会会長稲山嘉寛と話した時に出たという。稲山は中国の改革と発展に関心を持ち、帰国後に一人か二人の経済専門家を選び、谷牧副総理の客として訪中させてもよいと述べた。谷牧は「専門家を派遣して下さることを歓迎します。対外的には我々は秘密を守り、普通のビジネス交渉の名目で来ていただきますが、実際には私の私的賓客として接待します。一年に一度か二度でもかまいません。まずやってみましょう」と言った。こうして、稲山は帰国後に大来らを推薦し、訪中させた[19]。

当時の国際慣例に従い、中国側は顧問料を支払った。大来は一日6万円、向坂は同5万円、小林は同4万円で、職務は中国滞在中に中国の経済発展を理解し、日本の経済発展を紹介し、助言を行うことである[20]。なかでも非常に重要で、格別の効果を発揮したのは、中国国務院の指導部と経済専門家に対して行った彼らの講義であった。

現存の資料によると、1979年から1980年まで、谷牧が招聘した大来佐武郎、向坂正男、小林実の日本人顧問三人は、中国政府の関連部門で三回にわたって相当の規模の講義と質疑応答、交流を行った[21]。第一回は1979年1月26日から31日、大来佐武郎、向坂正男、小林実が講義。第二回は同年10月12日から26日、大来佐武郎、向坂正男、小林実が講義。第三回は1980年4月中旬、下河辺淳、向坂正男、小林実が講義。1979年11月、大来は大平内閣の外務大臣に就任し、外国政府の顧問は続けられなくなったため、大来の推薦と中国政府の承認により、著名な経済学者の下河辺淳（日本総合開発研究機構理事長）に交代した。

⑵　主な活動

次に、これら日本人顧問の訪中活動の主な内容と反響について簡単に紹介しよう。

第一回訪中（1979年１月26日～30日）

谷牧が招請した日本人顧問３人は、春節前の１月26日金曜に北京に着き、同日、谷牧の接見を得た。翌27日（旧暦大晦日）土曜、谷牧は国務院の主要部門責任者を集め、釣魚台国賓館で座談会を開いた。翌28日日曜は中国の春節であったので、市内観光や休息を取り入れた。三日目の29日月曜にも座談会を開催、四日目30日火曜の午前中にも座談会を開催した。

三日間の講義と交流会において、大来一行はまず日本経済の急速な発展の歴史と経験を紹介し、その後中国の経済発展のために、資金調達方法や投資の方向と順序について具体的な助言を行った。

講義のテーマは、大きく分けて三つである。一日目（27日）は、「日本経済はなぜ急速に発展できたか」であり、その中には、⑴日本は経済発展の資金をどのように解決したか、⑵中国経済の発展に対する見方（①発展資金の不足。②中国の資源は短期的に豊富で、長期的に見ればそうでもない。③鶏を多く買い、卵は少なく買うべき）を含む。二日目（29日）は、⑵中国経済建設に対する幾つかの具体的助言（機械製造業と設備を使用する工業の改善、鋼鉄の生産指標を過大に設定すべきでない、輸出増加に努力すべきこと、中国の実際の状況に基づき技術導入を行うべきこと、適切な消費コントロール）について。次に、⑵「中国建設資金問題について」に関し、大来は日本経済研究センターの中国問題研究チームが提案した、中国の建設資金問題を解決する五つの可能な方法を紹介した。第一の方案は、今後８年間に2,364億米ドルの投資資金が不足すると推定した。第二は、投資効率を高めること。そうすれば必要な資金は十分で、余るほどである。第三は、工業内部の消費率を引き下げること。そうすれば資金不足を解決でき、余裕を持てる。第四は、工業の成長率を10%から7％に引き下げ、資金不足を緩和すること。当時はなお206億ドルが不足していた。第五は、農業の成長率を4％から2％に下げること。ただし、なお資金は1,974億ドル不足する。彼らは、投資効率を高め、工業の内部消費を抑えることが比較的良い方法だが、そのためには、中国は経営管理の改善に努めなければならない、と考えた。三日目（30日午前）は、「我が国の投資の方向と順序についての提言」であり、(1)中国の特徴から始めるべきこと、(2)国内市場、国際市場のニーズを深く調査すべきこと、(3)どの工業を発展させるにせよ、厳格な責任制が必須、を内容とした。

『谷牧回顧録』はこう記す。「1979年1月の春節の間、大来佐武郎、向坂正男と彼らの助手小林実が中国に招かれて来訪した。私は釣魚台国賓館で座談会を開き、司会を担当した。大来と向坂はいくつかの経済発展モデルとそのメリットとデメリットを説明し、エネルギーとインフラ建設の資金調達方法と経験を紹介した」[22]。

また、大来はこう記す。

農業、工業、科学技術、国防の四つの分野における、いわゆる“四つの近代化”政策を打ち出し、野心的な十年計画を立案していた。それで、高度成長を実現し、短期間に世界第二の工業国に発展した日本の経験について話を聞きたいというのが中国側の要望であった。

中国は一月二十八日が旧暦の正月で、つづく三日間は休日であったが、谷牧副総理以下、国務院、社会科学院の経済計画や政策企画立案にあたる幹部が、休日を返上して連日出席した。

中国の計画についても意見が求められた。たまたま日本経済研究センターで関口末夫氏が中心となって取りまとめた「日中経済関係の研究」ができ上がったところだったので、それを参考にしつつ、当方の意見を述べておいた。我々の意見がその後の中国の調整政策にかなりの影響を与えたことをあとから聞いた[23]。

筆者の研究によれば、「我々の意見はその後の中国の政策調整に大きな影響を与えた」という大来佐武郎の言葉は事実である。大来らの講義内容はきわめて参考になるもので、整理後、直ちに中国政府最高指導者に報告され、採用され、さらにすぐに新聞、雑誌に掲載されたものもある。

例えば、中国の経済建設は調整の必要があり、鉄鋼の生産指標は上げすぎず、輸出に努め、海外の技術を導入し、消費を適切にコントロールすべきだという提言は、直ぐに鄧小平と李先念の賛同を得た。1979年2月19日、李先念は、日本の経済専門家座談会の報告書に指示を記し、彼らの意見を『参考消息』に掲載するよう指示した[24]。鄧小平も鋼鉄の生産量引き下げを何回も指示し、「鋼鉄は6,000万トンも作らない。そうすれば、緊急に必要な電気、石油、石炭などのエネルギー産業と運輸［関連］工業に取り組む余裕ができる」と述べた[25]。

3月14日、李先念は陳雲と連名で中国共産党中央に8項目による提案を送り、そこでも鉄鋼生産量の問題に触れ、「鉄鋼の指標は確かなものでなければならない。鉄鋼の発展方向は生産量だけでなく、質をより重視しなければならない。我が国の必要な各種鋼材間のバランスについて重点的に調整するべきである」、と指示した[26]。

4月15日、鄧小平は米国籍華人でノーベル賞受賞者の李政道夫妻に会見した際、改めてこう指摘した。「第五期全国人民代表大会で鋼鉄は6,000万トンと決定したが、いま考えるに4,500万トンでよく、質の向上に重点を置く。効果の現れが速い工業、軽工業やエネルギー等その他の方面に重点を移さなければならない」[27]。

以上が、大来一行の中国の経済建設に対する具体的な提言と中国首脳の反応である。谷牧は、日本人顧問の中国での講義を高く評価し、「これは改革開放が始まってから、外国上層部の人が我が国の経済部門の責任者に対して行った初の経済講義であり、我が国の政府官僚の思想解放を進める役割を果たした」と回想している[28]。

第二回訪中（1979年10月12～26日）

日本人顧問の二回目の中国訪問に際しては、十分な準備がなされ、中国側は現地視察を手配し、さらなる情報や提言ができるようにした。日程は、北京から上海、杭州への全16日間で、このうち半分近くは見学に、残り半分余りが交流座談会に使われ、また学術報告会が一度行われた。北京では第二工作機械工場、計量器・刃物製造工場を見学し、上海では異形鋼管工場、宝山製鋼所、自動車製造工場、新光肌着工場、大型トラック製造工場など、数か所の工場を見学した。当時、大来と向坂はともに65歳で、向坂は体調も良くなく、二人とも日本国内で多くの職務を兼ねていたが、多忙にもかかわらず長期の訪中視察の時間を作り、また現地視察中は中国側の質問に丁寧に答えた。大きな責任感と中国への友好と理解がなければ、到底できないことであったろう。二回目の訪中では、下記のように中国経済発展における様々な問題が論じられた。

14日（日）大来から「中国は国内の経済循環を主とし、計画的な国際分業と結合する経済モデルを創造すべきについて報告」。午後、向坂による「中国の機械工業発展についての見解」の報告。

15日（月）向坂、小林による「外資導入と償還能力のバランスについて」の報告。午後、向坂による「中国の機械工業発展についての見解」、大来による「中国の外資利用についての見解」の報告。

20日（土）大来報告「経済機構と総合バランスについて」と。

21日（日）大来報告「中国の外貨増加についての見解」、「中国産業機構についての提案」、「人民元はどのような為替類型を採るべきか」と。

22日（月）大来報告「北京、上海の工場見学所感」と。午後、向坂報告「日本企業の固定資産の取得、使用状況の紹介」と。

23日（火）学術交流会。大来による「経済開発と国際関係」報告。向坂による「経済発展における機械工業の役割」報告。小林による「中国の経済建設と資金の有効利用について」の報告。

24日（水）午後、座談会。向坂報告「中国の工作機械工業の発展について」

と。向坂、小林による「中国自動車工業の発展のためには大量生産体制の実現を要す」の報告。

25日（木）午前､座談会。向坂報告「中国の計画経済発展計画への提言」と、小林報告「消費財工業の発展方向について」と。

26日（金）日本に帰国[29]。

この第二回訪中の間、彼らの報告や提案に中国側がどう反応したかについては、具体的な資料はない。しかし、20回近い講義と座談会テーマから判断して、彼らは当時、中国が経済調整期に直面していた諸問題について、日本の実際の体験と結びつけて一連の重要な講義を行っていたことは明らかである。講義では、日本のやり方と経験を紹介し、外資の利用、産業構造と経済体制、企業の固定資産、蓄積率、自動車工業の発展、機械工業の発展、消費財工業の発展などについて、具体的な見解と助言を提示した。この二回目の訪中は、期間が最も長く、扱ったテーマも最も多いので、中国側への影響も大きかったと考えられる。

第三回訪中（1980年４月中旬）

第三回は、大来佐武郎に代わって下河辺淳が訪中団を率い、向坂と小林も同行し、随行者を含め計６人であった。これ以前、下河辺は1979年末に単独で中国を訪問し、中国の経済建設部門に助言をしたことがあった。第三回の訪中と中国政府への提言は、下河辺、向坂、小林の三人が共同で提出した「中国経済発展に対する幾つかの見解」に集約される。このほか、23日に開催した学術交流会で向坂が「エネルギーの有効利用を語る」、小林が「80年代の世界経済と中国経済建設」について報告を行っている。

彼らは、中国の経済発展に関わる10の課題について見解と提案を示した。

㈠　80年代世界経済の発展傾向と中国経済の発展速度の問題。

㈡　経済発展計画の編制に関する問題。

㈢　都市と農村、工業と農業の協調に関する問題。

㈣　エネルギー開発に関する問題。

㈤　食糧基地の開放、食糧の輸入から輸出へ。

㈥　繊維製品の発展と輸出拡大。

㈦　旅行とサービス業の発展と強化。

㈧　中国は機械工業をどのように発展させるか。

㈨　経済発展における金融機構の役割。

㈩　中国経済建設への四つのアドバイス[30)]。

いずれも、当時の中国にとっては、最も重要な課題であった。その詳細については、稿を改めて述べることとしたい。

⑶　日本人顧問の影響と評価

1980年５月20日午前、鄧小平は胡喬木、姚依林、鄧力群と長期計画の編制の問題について話し、具体的に日本の経済学者の意見に言及した。

日本の学者は中国の長期計画の編制について見解を提示したが、その中心は二つである。第一点は、この数年間はスピードを追求せず、力を集中して基礎を築くこと。これはエネルギー、交通運輸、公共施設、現在の借金を含む。また教育も含む。高等教育を発展させる必要があり、小学校教育は段階的に普及すべきだ。これらの基礎を築かなければ、急いでも進めない。第二点は、中国では、石炭も石油も価格が低すぎるため、人々が石炭や石油を使う際に節約の観念が薄いということだ。したがって、石炭や石油の価格を引き上げ、国民の節約意識を定着させなければならず、それが事実上エネルギーを大切にする政策となる。彼らはまた、中国は主に水力発電所を建設するべきだと提案する。水力発電の建設はサイクルが長いが、石炭を使わず、コストは低く利益が大きい。日本の学者たちのこの二つの見解はなかなかよいので、長期計画を編制する際、考慮すべきである[31)]。

鄧小平は、1980年7月17日から20日までの武漢滞在中に胡耀邦、趙紫陽、姚依林らの報告を聴取し、第六次五カ年計画と長期計画の基本構想を制定する時に、海外からの技術導入の話となった際、「技術導入については日本の経験に学び、技術を導入して自ら作るべきだ」と語った。また、機械生産及びブランドの創出などについて、大来らの助言があったことにも言及している[32]。

実際、谷牧が経済指導担当の副総理だった時期、日本人顧問の影響力はきわめて大きかった。二つの事例を挙げよう。一つは「特区」という考え方について。長らく日中経済知識交流会の秘書長をつとめた張雲方は、谷牧の特区設立のアイデアは大来から啓発を得たと記す。「1979年1月末、大来佐武郎と向坂正男の二人が北京で谷牧とともに会議に参加した。大来は、タイの経済特区設立の経験や、日本の江戸時代、鎖国の時に長崎の出島だけオーストリア（ママ）との貿易が許されていたことを紹介した」。この出島の話が、中国が経済特区と経済開発区を設立する際に大きなヒントを与えたのである[33]。二つ目は、谷牧が特区貨幣の問題を、発行の可否を含めて取り上げた際、大来から断固反対の意見が出されたことがその取りやめに大きく働いたという[34]。

中国政府が日本人顧問を正式に招聘したのは、中国共産党史上の初めてのことであり、また中華人民共和国においても初の出来事である。もちろん、谷牧が外国人を招聘できたのは、鄧小平の意向を受けた結果である[35]。1983年7月8日、鄧小平は国務院副総理万里等との談話で、こう述べた。「外国の智力を使おう。外国人を招き、我々の重点建設及び各分野の建設に参加してもらおう」。「この問題では我々の認識も自覚も不十分であり、現代化建設を行うためには経験と知識に欠ける。外国人招聘の費用を惜しんではならない。長期でも短期でもよく、一つのテーマについて来てもらってもよい。中国に招いたら、彼らに力を発揮させることだ。これまで我々は、宴会と遠慮ばかりが多く、他人に教えを請う、他人に助けてもらうことが少なかった。だが、彼らは我々の仕事を助けたいと願っているのだ。」[36]大来らの訪中期間の報告と提言は、すぐに中央各階層の指導者に報告され、鄧小平も非常に関心を持った。後に鄧小平が中国の経済発展計画について行った一連の談話から見ると、彼はいつも日本人専門家の助言を真剣に参考にしており、日本人顧問が中国の経済政策について出した意見や助言に賛成だと何度も述べていた。

1979年末に大平首相が訪中した時、大来は外相として同行した。晩餐会の時、鄧小平は大来と大平の間に座り、笑顔で大平首相に向かって「大来は中国政府の政策をアドバイスする顧問だったのに、大平さんが外務大臣にしてしまった。ひとつ大来さんに日本国外務大臣と中国政府の顧問を兼務してもらえないだろうか」と話した。大平も笑って「それは良い考えでしょう。結構ですな！」と答えた。もちろん、そんなことができないことは両人とも承知のうえのことであった[37]。

もう一つの出来事も、鄧小平がいかに日本の経験を重視していたかを証明する。長年、鄧小平の日本語通訳を務めた王効賢によれば、「鄧小平は訪米途中の飛行機で、突然、大平首相に電報で、アメリカから帰国する際に東京を訪れ、友人に挨拶したいと伝えた」[38]。これらは些細なことだが、当時の鄧小平にとって、日本を知り、日本と友好関係を築くことが、中国の改革開放推進にとって急務であると認識していたことを物語っている。

2014年に『谷牧回顧録』が再版される以前、中国側は公式には日本人顧問について言及することはなかった。1981年刊行の『日本朋友対我国経済工作的看法和建議〔わが国経済に対する日本の友人の見解と助言〕』では、大来、向坂、小林と下河辺淳について中国国務院指導者の賓客だと表現され、マスコミに対しては中国国務院指導者の招聘と表現されている。もちろん、当時は、この三名の日本人の客について副総理谷牧の賓客という表現の意味を理解できる者はほとんどいなかったであろう。当時の中国政治、社会の雰囲気、慣習から言えば、谷牧が各方面に配慮して、日本人顧問を雇用したことを公式に報道しなかったのも自然なことであろう。

その後、日本人顧問の見解と助言と1980年前後に訪中した日本の経済専門家、学者等の文章は、前記の『日本朋友対我国経済工作的看法和建議』（中国社会科学出版社、1981年、計200頁）にまとめられた。同書には、大来、向坂、小林と下河辺淳の三回の訪中における計24篇の講義、意見書が全て収められている。同書の編者は、「彼ら三名は日中経済協会会長稲山嘉寛の推薦により、我が国国務院首脳の客人として1979年1月26日に中国を訪問した。26日午後、我が国の国務院指導者は彼らと会見し、歓迎の意を示すと同時に、彼らから戦後日本の急速な発展の経験、並びに我が国の経済建設について貴重な意見を伺った。これが、27日の座談会で語られた主な内容である」と紹介する[39)]。このように、中国改革開放に関する日本の思想資源は、少数の人の手を経由して、社会の公共財産に転化したのである。

おわりに

以上を総じて、改革開放初期の中国で日本人顧問が存在し、政策形成過程において一定の役割を果たすことができた理由は、当時、中国側が思想を解放し、四つの現代化を実現しようと努力していたことによるだけではない。それは、戦後数十年にわたり中国政府が日中民間交流を推進してきたこと、また日本側で日中の平和友好を掲げて政府と民間が力を合わせてきたことの必然の結果であり、さらに両国が歴史和解のコンセンサスを実現し、実践するべく努力してきたことの賜(たまもの)だったと言っても過言ではなかろう。

改革開放の初期、多くの人々は新しい思想を渇望し、新しい物事を知り、新たな世界の創造を目指そうとした。考えてみるに、日本から入ってきたものは成功の経験であれ、困難や挫折であれ、全てが膨大な思想資源として受け入れられた。日本を訪れた多くの人たちが帰国後に出した報告と意見は、もちろん中国指導者たちの関心を引きつけ、中国の経済学者たちの外部世界、日本への好奇心を喚起し、興味と好感を持たせたのだった。現地視察及び戦後日本経済の発展と日本の状況を紹介する大量の翻訳を通じて、人々は驚きの目をもって戦後日本を見たのである。

日本の経験は、中国の改革開放の設計者たちの憧れの的で、改革開放を推進、支持する重要な思想資源となり、中国の指導者及び社会科学者に思考の材料を提供して、新たな世界の構築を可能とした[40)]。日本に関する知識、思想や経験の大量かつ系統的な翻訳紹介とその普及は、すべて中国の改革開放に影響を与える理論となり初期の改革開放の政策と思想面で啓蒙的役割を発揮したのである。

特に留意すべきことは、近代中国で日本留学の最終目的は、日本の学術・文化を学ぶことではなく、日本を介して西洋の文化や歴史を学ぶことであったが、改革開放期の中国指導者や経済学者は、外国の経験を参考にしようとするなかでも、特に日本に注目し、日本の発展の過程を重視したことである。なぜなら、日本の成功物語は、西洋の理論をうまく運用し、戦後の経済発展の奇跡を成し遂げたものであり、さらに日本は同じアジアの国なので、中国にとって特に参考になると考えられたからだった。このことが、日本の情報と知識が、歴史と時空を超えて、改革開放のさまざまな分野に天地を覆う勢いで行き渡った原因であり、また大来を代表とする日本人顧問たちの毎回の講義記録が、直ちに鄧小平、李先念、陳雲をはじめとする中央指導者に届けられた理由でもある。

この時期の歴史を振り返り、谷牧はしみじみとこう語っている。「現在、知識の導入と言えば、人々は一般的に科学技術と普通の経済管理知識と人材導入を言うが、実は、国家指導者が外国人の知恵を借りるというのはより大きな知識の導入であり、これによって国はあまり回り道をしなくて済んだのだ」[41)]。

もちろん、日本の経験が中国改革開放の重要な思想資源となり得たのは、日本人顧問の役割に関連するが、それだけが決定的な要因ではない。重要なのは、その後中国で日本ブームが起き、特に日中首脳間の友好外交の進展につれて、日中間の蜜月が加熱したことに加え、一連の制度構築がなされ、戦争の傷を癒す意味をもつ多くの措置が実行されたことであり、それによって、大衆レベルでの歴史和解がすでに実現した、日中両国は「子々孫々、代々友好」を謳歌できる歴史上最高の時期に入ったと多くの人々が思うようになったことであった。

1980年前後の中国では、外国に関する情報の紹介・翻訳のなかで日本関係のものは最も多かった。それは、中国政府の政策決定者が日本を重視していたことと切り離せない。上層部の日本への思い入れは、1980年代のトップから草の根に至る日中友好交流の速さ、深さと広さをおし進めた。さらに、当時、中国社会が直面していたさまざまな問題も、日本の要因が大々的に中国に入る最高の土壌を創り出した。

そして、鄧小平の対日政策が、上述した変革の決定的な要因となったことも特筆すべきであろう。鄧小平は日本との関係に十分気を配り、日本との友好関係を生涯の大事業と見ていた[42]。彼は対日関係の発展を重視し、日中平和友好条約批准書交換式に出席して帰国した後、引き続き鄧穎超を団長とする訪日代表団を派遣し、1979年５月には廖承志を団長とし、栗裕を最高顧問とする600人の「日中友好の船」大型訪日代表団を派遣して、日中友好を再び最高潮に押し上げた[43]。

鄧小平と日本の関係を見るには、二つの観点が重要である。対日関係を考える際、鄧小平は大平首相との交流を大切にしていた。大平が世を去ると、彼は数回も心からの哀悼を伝え、偲んだ[44]。彼は伊東正義に対して「大平先生がこの世を去り、中国は良き友を一人失った。私個人も良き友人を失い、非常に残念に思う。彼は亡くなったが、中国人民は彼の名前を憶えている」と言った[45]。また、1988年、竹下登に対し、「首相の来訪を出発点とし、我々の間で田中、大平の時代に負けない新しい関係を創ることを希望する。田中、大平の時代に両国の関係が良好だったのは、両国の相互信頼によるものである。両国関係のいっそうの発展は、相互信頼の基礎の上に築かなければならない」[46]。鄧小平は、首脳間の相互信頼関係が日中関係の根本であると考えていた。改革開放初期の事実はこの点を充分に証明するものであった。

最後に『谷牧回顧録』に戻り、1980年代の日本と中国の「忘れられた10年の黄金時代」の当事者の思いを確認してみよう。

谷牧は言う。「1990年代初めソ連解体後、世界の構造が変化し、日中関係も日本政府の靖国神社参拝問題などで様々な曲折を経た。1980年代初頭の日中両国間の出来事を振り返ると、今も私は当時の両国の部長や大臣と民間人の努力を誇りに思う。この改革開放初期の外交遺産を大切にし、かつて中国現代化のために、智慧を絞り提言した日本の官僚と知識エリートを積極的に評価し、また、彼ら（彼らを後継する人々）との友好を真摯に継続していくべきである」。

『谷牧回顧録』には、改革開放時期の写真が国内28枚、海外14枚の計42枚ある。海外の写真では、フランスが6枚、シンガポールは1枚、デンマーク1枚。日本関連の写真6枚の中には、大来佐武郎などの友人との写真が2枚、日中政府閣僚会議の写真1枚、田中角栄元首相、大平正芳首相との会見写真がそれぞれ1枚ある。そしてもう1枚は2008年6月に、日本政府が「谷牧の日中関係の発展における多大なる貢献を表彰した旭日大綬章の授与」のため、家族代表が出席し、日本大使館で行われた授与式の写真である。回想録に収録された写真への心配りからも、日中関係における谷牧の人生の意義と重さを理解することができる。

1）「1992年4月6日，星期一，晴，上午，去人民大会堂送江沢民同志訪日。這是江沢民同志就任総書記以来，首次訪問西方経済発達国家，体現了対発展中日友好関係的高度重視。」『和平発展合作―李鵬外事日記』（下）新華出版社、2008年、599頁。
2）　エズラ・F・ヴォーゲル（杉本孝・益尾知佐子訳）『現代中国の父 鄧小平』日本経済新聞社、2013年。
3）『谷牧回憶録』北京、中央文献出版社、2014年。
4）「谷牧与1978-1988年的中国対外開放」『百年潮』2012年11月14日。
5）　1978年10月31日～12月5日、国家経済委員会副主任袁宝華が率いた23人の訪日代表団は日本の企業管理について視察を行った。副団長は徐良図（国家経済委員会副主任）、葉林（北京市革命委員会副主任）、鄧力群（中国社会科学院副院長）、秘書長は張彦寧（国家経済委員会委員）、団員には宋季文（軽工業部副部長）、張淮三（天津市革命委員会主任）、周壁（上海市革命委員会公共交通事務所主任）、劉昆（経済委員会局長）などがいた。このほか、中国社会科学院から馬洪（工業経済研究所所長）、孫尚青（経済研究所）、呉家俊（工業経済研究所）が参加した。
6）「訪日帰来談経済」『鄧力群文集』第1巻、北京、当代中国出版社、1998年、172頁。
7）　同上、187頁。
8）　鄧力群は、「ある人は、日本の経済もこの20年の間で発展してきたという。一理がある話だ」「日本は経済を成功させたが、我々も同様にでき、かつもっと速く成し遂げることができる」と発言した。「訪日帰来談経済」『鄧力群文集』第1巻、172、187-8頁。袁宝華は、「私が率いた代表団が訪日帰国後に華国鋒と国務院に報告した時に、李先念副総理が聞き入れてくれたように感じた。特に、「中国は大躍進時代の前に、日本経済との差はさほどではなかったが、その後その差はみるみる大きくなった。管理や新技術などの分野で、日本の経験をたくさん学ぶべきだ。日本はまずアメリカの経験を学び、自国の現状に合わせて消化し、自らの特徴とした」のところを興味深く聴いてくれた、と記す。

9）蕭冬連「中国改革開放初期対国外経験的系統考察和借鑒」『中共党史研究』2006年4期、26-27頁。

10）劉紅は呉家俊へのインタビューに基づき、当時、訪日代表団の帰国後、中国社会科学院で行われた講演の反響をこう記す。「社会科学院歴史研究所の小さな会議場で、鄧力群は帰国講演を数回行ったが、会場はいつも超満員だった。鄧力群は訪問の感想や、生産と消費、農業、軽・重工業、価値法則と計画性などについて語った。馬洪は「日本の資本家はどのように企業を管理するのか」を講演し、孫尚清は「日本の技術導入と企業の社員への経済的管理について」を話し、呉家俊は「日本の工業管理と企業管理」という題で講演した。1979年10月にこの四つの講演内容をまとめた書籍を発刊し、鄧力群の講演タイトルである「訪日帰来的思索」を書名にした。同書では、企業改革は最初、企業管理からスタートし、次に体制改革に手をつけることを強調した」。柳紅『八十年代、中国経済学人的光栄与夢想』広西師範大学出版社、2010年。

11）1979年3月12日、鄧力群は国家経済委員会企業管理研究班で講話をし、初めて社会主義経済は、商品経済の観点を取り入れるべきであり、「我々の言う商品経済とは、生産を含み、流通も含む。商品経済を発展するためには、商品の生産を発展させる必要があるが、商品の流通も同様に発展すべきだ」と発言した。「商品経済的規律和計劃」『経済研究参考資料』1979年118期。他の経済学者と同じく、彼の認識は変化した。資本主義の現実を自ら考察したことは、中国のさまざまな人々の認識に、計り知れない影響を与えた。

12）楊勝群・陳晋主編『歴史転折―1977-1978』北京、生活・読書・新知三聯書店、2009年、157頁。

13）蕭冬連前掲論文、26-27頁。

14）呉敬璉は、中国経済体制改革について、幹部と大衆のなかで影響力の最も大きかったのは、理論家・政治家鄧力群と経済学者馬洪をはじめとする、国家経済委員会代表団の1978年11月の日本視察訪問だと総括した。鄧力群、馬洪などの視察報告集『訪日帰来的思索』は、日本の社会経済体制を賞賛したことで、指導者や国有企業の幹部の間できわめて大きな反響を呼び起こした。鄧力群が同書のなかで導いた結論とは、日本が政府管理の下で商品経済を発展させてきたことを学ぶべきだ。商品経済の構想について、鄧力群の日本視察により、中国の中上層部幹部から広まってきた。『中国経済体制与発展模式転型』北京、2015年5月4日。

15）『谷牧回憶録』332頁。

16）著名な経済学者。東京帝国大学経済学部卒業、満鉄調査部に勤務し、戦後、経済企画庁に入って総合企画局長を担当、その後、日本エネルギー経済研究所会長、国際エネルギー政策フォーラム議長を歴任。兄の向坂逸郎は著名なマルクス主義経済学者である。

17) 小林実の没後、中国駐日大使符浩はこのように彼を偲んだ。「1978年から世を去るまで20年以上の間、彼は苦労を厭わず、前後70回以上中国を訪問した。旅程は数十万キロに達し、難しい状況のなかでやり遂げたことは貴重なものである。日中条約締結の翌年春、中国は改革開放を発動したので海外の経験が必要となり、私は小林実先生を大使館に招き、日本の経験、特にエネルギーの節約について話してもらった。小林実先生のお話は、最初から中国の関連業界で反響を呼んだ。例えば、大使館座談会の後にエネルギーの節約の部分をレポートにまとめて中国に送ると、国務院の指導者はこのレポートを北京で開かれ経済問題会議の資料として配布した。最も敬服したのは、彼は亡くなる前に、生涯に蓄えた七千万円を清華大学に寄付する旨の遺言を家族に残し、これにより「小林実経済研究基金」を設立したことだ。また小林先生の親族は、彼の遺言に遵い、遺骨の一部を中国の大地に散骨した。ここから彼が日中友好を真摯に願い、中国人民への深い愛を持っていたことが分かる」。符浩「懐念日本朋友小林実先生」、同『風雨滄桑集－符浩文選』世界知識出版社、2001年、252-253頁。

18) 蕭冬連は、中国の改革開放初期で最も影響力の大きかったのは、1979年初、西独フランセフ〔音訳〕大学のエンゲルスの孫が訪中し、「経済の奇跡」の講演を行ったことと、1978年9月、1979年1月、1980年4月に大来佐武郎、向坂正男、小林実などの経済専門家代表団が谷牧副総理の招聘で三回来訪したことだ」と記す。蕭冬連前掲論文。大来らの訪中時期は、本文で述べるように、1979年1月、同年10月、1980年4月が正しい。

19) 「谷牧会見稲山嘉寛的談話記録、1978年12月24日」、袁暁江・張守徳「日中経済知識交流会的設立過程」『党的文献』2010年第6期、84頁。

20) 同上。

21) 『谷牧回憶録』は2008年版と2014年版の二つの版がある。

22) 『谷牧回憶録』中央文献出版社、2014年、332頁。

23) 大来佐武郎『東奔西走　私の履歴書』日本経済新聞社、1981年、162-163頁。

24) 「今後の経済発展では、多くの人を雇用でき、投資が少なく、販路が広く、回収率の高い工業をまず発展させるべきだ。即ち、軽工業を発展させ、軽工業で重工業を養う。これは農、軽、重の方針に基本的に一致する。そうすれば、重工業の発展を遅らせることもなく、逆にもっと速くなりうる。中国の人口は多く、市場も広いが、工業の基礎は薄く、資金蓄積も限られているので、このようにしないと工業の発展スピードを上げることはできない。我々は内外の交流を拡大し、先進技術を導入するためには、なおのことこの道で進めるべきだ。もちろん、輸出をどのように拡大するか。どうやって借り入れた借款を返済するかだが、軽工業をもって農業を養い、石炭、電力も必要であり、燃料などのエネルギー工業も先に進むべきだ。これは新しい観点ではない」。『李先念伝』編写組・鄂豫辺区革命史編輯部『李先念年譜』第6巻、中央文献出版社、2001年、12頁。1979年2月19日、李先念の「日本経済専門家座談会記録」への指示、『経済研究参考資料』127期、1979年、2頁。

25）1979年3月19日、鄧小平は中共中央軍事委員会科学技術委員会の「計画調整について」の報告を聞き、国防工業の発展方向について講話を行った。中共中央文献研究室編『鄧小平年譜』北京、中央文献出版社、2004年、494頁。

26）『李先念年譜』第6巻、21頁。

27）『鄧小平年譜』505頁。

28）『谷牧回憶録』332頁。

29）『日本朋友対我国経済工作的看法和建議』北京、中国社会科学出版社、1981年。

30）同上、173-180頁。

31）『鄧小平年譜』637頁。

32）同上書、656-657頁。

33）張雲方『日本援助開始的改革開放』2008年11月25日。

34）張雲方、同上。『谷牧回憶録』335頁。

35）『鄧小平年譜』921頁。

36）同上、921頁。

37）大来佐武郎『経済外交に生きる』東洋経済新報社、1992年、164頁。

38）董震瑞・益蕾「回憶70年代末鄧小平訪問日本和会見大平正芳—王効賢訪談録」『党的文献』、2007年4月25日。

39）『日本朋友対我国経済工作的看法和建議』1頁。

40）『経済研究参考資料』の記事から、改革開放の初期、中国の政界・学界がいかに情熱的に海外の情報や経験を知ろうとしたかを感じることができる。中でも、「日本は最も重視されている国で、開放初期、中国人は日本の経験について特に重視していた。海外訪問についても日本への訪問は最も多かった。日本の専門家と学者を中国に招き、日本の経験を紹介してもらい、中国にアドバイスをしてもらう人数も一番多かった。」蕭冬連、前掲論文、25頁。

41）『谷牧回憶録』336頁。

42）1989年5月16日に、鄧小平はゴルバチョフと会見した際にこう述べた。「私の生涯でやり遂げたことは、まず日米との関係を改め、ソ連との関係も改め、香港返還を確定したことだ。これはすでにイギリスと協議で決めたのだ」。「回憶鄧小平会見各国政党領導人—原中聯部部長李淑錚訪談録」『党的文献』、2007年第3期。

43）訪日帰国前の6月5日、廖承志は客船「明華」上で記者会見を開き、訪日の感想を語った。「我々600人の代表団は、日本が十数年来、急速に発展し、すでに世界でもっとも進んだ工業、農業生産レベルと科学技術を持ち、国家建設の面で豊富な経験を蓄積していることを観察した。これらは、我々にとって良い参考となる。今後も、日中両国は広い範囲で友好交流を行い、友好合作を強め、中国の社会主義現代化建設において、友好的隣邦日本が協力することを希望する」。廖承志は、最後の重点として、「600人が万トン級客船に乗って、友好的隣邦日本を訪問したことは、歴史上初めてのことである。今回の「友好の船」は人数が多く、代表範囲も広く、接触範囲、活動範囲も広いなどの大衆的特徴を持っており、今後、日中両国人民友好の発展に深い影響を与えるだろう」と述べた。呉学文『廖承志与日本』北京、中央文献出版社、2007年。

44）　大平正芳死後、鄧小平と夫人は華国鋒と共に北京の日本大使館に弔問に赴いた。

45）『鄧小平年譜』670頁。

46）　王効賢、前掲文。

第12章

歴史の克服と東アジア共同体への道

――日中韓3国共通教材『未来をひらく歴史』と『新しい東アジアの近現代史』の目指すもの

笠原 十九司

はじめに

本章は、21世紀に入ってから筆者が歴史研究者として関わってきた、日本・中国・韓国の3国の歴史研究者・歴史教育者・市民による、2回にわたる共通歴史教材の発行について、その目的と編集・発行の経緯ならびに発行以後の反響と意義などについて、時代背景を踏まえながら述べるものである。

東アジアの歴史が東アジア共同体の形成へ向かって流れていることは、筆者自身の半生を振り返ってみても確信できる。筆者が生まれたのは、1944年4月であるから、日本がアジア太平洋戦争をまだ戦っていた時代である。その翌年に日本は敗戦、1950年6月に朝鮮戦争が勃発、53年7月に朝鮮戦争休戦協定が結ばれた。ちなみに筆者の社会問題に関する記憶の最初が朝鮮戦争で、新聞の写真報道やラジオのニュースを聞いて「また戦争が始まって人が殺される」と暗い気持になったことを今でも覚えている。

1949年10月1日に中華人民共和国が誕生して以後、日本はアメリカ中心のサンフランシスコ体制・日米安保体制に組み込まれ、中国や朝鮮民主主義人民共和国（北朝鮮）にたいして敵対政策をとった。筆者が大学で中国近現代史を勉強した時は、中国と国交関係になかった。1972年に日中国交樹立はなったが、中国は文化大革命で混乱時代が続き、中国近現代史研究者として中国に行けるようになったのは、中国政府が改革開放政策を実施した後の1980年代後半であった。

それが、現在では、ビザなしで自由に中国に行って、国際会議に参加したり、旅行も自由にできるようになった。1990年代前半は、中国の大学教員と電話するには、大学の交換台を通さねばならず、大学当局による盗聴も可能であった。それが、今では、一般の中国人ともメールや携帯電話で直接に通信ができるようになった。また、中国人も比較的自由に訪日できるようになり、上海の友人が両親を連れて、筆者の家に直接来ている。

筆者の生きる信条は、世界史、東アジア史の進歩、発展する歴史の流れにそって生きることである。ただし、歴史の発展は直線的ではなく、進歩、発展があれば必ずその反動、巻き返しがある。本章で詳述する2回にわたる日中韓3国の共通歴史教材の編集と発行の経緯と結果は、そうした歴史の展開を筆者自身、歴史体験として痛感させられたものとなった。歴史の発展は、らせん状でもあり、進歩・発展と反動・逆流・後退との対立を包摂した複雑な展開をとげる。そうした歴史の渦中にあって、日本人として大切なのは、中国・台湾・韓国・北朝鮮・ロシア・モンゴル・東南アジア諸国そしてアメリカを包摂した東アジア世界史の発展方向を見極めて生きるように心がけることではないか、と思っている。それは、筆者の生き方の信念となっている。

1　「歴史認識と東アジアの平和」フォーラムの発足

2002年は日中両国の国交が正常化されて30周年の記念すべき年であった。中国のWTO（世界貿易機関）加盟（2001年12月）を契機に日本企業の中国進出は加速され、対中投資も増大、日中貿易総額も増加の一途をたどり、経済関係はますます緊密化し、また、留学、旅行、文化・学術交流などを通じた日中両国の人々の往来、交流も拡大、発展した年であった。経済的にはすでに緩い東アジア経済圏の基礎が形成されつつあり、これからの21世紀の歴史は、日本、韓国・北朝鮮、中国を中心とする東アジア共同体（北東アジア共同体という言い方もある）の形成に向けて流れてゆく、そのような希望が、日本国内にも広がった。日本の出版界でも、とくに歴史分野において、近現代史だけでなく古代史、中世史も「東アジア」を冠した歴史書が多く出版された。日常社会においても、駅名や駅構内の案内、さらには街路の表示にも、英語だけでなく、中国語、韓国語の表記がつけられるようになった。

日本の政治的没落を救うただ一つの救済策は東アジア共同体の建設であり、それができないようならば日本は孤立、衰退するだろうという国際的な経済学者の森嶋通夫『なぜ日本は没落するか』や同『日本にできることは何か—東アジア共同体を提案する』[1]が広く読まれた。森嶋氏は同書で、東アジア共同体の条件づくりのために、「歴史の共同理解」が必要であり、もしも日本が東アジア共同体の形成に背を向ければ、日本は東アジアにおいて孤立し、没落を甘受することになろうと警告した。

21世紀の歴史が、東アジア共同体の形成に向かって流れているなかにおいて、日本国民が中国、韓国や近隣アジア諸国民と共生していくためには、日本の侵略戦争、植民地支配の「過去の克服」が不可欠の前提となっている。日本では放置されてきた戦争責任問題と「克服されない過去」という負の歴史遺産が現在の国民にも課せられており、それを決済することによって、日本国民は近隣アジア諸国民との「和解」を実現し、国際的な信頼を獲得できるのである。

そのような歴史の流れのなかで、2002年３月、日中韓３国の市民の側から平和な東アジア共同体の形成をめざして、第１回「歴史認識と東アジアの平和」フォーラムが中国の南京で開催された。同フォーラム発起人の一人の荒井信一氏によれば、2001年７月、中国社会科学院日本研究所が学術討論会「近代日本の内外政策1931～1945」を北京で開いたとき、日本、韓国、北朝鮮の有志が、東アジアの平和な地域共同体を志向する観点から、相互の歴史教育、歴史認識を点検する学術討論会を継続的に開こうではないかという提案を中国側に行った。それは、日本の教科書問題が中心であるが、長期的には東アジアの平和と未来を共有することのできる歴史認識を若い世代のあいだにそだててゆくための協力をつくりだし、発展させようという提案であった。

その提案にもとづいて2002年３月に、日中韓３国の研究者、歴史教育者、市民団体が参加して、第１回「歴史認識と東アジアの平和」フォーラムを「歴史教科書問題」をテーマにして南京で開催したのである[2]。筆者も「南京大虐殺と教科書問題」と題して報告を行った[3]。このときに、3国の子どもたちが歴史認識を共有する第一歩となる共通歴史教材を作ろうという提案がなされ、以後フォーラムの開催と並行して共通教材作成のための特設部会を設けて、国際会議を継続して開くことが合意された。同年8月、ソウルで、第一回の日中韓3国共通歴史教材に関する国際会議が開かれた。

つづいて、2003年2月に東京の早稲田大学で第二回「歴史認識と東アジアの平和」フォーラムが開催された時に、日本・中国・韓国の近現代史を中心とした3国共通の歴史副教材を作成するための日中韓3国共通歴史教材委員会が発足、2005年の出版を目指して、編集作業を開始した。筆者は、日本側の代表委員3名の1人としてその企画・編集に参加することになったが、多くの困難が予想されるが、3国共通副教材の編集を進める過程で、対立、衝突も含めて、対話していくそのプロセスと内容が何よりも大切な成果になると思っていた。我々は非力かもしれないが、無力ではない、というのが率直な思いだった。

「歴史認識と東アジアの平和」フォーラムは、第三回以降も毎年、日本、中国、韓国において輪番で開催され、2015年10月には、第14回フォーラムが「戦後70年、東アジアの平和を沖縄から考える」というテーマで沖縄で開催された。2009年11月に東京の明治大学で「東アジア史の可能性と平和をつくる力」というテーマで開催された第8回のフォーラムについては報告集が、「歴史認識と東アジアの平和」フォーラム・東京会議編『東アジアの歴史認識と平和をつくる力―東アジア平和共同体をめざして』（日本評論社、2010年）として出版されている。なお、韓国の光州で開催された第12回フォーラムから、筆者も日本実行委員会共同代表（5名）の1人となった。

2　日本・中国・韓国共同編集『未来をひらく歴史』の発行

(1)　発行の目的

『未来をひらく歴史』は、平和な東アジア共同体[4]、すなわち国家、国境の枠を超えた東アジア市民社会を形成することを目指して、日・中・韓の研究者、教師、市民が3国に民間組織[5]の日中韓3国共通歴史教材委員会を組織して、

2002年から編集作業に取り組み、11回におよぶ国際編集会議を開催しながら、日常的にはインターネットを使って頻繁に原稿交換、意見交換を行って、2005年５月下旬に３国同時刊行に漕ぎつけた[6)]。

同書は、日本ジャーナリスト会議（JCJ）から2005年度 JCJ 特別賞を授与された。「自国中心の閉ざされた歴史認識が教育の場に持ち込まれようとしている昨今、日中韓三国の研究者、教師、市民が三年間の協力で、国境を越えた視点から史上初めての歴史書を三国同時刊行しました。東アジアの平和構築へ向けての画期的な試みとして評価できます」というのが表彰の理由である。

『未来をひらく歴史』は巻頭の「読者のみなさんへ」において、東アジアの近現代史を学ぶ目的をこう記している。

> 私たちが歴史を学ぶのも、過去を教訓として未来を開拓するためなのです。……過ぎ去った19〜20世紀の東アジアの歴史には、侵略と戦争、人権抑圧などの洗い流しがたい傷が染み付いています。もちろん、東アジアの過去は暗いものだけではありません。東アジアは交流と親善の長い伝統をもっており、国家の垣根を越えて明るい未来のために努力している人々もたくさんいます。
>
> 過ぎ去った時代の肯定的な面は受け継ぎながらも、誤った点は徹底的に反省することによって、私たちはこの美しい地球で、より平和で明るい未来を開拓することができるはずです。平和と民主主義、人権が保障される東アジアの未来を開拓するために、私たちが歴史を通じて得ることができる教訓は何でしょうか。

同書はまた「あとがき」において、平和な東アジア共同体形成への展望を次のように語っている。

> 東アジアに平和な共同体をつくるためには、その前提として歴史認識の共有が不可欠です。……歴史認識を共有することへの展望は、東アジアに

生きる市民が、侵略戦争と植民地支配の歴史を事実にもとづいて学び、過去を克服するための対話と討論を重ねることを通じて、確実に切り開かれます。

『未来をひらく歴史』は、東アジア市民社会の形成には世界市民的な立場からの歴史認識の共有が不可欠であるという考えに基づき、その実現のための歴史の道程は容易ではなく、はるかな先の未来であろうという認識に立ちながらも、その道程の第一歩への挑戦を行ったものと意義づけられる。JCJ特別賞の表彰の理由にあったように、同書は東アジア史において日本、中国、韓国の3国共同編集により発行された最初の歴史書である。

(2)　『未来をひらく歴史』の歴史的意味

『未来をひらく歴史』を作成する直接的な契機は、同書の「あとがき」にあるように、2001年の「新しい歴史教科書をつくる会」(「つくる会」) が発行した教科書の問題にあった[7)]。「つくる会」教科書を批判するだけでなく、東アジアにおける歴史認識の共有を可能にするような歴史教材を対案として作成しようということにあった。

『未来をひらく歴史』の作成の経過の特徴や編集過程でどのような問題について意見の対立があり、激しい討論が行われたか、などについて齋藤一晴が丁寧にまとめている[8)]。阪東宏は『戦争のうしろ姿』において「『未来をひらく歴史』の記述はその全体が3国の歴史研究者、教師、市民による歴史対話から産まれ、3国の読者によく理解され、親しまれるであろう。このことが、本書の中心的な貢献である」と述べ、さらに「本書の記述は三国それぞれが実施している教育制度、教科書制度にとらわれずに積み重ねた対話の所産であり日本側が朝鮮、中国に対する日本の侵略と占領による加害を認めることによって、その構成と記述にのびのびした開拓者の雰囲気が認められる」と評し、最終的に「本書は三国による歴史対話の最初の所産であって、なお初歩的な達成である」と評価している[9)]。

東アジアの歴史対話の発展の流れにおける『未来をひらく歴史』の特徴と意義ならびに歴史的位置づけについては、以下のように考えることができる。

第一の特徴は、従来の歴史対話が日中韓の研究者、教育者を中心に行われてきたのに対して、本書は国際的にはNGOの運動として位置づけられる市民団体、市民運動と連携しながら作成され、読者も圧倒的に市民層であることである。それは、「つくる会」教科書問題（『新しい歴史教科書』の検定合格、採択、市販などをめぐる問題だけでなく、他社の教科書攻撃による侵略・加害記述の後退の問題も含めて）に抗議する運動を展開してきた日韓の市民運動団体が主導的な役割を担ったことに示される。日本では「子どもと教科書全国ネット21」（事務局長俵義文）「歴史教育アジアネットワークJAPAN」（共同代表、俵義文ら）であり、韓国では「アジアの平和と歴史教育連帯」（前身は2001年４月に結成された「日本の教科書を正す運動本部」）である。中国の現状ではまだ市民運動団体が組織できないのは「注５」に記したとおりである。

東アジアの歴史対話のための歴史教育は、学校教育はもちろん広く市民、国民を対象とした社会教育も含めて考えるべきであり、将来の東アジア市民社会の形成に向けて、韓国や中国の市民・民衆と市民レベルで歴史対話を開始することが重要であることを考えると、市民、市民団体、市民運動の立場からの参加が必要であることは理解されよう[10)]。

日本や中国、韓国の現行の歴史教育においては、それぞれが国民国家を形成する国民の育成を目的として、愛国心を涵養し、民族的アイデンティティを確立するために自国史中心になっている。日本では、中学校学習指導要領（社会編）の教科の目標に「我が国の国土と歴史に対する理解と愛情を深め」ることが掲げられ、歴史教科書は、日本の文化や伝統への愛情の育成を目標にした日本人、日本国民として民族的アイデンティティの形成を目指した記述が求められている。「つくる会」教科書はそれを極端に強調して民族的優越心と排外心を抱かせるものになっているが、他社の教科書においても「国民の歴史」という枠に呪縛されていることに変わりはない。

佐藤学・成田龍一・尹健次は「歴史教科書はどうあるべきか」と次のように

提言している[11]。

> 歴史という教科の使命は、グローバリゼーションによる国民国家の変貌によって再定義を迫られている。「国民的教養」としての歴史から「市民的教養」としての歴史への転換が遂行されなければならない。公教育は「国民の教育」から「市民の教育」へ、すなわち地域共同体の市民、日本社会の市民、およびグローバル社会の地球市民という三次元にわたる「市民性(シティズンシップ)」の教育へと転換すべき時代を迎えている。

上の提言の「グローバル社会の地球市民」というのは、本稿でいうところの「東アジア共同体の市民」「東アジア市民社会」と同じ範疇に属する。『未来をひらく歴史』が目指しているのは、人権の尊重、平和と民主主義の実現、そのための法治社会の構築という共通の価値観をもった東アジア市民の育成であり、そのための歴史教育である。東アジアにおける歴史認識の共有は、人権、平和、民主主義という人類の普遍的な価値観を共有する東アジア市民社会の形成と相関関係にある。

ドイツでは教育行政権は州政府にあり、「国民の育成」よりも「市民の育成」に重点を置いている。たとえばドイツ最大の州のノルトライン・ヴェストファーレンのギムナジウム用教育課程基準「歴史」(1993年)（日本の学習指導要領に相当）には、学校教育と歴史教育の目標が次のように書かれている[12]。

> 学校は、生徒の寛容と連帯の能力、そして他者と意思を疎通し協力する能力を育まなければならない。それが民主主義社会の基礎であり、またその市民が他の国々、民族、文化と関係を築くための基礎なのである。……価値と規範については、特に重要なのが人権の尊重であり、民主主義的、社会的法治国家の原則である。また生徒は、私たちの社会および世界の、大きな政治的、社会的、そして環境の諸問題に立ち向かう能力と意欲を発展させねばならない。

歴史の授業を受けることで、生徒は、今日の社会に見られる歴史的な要素、構造、経緯を把握する力を身につけ、また、いまも進行中の歴史像の伝達と変容のプロセスの中で自らの歴史的判断能力を発展させるべきである。そのような検証・修正可能な歴史意識が、民主主義社会に主体的に参加するための重要な前提なのである。

『未来をひらく歴史』が目指しているのは、上のような意識と意欲と能力をもった東アジアの市民の育成である。

第二の特徴は、日中韓3国が共同編集の歴史書を発行したことにより、同書に記述された東アジア近現代史の「歴史事実の認識」の共有ができたことである。「歴史認識の共有」という場合に大きく三つの段階に分けて考えることができる。第一段階は「何があった」「どういう事件が発生した」という類の「歴史事実の認識」の共有である。第二の段階はその歴史事実がなぜ発生し、どのような意義をもち、どのような影響を与えたかなどという歴史事実の原因や要因の分析、評価、意義付けなどに関わるある意味で歴史観をともなった抽象的認識についてである。第三段階は、以上の二段階の認識を経たうえで東アジア世界の時代像や東アジア社会の歴史構造、東アジア歴史像を抽象的に理解、把握する、より理論的、総体的な歴史認識である。

『未来をひらく歴史』が達成したのは、第一段階の歴史事実の認識の共有であり、東アジア共同体、東アジア市民社会の形成に向けた「歴史認識の共有」に向けた初歩的な第一歩を印したということができる。しかし、この段階もけっして容易でなかったのは、東アジア近現代史における日本と中国・韓国は侵略、植民地支配という敵対関係にあったからである。「つくる会」教科書が日本の侵略・加害、植民地支配の歴史事実を欠落させ、日本の戦争や殖民地支配を肯定、美化する記述をして、中国や韓国の国民から反発、批判を受けたのであり、戦後第三次にわたる日本の教科書問題は、いずれも日本政府や与党自民党が侵略と加害の歴史事実を歴史教科書に書かせまいとして教科書攻撃を行った結果発生したのである。

筆者はかつて「アジア諸国民との和解への道」と題して、「日本国民が二一世紀を近隣アジア諸国民と『共に生きていく』ために、日中十五年戦争・アジア太平洋戦争の『過去を克服』することが不可欠の前提となるが、そのための最も望ましい方法は、まず侵略と加害の罪を犯したという『事実の認知』」を行なうことである」として以下のように書いた[13)]。

> 戦後の日本政府は戦争責任問題に対して無責任体制をとり、文部省の教科書検定に代表されるように、肝心な侵略・加害の「事実の認知」さえ拒否しようとしてきた。それどころか国民の側の自発的な侵略・加害の「事実の認知」運動に対して干渉し、陰に陽に妨害と圧力を加えることさえ敢えて行なってきたのである。戦後一貫してアジア太平洋の民衆に対する戦後処理・戦争責任問題を回避してきた日本政府に代わって、国民の側で、自覚的・良心的に「負の過去の克服」の努力と運動を推進してきたところに、国際社会における日本の孤立化をある程度救い、アジア諸国民との和解への道が（現段階では､広い道とはいえないが）切り開かれてきている。

筆者が20余年前に指摘したこの構造は、小泉純一郎政権時代（2001年４月～2006年９月）に、小泉首相の靖国神社参拝の強行や「つくる会」教科書問題に象徴される日本政府と日本社会のいわゆる保守化、右傾化によって状況はもっと深刻になった。さらに、小泉政権を継承、いったん民主党政権の誕生によって中断はあったが､2012年12月に政権に復帰､現在も続く安倍政権の登場によって、日本は中国とも、韓国とも歴史問題をめぐって対立を深め、日本国民と中国・韓国両国民との相互感情も戦後最悪の意識状況になってしまっている。

そのような厳しい状況のなかで､『未来をひらく歴史』が記述した日本の侵略･加害と植民地支配の「歴史事実」について、日本人の側が認識すれば､「歴史事実の認識」において中国人や韓国人との共通理解が生まれ､「歴史対話」が成り立つことになる。

ただし、日本の学校教育において、こうした歴史事実を教えられなかった日本の学生にとって､「歴史事実の認識」の共有も簡単に受け入れることができないのは、『未来をひらく歴史』を筆者が担当した大学の授業の課題で読ませたところ、「中国・韓国の肩を持ちすぎている」「日本だけを悪者にしている」「中国・韓国のいいなりになっている」「ここまで日本人の責任や罪悪感を駆り立てなくてもよいではないか」「あまりにも日本の侵略批判に偏っている」などという反発・反感を書いた学生が少なくなかったことに示される。

しかし、佐藤学·成田龍一·尹健次が「歴史教科書はどうあるべきか」（前掲）において「日韓共通の歴史教科書の展望」で以下のように提言していることは、『未来をひらく歴史』が日中韓3国さらには東アジアにおいて目指したことであった。

> 日韓の未来を切り開くためには、日韓の過去を語ることから始めなくてはいけない。他者の存在を認めない排外主義からの脱却が必要である。歴史教科書問題は、脱植民地主義の課題の一部である。過去を清算することなしには、問題の本質的解決はない。加害者側がまず反省をしないかぎり、被害者側は反発の姿勢しかとれない。「国民」や「国家」ではなく、日韓の市民が主体となって、問題を一つひとつ解決していくことが必要だ[14)]。

『未来をひらく歴史』の刊行が実現したのは、阪東宏が指摘するように「日本側の参加者が朝鮮、中国に対する日本の侵略と占領による加害を認めることによって」中国と韓国の編集者との間の「歴史対話」が成り立ったからである。

『未来をひらく歴史』の執筆は、日本の戦争政策と植民地政策の展開については日本側、日本の中国侵略と抵抗の歴史については中国側、日本の朝鮮植民地支配については、韓国側がそれぞれ担当した。書きあがった原稿を3国で特に自国の読者が読むことが可能かどうかに留意して相互に批判、検討を行い、修正した。そのため、3国、とりわけ中国と韓国のナショナリズム意識を反映した記述になっているが、現時点では相互の感情を伴った「歴史認識」を理解し合うために必要と考えて、許容範囲とした。このことは、日本の学生に、被害国である中国や韓国の人たちの歴史意識や歴史感情を理解させるうえで効果があった。

厳密に評するならば、『未来をひらく歴史』は、3国の編集委員の分担執筆を基本とした3国の歴史叙述の寄せ集め、並列であったために、自国史それも国家史の影響を反映した記述が残ったといえる。

第三の特徴は、『未来をひらく歴史』の序章・第1章・第2章では、日本の侵略・加害、植民地支配の対立的な歴史事実の記述と東アジア3国の西洋化、近代化という共通の歴史事実の記述の二本柱になっていることである。後者は十分ではないが東アジアの共通の歴史像の叙述の試みになっており、前述の「歴史認識の共有」の第三段階である東アジア世界の時代像を記述した。例えば、序章の開港以前の3国の社会構造、第1章の開港と3国の近代化を目指した改革と西洋化による社会と民衆生活の変化、第2章の第一次世界大戦後の資本主義経済の発達と都市の発達、大衆文化の広まりと女性の社会進出など、日中韓3国に共通する時代像を叙述している。こうした共通する時代像を世界史の発展の中に位置づけながら、東アジアの歴史像としてより総体的、構造的に叙述することは可能である。そうして3国で納得して叙述された東アジア歴史像は「歴史認識の共有」の実現となることはいうまでもない。

『未来をひらく歴史』は、「歴史事実の認識」の共有だけでなく、より段階の進んだ「歴史像の認識」の共有への第一歩を築いたともいえた。ただ、日本の歴史研究者と中国、韓国の歴史研究者との歴史認識・方法論が現段階では異なっているため、本格的な歴史認識の共有のための東アジア歴史像の構成の課題の実現は簡単ではない。

⑶　『未来をひらく歴史』はどのように読まれたか

『未来をひらく歴史』は、これまでに、日本では9万部、中国では13万部、韓国では6万部が発行されている。日本では、『未来をひらく歴史』の読者層は圧倒的に市民であり、同書をテキストにした市民学習会が全国に生まれ、そのいくつかは現在でも続けられている。日本政府ならびに「草の根保守主義」・ネオナショナリズムの影響をうけた市民も加わって展開された教科書攻撃に対抗して、東アジア平和共同体を志向する市民の側から『未来をひらく歴史』を刊行し、その普及運動を繰り広げた成果である。

日本では、本来の目的であった、中学校、高等学校の歴史教育の副教材として使用されることは難しく、数校にとどまった。それは、長期にわたって続いた日本政府の歴史教育政策の結果、文部科学省以下、中央から地方末端にわたる教育行政が、教育現場において、日本の侵略戦争、植民地支配の歴史を教えることに対して、「政治的である」「偏向している」「自虐的に過ぎる」などの理由をあげて、抑制、統制する教育行政指導が行われているためである。

そのかわり、国公立、私立をふくめた日本の大学の十数校において、授業のテキストに使用された。筆者も、二つの大学の授業でテキストに使用したが、日本の学校教育、とくに高校の歴史教育において、近現代史学習がおろそかにされ、日本の侵略戦争、植民地支配については、まともに教えられてこなかった学生たちには、効果的であった。学生の反応は、驚きながらも史実を受け止めるものが多数であったが、一部には「自虐的である」と反発を示す者もいた。

筆者が勤めていた大学に、中国や韓国からの留学生が多く学んでいたが、日本の学生は、彼らと歴史問題について対話ができないでいた。中国人留学生が「南京大虐殺や日中戦争をどう思うか」と討論しようとしても「難しい問題だ」「私には分からない」と回避してしまうのである。日本では、学生・若者が日本の戦争や植民地支配の歴史をめぐって中国や韓国の学生・若者と「歴史対話」ができるような歴史教育がなされていない。それは、近現代史、とくに侵略・加害の問題をふくむ戦争や植民地支配の歴史は、歴史観や評価をともなうので、日本の戦争を侵略戦争として認識することにたいして、政府だけでなく国民の側にも、根強い抵抗感や自己規制意識が存在するからである。

3　『新しい東アジアの近現代史』の発行

(1)　『新書』の取り組み

『未来をひらく歴史』を刊行した日中韓3国共通歴史教材委員会は、2006年11月、第5回「歴史認識と東アジアの平和」フォーラムが立命館大学国際平和ミュージアムで開催された際に編集会議をもち、歴史認識共有の第二段階を目指した新しい歴史書（以下、『新書』）の発行に取り組むことで合意した。『新書』は、究極的には日中韓３国共通の歴史認識の基盤となる体系的な東アジア近現代史の通史を執筆する踏石となるものにすることで合意し、委員会は、日中韓３国共同歴史編纂委員会（以下３国委員会）と称することにした。

『新書』の編集のための国際会議を、東京で３回、北京で６回、ソウルで４回、済州島で１回の合計14回開催、最終段階になって、実務レベルの協議のため、５回の代表者会議を北京の中国社会科学院近代史研究所においてもった。３国委員会は、編集作業の過程で、時には激しく対立、激昂しながら論争したこともあったが、６年間にわたる作業を支えたのは、「平和な東アジア共同体」の形成を目指すという共通の課題意識であり、それが2002年以来、３国委員会を突き動かす原動力となった。

『新しい東アジアの近現代史（上・下）』（以下、『新書』）は、韓国が東北亜歴史財団から出版助成を受けているという事情から出版を急いで2012年５月末に刊行、日本では、日中韓３国共同歴史編纂委員会『新しい東アジアの近現代史（上）―国際関係の変動で読む／未来をひらく歴史』、同『新しい東アジアの近現代史（下）―テーマで読む人と交流／未来をひらく歴史』として、日本評論社から９月下旬に発行した。中国では、2012年の年内に見本本が発行されたが、表装などを修正する必要から、年を越して2013年２月の発行となった。出版社は、中国は『未来をひらく歴史』と同じ社会科学文献出版社であったが、日本は日本評論社、韓国はヒューマニスト出版社に変わった。

『新書』の上巻では、日中韓３国の国際関係の変動を、世界史の流れと関連させて体系的にとらえ、東アジア全体の大きな流れを、国際関係の変動に重点をおいて叙述した。中国を中心とする伝統的な国際秩序が崩れ、日本がイニシアチブを握っていく時期、日本の近代化政策が植民地支配と戦争につながり、これに対して韓国・中国で民族運動が起きる時期、第２次世界大戦後、東アジアに冷戦体制が形成され、やがてこれが変容・解体していく時期を念頭において、８章に分けて東アジア３国をめぐる国際関係史を通観した。

『新書』の下巻では、東アジアの国際関係のなかで生きる民衆の生活と交流を主題別に扱い、民衆の具体的な姿を浮かびあがらせるようにした。以下のようにテーマを設定して、制度や文物が民衆生活にどのような影響を及ぼしたのかを、３国を比較しながら、また、３国民衆の交流に着目しながら叙述した。〈憲法：国のしくみと民衆〉、〈都市化：上海・横浜・釜山〉、〈鉄道：近代化と植民地支配・民衆生活〉、〈移民と留学：人の移動と交流〉、〈家族とジェンダー：男女の関係・親子の関係〉、〈学校教育：国民づくり〉、〈メディア：つくられる大衆意識と感情〉、〈戦争と民衆：体験と記憶〉の８つの章と、最後の〈過去を克服する―現在から未来へ〉からなり、テーマにそって３国の近現代史を同時に取り上げた。

『新書』の特徴と意義は、第一に『未来をひらく歴史』を東アジア歴史教育対話の終わりではなく、むしろ、新しい企画、新しい歴史対話の始まりとしたことにある。『未来をひらく歴史』よりはより高い次元の「歴史認識の共有」を目指したので、当初予定した2009年出版よりもはるかに遅れ、３国の委員会で共通理解に到達するまで、感情的な対立も含めた激しい議論を展開した。東アジア共通歴史書を作成することがいかに困難で､時間を要するものであるか、痛感させられたが、それでもさまざまな障壁を乗り越えて、３国における刊行にこぎつけることができた。

第二は、『未来をひらく歴史』につづいて、東アジアの歴史において最初の日中韓３国の研究者・教師・市民の集団的な共同編集によって作成されたことである。日中韓３国の研究者の交流や共同研究は少なくなく、日韓、日中などの２国間の共同出版による共通歴史教材も散見するが、『新書』のように日中韓３国の共同出版は類書がなかった。それだけ、日中韓３国が一同に会して共同編集作業を進めることが困難であることの証左でもある。

第三は、17世紀から21世紀まで、近世から近現代、そして現在から未来へ、３国の国際関係の変動を大きな視点でとらえ、東アジアの未来を展望したことである。東アジアにおいても、世界史におけるグローバリゼーションの急進展のなかで、東アジア地域経済圏はすでに形成されつつあり、将来は平和な東アジア共同体の形成が展望される歴史段階に来ている。東アジア共同体形成のためには、東アジア地域住民が共通の「東アジア歴史認識」を共有するようになることは、きわめて重要な意味をもっている。『新書』はそのための先駆的な試みということができる。

第四は、上巻全8章のなかの3章を第二次世界大戦以後、現在にいたる戦後史すなわち現代史に割り当てて、比較的詳しく叙述したことである。東アジアの冷戦体制が形成、変容、解体され、日本、韓国、中国と高度経済成長をなしとげるなかで、東アジア地域の経済圏がゆるやかに形成されつつある現在を歴史的に明らかにした。そして「平和な東アジア共同体」の形成を展望した。

日中政府間の日中歴史共同研究（2006年12月～2009年12月）の『報告書』[15)]においては、中国側の強い要請で戦後史の部分が公表されなかった。また日韓政府間で実施された第一期日韓歴史共同研究（2002年5月～2005年6月）および第二期日韓歴史共同研究（2007年6月～2010年3月）が、教科書問題を扱った分科会では、「怒号がこだましていた」り、日韓委員の「人身攻撃に近い批判」が問題にされたような状況で、学術的議論にならず、冷静な「歴史対話」ができなかった結果と比較すると、日中韓3国の市民の側から刊行した『新書』の歴史的意義が改めて評価されよう。

第五は、東アジア各国の高度経済成長にともない、また航空機を中心とする交通の発達ならびに大衆化が、経済活動のための移動だけでなく、観光や文化交流などを促進させ、東アジア地域規模の人の移動と交流はますます活発になりつつある。また、インターネットによる民衆間の情報伝達手段の普及により、民衆間の直接の対話と情報交換が可能になってきている。

しかし、こうした東アジア近現代史における民衆の生活や交流の歴史は、これまで歴史書ではあまり解明されてこなかった。本書は、日中韓3国間の民衆の生活の比較ならびに移動と交流の歴史を明らかにしようとしたことにおいて、先駆的な試みを行ったといえる。

⑵ 『新書』はどのように読まれたか

2005年に出版された『未来をひらく歴史』と2012年に出版された『新書』の反響の違いは、発行部数の極端な相違に示される。前者は日中韓の３国でおよそ30万部も販売されたが、後者は、2015年10月の段階で、日本では上巻7,500部、下巻6,500部で合計14,000部が売れた。中国は上下巻セットで5,000部印刷、3,000部が売れ、2,000部が売れ残っている。韓国では、上下巻各4,000部で合計8,000部販売、2015年10月に上巻３刷を2,000部を増刷したところだった。３国で上下巻合わせておよそ28,000部が売れたことになる。『新書』の販売部数は『未来をひらく歴史』の約10分の１にとどまっている。

この極端の相違の主要な原因には、『新書』が上下２冊となり、日本の場合でいえば、『未来をひらく歴史』が1,600円であったのに比べ、『新書』は上下巻で5,000円と高価になったこと、さらに『未来をひらく歴史』が読みやすく啓蒙書的にあったのに比べて、『新書』は詳細でやや専門的な東アジア近現代史の通史になったことが考えられる。そのため、『未来をひらく歴史』の購買者が圧倒的に市民で、かつ各地の市民学習会のテキストとして広く使われたのに比べ、『新書』は、元高校歴史教師などが講師となって解説した少数の市民学習会のテキストに使われたのみであった。

しかし、最大の要因は、『未来をひらく歴史』と『新書』の発行の間に発生した、日本と中国、日本と韓国の間の国際政治関係の悪化である。簡潔に表現すれば、平和な東アジア共同体形成の夢と展望を市民や研究者だけでなく、政治家も語り、マスメディアも報道した時代状況から、わずか７、８年後であるが、国内外の政治状況それに起因する国民の意識状況が激変してしまったのである。

内閣府が毎年行っている「外交に関する世論調査」の「日本と中国」の項目の「中国に対する親近感」のデータをみると、日本人の対中感情が、時代とともに極端に変化していることが分かる。1980年には、日本人の78.6％が中国に「親しみを感じる」、14.7％が「親しみを感じない」であったのが、1995年に両者が48.4％とまったく同率になって以後、ほぼ同率の状態が2003年まで続き、

2005年に両者は大きく逆転し、「親しみを感じない」が63.4%、「親しみを感じる」が32.4%となった。安倍政権になってから両者の差はいっそう拡大し、2013年には「親しみを感じない」が80.7%となり、「親しみを感じる」は18.1%に落ちた。1980年に比べると、完全な大逆転となった。

言論NPOが行っている「日中共同世論調査」によれば、2013年は、日本人の「中国に対する印象」は、「良くない」「どちらかといえば良くない」が90.1%、中国人の「日本に対する印象」は「良くない」「どちらかといえば良くない」が92.8%であり、日中両国民の9割以上が相互に悪感情を抱くまでになったのである。2014年の同調査は、日本人が93.0%、中国人が86.8%であり、前年度とあまり変わらない。

本章の焦点と論点を絞るため、ここではその経緯や背景について詳述できないが、尖閣諸島（釣魚島）問題、竹島（独島）問題で、日中韓3国の領土ナショナリズムが煽動され、東アジアの交流を阻害している「逆風現象」の最中にあるからである。

日本の場合は、2011年3月11日のいわゆる3・11東日本大震災以来叫ばれ、浸透した日本復興のためのナショナリズムが保守・右翼勢力に歪曲的に利用され、「強い日本を取り戻す」ことを呼号する安倍政権が復活した。安倍政権は、尖閣問題を利用して、日本の周辺事態の危機を強調、中国を仮想敵とする日米軍事同盟体制を強化するいっぽうで、集団的自衛権行使を名目にアメリカの戦争に自衛隊を参加させるために、2015年7月、憲法第9条に違反するに安保法制案（戦争法）を国会で強行採決、日本が戦争できる国にした。現在では、北朝鮮の核ミサイル問題を利用して国防意識を宣伝、「国防軍」の創設まで謳い、2016年夏の参議院選挙後の日本国憲法改正を公然と主張している。

平和な東アジア共同体への道に逆行する安倍政権に呼応して、日本の右翼・保守マスメディアは、意図的に中国脅威論を煽りながら、いっぽうでは、中国バッシングともいえる嫌中感情を増幅させる報道を繰り広げている。上記の日本人の対中国感情の悪化は、その影響をうけたものである。

このように厳しい現状においてこそ、日中韓3国による『新書』の発行の意義は大きいが、課題は、「逆風現象」のなかで、どのように歴史教育現場に『新書』を広め、かつ『未来をひらく歴史』を学ぶ市民学習会が組織されたように、一般市民の間にも普及するようにするか、ということである。日本のメディア全体が右傾化傾向にある現状の中で、課題達成は容易ではない。

『新書』は、販売部数という量的な側面において『未来をひらく歴史』におよばなかったものの、質的な側面においては、以下のような反響があった。

第一には、歴史学界から注目され、評価されたことである。それは『新書』の編集に日本側の代表委員としてかかわった者が、以下の例示のように学会等に招かれて報告をしたことにも表れている。

大日方純夫氏「日中韓３国の共同作業から見えてくるもの―『未来をひらく歴史』から『新しい東アジアの近現代史』へ」（歴史学研究会をはじめとする歴史学会５団体が主催する合同シンポジウム「国境を越える歴史認識を求めて」、2013年３月13日）。

斎藤一晴「中国の歴史教科書と歴史教育」（日本学術会議史学委員会・歴史認識・歴史教育に関する分科会第22期・第４回、2013年１月16日）

斎藤一晴「日中韓歴史教科書の同時代史―東アジアで歴史と向き合うために」（同時代史学会、第32回定例研究会、2013年３月24日）

笠原十九司「日本・中国・韓国３国共同編集『新しい東アジアの近現代史』刊行の成果ならびに課題」（国家教育研究院・国立台湾師範大学主催シンポジウム「国家を越えた共同教科書作成の経緯―平和教育の実践」、台北、2012年11月２日）

笠原十九司「日中韓共通歴史教科書をつくる」（国際アジア共同体学会春季シンポジウムにおける基調報告、2013年５月12日）

また、歴史学会誌においても論稿執筆を依頼されたことにも示される[16)]。さらに大手メディアにおいても報道され、『朝日新聞』（2012年11月14日）は「日中韓で歴史書づくり」と大見出しに「学者ら40人超、６年かけ」「討論して記述統一　認識の違いも明記」と中見出しをつけて、特集記事を掲載した。「日中韓共有の『歴史書』を未来に生かす」と題したNHK ラジオ深夜便の番組で大日方純夫氏がインタビューに応じた。雑誌『世界』（2013年３月）には笠原十九司「市民からの東アジア歴史教科書対話の実践―日中韓三国における『未来をひらく歴史』と『新しい東アジアの近現代史』の発行」が掲載された。

上記のように、諸歴史学会において、好意的に評価されたのは、前述した『新書』の成果、とくに東アジアの近現代史の通史を３国の歴史研究者と教師たちが時間をかけて共同編集したことが注目されたからであろう。

どのように教材として使われたかということでは、筆者自身、非常勤講師をしていた専修大学における歴史学科の学部の専門授業「世界史講義」、および都留文科大学における大学院修士課程の「比較地域文化論（アジア）」において、それぞれテキストに使用した。さらに社会人向けの早稲田大学オープンカレッジにおいて同大エクステンションセンター中野校において、2014年、2015年と「新しい東アジアの近現代史」⑴を夏講座、「新しい東アジアの近現代史」⑵を冬講座として開講、大学講義担当の経歴をもつ日本側委員が分担して講義を行った。⑴においては『新しい東アジアの近現代史』の上巻が、⑵においては同下巻がテキストに使われた。同企画は好評で、2016年度にも夏講座と冬講座とも継続して開講される予定である。

筆者の経験から、『新書』は中学校、高等学校の歴史教材として使用するにはレベルが高すぎたが、大学の講義のテキストとして活用可能ということだった。専修大学の学部では、『新書』上巻を前期と後期と続けてテキストに使い、講義した後に学生に読ませて、理解を定着させる意図で使用した。早稲田大学オープンカレッジの講義では、受講者が事前にテキストを読んできたので、講義では重要な問題に絞って考察を深める意図で使用した。都留文科大学の大学院の講義では、受講者も多く、中国人・韓国人の留学生が半分ほどいたので、テキストを基にして、討論して認識を深めるという授業が行えた。なかでも『新書』下巻は、憲法や鉄道、移民と留学、家族、学校教育、メディアなどのテーマに基づいて３国の文化と歴史を比較検討し、それらの交流史、相互影響史を日本と中国、韓国の留学生間で活発に討論できたので大変効果的であった。

それぞれテキストとしての『新書』の使用の方法を変えたが、いずれの場合も、受講者の反応はよく、日中韓３国からの歴史を見る視点を学べて意味があったという感想が多く寄せられた。

『新書』の成果として特筆されるのは、英語版が出版されることになったことである。ドイツのゲオルグエッカート国際歴史教科書研究所（Georg Eckert Institute for International Textbook Research）のエッカート・フックス（Eckhardt Fuchs）所長が『新書』が東アジアの国際歴史教科書対話に果たす役割を認めてくれ、これを広く国際社会へ広げるべく、英訳本の出版を企画、援助してくれたのである。そのために同研究所は、３万ユーロ（日本円300万円相当）の翻訳料を援助してくれたのである。日中韓３国共同歴史編纂委員会では、３国から数名の委員を出して、2013年８月、英語版翻訳・出版専門グループ会議を発足させ（筆者が責任者）、日本語版をもとにして翻訳することを決定、日本在住の Roger Prior さんと Malaya Ileto さんにそれぞれ上巻、下巻の翻訳を担当していただいた。さらにサーラ・スヴェン（Saaler Sven）上智大学国際教養学部准教授に翻訳監修をお願いした。

2016年２月段階で、翻訳原稿は仕上がり、サーラ・スヴェン教授と筆者が最終チェックをして６月末に翻訳完成原稿が出来上がり、出版社へ提出した。2017年にドイツの V&R unipress 出版社から刊行する予定である。

以上、『新書』が日本においてどのような反応があったかについて述べてきたが、韓国では、高校の『韓国史』教科書のなかで３国共同歴史教材作成の取り組みが紹介されている。さらに、韓国において2012年から使用が開始された高校社会科の『東アジア史』教科書は、従来の一国史的な民族独立運動史の捉え方を世界史のなかに位置付け直し、東アジア関係史のなかから日本や中国を描く内容へと大きく変容している。韓国では現在２種類の『東アジア史』教科書が出版されているが、いずれも終章に「東アジアの歴史和解と葛藤」を設け、現代史記述を増加して、同時代史からの歴史理解の大切さを提起している。こうした韓国における変化の背景には、２種類の『東アジア史』の計17名の執筆者のうち４名が日中韓３国共同歴史編纂委員会の韓国側メンバーであることも、影響していると思われる。

(3)『新書』の課題と継続

『新書』は、当初の目的を、東アジアの近現代史の通史としてではなく、東アジア史が大きく変化した変動期に焦点を合わせて、日中韓3国の歴史展開の相互関係、相互作用を包摂した東アジア全体の歴史構造を時代断面的に解明して叙述することにおいていた。それは、当初、中国側委員も韓国側委員も、それぞれ中国史、韓国史あるいは日本史という一国史の研究者であり、日中韓3国を包摂した東アジア史が存在することへの理解が不十分に思われたからである。

しかし、途中から中国側委員から積極的に東アジア史の叙述を主張するようになって、東アジア近現代史の通史記述に「飛躍」したのである。

その結果、通史としては、完成度の高くないものになってしまった。その根本的な理由は、日中韓3国共同歴史編纂委員会のメンバーに、東アジア史専門の研究者が一人もいないことである。それは、日本をはじめとして、中国においても韓国においても、大学や大学院に「東アジア史」講座はなく、大学や研究機関において、東アジア史研究者が養成されていないからである。アメリカや欧米では「東アジア史(East Asian History)」が歴史学研究の専門分野になっているのと大きな違いである。

したがって『新書』では、筆者のように日中関係史を研究している者もいたが、日本史、中国史、韓国史と一国史を研究している者が多かった。『新書』は、一国史研究者が共同研究と討論を通じて、東アジア史研究に接近するべく努力した成果ということはできよう。ただし、各章をいずれかの一国の研究者が責任をとる形で分担執筆することにしたために、各章叙述のレベルがバラつき、一書全体として統一性のないものになってしまった。

最も大きな問題だったのは、韓国の二人の委員が執筆を担当した下巻8章「戦争と民衆—体験と記憶」は、原稿が遅れて討論する時間が十分なかったうえに、韓国側委員が中国や日本側の意見を十分に理解できなかったばかりでなく、合意を得ない段階であったにもかかわらず、韓国側が先に出版してしまったことである。そのため、遅れて刊行した日本版と中国版の8章には「本章の記述に対する日中両国委員会からのコメント」として「日本側委員会の意見」と「中国側委員会の意見」を加筆、両国委員会が提出したが韓国側が受け入れなかった修正文案と加筆文案を掲載したのである。

日本側の主要な意見は、日本人の侵略戦争と植民地支配の歴史にたいする「記憶」と「加害責任の認識」は多様であり、現在では少なからぬ日本人が、侵略・加害の歴史を正視し、「反省・謝罪」の認識をもちながら、被害国の中国や韓国の人々との歴史対話に努め、歴史和解を目指して努力していることを認め、それを叙述にも反映させるように、というものであった。また戦時中の日本国民は加害者であると同時に被害者でもあったという侵略戦争の悲劇的二重側面を理解して欲しいというところにあった。

中国側の主要な意見は、民衆の戦争体験と記憶の叙述に、中国民衆の記述を入れるように要求、原稿まで提出したが、それが受け入られなかったことと、戦争責任を考える立場が、中国と韓国では異なることへの理解が韓国側に欠けていたことなどである。

下巻8章は、侵略戦争と植民地支配の歴史と記憶をめぐって、日中韓3国の市民がどのように歴史対話と歴史和解をすすめるかを課題にした、『新書』全体のまとめ的な意味をもった重要な章であった。それが、3国で十分な討議ができないまま、日中両国が意見書を付記するという結果になったのは、残念であったが、それだけ、戦争と植民地支配の歴史をめぐる加害国と被害国の国民の歴史対話と歴史和解が容易ではないことの証明でもあった。

おわりに

「歴史の克服と東アジア共同体への道」は、本章で詳述してきた、『未来をひらく歴史』と『新書』の発行とその反応、影響の相違に示されているように、現在は最も厳しい時代状況にある。本章で紹介した、言論NPOが2014年に行った第10回日中共同世論調査では、中国人の86.8％が日本にたいして「良くない印象」をもっているが、その理由は「日本が魚釣島を国有化し対立を引き起こした」が64.0％（前年度77.6％）、「侵略の歴史をきちんと謝罪し反省していないこと」が59.6％（前年度63.8％）で、さらに「一部政治家の言動が不適切だから」が31.3％もあった。

これにたいして、日本人が中国に「良くない印象」をもつ最も多い理由は、「国際的ルールと異なる行動をするから」が55.1％で、「資源やエネルギー、食料の確保などの行動が自己中心的に見えるから」が52.8％であった。

このアンケート結果を見た、知人のアメリカの東アジア史研究者が、「中国人が、過去の日本の侵略と加害の歴史をきちんと認識していないどころか、平然と侵略・加害の歴史を否定する日本人に悪感情を抱くのは分かるが、日本人がなぜ中国が嫌いか理解できない」と筆者に語ったが、世界から見れば、そういう印象をもつであろう。日本人の中国にたいする悪感情は、「中国バッシング」的に嫌中感情、反中意識を煽るような保守・右翼系メディアの影響が多分に表れている。日本人のなかには、「日本政府は過去の戦争にたいして中国に何度も謝ってきているのに、中国政府は『歴史カード』にしていつまでも日本政府と国民に反省と謝罪を要求してくる」と反発をしている人が多い（とくに保守系政治家に多い）。歴史認識問題が日中両国民の相互の反発と嫌悪の元凶になっているのである。『未来をひらく歴史』から『新書』までのわずか10余年の間に起こった、東アジア共同体形成の道にたいする「逆風現象」「逆流現象」の要因は、本章でも言及してきたように安倍晋三政権の登場とその長期政権化にあることは明確である。

安倍晋三首相は、敬愛する祖父の岸信介をA級戦犯容疑で逮捕したGHQと東京裁判にたいするトラウマ的拒否観を抱いており、「日本国憲法の原案はGHQの素人がたった8日間で作り上げた代物」というのが首相の日本国憲法改正の発想の原点である。そして、尊敬してやまない祖父岸信介らを侵略戦争、植民地支配の責任者として裁こうとした東京裁判は、勝者の連合国が敗者の日本を一方的に断罪して、悪者にしようとした不当なものであるという思い込みが強い。そこから、日本の植民地支配や侵略戦争を批判し、戦争犯罪や戦争責任を問う歴史研究や歴史教育はなべて「東京裁判史観」に基づくものであるとして、その修正と克服を主張するようになった。安倍首相の「侵略という定義については、これは学界的にも国際的にも定まっていない」(2013年４月22日の参議院予算委員会での発言）とまで発言したのは、その一例である。

日本の侵略戦争と植民地支配の歴史を批判、反省する歴史認識を「東京裁判史観」に基づくものとして否定し、その修正を教科書攻撃やメディア報道への干渉などの手段を通して、政権主導で試みてきたのが安倍自民党政権である。こうした安倍政権の歴史認識に反発するいっぽうで、これを逆に利用して、対抗するナショナリズムを発揚させて、国民世論の支持を得ようとする中国の習近平国家主席体制や韓国の朴槿恵大統領体制の登場によって、日中韓３国間の歴史認識をめぐる歴史対話と相互理解はいっそう困難な状況になっている。

このような日中韓３国政府の指導者たちが、歴史認識の対立を国民世論の統合に利用しようという衝動をもっている時代状況のなかで、つよく求められるのは、自覚した３国の市民の側から、この「逆風現象」「逆流現象」を止め、歴史の流れを変えていく大きな動きを引き起こしていくことであろう。

2015年10月30日から11月３日まで、「戦後70年、東アジアの平和を沖縄から考える」をテーマに、第14回「歴史認識と東アジアの平和」フォーラム沖縄会議が開催され、中国から19人、韓国から25人、日本からは135人の計179人が参加した。フォーラムと並行して開催された第39回日中韓３国共同歴史編纂委員会において、『未来をひらく歴史』と『新書』に続く、第３弾の共通歴史教材の作成に取り組むことが合意された。次の第３段階は、高校生、大学生を対象として重視するが、一般市民も対象とした、３国共通歴史教材としての『新々書』の発行を目指すことになる。また、３国の各編纂委員会も、歴史教育者の補強、国際政治史、国際関係史を含めた他分野の研究者の参加など、世代の新旧交代をはかりながら、メンバーを増強、刷新していくことを確認した。「継続は力」である。

筆者の信念でいえば、「東アジア共同体形成へ向かう歴史の未来を信じて、少数派になっても諦めずに奮闘しつづけること」である。

1）　森嶋通夫『なぜ日本は没落するか』岩波書店、1999年。森嶋通夫『日本にできることは何か—東アジア共同体を提案する』岩波書店、2001年。

2）　日本の戦争責任資料センター「歴史認識と東アジアの平和フォーラム・南京会議報告」『季刊　戦争責任研究』第36号、日本の戦争責任資料センター、2002年6月、60頁。

「歴史認識と東アジアの平和」フォーラム・東京会議編『東アジアの歴史認識と平和をつくる力—東アジアの平和共同体をめざして』日本評論社、2010年。

3）　笠原十九司「南京大虐殺と教科書問題」として『季刊　戦争責任研究』第36号、日本の戦争責任資料センター、2002年6月、に掲載。

4）　東アジア共同体は、中国では東北アジア共同体、韓国では北東アジア共同体などとも呼称するが、現在、ヨーロッパ連合（EU）となっているヨーロッパ共同体（EC）のように、将来、東アジアにおいても日本、中国、台湾、韓国・北朝鮮を中心にさらに東南アジア諸国を含めて形成される可能性のある政治・経済・文化などの広域世界地域の共同社会的利益社会である。国際経済学者の森嶋道夫は『なぜ日本は没落するか』（岩波書店、1999年）、『日本にできることは何か—東アジア共同体を提案する』（岩波書店、2001年）において、日本の没落を救済する唯一の道が東アジア共同体への参画であると説いている。谷口誠『東アジア共同体—経済統合のゆくえと日本』（岩波新書、2004年）は元国連大使の著者が、東アジア経済共同体の成立の可能性と将来の東アジア政治統合への展望を検討している。和田春樹『東北アジア共同の家—新地域主義宣言』（平凡社、2003年）は、歴史家の立場からロシア、モンゴルも加えた東アジア共同体構想を展望している。進藤榮一・平川均編『東アジア共同体を設計する』（日本経済評論社、2006年）は、東アジア共同体の建設を具体的に推進するために、国際関係論、国際政治、国際経済の研究者を中心に2003年に結成した「アジア共同体研究会」（代表進藤榮一）の論文集である。

5）　現在の中国では、日本のような職場や職業を越えて市民が個人として自由に参加できる民間組織、市民団体の組織と活動は完全に自由ではない。したがって、中国の編集委員たちは、意識は市民であるが、民間組織としての事務局を設置して集団的に活動するという態勢は取れなかった。

6）　日本の出版社は高文研、中国は社会科学文献出版社、韓国はハンギョレ新聞社である。

7）「新しい歴史教科書をつくる会」（「つくる会」、1997年1月結成、会長西尾幹二、副会長藤岡信勝・高橋史朗）は、保守・右翼勢力の国民運動の形をとって、日本の現行教科書の従軍慰安婦や南京大虐殺などの侵略･加害の歴史に関する記述を「自虐」「偏向」などと攻撃した。さらに、日本の侵略戦争を肯定・美化した『新しい歴史教科書』（扶桑社）を出版、文部省の教科書検定にも合格して、2001年に採択活動が展開された。

8）　齋藤一晴「『未来をひらく歴史』作成の経過と論点」上、下　『季刊　戦争責任研究』

日本の戦争責任資料センター、第48号、第49号、2005年6月、同9月。斎藤一晴『中国歴史教科書と東アジア歴史対話―日中韓3国共通教材つくりの現場から』（花伝社、2008年）は、「第Ⅰ部『未来をひらく歴史』という歴史対話」において、より詳細な考察を行っている。

9）　阪東宏『戦争のうしろ姿―教科書問題と東アジア諸国民との歴史対話』彩流社、2006年、169頁。

10）　日本においては、市民運動の歴史が浅く、未発達のため、さまざまな問題や限界があることもあるが、日本の学者や知識人さらには出版メディアにおいて、市民運動や市民運動家の業績を冷ややかに見る傾向がある。『未来をひらく歴史』に対しても市民運動家が参加して編集、執筆した本であるからと学問的に価値が劣るかのような評価がなされていることも事実である。

11）　金子勝・藤原帰一・山口二郎編『東アジアで生きよう―経済構想・共生社会・歴史認識』岩波書店、2003年、167頁。

12）　船橋洋一編『いま、歴史問題にどう取り組むか』岩波書店、2001年、97頁。

13）　笠原十九司『アジアの中の日本軍―戦争責任と歴史学・歴史教育』大月書店、1994年、220頁。

14）　金子勝他前掲書、184頁。

15）　2010年1月に公表された『報告書』は、本来ならば政府が刊行して大学や学校、図書館などに配布すべきものであるにもかかわらず、等閑に付したので、筆者編集で、笠原十九司編『戦争を知らない国民のための日中歴史認識―「日中歴史共同研究〈近現代史〉」を読む』（勉誠出版、2010年）を出版して、その内容を紹介した。その後勉誠出版の編集者の努力で、北岡伸一・歩平編『「日中歴史共同研究」報告書　第1巻　古代・中近世史篇』・同『「日中歴史共同研究」報告書　第2巻　近現代史篇』（勉誠出版、2014年）として出版された。

16）　例えば、以下の論稿がある。大日方純夫「歴史研究と歴史教育の共同」『歴史地理教育』799号、2013年1月。斎藤一晴「東アジアから歴史に向き合う―共通教材開発から歴史教育ネットワークづくりへ」『歴史地理教育』799号、2013年1月。本庄十喜「東アジアにおける歴史認識の共有をめざして―第11回「歴史認識と東アジアの平和」フォーラムの開催と『新しい東アジアの近現代史』の刊行」『歴史学研究』904号、2013年4月。笠原十九司「今こそ必要とされる東アジア市民の歴史対話―日中韓3国共同編集『新しい東アジアの近現代史』の発行の意義」『日中友好新聞』2013年4月25日号。斎藤一晴「東アジア共通歴史教材の作成から東アジア史へ―国境をこえた歴史学と歴史教育の協同から考える」『歴史学研究』906号、2013年6月。

第13章

アジア原理を求めて

孫　歌
白石裕一 訳

はじめに

「アジア」が現実の操作空間・表現単位として確立していることは疑いない。2015年のボアオ・アジアフォーラムにおいて、中国は「一帯一路」の国家戦略を通じて、広くアジア・ヨーロッパ・環太平洋地域を結び付け、その基礎の上に「東アジア経済共同体」をつくるという構想を再度はっきりと強調した。中国主導の「アジアインフラ投資銀行（AIIB)」も、金融の面から、アジアが世界経済を支える支点の一つになるという現実性を高めた。アジアは第二次世界大戦後、世界に向けて政治的主権の独立の声を上げたが、ついに経済・貿易の自主を宣言したのである。

中国はこの経済の自主、金融・貿易の自主までの歴史的過程で、重要な役割を演じてきた。この点は論証するまでもない。注意すべきは、アジアが自主を勝ち取る過程で中国がどれほど重要な働きをしたとはいえ、中国がアジアに取って代わることは許されないということである。アジア言説が中国言説・中国中心的言説に置き換えられないというのは、基本的な前提である。政治において、この前提は、たとえば習近平主席がボアオ・フォーラムで述べた「互恵・ウィンウィン」の理念に表されている。現実の国際関係において、アジアは世界的なゲーム空間として、重層的、立体的な政治力学関係を内包し、中国はそのなかで、状況を判断し、慎重に大国としての責任を果たさなければならない。中国がアジアを代表しないということは、中国政府はかつての日本と同じではないとする重要な姿勢である。日本は歴史的に西欧の帝国主義的覇権モデルをまね、武力をもってアジアの隣国を征服することを企て、自らを盟主として「大東亜共栄圏」構想を推し進め、最終的には自らを「アジアの孤児」たらしめた。冷戦構造が瓦解し、資本が日増しに国境を越え続けている新しい歴史的段階において、二度の世界大戦のモデルが直接息を吹き返すことはもはやあり得ない。今日の国際政治の状況は、戦争の脅威も含めて、表象レベルでたいへん大きく変化している。潜在的な覇権と武力的脅威に直面し、「平和的発展」「ウィンウィン」が模索と救援を必要とする新しい国際関係をかたちづくりつつある。中国はまさにこの意味において、アジアと世界に対して、大国としての責任を果たし、同時にアジアを代表することはせず、立場を十分わきまえて、現実の政治課題に取り組んでいる。

このような状況に呼応して、現実における東アジアあるいはアジア一体化の迅速な推進は、認識と知識の迅速な更新を求めている。人々は如何にアジアというカテゴリーを認識しているのだろうか？　アジアというカテゴリーは政治家や資本集団が操作上の便宜のために用いているにすぎないのだろうか？　もしアジアを知識と思想のカテゴリーとして確立することができるなら、アジアと目の前の現実とのあいだには直接の対応関係がなければならないのだろうか？　今日のアジア言説は現実の追認を任務とし、アジア勃興の重要性と正当性を論じなければならないのか？

現実は理論より先を進んでいるのだから、アジア言説の必要性、重要性はもはや再び議論を必要とする問題ではない。しかし、このことはアジア論がいまここに確立していることを意味してはいない。われわれはこう断言できる。このヨーロッパが命名し、数世紀のあいだずっとヨーロッパの「他者」としてあった「アジア」というカテゴリーは、20世紀の2回の世界大戦を経て、特に第二次大戦後の脱植民地化運動のあと、受動的なものから能動的なものへという変化の過程をすでに終え、この地域の主体性を表すカテゴリーになっている、と。しかし、たとえそうであったとしても、われわれは追究を続けなければならない。現在日毎に存在感を増しているこの地域に比べ、アジア言説は思想・文明の伝達手段として、本当に成り立つのか？　如何なる意味において成り立つのか？　この世界にどのような認識論を提供するのか？　どのような原理を生み出すことができるのか？

これらはすべて検討ないし議論が必要な問題である。アジアというカテゴリーは、今日いっそう重要な「問題性」を有していて、それが生む思考はそれ自体の意味よりずっと重要であると言える。アジアというカテゴリーを通じて、われわれは歴史のなかに入り、既存の考え方によっておろそかにされてきた問題を新たに検討しなおし、既存の知識の枠組みでは解釈が難しい構造的関係を把握することができる。まさにこのような意味において、アジアはすでに「そこにある」実体ではなく、探求・構築を必要とする原理なのである。

1　アジア範疇が直面する現実と理論上の問題点

「アジア」は国際関係においてすでに比較的自足した政治・地理概念になっているが、それを独立した概念として用いる共通認識を人々はいまだ形成していない。たとえ現実において用いられる状況でも、アジアはいつも周辺があいまいで、輪郭がぼやけているシニフィエ〔言語記号によって意味される内容・訳者注〕である。人々の意識において、アジアは決して厳格な規定を必要としていない。地理学で定められているアジア地域が「アジア」なのである。しかし、現実の国際関係において、アジアが概念として用いられたとしても、地理学における「アジア版図」と完全に一致するようなことはこれまでずっとなかった。よくある論法なのだが、基本的にアジア地域のある一部分を論ずるとき、その問題を「アジア問題」として措定する。そのなかで最も典型的なのは、おそらく東アジアだろう。以前、東北アジア（実際のところ基本的には中日韓のみ、北朝鮮はこの地域言説には含めない）は漠然と自らを「東アジア」と称していた。しかし、近年「東南アジア諸国連合（ASEAN）」が日増しに発展し、影響力を強めるにしたがって、人々はようやく意識において、また表現において、東アジアを東北アジアと東南アジアを組み合わせたものとして理解しはじめた。このことと似ているのだが、「東アジア」という地域概念は、かつて非常に長いあいだ「アジア」と互換的に用いられてきた。しかし、近年になってようやく、イスラム世界とインドの勃興によって、「アジアを代表する」かのようなあいまいな感じからしだいにぬけだし、アジアの一地域になりつつある。東アジアとアジアは互換可能な同義語ではなくなりつつある。

上述の事実から、少なくとも二つの相互補完的な特徴を見て取ることができる。一方について言えば、主体的にアジアにアイデンティティを求める現象は、同時的・均等的にすべてのアジア地域において生じるものではない。最も早くこのようなアイデンティティが生じた地域は、往々にして「一部分で全体を包括する」ように自らをアジアに一致させている（このような傾向は特定の社会的・歴史的条件の下にあったり、特定の国際的な関係を背景にしていたりしていて、例えば、日本の昭和時代には侵略と覇権を内包する「大アジア主義」が生まれている）。さらに、もう一方について言うならば、主体的にアジアにアイデンティティを求めることは歴史的に発展し続ける過程であり、絶え間ない調整と変化が必要である。この過程の早い時期、一部の地域では、地域的なアイデンティティが確立されるが、この過程が一定の段階に達してはじめてアジア内部における相互認識とアイデンティティの共有が実現する。そこで、絶えず推移する歴史的現象として、われわれは次のことを確認することができる——国際関係ないし歴史や地理などの種々の原因によって、一部のアジア地域ではアジアをアイデンティティの単位として決して認めないという状況が生じている。アジアをアイデンティティの単位として認める地域において、この認識が歴史のある時点で何度も発生していても、国家あるいは民族意識ほど安定していない。多くの状況下において、われわれが観察できるアジア範疇はアイデンティティの単位ではなく、ある種の潜在的・原理的要素であるため、今日に至っても、アジアというカテゴリーのさまざまな面での使用を地理的な空間にすべて対応させることは難しい——しかし、19世紀からのアジア情勢の変化を見てみると、日本がアジア主義の旗印を掲げてから今日に至るまで、アジアの歴史が紆余曲折を経ながらも、アジアにアジアであるという認識を確立させてきたことがはっきりと見て取れる。最も早くアジアの代表として武力で欧米に対抗しようとしたのは日本である。しかし、皮肉なことに、日本はそのアジアから唾をはきかけられ、第二次大戦後には「アジアに戻る」ために苦労しなければならなかった。

認識の起点において、アジアというカテゴリーは本来ヨーロッパ自身がアイデンティティを確立するために命名した「他者」であり、アジアが自ら構築した認知概念ではない。しかも、アジアが政治・地理概念として確立されていく歴史的沿革の過程で、その境界は絶えず変化した。地中海東部の「小アジア」から、東アジア･南アジアを内に含む広大な地域に発展し、同時にアジアとヨーロッパの辺境、アジアとアフリカの辺境でも絶えず境界が変化した。しかし、アジア範疇を定めることと用いることとは、長い歴史においてずっとヨーロッパ人の「専売特許」であった。たとえコンスタンティノープルが陥落して、オスマン帝国が勃興したとしても、このような認知構造が変わることはなかった。歴史の変化に伴って、宣教師が東洋に深く入り込むにしたがって、前近代時期の東洋の社会はしだいにアジアと五大州の観念を受け入れていった。受け入れ方はそれぞれ異なっていたが、このことはアジア範疇の観念世界における転変の基礎になった。19世紀の後期に入って、特に二つの世界大戦を頂点とする、植民と反植民の戦争過程を経て、アジアは真の「覚醒」の過程を歩み始めた。この過程で、西洋列強による分割と略奪を受けた大部分のアジアの国々はみな「アジアは一つ」の自覚を持った[1)]。アジア概念の内包に変化が生じたでのある。ヨーロッパの進歩のために他者にさせられていた受動的状態から、独立自主と民族の尊厳を勝ち取るための闘争を経て、自己を確認するための主体的な記号に変わった。アジアと似た境遇のアフリカとラテンアメリカも同様にこのような過程を経た。

しかし、まさにこのような歴史的沿革の特性によって、われわれは最も基本的な認識論上の難題に直面せざるを得なくなった。アジアという概念は誕生したときから、自足した概念ではない。しかも、アジアが覚醒しはじめ、自我意識を獲得した20世紀においても、それは他者としてのヨーロッパを排除できなかった――20世紀以前、アジアの大部分の地域が被植民地化されていく過程で、ヨーロッパはすでにアジアに内在していた。そして第二次世界大戦後、アメリカがアジアに浸透していくにしたがって、アメリカはアジアの大部分の地域の政治と経済に深く入り込んでいった。軍事的には日本と韓国を直接掌握しアメリカの影響下に置いた。さらに文化の面でも内在化を完成した。このような自足していない地域範疇をはたして言説単位として確立することができるのだろうか？

ところが、問題はアジア範疇の非排他性と非自足性のみにとどまらない。さらに手強い問題はアジア内部に多くの文明が存在していることである――中華文明、インド文明、イスラム文明、およびこれら三大文明を除くその他の文明。たとえ西洋世界に侵略され植民地化されていなくても、アジア内部のいくつかの大文明をヨーロッパのように一つの有機体として統合することは難しい。これら大文明は互いに融合・浸透している部分もあるが、地域の確定にはあまり役立たないものとして、それぞれ相対的な独立性を保持している。もしかしたら簡単にヨーロッパの状況を考察しておくことは、この点を理解するのに役立つかもしれない。少し考察を加えておこう。ヨーロッパの人々はヨーロッパの一体性をほとんど疑わない。このことは「ヨーロッパ共同体（EU）」がヨーロッパを一つの共同体にしていることだけが原因ではない。また、ここ最近の状況からだけでは一体性の内在的なメカニズムを十分に説明できない。もし地域で見るならば、ヨーロッパ内部は地理的にいくつかの大きな部分に分けられる。例えば、ヨーロッパ大陸、ブリテン諸島、東欧、西欧、イタリア、ギリシャ、北欧など。これらの地域間には文化的に相当大きな差異がある。また、もし国家を単位として考察するなら、関係が最も緊密であると見なされている西欧内部でも、同様にたいへん大きな差異が存在する。しかし、ヨーロッパを一つの全体と見なすことは、アイデンティティを民族・国家から地域に移すことを拒絶するヨーロッパ人でも、真の抵抗はしない。もしドイツ人、フランス人、ベルギー人、オランダ人のいずれかに「あなたはヨーロッパ人……」と聞くなら、答えの大半は「あなたが言いたいのはどこの国の人かってことでしょ？」であろうが、たとえそうであっても、知識人なら、彼らはたぶんヨーロッパ哲学史、ヨーロッパ文学史のようなカテゴリーを拒絶したりはしないだろう。またギリシャ、ローマおよびルネサンスについて語らうとき、自らをこの伝統の埒外に置くなどということは好ましからざることであろう。

そうなのである。ヨーロッパという言い方が、後でつくられたものであろうとも、歴史の変化の結果であろうとも、その内部が千差万別で、それぞれが十分な魅力をもっていようとも、ヨーロッパ人は基本的に一つの伝統を享受している。この伝統に関してはたいへん多くの言説があるが、おおまかに言って、ヨーロッパの知識人はギリシャ哲学からイタリアのルネサンス、さらに近代啓蒙運動に至るまでの思想の流れを共有している。この思想の流れに沿って、彼らは民族・国家を超える、また言語感覚を超える「ヨーロッパの出来事・物語」を順に結びつけていくことができる[2)]。たとえヨーロッパというこのカテゴリーがアジアと同じだとしても、平均的にバランスよくすべてのヨーロッパ地域を覆うわけではない――特にロシアは近現代の歴史的状況が特殊であるため、人々はこの横に長いヨーロッパとアジアにまたがる国家を五大州に含めない――しかし依然としておおまかな論述方式が存在していて、ヨーロッパの各社会における宗教、文化などの精神的な領域のなかには、共通のアイデンティティや共通の歴史的感覚が存在している。また、「ヨーロッパ共同体（EU）」が曲折を経ながらも大きく発展したことは、このアイデンティティの実体性を強化している。

しかしアジアの状況はむしろ相当異なっている。事実、さまざまな住民が入り混じって住んでいる状態であり、アジアのいくつかの大宗教は地域的に完全には隔絶していない。例えば、インド、中国、マレーシア、インドネシアなどの国には、内部にイスラム教、仏教などの宗教および儒教文化が同時に存在している。しかし、それらは決して深く融合することなく、共存している。アジアの文化的伝統国として、中国の思想・文化の遺伝子は特別である。この多元文化のつながりを維持するのは、どの宗教ということではなく、儒学という包容力があり個性が強い思想的な伝統である。たとえ中国の歴史において、王朝が変わった時期でも、その他の宗教を信仰する王朝統治時期でも、この儒学の伝統はこれまでの社会生活のなかで完全に途絶えたことはなく、それどころか、漢族以外の王朝に統治のよりどころを提供した。これと同時に、儒学は中国周辺のいくつかの王朝にも強大な精神的エネルギーを提供した。日本は今でもなお「儒教」という言い方をしていて、儒学を一種の準宗教のように見なしている。しかも日本語のなかには「儒教文化圏」という指示的な表現が存在する。

ひとまず儒教が宗教と言えるかどうかについては論じないが、儒学がアジアのその他の宗教と肩を並べ、いくつかの大文明の一つとして、儒学文明をつくりあげているのは、基本的な事実である。そして、この事実はさらに、別の事実と相互補完的な関係にある。すなわち儒学が構造化する文明が、仏教、ヒンズー教、イスラム教これらアジアの宗教文明と類似の機能を有していて、原理上アジア内部の一部地域に内在する歴史的論理を支えているということである。アジアには異なる宗教文明が共存しているので、アジアという地域範疇は簡単には一つにまとめられない。このような多様性のために、西アジア、中央アジア、場合によっては南アジア地域でさえ、依然として自らを指す識別単位として「アジア」を用いていない。このことは言うまでもないことであろう。

アジア内部の文明の多様性以外に、別の歴史的要素もアジア範疇の成立をややこしくさせている。それは地中海文明の一体性である。かつてビザンティン帝国によって支配されていた小アジア半島は、ギリシャ時代の文化的風土にどっぷりとつかっていた。コンスタンティノープルがトルコの攻勢によって陥落した後、小アジアはヨーロッパとアジアが融合する重要な舞台であった。アラブのイベリア半島への領土拡大と十字軍の東征による数次の戦役がもたらした不穏な状況のなか、地中海沿岸はヨーロッパ、アジア、アフリカという三つの地域単位にはその全体性を分割できない一つの有機的まとまりになった。そして「出エジプト記」がわれわれに示したユダヤ人の宗教的な民族移動、およびエルサレムの不穏続きの3000年の歴史は、アジア西部一帯が地理的に自足していないというあいまいな性格を十分に示した。地中海文明は、遥か昔人類が戦争のなかでつくりあげた一体性を感じさせる。あるいはギリシャ時代の神話が最も具体的にこの種の一体性を表しているかも知れない。「ヨーロッパ」という名はフェニキア（現在のレバノン一帯）のエウロペ姫に由来する。今日の地理的感覚で言えば、西アジアのこの美しい姫がゼウスによって別の大陸に略奪されていき、ヨーロッパができた。長い歴史のなか、アジア西部の地中海東岸は、東西文明の融合地域、東西物産の交易地域であったため、五大州の分類の仕方で簡単に分割することはできない。まさにこのような原因からか、奥深い歴史・文化の淵源をヨーロッパ・北アフリカと共有する中東地域は、「アジア」が独立した認知的カテゴリーになることの重要性を、これまで一度も強調したことがない。

しかし、それでも、アジアは比較的自足したカテゴリーとして、むしろますます頻繁に現実操作と知的言説のなかに出現している。アジア以外の地域、特に欧米の知識界でのこのカテゴリーの使用には、今でも「アジア」というこの地理概念に誕生後まもなく付与された「よそ者」といった語感が完全に払拭されずに残っている。このことは西洋世界が、アジアというこのカテゴリーによって、非常に長いあいだ「オリエンタリズム」の欲求を満たす必要があったからであり、自らと完全に異なる他者を確認することを通して、自らの先進と優越を際立たせる必要があったからである。西洋のオリエンタリズムが猟奇的な特徴を有するのはこのためである。サイードを引証するまでもなかろう。また、多くの東洋の知識人が独立した思想範疇としてのアジアの正当性を否定する主要な要因もおそらくここにあるのだろう。もちろん、この種の状況は近年の国際関係の変化および西洋の進歩的知識人の努力によって、内容が大きく変わった。歴史上アジアは「よそ者」の他者として、非理性的、落後的、停滞的であることを表す象徴的な記号であった。しかし今日の社会では、そこに西洋の優越感がまだ多少残っているとはいえ、西洋の知識人たちは「アジア」というこの記号を利用して自らを相対化しはじめている。つまり、西洋世界の知的生産は、「アジア」というカテゴリーを通じて、自らの定位置を全世界の人類の導師の位置から世界の一部分としての位置へ転移しはじめたのである。この転移はまだ完成していないとはいえ、かつて西洋の知識界で盛んに行われた文化本質主義に対する攻撃は、今日もうすでに当時のような尊大な態度ではなくなり、少数の西洋の知識人は自分たちの文化の特殊性の問題についても考えはじめている。しかし、指摘しておきたいのは、アジアが西洋の他者として、西洋の意味論において、西洋世界と対話ができるというある種の「平等であるような」状態になったとはいえ、平等はいまだに実現されていないということである。言わずと知れたことではあるが、アジア各国のエリートたちは自分たちの歴史を先進国のエリートたちが分かるような意味に「翻訳」している。すなわち、欧米で生まれた概念と理論的枠組みを用いて、ようやく世界と対話することができている。アジア内部のあるいは第三世界の知的エリート同士の対話でさえも、今日においてもまだ部分的に欧米の理論を用いなければ対話が成り立たない。

アフリカの汎アフリカ主義とラテンアメリカの一体化は、アジア一体化の難しさをある程度際立たせている。今日、積極的にアジアというカテゴリーを用いている東アジアが、現実の一体化をまだ完成させていないのに、まして文化的差異が存在する東アジア、西アジア、南アジアを統合するなんてどうしてできようか？　汎アジア主義を形成できないことからも、アジア言説の正当性に疑義がなげかけられている——有機的全体として認識できない対象を、どうして言説範疇として用いることができようか？　アジアに関する議論は、言葉が簡単で意を尽くせず、いくつかの重要部分を避けざるを得ない状態である。あいまいな議論ばかりが続く知的雰囲気のなか、アジアという地理範疇は度重なる疑義にさらされてきた。アジアはいったい地政学の概念なのだろうか、それとも文化を識別するための概念なのだろうか？　それは価値の面であるいは原理の面で、独立した機能を担うことができるのだろうか？　内在的に多くの文明を有するアジアは、一つに統合可能な有機的な枠組みを有するのだろうか？

言説の単位として、アジアは全体としての作用を発揮することができるのだろうか？

上述の種々の認知的困難は、特定の歴史的原因および特定の認識論的基礎と関係している。歴史的原因について言うと、五大州の区分の起源はヨーロッパ人の世界認識に基づいている。アジア範疇はヨーロッパ人が自らの優越的地位を確認する概念として用い、かつて一度アジア人に屈辱を与えている。また、アジアに内在する多様性にしても、中東地域、ヨーロッパ、北アフリカの歴史の淵源にしても、言説において、一部分で全体を包括するといった問題を回避できない。慣習がしだいに定まって一般化するという認識論的基礎によれば、一つの地域の成立は、一つに統合するまでの抽象過程が必要である。事実、ヨーロッパ史の著作はまさにこのような抽象化の考え方に基づいている。多様化しているヨーロッパは宗教や思想、現実の社会発展などの各方面における抽象化を経た後に、一つの全体として統合を完成させている。しかし、アジア史の著作は、とにもかくにも、一つのオードブルでしかない。仮に、アジアが一つの単位として議論されるならば、その場合アジアは「統合をさまたげている」深い溝を飛び越えなければならない。このことは世界史の認識論的原理が挑戦を受けざるを得ないことを意味している。地域の歴史にせよ人類の歴史にせよ、慣習がしだいに定まって一般化するという潜在的な認識論的基礎をかたくなに守ってきた。この認識論的基礎は同一方向に向かって発展する多様化の歴史であり、一元的多元化の構図として抽象化することができる。このような一種の認識論的前提の下、知識人は普遍性についての認識を共有している。多種の具体的個別性から抽象した同一性は、個別性より高い価値を有している。つまり、普遍性は個別性より価値が高い。ただし、抽象化された特殊性は拒絶する。統合して普遍性に至れないため、価値が低いからである。

西洋のアジア研究とは違って、アジア人のアジア言説は、ずっと居心地の悪いところにある。あるときは､国別の言説と全世界についての言説のあいだで、ある種の仲介役を担う。あるときは、位置が定まらず、あいまいではっきりしない。あるときは、国別の論述が国を跨ぐ文化について処理できないとき、アジア言説がかけつけてそれを助ける。あるときは、アメリカから来た覇権政治あるいは先進国から来た知識系統を批判するために、アジア言説が立場を提供する……。しかし多くの状況下で、アジアの学者の認識は、アジア範疇が学理上成立しない方に大きく傾いている。アジア範疇は政治家たちが現実の課題を解決するために用いる道具に過ぎない。

もしかしたらまさにすでに述べたような理由によるのかもしれないが、既定ではない「アジア」は議論ないし論争が必要な対象である。それは「まさにそこにある」というような現実の実体ではないが、その存在理由を求める必要がある。

2　「アジア」に向かう理論的考察(1)——空間と人類社会の関係

アジアというカテゴリーが成立するか否かを考える際、先ず考えなくてはならないのは、社会のあり方が特定の空間と関係するかどうかということである。また、思想・知識が生まれるとき、特定の空間と関係するかどうかということである。

思想・知識が生まれそして伝わるということは、歴史的な結果である。よって、通常、時間と密接に関係している。このことは、われわれが思想・知識をそれが生まれた歴史的段階から引き剥がし、勝手に別の時間的段階に置いて解釈できないことを意味している。また、このことは思想・知識が第一義的にはそれが生まれた時代の問題群のなかで生きなければならないことを意味している。時代を超えるエネルギーをもつ思想は、必要な転換を経てはじめて、その後の時代の問題群のなかで活性化できる。往々にして異なる色彩を帯び、異なる意味を表す。この点については、歴史哲学と史学理論にすでに十分な蓄積があるので、ここで贅言を弄する必要はなかろう。しかし、思想・知識は空間と関係があるのだろうか。思想・知識は地理的な環境や人文的な環境と直接の関係があるのだろうか。あるいは言葉を換えて言うならば、思想・知識は人文地理の条件を受けているのだろうか。この問題についての学界の認識は歴史的時間と思想・知識の関係の議論ほど十分ではない。アジア範疇が成立可能か否かが依然として問題となるのは、認識論的な蓄積が少ないからである。

われわれはまず歴史・政治地理学の議論を見ていこう。周振鶴の『中国歴史政治地理十六講』は中国の歴史地理学の、学科としての歴史的沿革と研究の現状を分かりやすく整理し、さらに一歩進めて、歴史地理学から歴史・政治地理学へ如何にパラダイムシフトしたかを議論している。この著作で、周振鶴はいくつかのかなり重要な問題に言及している。

『中国歴史政治地理十六講』は、歴代の行政区画の沿革と政治・地理との動態的関係について主に議論している。作者の学術的な興味のありかは、記録や描写による国家の境界および行政区画の研究を、そのなかの法則を研究する歴史・政治地理学に如何に格上げするかということにある。したがって、行政区画内の人々の行為を制限する規則自体に議論の重点があるのだが、これは本章の議論とは関係ない。この著作から啓発されたのは、歴史的過程と政治的過程の研究は、人と人との関係だけに問題を限定するのではなく、同時に人と自然との関係も考慮しなければならないということである。行政区画の設計原則を議論するとき、作者は一つの興味深い現象を指摘している。すなわち政治の地域分けは、場所を選定するときや境界を設定するとき、行政管理の便のために、往々にして山や川などの配置や土地の高低・起伏といった特徴に配慮する。例えば、首都は守りやすく攻めにくく、しかも強敵から遠く離れていない地域に置く。作戦の指揮ならびに各方面において全国の管理・統率に都合がよいからである。このことは長安と北京に都を定めるときの基本的原則であった。同時に一方で、行政区画は最終的にやはり国を治めるのに役立たなければならない。したがって、如何なる時代の行政区画も地理的な土地の特徴とは完全には一致しない。最も際立っているのは元朝で、元朝初期に設置された行中書省は臨時の軍事的・政治的地域として、地理的に南北に細長い配置を採用した。山や川が多く東西方向に走っている地理的環境と衝突していた。しかし、政権が安定した後、農耕民族の管理に適応するため、行政区画を地理的環境と経済的地域に合わせ、縦方向から横方向に変えた[3)]。

周振鶴が議論している諸問題で、最も私を引きつけたのは以下のふたつの問題である。まず、政治地理と人文地理はいずれも地理的要素の人類の社会生活における機能、特に地理的要素の政権運営面での機能を考慮しなければならない。山や川などの配置が政治、軍事、経済生産に与える意味については言を待たない。社会生活の形態にも潜在的影響を及ぼしている。よって、高山あるいは大河両岸の住民は、それぞれ異なる社会的な風俗と秩序感覚を形成している可能性があり、一定規模の閉じた地域は、自然環境がつくりだす天然の障害物が政治経済上の割拠の局面に最も有利に働く。したがって、歴代政権の支配者たちは、地理的環境が政治・経済構造に与える影響を非常に重視し、行政区画設計で自然地理的条件という要素を考慮に入れた。周振鶴はこのことから次のような結論をだしている。中国の歴史においては、行政区画の際、基本的には「山川形便の原則」（山や川といった自然の区分形態を利用して、行政区画を区分けし、行政区画の境界と自然地理的地域の境界が完全に一致する）と「犬牙相入の原則」（山や川などの地理の自然なあり方にわざと背きながら、自然地理的境界の自足性を壊し、割拠の局面を出現しづらくさせる）の二種の相互に矛盾した区分形態をとっている。これらの原則は、自然地理的条件が政治と人文の面でもつ機能および経済と社会の面でもつ機能に対して、いずれも十分な説明を与えてくれる。

次に、自然地理的条件を認知することは、人類の異なる政治集団を分ける必要条件である。人々は自然地理的環境に適応しているだけではなく、絶えず環境に対し、改造と関与を積極的に行っている。したがって、このような人と自然の関係は、単一方向の自然決定論ではなく、一種の双方向の「客観的主体性」とでもいうような命題なのである。すなわち、主体的認知は客観的な自然地理的条件に縛られているが、主体の認知と介入を経てはじめて、この客観的な自然地理的条件は人文的意味をもつことができるのである。どのような歴史もそれが生まれる具体的な地理空間を離れて天馬が空を行くように自由になることはできない。周振鶴はドイツの政治地理学の創始者ラッツェルが19世紀末に当該学科を創始したときの名言を援用し、地理的地域と政治的過程の相互作用の実質を示している――「すべての国家はそれぞれみな一部の人類と一部の地域が政治思想で一緒に結ばれている。」[4]明らかに、政治・人文と地理的要素の結びつきは、それぞれの共同体の政治的特徴、文化的特徴を詳しく観察するための立体的な見方を提供した。そしてこの地理的条件の応用は、人の主観的能動性に依拠している。周振鶴は「政治的地域の地理的相違は地理的地域および政治形勢と密接に相関しているので、この種の相違は一種の客観的存在とせざるを得ないが､別の面において､この種の相違は人の主観的意図によってなおいっそう顕著になる。これらの意図は時に正式に文献に見ることができるが、時に不明確であり、このことはわれわれの分析･解釈を必要とする」[5)]と述べている。人を地理と結びつける認知方式は、明らかに陥穽に陥りやすい。いわゆる地理（自然条件）決定論である。地理的要素の人に対する塑像機能を誇張し過ぎないようにし、主観性と客観性を融合させる視点を効果的に構築し、機械的な二元対立を避ける必要がある。

歴史・政治地理学の視点を借りて、われわれは一つの重要な現象を考えることができる。すなわち、実体を成す自然地理的環境の相対的固定性と動態的存在を成す人類個体の相対的流動性が、主体と客体の結合過程において、相対的に安定していながらも絶えず変動しているという現象である。相対的に安定しているとは、地形、植生、温度、湿度、日照条件などの一系列の特定地域の特定環境要素のことを意味している。時の移り変わりにしたがって、人類との関係に変化が生ずるが、このようないわゆる「滄海変じて桑田となる」といった変化は、つまるところ相当長い時間が必要であり、人類の寿命に比べたら、明らかに相対的安定性を有している。このような安定性は、人類社会と歴史流転にある種の制約的性格を与えていて､特に社会的習俗と文化的雰囲気の形成に､ある種の潜在的な根拠を与えている。人類はまさに、異なる自然地理環境に適応し、異なる自然地理環境を改造し、この基礎の上に政治共同体を構築するというゆるやかな過程を経て、共同体特有の生活方式と社会的関係を形成した。また､伝統の絶えざる蓄積と絶えざる変化を経て､各自の文化論理を形成した。いわゆる文化特性（これを絶対化・固有化の意味と区別するとき、われわれはこの種の特性を異なる文化が有する特殊性と見なしてもかまわないとする）とは、比較的安定しているが、しかし絶えず変化するものなのである。その相対的な安定性は自然地理の実体性がつくりだす制約に直接的に帰結させることは決してできない。もっと複雑な、もっと不可視的な人と自然および人と人とのあいだの相互関係に起因させる必要がある。もしこのような安定性がなければ､いろいろな意味での「伝統」が存在しなくなる。そして、この種の相対的安定性は、人の流動性および集団の相互融合、不断の再構成によって、歴史的文脈のなかで発生し、急にあるいはゆっくりと変化し、極端な場合、当然文明あるいは文化が滅亡する可能性もある。人類の歴史の激しい戦乱のなか、このような滅亡は最も顕著であった。しかし、人類の歴史の移り変わりに伴う多くの変化は、外来要素がすでにある構造に刺激を与え、もともとあったメカニズムに変化が生じるというものである。この過程における最も重要な変化は、外来要素が直接現地に進入してくることでは必ずしもなく、現地にもともとある要素が再構成され、新しい意味と定位置を獲得し、既存の文化および社会のメカニズムが部分的に変化するということ、元々互いに隔絶していた地理的空間を人文的意味において開放するということである。このことはつまり、流動的な人の集団が、流動的でない地理区間に置かれたら、長期的に形成された人文地理的関係に各種の変化が生じ、相対的に安定している人と人との関係および人と自然との関係に、新たな刺激による変更と再定義が加えられ、新しい平衡局面がつくりだされるということである。

さまざまな流動のなかで、最も極端な流動は当然のことながら戦争である。古代の戦争は、地理的環境への依存度が、現代の戦争よりはるかに高い。逆に言えば、古代の戦争はその人文地理的空間の自足性の機能を、現代社会よりはるかに大きく破壊する。アジアという概念の起源は、古代地中海地域の戦争が引き起こした流動性と密接な関係を有していて、アジアには動態的な意味が含まれる。アラブ人のスペインへの領土拡大の過程と十字軍の東征の過程において、小アジアあるいは「東洋」は、一度敵対する人文地理空間として識別された。しかし、それと同時に、この地域には戦争がもたらす接触と衝突によって融合が生じた。オスマン帝国がかつて正統ローマ帝国を自任していたことは、アジアという呼称が初期の頃、ただ単に西ローマ帝国の、汎ギリシャ化している地域と区別するためでしかなかったことを裏付けている。そして、アジアは一つの独立した地域になったが、ヨーロッパ人の目には、決して永久に変わらないようなものとしては映っていなかった。中世が終わる少し前のヨーロッパにおいて、アジアあるいは東洋はイスラム文明の代名詞に過ぎなかった。アジアとヨーロッパキリスト教文明との歴史上の恩讐は、アジアを「東洋の他者」にした。しかし、ヨーロッパのイエズス会士がしだいに明清時期の中国に入り、宣教と同時にヨーロッパに中国の風土、人情、珍しい文物を紹介し、東インド会社がインドおよびその他の極東地域に入り込み、イギリスがインドを植民地化し、さらにアジア東部に入り込み、アヘン戦争前後、ヨーロッパ勢力が中国を侵略し、……といった一系列の歴史的過程を経て、ヨーロッパ人は、イスラム文明が理解しがたい東洋の文明であるということだけでなく、さらにもっと多くのもっと複雑で多様な文明がヨーロッパの外に存在するということを意識するようになった。いわゆる近代化がヨーロッパの外に拡大していく時期、アジアという呼称は、ヨーロッパ人による極東地域の地理的発見に伴って、今日の「アジア」版図へとしだいに拡大していった。ヨーロッパに産業革命が起こり、産業革命を植民・略奪の基礎の上に構築するため、この時期、アジアはようやく真の問題になった。このことはヨーロッパが軍事と経済の上で、対外拡張しているとき、他者の落後によって自己の優越を証明する必要があったことを意味している。ヨーロッパより生まれた、いわゆる「アジア的生産方式」説は、ヘーゲルのアジア歴史停滞論を源としていて、アジアの停滞・落後の証明を通じて、ヨーロッパの優越を証明する思考方式を暗に含んでいる。本来多様であるはずの歴史的過程は、近代以降、ヨーロッパが対外進出し、自らの社会モデルをヨーロッパ以外の地域に持ち込んだ時期に、単一の進歩－落後といった時間的系列に統合された。このことは進化史観がかつて一時期輝いていたときの歴史的な基礎である。

政治・人文と自然地理の結合は、われわれに特定の文化と具体的な時空の結合形態を認知させた。このことは、たとえ人が激しく流動する状態の下でも、それぞれの社会は依然として自らの特徴を保持するということをよく理解させてくれた。これまで普遍性をもった社会的モデルが存在したことなどなく、世界各地どこでも適用可能な判断基準が存在したことなどもなかった。それぞれの社会には内在するメカニズムと非常に複雑な秩序があり、この政治・歴史地理学的特徴は、ヨーロッパが侵入したからといって、簡単にヨーロッパ化するようなものではない。その変動は､伝統的な基体のなかに発生するものであり、ひとりの人間が子供の状態から大きく成長して、衰えるのに似ている。体の外観にいろいろ変化が現れ、感覚方式にもいろいろ変化が生じるが、別の一人の人間に変化することがないのに等しい。

同時に、人類社会がヨーロッパ式の「近代」へとしだいに移り変わっていくにつれて、日ごとに流動的状態が増し、閉じることができない世界に、世界を地域に区分けしようという欲求が生まれてくる。上述のヨーロッパが後発地域に対して抱く優越感以外にも、異なる地域間の非常に大きな差異が、人類に世界を簡単には一体として認識できないようにさせている。ヨーロッパの植民者が、世界の努力は高度に自己中心的な覇権本能を伴っていると「発見」したにもかかわらず、人類の生活の多様性は、このヨーロッパが世界征服を試みる過程においてもあらわになり､「アジア」はこの流動化のなかますます存在感を強めた。

ひとつの簡単な例はもしかしたら『マテオ·リッチ中国札記』かもしれない。この西洋の宣教師の著作は、彼らにとって非常に不案内な政治と文化の系統を彼ら自身の術語で、ヨーロッパ人がよく知っている社会風景に翻訳している。例えば、中国の科挙制度を学士、修士、博士の三つの級を有する試験と解釈し、孔子を哲学者と位置付けるなど。しかし、このような当てはめは明清の頃の中華帝国に内在する歴史的論理を効果的に解釈してはいない。中国社会に溶け込むという点において、マテオ・リッチは職務に忠実な宣教師として手本にできるが、しかしマテオ・リッチが中華服を身にまとい、流暢な中国語を話し、最後に中国の地に永眠したとは言え、彼はまだ中国の歴史に内在する論理を理解してはいなかった。この著作のマテオ・リッチの記録は、正確な細部と事件の過程が宣教の手がかりになるよう構成されている。前近代の中国の豊かな物産とすさんだ人々の暮らし、技術の進歩と科学の落後、発達した文人文化と野蛮な社会ないし法律・習俗など、これらの対立している要素はすべて関係づけられずに一つの全体として組み立てられているにすぎない。はるかかなたの東洋の帝国を、細部においてはヨーロッパに通じる、しかし全体としてはむしろ理解しがたい奇異な国であるとしている[6)]。この不朽の宣教師による著作は、われわれに間接的にアジアの存在理由を示している。マテオ・リッチとニコラ・トリゴーは、アジアという概念を用いて前近代の中国の空間的位置を議論することはなかったが、彼らが設定した読者対象は決してイタリア人でもなくベルギー人でもなく、「ヨーロッパ」であった。明清の際の中国の価値参照系として、「ヨーロッパ」はずっとこの著作の字句の間に隠れながら、中国を部分的には理解できるというふうに位置付けていた。しかし、マテオ・リッチは宣教の使命感から、中国が独自性をもった政治・文化体であるということに注目し、ここに宣教の突破口を求めようとした。彼はヨーロッパの語彙を利用して、中国をヨーロッパ人が理解できる対象に転化させ、同時に十分注意して中国の理解できない部分を明るみにだした。このような中国をより深く理解しようとする姿勢は、われわれに客観的な態度の重要性を示した。こうして、「ヨーロッパと東洋」という一種の相対的視点ができあがった。

ヨーロッパから来たこの種の相対的視点には多種の版本がある。マテオ・リッチの温和な相対的視点にくらべ、もっと過激な相対的視点もある。例えば、イギリスの地理学者ハルフォード・マッキンダーが提出した「ヨーロッパ文明はアジア人の侵入に対する長期の闘争の結果である」という説である。マッキンダーはユーラシア大陸は一体であり、ヨーロッパは世界の探索と発見をすでに終えていると考えている。しかし、このことと彼が歴史をヨーロッパの歴史とアジアの歴史に分け、二者の対立を強調することとは決して矛盾しない。彼はアジアの後背地、アジア大陸の中心から来た遊牧民族が、歴史上ヨーロッパに幾度か侵入したことが、ヨーロッパとアジアの対立を招き、ヨーロッパに自らの文明を創造させたと考えている。彼はこのことから、ヨーロッパとヨーロッパの歴史はアジアとアジアの歴史に隷属しているとまで述べている。マッキンダーが日露戦争が始まる直前に行った有名な講演「歴史の地理的枢軸（The Geographical Pivot of History）」は、15世紀にモンゴル人がヨーロッパに侵入した意義を強調し、ユーラシア大陸における海洋辺境地域強国と内陸中心地域大国の歴史的・地理的構図を示した[7)]。マッキンダーが人種の対立を過度に強調し、それをヨーロッパとアジアの関係に対応させたことはマッキンダーの時代の歴史的限界であった。しかし、認識論的意味において、彼は、アジアとヨーロッパをユーラシア大陸の歴史的動態のなかで認識するという考え方をわれわれに提供した。ユーラシア大陸はひとつの舞台であり、アジアとヨーロッパは、この舞台の二枚看板役者である。もちろん、異なる歴史的文脈のなかで、さらに多くの役を演じることもあるが、だからといって二枚看板であることに変わりはない。

マッキンダーのこの講演の影響はたいへん大きく、日本の著名な倫理学者、和辻哲郎が1920年代に著した『風土』にも、その影響がわずかながら見て取れる。しかし、和辻が注目した問題とマッキンダーのそれとは決して一致していない。彼がより注目したのは人類精神の風土的特徴である。

「風土」という概念は決して歴史・政治地理学の意味での「自然」ではない。歴史・政治地理学という現代の学科領域においては、自然環境は基本的に人の主観世界の外にある客観条件と見なされていて、人と自然の関係は、自然条件制約下における人類社会を通じての自然を利用する過程と見なされている。このような視点からは、人の精神活動は「客観的存在」と見なされるので、研究の重点が典章制度と歴史的事件に偏りがちで、特定の歴史的空間における人の精神的特徴ないし認知方式などについてのテーマには向かない。和辻が『風土』という書に付けた副題は「人間学的考察」であり、このことは彼の風土学を歴史・政治地理学的考察とは異なるものとしている。この序言に和辻はこう書いている。「この書の目ざすところは人間存在の構造契機としての風土性を明らかにすることである。だからここでは自然環境がいかに人間生活を規定するかということが問題なのではない。通例自然環境と考えられているものは、人間の風土性を具体的地盤として、そこから対象的に解放され来たったものである。かかるものと人間生活との関係を考えるという時には、人間生活そのものもすでに対象化せられている。したがってそれは対象と対象との間の関係を考察する立場であって、主体的な人間存在にかかわる立場ではない。われわれの問題は後者に存する。たといここで風土的形象が絶えず問題とせられているとしても、それは主体的な人間存在の表現としてであって、いわゆる自然環境としてではない。」[8]和辻が用いた「人間」という概念は、人の社会的属性を強調している。つまり、人と人との「関係性」を強調している。この単語を中国語に訳すなら、「社会人」に比較的近い。しかし、本章は中国語でもそのまま「人間」という単語を用いることにしたい。なぜなら中国語の「人間」という単語はそのままで空間概念を表すからである。日本語のこの語彙は中国語の「人間」に「個体」の意味をもたせることができ、「社会人」よりもっと空間的な語感を有している。和辻が「人間」を用いた意は、ハイデガーの個体である「人」を主体とする視点を正すことにあった。『風土』を書く最初の意図は、ハイデガーの『存在と時間』が存在論的意味において空間を第二義として見なしていることにものたりなさを感じこれを補おうとしたためであった。和辻は、空間的感覚の強調は、人が具体的な社会関係のなかで経験したことを主体性の重要な基礎として認知することに役立つと考えている。ハイデガーは空間的意味を軽視し、時間の面からのみ人の存在を位置づけるため、彼の言説は抽象に流れやすく、歴史観の獲得が難しい。

和辻のこのような人間風土的な視点は、彼の言説を主体と自然環境に分ける二分法的な研究とは異質なものであるとしている。また、歴史地理学は主体と自然の二重要素の問題および客観性と対象化の問題を考察するのだが、これらの問題から彼を遠ざけている。人間自体がまさに風土性を有するとする和辻の研究は、問題を人間風土の精神的特徴との関連で考える。空間はここでは決して一つの容器ではなく、人類社会の生活本体に滲みこんでいる構成要素である。和辻は、空間的特徴が特定地域の人間の活動方式に対してもつ意味に注目し、世界を、モンスーン、砂漠、牧場の三種の異なる風土に分け、アジアの東アジアと南アジアをモンスーン的風土、アラブ世界を砂漠的風土、ヨーロッパの大部分の地域を牧場的風土に属すとしている。そして、これらの異なる文明に対して分析を行うとき、和辻は気候・植生などの自然条件と人類の精神世界および生活方式とを結びつけることを自らの課題としている。例えば、モンスーン地域の気候の多変、降雨の分布は、人々を耕作や除草に力を尽くさざるを得なくさせ、同時に人々を寛容で忍耐強い温和な性格にした。砂漠の過酷な生存条件は、人々を剛直で戦闘的な性格にさせた。牧草的風土の牧草地と農業に対する有利な条件は、人々を除草などの繁雑な労働から遠ざけ、人々に生活を楽しむための多くの時間を与えた。和辻はこのような分類のなかに、より精細な交差型風土を発展させ、風土的視点を利用して、議論をいわゆる「国民性」がどのような程度にあるのかというところにまで押し進めた。

今日からみると、和辻の三種の風土およびその拡張類型に対する分析は説得力に欠け、そのうちのいくつかの分析は牽強付会であるようにさえ見える。しかしこの名著の本当の価値はもしかしたら三種の風土類型に対する具体的な分析にあるのではなく、今もなお人の心を打って深く考えさせるその視点のとり方にあるのかもしれない。人の社会的な属性、文化的な属性を空間のなかで認知するという視点は、特殊性から歴史を理解していくという効果的な道筋をわれわれに示している。

『風土』の最後の一章は、「風土学」のヨーロッパにおける原理上の発展について整理している。風土学は決して一つの明確な学科ではなく、せいぜいのところ潜在的な問題領域にすぎない。和辻はヨーロッパ哲学と思想領域における相関部分を動員して、風土学についての議論の場をつくった。この意味において、彼はヘルダー、カント、ヘーゲル、フィヒテ、シェリング、マルクスおよびラッツェルなどを風土学の思想家としているが、そのなかでもとりわけヘルダー[9)]の風土の観念がこの問題領域で作用する記念碑的な作用を重視している。彼はたいへん多くの紙幅を費やして詳細にヘルダーの風土に対する見方を紹介し、風土と人の精神を結びつけて考えることが非常に重要であると認めている。彼はヘルダーの精神風土学を以下の五つの点に帰納している。一、人の感覚は風土的である、二、人の想像力は風土的である、三、人の実践的な理解は風土的である、四、人の感情や衝動は風土的である、五、人の幸福は風土的である。この五つの内容は総じて、異なる民族を考察する人たちが異なる精神世界と異なる生活方式を構築するための基本的な視点を素描している。このうち幸福感の風土性は特別な位置を占める。

「幸福はヘンデル〔現在は一般的に「ヘルダー」と呼ばれている・訳者〕にとって特に重要な概念であるが、彼においては文明あるいは文化は必ずしも幸福を意味しない。ただ素朴な、健やかな生の歓びこそ、真の幸福なのである。……ここにヘンデルは彼独特の人道（Humanität）の観念を明示する。人が何人をも支配せず、また何人にも支配されず、自及び他に対して幸福であれと思う、それが人道である。……かかる立場からしてヘンデルは、全世界を荒らし回っているヨーロッパ人に警告する。ヨーロッパ人の「幸福」の観念をもって他の国土の住民の幸福を量ってはならない。ヨーロッパ人は幸福という点において決して最も進歩しているもの、あるいは模範となるべきものではない。ただヨーロッパ特有の一種の類型を示しているに過ぎないのである。世界の各地方には、人道の見地から見て決してヨーロッパに劣らない幸福が、それぞれの土地の姿において存している。すなわち幸福は風土的なのである。」[10]和辻がヘルダーを重視するのは、ヘルダーが「精神風土学」という一種の視点を構築し、これによって研究を各民族の個性を平等に尊重するという重要な到達点に至らせたからである。ヘルダーは詩人的気質だったので、彼は哲学において風土に関する歴史哲学体系を構築できなかった。和辻はこの仕事はヘーゲルにおいてようやく完成したと考えている。しかし、和辻はこれによって、ヘルダーが個別性の意義に執着していることを過小評価したりはしなかった。彼は、ドイツ観念論との対立という意味で、ヘルダーに特殊な意義を認めている。なぜなら、ヘルダーがカントによっておろそかにされていた、またカント哲学では処理できない、個別的な特徴をもった歴史的世界を示しているからである。同時に、ヘルダー自身が定義した人道的意味に基づく個体多様性の尊重は、人類の発展秩序が前後に継起する過程にすぎないとする考え方を打ち壊し、同時併存する世界史秩序構築への道を開いた。概念に正確性が欠けているとゲーテに非難されたこの「歴史哲学」は、この詩人哲学者の大いなる「全体的な直観」を体現している[11]。

ヘルダーと比べて、和辻は哲学の上で体系化を完成させたヘーゲルの歴史哲学に対し評価を保留している。その理由はヨーロッパ人とりわけゲルマン人が神によって選ばれた民族であるとするヘーゲルの優越感がそう考えさせたからであるとしている。もちろんヘーゲルの後の世界の歴史研究の長足の進展に伴って、ヘーゲル時代のヨーロッパの東洋世界に対する無知が際立たせられたからであるともしている。しかしながら、ヘーゲルの「風土哲学」は依然として価値を有している。和辻はヘーゲルが「世界史をあくまでも欧州文化の歴史と見る立場に立ちながら、しかも欧州以外に眼を放ってその自然類型を考えなくてはならなかったところに、われわれは充分の意義を見いだし得るのである。」と指摘している[12)]。

もちろん、風土は人類が異なる空間で異なる精神を呈する方式ではあるが、それが民族精神と結合して強調されるとき、始終極端に走る危険を伴っている――ラッツェルの政治地理学は、国家に有機体的な生存メカニズムが働いていることを強調し、対外拡張に理論的根拠を提供した。この有機体説はその後スウェーデンの国家学を唱道したルドルフ・チェルレン[13)]が一歩進めて、地政学に発展させた。あるいは国家学とも言う。チェルレンの二十世紀初期の代表作『有機体としての国家』は、国家を有機体を成す生活体であり、一種の民族と国土をもって構成された特定の実体的存在であるとし、空間には限りがあるため、実力が強大なときには、植民で国家有機体を拡張することは正当であると強調した。和辻はヘーゲル以後の風土学を歴史的に考察したとき、チェルレンの地政学は国土が国家としての人格を成すということを強調し、最終的に実際の植民政策を支持する国土学運動を導いたが、自分はその考えをとることはできないとはっきりと述べている[14)]。

しかし当時の歴史・政治地理学が二十世紀初期の地政学に対して強い警戒心をもっていたときに、自ら地政学の危険性に直面していながら、ただ単に「現場にいなかった証拠」を示しただけでは、まったくもの足りない。問題点はおそらくヘルダーが「精神風土」学説を提出した際、各民族は、民族平等の前提の下、それぞれの風土の特殊性を尊重すべきだと強調したことにあるのだろう。このような政治・地理に対する開かれた態度はなぜその後の地政学の主流になれなかったのだろう？　人類精神の風土的性格を強調したり、精神風土が具体的な個別性のなかにしか存在できないことを強調したりすることは、ファシストの種属主義と植民者の領土拡大とは必然的にはつながらない。ヘルダーの理論はかつて中央ヨーロッパ地域の弱小民族に民族文化を発展させようという思潮を呼び起こし、歴史的実践の面においてもこの点は実証されている。だが実際のところ、精神風土学はヘルダーの意味での「人道」の学に発展せず、種族と国家の有機体論を基礎とする地政学と国土学を導き、具体的なヨーロッパの歴史的発展の文脈から離れて、歴史形成のヨーロッパ式認識論と密接な関係をもった。これはすなわちヨーロッパの優越感を基礎とする一元的普遍主義哲学である。直観的に、地理空間の特殊性を超越して、いわゆるグローバル論述を行いさえすれば、地政学の種族主義あるいは排他性の潜在的危機を克服できそうな気がする。だが、このような見方はあまりに楽観的過ぎる。事実、「地政学を超越する」ということは地政学のなかの危険な部分と共謀するということである。なぜならその理論的前提が一元化した普遍性をあらかじめ設定しているからである。普遍性が高度に抽象化されるとき、如何なる分析機能ももたない。一元化した普遍性モデルを論述に導入するとき、必ず別の「同じような概念にこっそり変える」ことをしている——ある特定の類型を普遍性モデルに「昇格」させる。例を挙げるまでもなく、このようなヘルダーがかつて幸福を例にして批判したヨーロッパ人の「普遍性」に対する感覚は、歴史上絶えず各種の形態をもって再生産されてきた。今日に至ってもまだなくなっていない。したがって、精神風土の個別的特徴を考えるとき、普遍性についての新たな考察が必ず日程に上がってこなければならない。

3　アジアに向かう理論的考察(2)——個殊性と相対性の意味および普遍性の新定義

アジア言説が立たされた最大の苦境は、アジアがもつ多様性である。アジアが一つの全体に統合できないという点については、本章の第一節ですでに議論している。アジアがカテゴリーとして成立することに反対するのは、多くは次のような理由からである。もし一つのカテゴリーがその他のカテゴリーから独立できないなら、それは成立できないということである。そして、独立できないとは、それが自足できないということ、それが全体として抽象化されないということである。

もし、アジアが一つの歴史範疇ではなく、複雑な沿革過程を伴っていないとするならば、論理学から出発するしかなく、われわれは上述のアジア範疇を否認する見方に同意できる。しかしながら、手強い問題が二つある。一つはアジアという統合できないカテゴリーが、今日ますますひとつの単位として国際舞台で輝きを増していることである。もう一つは、アジア範疇の根拠を否認する人が、往々にしてヨーロッパ範疇の根拠を承認しているということである。彼らのヨーロッパのイメージの大半は西欧で、決してすべてのヨーロッパを覆い尽くすものではない。

もし、第一の手強い問題が認識と現実のあいだのズレを示しているなら、第二の手強い問題は、既定の認識論的基準が存在していることを暗に示している。ヨーロッパ範疇がアジア範疇に干渉して、われわれはアジア範疇の現実の機能が見えているようでほとんど見えていない。それゆえ、認識論の原理的問題に対して少し検討を加えることにする。アジア原理を考えていく上で、いくらか役立つにちがいない。

われわれはやはりまず政治・歴史地理学に戻ろう。この領域では、特殊性に注目することが研究者が考察を進めていく上での原動力になっている。人と地理的空間の関係を研究する目的はそれらの特定の問題について理解を深めることであり、繰り返し現れる法則を論証することではない。地理的要素は千差万別であるため、研究者が注目する点はおのずから共通性から特殊性に向かう。歴史・政治地理学の問題の多くは、共時性のなかの特殊な状態に及ぶ。このような視点の特徴は、その研究対象の特性と明らかに関係がある。この点に関して、1950年代末の西洋地理学界の議論は、より直接的な教えを提供してくれる。当時、西洋の地理学者が議論していた手強い問題は、如何に地理学を一つの科学として確立するかということであった。しかし科学が要求する繰り返し出現する「普遍」現象は、地理学内部では見つけだすことがなかなかできないでいた。その代わりを求めるしかなかった。地理学者は繰り返し出現する一般的法則の代わりに「近似性」を用いることにし、統一性の代わりに「関連性」を用いることにした。しかし、このような法則を探し求める努力が最終的に導く結果は、むしろ価値のないものとしてしか処理することができない特殊性の際立ちであった。特殊性の繰り返し出現できないという性質は、地理学に発見の歓びを付与し、地理学者が正確に仕事を行うことを可能にさせた。この意味において、普遍的な法則の詳しい説明は、最終的な到達目標ではなく、事前の準備作業なのである。最終的な学術成果は普遍性のなかに解消できない個別の地域研究なのである。「如何なる普遍原理の特殊事例に対する応用であっても一般概念に依存し、一般概念はただ近似的に特殊事例に符合するだけである。最大の正確性に到るには、特殊状況と一般概念が代表する「基準」との隔たりの程度、およびプロセスとの関連で二次的な差異性が生みだす結果を明らかにする必要がある。」[15]

地理学界のこういった論争の意義は共通性と個別性のあいだの関係を公平にすることにあった。科学至上主義の時代、個別性を有する物事の軽視と、法則すなわち一般的抽象命題の重視が、一つの認識論モデルの両面として、普遍性についての感知方式を打ち立てていた。重複しない一時的な物事は、繰り返し論証できる一般的な概念と比べ価値がずっと劣るとされていた。法則に対する崇拝が、科学に対する崇拝と共に世界の知識界に広がっていた。このような知的雰囲気のなか、個別的な経験の主要な機能は普遍的な法則の存在を証明することだけで、法則化の際じゃまになる差異は、いつも合法的におろそかにされていたようだった。

しかし、地理学者は基本的な事実に気がついた。地理学の基礎は人類が自らの視野以外の世界に対して抱く好奇心であると。すなわち、未知と差異に対して抱く好奇心であると。もし、地理学が差異を排除できる同じような要素だけを研究するなら、地理学は世界各地で繰り返し出現する一般的現象を論述することだけになり、面白みがなく発展性のない学科になってしまう。

それぞれの場所はそれぞれ独自の性質を持っている。もちろん、独自性と独自性のあいだには相似性が存在する。相似性の存在は異なる地域を一つの地域として認知することを可能にする。しかも、相似性についての研究を通じて、関連性を構築することもできる。しかし、地理学において、完全な相似を構築することは決してできない。すなわち、同じサヤのなかの二粒のインゲン豆のような相似状況は存在しない。絶対的な相似は存在しないため、差異によって相似は似ているがあくまでも異なる状況であるとされる。地理学者はここで一つの難題に直面する。相似性を求めるために、彼らは自らの研究を比較的低いレベルに設定するか、研究対象を厳格に制限するしかない。「われわれが比較的低いレベルで部分的統合体を取り扱うとき、われわれは多くのほとんど同じケースを見つける。……しかし、われわれが地理学で比較的複雑な統合体を研究するとき、われわれが見つける基本的に相似した標本の数は少ない。その他の科学の場合と同様に、われわれは相似性が変異性より大きいケースをカテゴリーあるいはタイプに分けて、この困難を克服する。しかし、このように分けた物体あるいは現象は、それぞれが多くの独立したあるいは半独立した特徴をもち、われわれはすべての基本的特徴において相似した標本をもたない。それらは、ただ、われわれが選んだ特殊なカテゴリーという点で相似しているだけである。その他の点でははっきりと差異が現れる。そして、研究結果は後者が決して二次的ではないということを明らかにしている。……だから、われわれはジレンマに直面している。十分な数の相似地域を研究するためには、このように大きなタイプに分ける必要がある。すると、そこに含まれる個別の変異性は、仮定された同一性を超えてしまうことになる。この危険を避けるためには、タイプに十分な制限をかけるか、それぞれのタイプにひとつの標本をもたせるしかないだろう。」[16)]

普遍的な法則を尊重し、法則を求めることを極力学科の本分としている時代においても、また、一般地理学が他の学科にない機能を有していることを極力強調するときでも、ハーツホーンは、地理学の個別ケースに対する強い関心が、巨視的な総合的研究に取って代わられるようなことは決してないということに気づき、彼はこのように断言さえもした。「(一般的研究すなわち普遍的原理を探求することは個別地域の分析と解釈よりずっと科学レベルが高いと考える地理学者フンボルト）彼の一般的研究は当時においては重要であったが、今日に至ってはあまり価値がない。彼が自らの学術の最高峰として著した、一般地理学（宇宙論の一部を成す）に関する『コスモス』という書物は、当時でさえ貢献が少なかったが、一方、彼が自ら現場で特殊地域に対して行った研究は、不朽の価値をもっている。」[17)]

巨視的な総合的言説は包括面が非常に大きい。しかし、具体的な問題を解釈するにはほとんど役に立たない。人類は決して一般的な観念のなかに生活しているわけではない。このように言えるかもしれない。いわゆる標準状態は実は存在しない。現実世界のいろいろな出来事は、どれもこれも標準状態から逸脱している。標準状態は、言い換えるなら、普遍性である。実は無数の個別性から抽象した一般的観念に過ぎない。個別性のなかの簡単には複製できない特殊な状態を捨て去っているので、それは往々にして、意味をとらえることが難しい。

一般地理学に心酔する地理学者は法則的解釈を求めている。よって彼らは研究の重点を異なる対象のあいだの関連性の面に置こうと試みる。つまり、異なる対象のあいだの相似性を求めるということである。上述の如く、複雑な問題を処理する際、このような努力は容易に研究を虚構化する。しかし、個別対象にだけ注目する地理学者は、別の危険を冒す可能性がある。それはつまり、対象の特殊性に過度に溺れ、研究が人類の基本問題からはるかに乖離し、現実と思想の関連性を失うということである。

ハーツホーンは両者のあいだに真の関係を構築しようと力を尽くした。彼の観点はおよそ以下の数点である。一、普遍性の探求と個別的研究は、どちらの価値が高くてどちらの価値が低いかというような違いはないし、対立的な関係でもない――前者は後者のために基礎を提供し、後者は直接比較することができない複雑な問題を処理する。そして、最も真理に近い解釈を得るために、地理学は部分統合体相互関連性仮説を発展させた。そのなかには比較できない相互関連性原理を含む。このことは、個別的事例の複雑性についての描写は、一般性原理ではある一点を除いて、永遠に完成できないということを意味している。二、相似と差異は決して一対の対立するカテゴリーではない。なぜなら、地理学においては、相似は決して相同を意味しない。異なる対象が相似性のなかに置かれて処理されるとき、それは概括を意味しているにすぎない。つまり、小さな差異を取り除くと、大きな差異をより強調することができる。だから、正確を期すならば、差異という単語はもしかしたら変異性（bariation）に改めた方がよいのかもしれない。三、範囲が限定されている地域の変異性で複雑な統合体を分析するためには、広い地域を比較的小さな単位に分けなければならない。地域概念の形成は、世界をたくさんの地域が集まったモザイクと見なすためではなく、有限の地域内に正確な描写と分析を行うためである。地域研究において、重要な点は関係性と関連性を議論することである。一部の地理学者は地域研究を一歩進めて作用地域と形式地域に分けている。それは地域地理とは異なり、非常にはっきりした方法論的特徴を有している。ゆえに、各一級の地理研究に簡単にあるいは複雑にいろいろ応用することができる[18)]。

自然と人文地理を対象とする学科としての地理学は、一方で繰り返し現れない大量の多様で複雑な現象に直面していて、一方で規則を打ち立てること、あるいは少なくとも規則を求めることをもって任ぜられてきた。よって、この学科は、最も分かりやすく、人類の主客二元論における認識の困難を体現している。いわゆる普遍性（一般性）言説の包括面が広くなれば広くなるほど、どっちつかずで解釈力を欠く。よって、このような夢物語的な叙述の共通点は、できるだけ広範な状況に適用できるような法則にまとめることを望むため、具体的な状況が包含する特殊な要素を犠牲にせざるを得ないものとなる。そして、対象が複雑になればなるほど、その特殊性（すなわちその他の場合に簡単に複製できない）要素がますます重要になる。このことはつまり地理学で議論する「変異」（差異）が重要な研究対象になる原因でもある。注目に値するのは、ハーツホーンが「差異」を「変異」に代えて使用するとき、彼が強調するのは特殊性のあいだの潜在的関係であり、排他的閉鎖性ではない。彼は相似と差異は決して対立しない、差異の強調は関係の網のなかで特殊性を強調することに等しいと考える。この考え方はかつての構造主義理論の非常に重要な貢献であったが、残念ながら、構造人類学と上述の地理学の議論以外では、広範な知的領域において、依然として受け入れられていないようである。

普遍性の不断の抽象化はますます普遍性の適用範囲を広げた。同時にますます具体性と正確性を失い、正しいようで実は正しくないというようなことになってしまった。しかし具体的な個別研究も困難に直面した。すなわちそれが有限対象の複雑性に関する理解を追究するために、その他の特殊性との関係をたぶん失ってしまったということである。それぞれの個別性はそれぞれ一つの全体を成している。複数の個別性のあいだには、ある種の関係が構築されていなければならなない。それでこそ、それぞれの独立性がそれ自身以外の意味を獲得できる。地理学が提供する相似性に関する解釈は、この点においてたいへん味わい深い。相似というカテゴリーの機能は同等を求めて差異を残すことでもないし、単に帰納することだけでもない。それは独特な個別性のあいだの主要な差異を相互取り替え不可の変異的特徴として結びつける努力なのである。地理学は五十年代にすでにこのような思考に到達していた。今日において、新しい発展があるのかどうかについては、私は知るよしもない。しかし、本章にとってこの到達点はすでに十分貴重である。なぜなら、それが別の「普遍性」思考へ至る道の存在可能性を示しているからである。

たくさんの論証を必要とするまでもなく、イメージすることができる。今日のアジア言説が受けている挑戦は、まさに本章の冒頭で指摘したように、まさしく認識論上の普遍性に対するイメージが単一化していることによる。今日学界が理解しているいわゆる普遍性とは、無数の個別性のなかから抽出した直接全体を覆い尽くす命題である。抽象に依拠して統合を進められない対象は、通常成立しないと考えられる。抽象的な普遍性自体はもちろん他の何者とも取り換えられない価値を有しているが、それを個別性の上に置くと、高位の価値が付与される。このことは、まさに地理学者たちによって1950年代にすでに議論されている問題である。地理学の研究結果は、もし抽象的な普遍的言説が個別的言説より価値が高いとするならば、その普遍的言説は個別的研究が、直観であるときと粗雑な状態のときのみに成立することを明らかにしている。このことを言い換えるならば、抽象的普遍性はただ学術含量がわりと低いレベルにあってこそ、はじめて優位性をもつのである。個別的研究が変異に関する議論を深めようと努力するとき、すなわち関連性のなかで個別性の特徴を議論するとき、普遍性は優位性をもたないだけでなく、個別的研究に助けられてようやく成立することができる。しかし、この点に関して、地理学がわれわれに教えてくれることは多くはない。なぜなら、地理学は最終的にやはり一つの普遍性と特殊性の二元的な考え方を設定してしまっているからである。したがって、変異が普遍を意味しているかどうかという問題については、言葉を濁していてはっきりと答えていない。そのため、われわれは哲学者の支援を求める方向に向かわなければならない。

近年来ずっと「多種普遍性」の研究に力を入れている哲学者陳嘉映は、普遍性と個殊性の関係についての研究で、卓越した成果を上げている。本章が使用する「個殊性」という単語は、彼の用語である。人々は具体的な経験を「特殊性」と「個別性」に分けることに慣れているが、これらふたつの抽象化できない特殊性が二次的な位置に来ることを強調するとき、陳嘉映が用いる「個殊性」の意味は決して軽視できるものではない。彼の普遍性についての考察のなかには、これまでの価値をひっくりかえす重要な仕事が含まれている。普遍性は決して高位の価値を持っていない。「普遍性に上昇する」ことは認識論のわりと簡単な形態である。しかし、最も重要な価値はまさに「個殊性」のなかに存在する。つまり、簡単には流用できない個別的経験のなかに存在する。

これまでの認識論が一般的に通用しているため、人々は「個別的経験のなかから普遍性を取り出す」思考方式に慣れている。人々は、各種の具体的な経験を初級の精神活動と見なし、これらの具体的経験から一般的な命題を取り出すよう努力してきた。一般的な命題とは異なる具体的経験に直接応用することができる抽象概念である。よって、共通性を有する命題は、これまでずっと最も重要な精神的生産物と見なされてきた。これは学界の理論崇拝とも無関係ではない。通常、言説は具体的な事例から出発し、最後に一つの抽象的な命題に到達し、人々に「法則を見つけた」という安心感を与える。ただし、「法則を見つける」ことへの盲信が彼らに一つの基本的な事実をおろそかにさせる。人文と社会科学の領域におけるこのような「法則」を自任する普遍的な言説は、ふつう意味が抽象的過ぎて夢物語のようになってしまう。こういった普遍的な「法則」は基本的に解釈能力を有していない。これらは空っぽの籠のようなものである。意味はその籠のなかの各種の異なる品物に存在している。多くの状況下において、人々は籠よりもなかの品物に強い興味を示す。

陳嘉映は正面からこのステレオタイプ的な考え方に対して挑戦を試みている。彼は次のように述べている。「これらの思考は一つの巨大な伝統を頼りにしている。すなわち普遍者は個殊者よりも高い位置にいるということ。われわれは各自特殊な位置にいるので、その他の個殊者を理解するためには、先ず普遍性まで『上昇』しなければならない。特殊な受益者や特殊な立場のあいだに不一致や衝突が生じたら、『上昇』を経て、『人間性の普遍的な倫理基準』に基づいて、裁定を下し、解決しなければならない。」[19]

陳嘉映は哲学的認識論の視点からこの「巨大な伝統」の破綻を次のように明らかにしている。まず、特殊性に対立する普遍性は厳密には成立できない。なぜなら、普遍性として定義される語は、結局そのまま特殊な名称になっているからである。神にしろ、釈迦にしろ、天にしろ、すべて特定の文化的・歴史的文脈のなかで、ようやく意味を持つ。よって、それらは依然として、人類の範囲内において、特殊性に属す。そして、それらよりさらに高いレベルに普遍的価値を設定したいなら、「名前はないが意味を表す者」になるしかない。次に、問題が一旦、名前はないが意味を表すレベルに入ると、普遍性の機能が限定的になる。普遍性がすべてを超越した最高の価値として理解されるとき、それは内容のない静態的存在として抽象化される。具体的内容を持たない価値は複雑な事物に対する効果的な分析には使えないし、人類の思考に資することもない。また、それが指示対象と内容をもつなら、それは具体的なコンテクストに入らざるを得ず、高いレベルで存在し続けることなどできない。三つめは、抽象的な普遍性にもそれ相応の価値がある。ただし、個別存在のなかから抽出した同質の命題は普遍性のなかの一つにすぎず、しかも、比較的単純なものである。陳嘉映はこう問いかける。「なぜ『上昇』して普遍性に至るのであって、『平行移動』して普遍性に至るのではないのだろうか？　あるいは『下降』して普遍性に至るのではないのだろうか？」[20]いわゆる、「上昇して普遍に至る」とは生活と思想の帰結ではない。倫理的思考のなかに現れる普遍部分は切実な思考に貢献しなければならないのであって、切実な思考を凌駕するものではない。「『名前はないが意味を表す者』が意味を成さないのは、語が至ることができるあらゆる普遍者よりもさらに普遍的だからではない――それが根本的には殊相の上の普遍者ではなく、殊相のあいだの翻訳・会通(えつう)だからなのである。」[21]

陳嘉映の最も重要な貢献は上述のこれらの認識論批判にとどまらない。彼は人類生活の倫理的な面から、積極的にこの種の「巨大な伝統」とは異なる普遍性に関する思想を構築した。彼はこう考えた。個殊性を普遍性と対立させるというような考え方は必ず打ち壊さなければならない。新しい関係においては、普遍性は特殊性の脚注のようなものになる。全体を認知する場合、無数の個殊性を抽象化するのではなく、それぞれの個殊性をそれぞれ一つの全体として見なさなければならない。普遍性は決して個殊性を凌駕するものではなく、各種の基準や原則として、個殊性の内部に有機的結合を成すものである。同時に、このことは各種の基準が外在的で統一的であることを意味してはいない。それらは個殊性内部で結合した後、個殊性自体に転化することが必要なのである。

この新しい考え方で、陳嘉映は別の巨大な伝統に立ち向かう。すなわち、これまでの相対主義のあり方を批判・否定する。これまでの研究において、普遍主義の対立物は特殊主義だけではなく、相対主義もそうであった。相対主義は普遍的適応性を拒絶するので、知識において直観的な当惑を引き起こす。相対主義は統一的判断基準を失っていて、あらゆる既成存在を無原則に認可しているとされる。また、判断基準を棚上げしていて、世界秩序を犯しているとされる。現実の認知において、それは文化保護主義、民族主義、あるいはその他の排他的立場として具体化される可能性がある。興味深いのは、相対主義は非難され、近年発展してきた多元主義言説がむしろ正当化されていることである。

このことは陳嘉映が抱く疑問ではあるが、なぜ多元的価値観の体現は自由で開かれているのに、相対主義の体現は泥沼状態なのだろう？

大雑把に言って、相対主義と多元主義は歴史的文脈のなかで顔を合わせてはいるが、心は離れている。相対主義は、多元的存在の上に位置する高い価値をもつ前提を棚上げにしている。だから、歴史主義の理論的基盤を構成しているに過ぎない。また、各種状況下において平等を主張するにあたっての根拠を提供しているに過ぎない。前述のヘルダーは、相対主義の最も積極的な面を体現している。そして、多元主義の多くは、自由主義政治理論の自己表現であり、その多元についての強調は決して相対主義的なものではない。なぜなら、多元主義は潜在的に「普遍的適応性」といった性質を有しているからである。すなわち、人は政治社会のなかで自由である。まさにこの意味において、多元主義理論の代表的人物と見なされているバーリンは決して相対主義者ではない[22)]。多元主義は民主主義政治言説に運用されているが、相対主義は多くの思考方式をわれわれに提供している。冷戦イデオロギーの浸透に伴って、多元主義自体も一元論的言説の前提に変わっていった。この基本的事実についてはおそらく多くの論証を必要としないだろう。

もしかしたらまさにこのためだろうか、相対主義は多元主義よりはるかに問題が複雑である。相対主義は多元主義より深刻な異なる価値のあいだの平等問題に直面していて、また同時に「相対主義の絶対化」の危険にも直面しているからである。もし相対主義が絶対化されたら、人々は虚無主義しか選択できなくなってしまう。だから、歴史と経験の中で事物の意味を理解すると主張するほとんどすべての思想家は、相対主義とのあいだに境界線を引く。カール・マンハイムの策略は「相関主義」を用い、相対主義の絶対化を避けるというものである。彼の『イデオロギーとユートピア』および知識社会学は相対的な視点に満ちていながらも、常に価値虚無主義の脅威を警戒している。マンハイムの相関論は異なる客体同士の差異性を、ある視点を別の視点に変えるという方式を通じて、如何にあらわにさせるかということを強調している。彼にとって、知識の全体性は各種関係の有効性と範囲についての境界分析に体現されていて、またそれは一面性についての自覚的認知にも体現されている。しかし、たとえマンハイムのように相対主義のなかの積極的要素を相関主義に効果的に転化した思想家でも、差異を抑圧する普遍性に戦いを挑むと同時に、普遍的価値にも助けを求めざるを得なかった。ただし、マンハイムの普遍性認知についての議論は、すでに差異のなかの具体的要素に転化されている。したがって、たとえ抽象という認知的行為であるにしても、マンハイムにおいては、歴史性と社会性を獲得しているので、具体的な意味をもつ[23)]。

陳嘉映はさらなる高見を目指している。彼は相対主義の問題において、彼の普遍性と個殊性の関係についての基本的な考え方を発展させ、これまでずっと人々に非難され続けてきた相対主義のために、歴史的正当性を勝ち取ろうとする。「文化特殊論というこのような相対主義はもともとほとんど防衛のためのものであった。百年あまり、西洋文明は普遍主義的基準でずっとわれわれの国を圧迫し続けてきた。この基準で量ると、われわれの国の昔の人々は人でないようになってしまい、昔の人々は幾分自虐的に成らざるを得ない。もし文化がそれぞれ特殊であって、西洋文化と中国文化に優劣がなければ、文化人の心のなかはすこしは安らかになることだろう。自らを保護するという視点で見るなら、文化特殊主義には情状酌量の余地がある。しかし、ここにも警戒すべきところがある。」[24)]警戒すべきところとは、文化特殊主義が文化を自ら保護する相対主義に源を発していて、根本的に普遍主義の一元的価値観から脱しきれていないということである。その自虐は容易に自尊に変化する。したがって、相対主義の平等精神を貫くことは難しい。したがって、根本的な問題はおそらく如何に普遍性と個殊性のあいだに新しい関係を築けるかということであり、如何に既存の普遍性と特殊性の「共謀」の構造を変えるかということである。

陳嘉映は、翻訳を参考モデルとし、普遍性に個殊性同士をつなげる機能を担わせることを想定している。この種の状況下において、「個殊性は普遍性の実現ではなく、個殊者は相互理解と相互支持を通じて自身を実現する。」[25)]普遍性は個殊者が互いに交わる中間地帯として、殊相同士が翻訳・会通（えつう）し合う地帯になっている。高々と上の方に位置する共相ではない。このことを言い換えるならば、普遍性は殊相のなかから抽出した同質性の共相ではなく、殊相同士が通じ合うための媒体なのである。それは殊相同士が交易する部分に存在しなくてはならないだけでなく（相互理解の起点であり、終点でなはない）、自身「無名」であるため、殊相の助けを借りてようやく意味を成すということでなければならない。このことは思考方式のコペルニクス的転回である。普遍性は二種のあるいはさらに多くの殊相が交易する部分に存在するが、それ自身の意味は決して完全なものではない。ただ殊相の交易部分だけに依拠して、そこだけ取り出しても、当時の地理学者たちを困惑させた局面を作り出すだけである――研究設定を比較的低い水準に設定してこそ、繰り返し出現する共相を見つけることができる。このことは普遍性が複雑な対象を処理することができないと、味気ないものに変わってしまうということを意味している。よって、複雑な対象の解釈を目標とする普遍的論述は、殊相に助けられた個別的なコンテクストでようやく自らの意味を獲得することができる。つまり、普遍性は殊相に内在する構造に入ってはじめて、この構造を通じて交易部分に意味を与え、その結果、差異（あるいは地理学で言うところの「変異」）を探求し、何かを言い表すことができるのである。もし普遍性が相対主義が作り出す価値の虚無状態を消し去ることができると言うならば、それは殊相同士間に通じ合い・交り合いを促し、殊相の隔絶状態を打ち破り、個殊者間に他者に対する理解と尊重を生じさせるということを意味している。普遍性は静態的な外在基準ではなく、動態的な交り合いの過程なのである。ただ、この過程が目指す目標は、価値と基準の同一化ではなく、多様性を有する個殊者の開放的な自己完成である。

陳嘉映の普遍性に関するこれらの議論は、アジア原理の議論を強力にバックアップしてくれている。しかし、われわれはここにとどまることはできない。議論を進めるために、歴史の方へ向かうことにしよう。

4　アジア原理の歴史的内包

上述の関連する理論的検討に基づいて、以下に基本的な考え方を整理しておきたい。

まず、人の物質生活と精神生活は、特定の風土（「自然」ではない）状態のなかに存在している。この種の人間が風土化している状態は、ある社会独特の文化的論理を決定する重要な基礎になっている。ただし決して唯一の基礎ではない。そして、いわゆる開かれているということと、流動しているということは、決してこの種の独特な性質を消し去ることにはならない。このことを言い換えるならば、人類世界が全面的に情報化し、皆がほとんど同じ方式で消費をするようになっても、それぞれの社会には、依然としてそれぞれの社会の歴史が保たれているということである。

次に、人々の精神活動は時間の経過を伴う地域的性格を有する。歴史は空間と結合してはじめて伝統になることができる。時間と空間の結合を強調してはいるが、二つの抽象的な概念の単純な結合を意味してはいない。歴史の主体としての人は、時間と空間の結合のなかにあってこそ、「人間」になることができる。われわれがそれぞれの社会には人の自由と平等に関するそれぞれ独自の理解の仕方があると言うとき、われわれが普遍性モデルに昇格可能な特殊な社会モデルはどこにもないと言うとき、われわれが言う社会、人とは、決して宙に浮いているようなものではなく、ただただ風土的な存在でしかあり得ない。

さらに、われわれが上述の二つの考え方を自らの知的感覚として認めるならば、普遍性の理解への転換が完成する。人類精神の風土性を強調することは、いささかも特殊性をもって普遍性に対抗することを意味していない。逆に、真の普遍的精神は、多種の個殊性を平等に尊重しなければならない。覇権的な考え方や抽象化のプロセスを利用して、それらを融通がきかない元の個別の価値の枠組みに押し込めるものでもない。普遍的精神は各個殊性の内部にのみ存在し、個殊性の自己実現を通じて、それ自らの価値を完成する。例えば、われわれが普遍性を人類が有すべき美しい生活のなかや善の状態のなかに確認しても、その抽象的な形態には意味がない。このような人類が共有する普遍的価値の機能は、個殊性を有する各対象にわれわれを引き入れ、慎重にその内在論理を探索し理解させることにある。そして、われわれはまさにヘルダーが断言したように幸福は風土性であり、それは各個殊性のなかで異なる意味をもつものであるということを最終的に発見する。

最後に、われわれは相対主義の肯定的な面についてあらためて考え直しておかなければならない。もし、われわれが一元的な普遍性についての理解を解体すなら、もし、われわれが地理学のように特殊性が人類の複雑な生活においてたいへん重要な価値を示していることを承認するなら、相対主義から肯定的な面を救い出すことは、一刻も猶予できない課題である。歴史的に、相対主義は直接的攻撃性をそなえていないが、普遍主義の攻撃性はそれより強い。もちろん、平等精神をそなえていない「相対主義」は攻撃性をそなえたイデオロギーに確実に転化する。地政学早期の危険な状態はこの点を実証した。しかし、ヘルダーとマンハイムの次のような考え方も同時に実証された。危険を相対主義にしのばせて罪を着せるのは思惟の怠惰であり、真の相対主義は危険ではなく、危険なのは、相対主義の名のもと絶対主義を行うことである。陳嘉映が述べるように、相対主義から肯定的な認識論の資源を得るためには、いわゆる普遍主義に上昇するのではなくて、閉じた個殊状態を打ち破り、個殊者のあいだの関連を打ち立てることが必要である。

それでは、上述の考え方はアジア言説とどのように関係するのだろうか？

アジア言説は本章の第一節で素描した困難によって、非一体性と非自足性の方にずっと押しやられてきた。アジアの非一体性について言えば、ヨーロッパ範疇をつくりあげたヨーロッパの一体性の叙述に比べ、アジアの非一体性の叙述は特に目につく。ヨーロッパ範疇はヨーロッパのすべての国を完全に覆い尽くすわけではないが、少なくとも地理学的意味において、ヨーロッパに属すロシアを効果的に処理している。ただし、ヨーロッパ範疇はアジアの内部に多くの文明が共存しているという難題にはぶつからなかったため、認識論において、非一体化の質疑をほとんど受けていない。また、非自足性については、ヨーロッパにも同様に存在するが、意味はむしろ相反している。ヨーロッパの非自足性は、対外拡張を目指す植民地化の過程であり、「他者に進入」ならびに他者に融合する強権的過程であり、一方、アジアの非自足性は植民者がアジアに内在する過程であり、屈辱と忍従を伴っている。このような立場の違いによって、ヨーロッパは非自足的状態下でも、すでにその一部分を構成している他者を、「よそ者」であるということで拒絶できるが、アジアはこのような権利を剥奪されている。

なぜ「アジア」はヨーロッパのようにひとつに統合できず、存在価値をもたないのだろうか？　なぜヨーロッパは非自足的状態下でも自足を論述することができ、アジアはできないのであろうか？　いくつかの理由は明らかに歴史的な理由であり、知識だけでは説明することができない。侵略戦争と植民地化、ヨーロッパから来た進歩史観と近代化理論は、実際に世界の覇権ヒエラルキーをつくりだしただけでなく、精神的にも世界にステレオタイプ的な考え方を広めた――これはつまり抽象的な一元的普遍性言説の基礎である――「脱植民地化」のような概念を使用して、このような問題を議論しても基本的に何の役にも立たない。それは問題が覇権形態を確認することにあるからではなく、もっと微妙な知的感覚にあるからである。もしかしたら、追究すべきはこういうことかも知れない。われわれがアジアの一体化に疑問を投げかけるとき、われわれは何を求めているのだろうか？　われわれがアジア範疇の正当性を取り消そうとするとき、われわれは何に警戒しなければならないのであろうか？

本章の文脈に戻ると、もしかしたら別の角度から、この問題を見直すことができるかもしれない。現実において、アジア（あるいは東アジア）一体化のスローガンは、アジア地域のコンセンサスをはかるための媒体になっている。しかし、認識論的には、アジアの一体化は決して原理的な意味をもっていない。アジアの一体化は、ヨーロッパのようにひとつの互いに享受し合える精神史の陳述をつくりだすことはできない。だが逆にそれは、アジアの多様な風土的特徴の助けを借りて、普遍的原理を再構築するための最高の時間的・空間的基礎を提供してくれる。アジアの一体化は、アジアの異なる宗教、文明および歴史形態とのあいだに、共相を求めない個殊者間の連帯関係を構築する。つまり、個殊者自身の実現を保障しながら、多様で平等な相互理解を構築する。アジア特有のいくつかの大宗教が併存し、いくつかの大文明が共存する歴史的風土の力を借りて、われわれはヨーロッパや北アメリカにはない、アフリカやラテンアメリカにさえもない原理的な思想を完成することができる。このことは共相を捨て去り、個殊性についての理解を求めて新しい普遍性が誕生したことを意味している。アジア範疇は、アジアが一人の個殊者ではなく、多くの個殊者が現実に同居していて、思想的な場をつくっているからこそ成立することができる。そして、アジアの歴史だけが個殊者たちに互いの差異を尊重するという独特の風土を提供している。アジアはアイデンティティを求める単一の対象ではない。歴史上、アジアがアイデンティティの対象になった歴史的瞬間は、基本的には日露戦争前後と第二次世界大戦後のアジア・アフリカ独立運動のとても短い時期に限られている。アジアの機能は、感情を互いに投射し合いアイデンティティを確立できるような媒体を提供することにあるのではなく、新しい原理を議論する空間、新たに普遍性を思考する空間を提供することにある。アジア原理は普遍性を再構築する「風土」的特徴をそなえている。

もちろん、上述の言説は理論上の願望に過ぎない。歴史の現実はもっと厳しい。アジアの歴史には血生臭い暴力がひどくはびこってきた。アジア言説を提出すると、東アジアの人々は相互理解ではなく、日本の大アジア主義と大東亜共栄圏にまず思い至る。それは侵略戦争と直接結び付いているため、中国人に東アジアあるいはアジア範疇に対する反感を抱かせる。この種の非常に強い感情は、人々を歴史的にアジア主義から遠ざけてきた。だが、人々は忘れているに違いない。日本の早期のアジア主義は決して単純な侵略イデオロギーではなく、連帯感覚を包含していたことを。また、中国の孫文もかつて「大アジア主義」を提唱し、これによって日本の拡張姿勢に制約を加えようとしたことを。日本の大アジア主義と孫文の大アジア主義は、一方は覇道に向かい、一方は王道を提唱した。両者は国を超えた地域性の連帯は西洋の侵入の道を塞ぐと考え、また中心が必要であると考えていた。ただ、如何に連帯し、如何に中心的な問題を設定するかで真っ向から対立していた。この歴史は今日のわれわれに一つの課題を残している。アジアは言説範疇として本当に意味をなさないのだろうか？

竹内好は1960年代に非常に困難を伴う仕事に従事していた。つまり「アジア」

の原理化である。彼は二つの面からこの仕事を押しすすめようとした。第一の面は、哲学的・倫理的な面である。彼は『方法としてのアジア』を書いた。この講演原稿では、アジアはいったいどのような方式で近代化のプロセスに入っていかなければならないかということが中心的に議論されている。西洋の方式に基づいて近代化を進めてこそ唯一価値があるのだろうか。彼は日本と中国の「近代化モデル」を対照させ、前者を「外発式」、すなわち欧米のモデルの追随であると指摘し、後者を「内発式」、すなわち内部革命を進めたのち自発的に生じたモデルであると指摘した。彼は中国のモデル（インドもこのタイプに入る）は民衆の意志を代表し、日本よりもっと深く本質に達していると認めている。竹内好のこの講演は、当時の日本社会の主流を占めていたアメリカと西洋を崇拝し、中国とアジアの後発国家を差別する風潮に対するものであった。彼は中国とインドの近代化は最も徹底した近代化であると強調し、日本社会が平等にアジアの国々に向き合うよう呼びかけた。

この講演で最も注目する価値があり、また最も理解しづらいのは、最後の部分である。ある聴衆が日本はアメリカ式教育を脱し、日本の個人主義的民主主義を強化し、アジア原理に基づく現代の制度を構築するべきだと意見を述べたとき、竹内好はこのように答えた。

「私は、御意見とは少しちがう。人間類型としては、私は区別を認めないのです。……人間の内容は共通であり、歴史性においても人間は等質であるというふうに考えたい。そうすると近代社会というものは、世界に共通にあり、それが等質の人間類型を生み出すことを認めざるを得ない。同時に、文化価値も等質である。ただ、文化価値は、宙に浮いているのでなくて、人間の中に浸透することによって現実性をもち得る。ところが自由とか平等とかいう文化価値が、西欧から浸透する過程で、タゴールが言うように武力を伴って——マルキシズムから言うならば帝国主義ですが、そういう植民地侵略によって支えられた。そのため価値自体が弱くなっている、ということに問題があると思う。……西洋が東洋に侵略する、それに対する抵抗がおこる、という関係で、世界が均質化すると考えるのが、いま流行のトインビーなんかの考えですが、これにもやっぱり西洋的な限界がある。現代のアジア人が考えていることはそうでなくて、西欧的な優れた文化価値を、より大規模に実現するために、西洋をもう一度東洋によって包み直す、逆に西洋自身をこちらから変革する、この文化的な巻返し、あるいは価値の上の巻返しによって普遍性をつくり出す。……その巻き返す時に、自分の中に独自なものがなければならない。それは何かというと、おそらくそういうものが実体としてあるとは思わない。しかし方法としては、つまり主体形成の過程としては、ありうるのではないかと思ったので、「方法としてのアジア」という題をつけたわけですが、それを明確に規定することは私にもできないのです。」[26]

この引用は細部まで読む価値がある。竹内好は自分と少し意見が異なる質問者に対し「脱植民地化」の問題について答えている。彼は議論の前提としてアジアと西洋を実体性のある存在物と見なすことに反対している。このことは彼の主題である『方法としてのアジア』の意味にぴったりと合っている。主体の独特な性質のため実体と見なすことができないそれは、一つの「過程」と見なせるので、「方法」と称することもできる。もちろん、ここで言う方法は決して方法論ではなく、歴史的論理、あるいは原理とでもいうようなものである。認識論的に、現代アジア人は新しい普遍性を創造することが必要である。そして、この種の普遍性は、文化・価値の上での反転を通じて、さらに、優れた価値を示しながらも植民地化の歴史と覇権的な地位によって、その価値を自らおとしめた西洋に対する「再構築」を通じて、ようやく世界の均質化を打ち破り誕生することができる。竹内好はアジア人が創造した普遍性は非均質化したものであるに違いないと考えている。このことは、彼が欧米思想家と一線を画す重要な特徴である。なぜ普遍性が均質化したものであり得ないのだろうか？なぜなら、それは宙を浮遊できず、人の集合のなかに浸透して現実性を獲得する必要があるからである。よって、それは必ず個殊者として体現する。しかし同時に、竹内好は人類は価値の上では等質であることを強調した。この種の等価値は普遍性の実現には平等という前提があることを意味している。これを言い換えるならば、個殊者のあいだで、この平等という前提を共有した後、ようやく相互理解と相互融合が生まれるということである。しかし、平等であるという前提は決して普遍性自体ではなく、それは普遍性の実現にきっかけを与えるにすぎない。

竹内好のアジアに対する議論、中国・インドの近代化モデルに対する議論（明らかに、彼の近代化についての理解は多く精神面に限定されている、すなわち人の解放の面に限定されている）は、大き過ぎて使い物にならないという感じを免れないため、具体的な点においては問題がたくさんでてくることだろう。しかし、この思想本来の哲学的・倫理的性格を考慮するならば、もしかしたらわれわれが注目すべきは別の問題なのかもしれない。竹内好が大量の紙幅を費やして、五四運動が持つ現代的特徴について述べたとき、現代中国の混乱を通して、それが日本の現代的特性よりはるかに勝ることを認めるべきであると強調した。こういった分析は彼の中国に対する美化から生まれてくるものでは決してなく、彼が上述の引用のなかで語った「価値の転換」を忠実に体現しているのである。当時であれ今日であれ、日本社会の主流はずっと、ひどく混乱した中国は近代化の程度において日本より遅れていると考えていた。竹内好は日本で最も早くこのような価値に疑問をなげかけた人なのである。彼は、日本人の中国に対する傲慢な態度は、その根底には、西洋的価値観がひそんでいると敏感に見抜いている。この単一の自己中心的価値観は、日本社会に差別意識をもたらし、日本人が侵略戦争に動員される土壌を醸成した。文化と価値の上での「西洋式の限界」は、西洋から来たあらゆる価値を排斥するものではない。西洋についての意識形成と意識変革は、まずアジアに内在する西洋のイメージと価値の序列を作りかえることを意味している。だから、西洋から来た良い価値は、西洋の侵略を受けたアジア人によって実現されなければならない。なぜなら、アジア（あるいはアジア、アフリカ、ラテンアメリカと言うべきだろう）の植民地化のトラウマをもつ歴史こそが、西洋人の不平等な等質性を、本当の意味で平等で多様な普遍性に作りかえる可能性があるからである。竹内好について言えば、彼が示した普遍的精神は、決して実在している中国の「近代性」の確認ではなく、中国近代における人の開放過程に内在する変革精神の尊重である。表象において、この種の変革精神はヨーロッパの基準に合っているとは決して言えないが、彼は現代中国社会の混乱および落後した状況を通して、中国の歴史が変わる時期の巨大なエネルギーとそれに伴う大きな代償を認めた。彼は日本社会にこのようなよく知られていない「近代性」を努力して理解するよう呼びかけた。なぜなら、それは如何なる西洋の論述のなかにもあてはめることができないからである。竹内好は「近代性」という語彙を使用したが、それは明らかに「名前がない者」である。それは出発点でもなく、到達点でもない。中国という個殊者に入ってきた媒体にすぎない。

竹内好はずっと日本社会の各種の差別と傲慢に反対することに力を入れてきた。彼はこの種の社会風潮を、現代戦争に至る民衆意識の底流と見なした。彼がこのような思想に関する仕事を進めるとき、アジアは始終彼の視界のなかにあり、彼はこれに依拠して自らの主体性を構築した。竹内好は彼の戦争体験を活性化させ、強権をおそれず、弱小を扶助する精神文化を構築することに力を尽くした。彼は弱い者いじめをする「優等生文化」を軽蔑した。日本の風土には彼が追求するアジア性が欠けていると痛切に感じていた。彼はこれをアジアの新しい理念にしようとさえした。このような反帝国主義と共に、革命的な力を内在する社会こそ「アジア性」を有すると考えていた。よって、彼はイスラエルはアジアに位置しているが、アジアには属さず、キューバはむしろアジアに似ていると考えていた[27)]。

竹内好のこの名文は反響がとても大きかった。「方法としての」はその後、思想家たちがいろいろな意味に転用したし、もしかしたらこの名文の神髄はこのような言い方にあるのではなく、先に引用した段落の左右から出撃する論述にあったのかもしれない。竹内好は個殊者の本質主義的立場、すなわち絶対化された相対主義的立場を打ち破っただけではなく、同質化した普遍性のイメージをも打ち破った。彼は、ヨーロッパの侵略によっておとしめられたアジアの人類的価値が理念的に引き上げられるということを示しただけでなく、アジアが多様性を持った主体を成してこそ、ヨーロッパが完成できなかった任務を完成できるということを示した。彼は西洋が中心であるということに対抗する必要性を強調し、西洋中心の思考方式がアジア外部に存在するのみならず、アジアのエリートたちの共謀による産物であるということを一つ一つ調べてはっきりさせた。

上述の第一の面に歩調を合わせ、竹内好が進めた別の面の仕事は歴史性に関する仕事であった。彼は日本の歴史のなかで、侵略イデオロギーに巻き込まれていくアジアの心情を「救い出す」ことから着手した。早期のアジア主義者たちのところから、いじめられる弱小民族が生み出す連帯の思想資源を求め、このような早期資源がなぜその後変質してしまったのか、それが歴史のどの段階で右翼イデオロギーに転化したのかについて特に力を入れて論証した[28)]。後の悪名高い軍国主義イデオロギーから逆にさかのぼって、早期の思想の別の可能性について検討したことは、思想家にとって厳しい試練であったに違いない。竹内好の孤独と誤解は容易に推察することができる。そして、本章が指摘したいことも、アジア言説はまさにこのように慎重に根源を追究していかなければならないカテゴリーだということである。それがもつ健全な要素は、始終それが持つ危険性と表裏一体なのである。この点は、まさに先に言及したヘルダーの精神風土学説が、国家有機論を作りだしたのは必然ではないし、植民地主義に正当性を与えたのも必然ではないということと符号する。われわれもアジア主義の理念が発生・変質していく歴史的過程と慎重に向き合わなければならない。

朝鮮半島は1910年に日本によって侵略占拠され、かつて一度存在した「東洋三国連帯」イメージが壊された。しかしこのことは朝鮮半島の義士たちが東アジアの平和実現を自らの「天職」として励むことを妨げなかった。孤独の英雄安重根から中国大陸で活躍する朝鮮義勇軍まで、朝鮮の戦士たちは東洋連帯の理想を具体的な大陸雄飛に転化した。第二次世界大戦が終わるまで、東アジアは朝鮮半島の志士にとっては、日本およびヨーロッパの植民者を抗撃する共同の空間であり、いくつかの国が組み合わさってできた国際地域ではなかった。朝鮮戦争後、冷戦構造は朝鮮半島を中心として東アジアに内化し、二つの「半分の国」に分断されざるを得なかった。たとえ半島内部の民族独立と統一が主要課題になっている状況下でも、世界大戦の期間に形成されたこのような朝鮮志士の東アジア空間に対する感覚は消えず、その後の韓国人思想家たちがそれを新しい国際的な観点に転化することを試みている。白楽晴の第三文学論は、世界は一つしかない、それは決して三つの部分が組み合わさってできているのではないと強調している。この論断の意は三つの世界を如何に区分けするかという問題が生むもつれから脱することにある。その問題意識は、実質的には当時朝鮮義士たちが大陸を転戦していた時期の世界感覚を受け継いでいる。強権を有する資本世界体系に相対して、第三世界は一種の下から上がってきた民衆から来た「グローバル化」なのである。それは世界を一つの全体にする。白楽晴の第三世界言説は、第三世界の空間的特徴を否定し、それを基本的には思考世界の概念に変えているかのようである。しかし、もし分断体制についての他の言説を合わせて理解するならば、この種の機能的な見方はその空間的な意味を顕示する。この韓国の思想家を悩ます基本的な問題は、南北の分断の現実にとどまらず、この現実の背後にある分断体制にも隠されている。分断体制の重要な問題は区分けにある。これを言い換えれば、対立の不断の再生が、個殊者同士が同じ空間を占めることや連帯することの可能性を阻んでいる[29)]。白楽晴は南北問題において、民衆が望まない単方向的な統一にはっきりと反対している。重要な問題は統一ではなく、分断体制を超克することなのである。つまり、南北それぞれが個殊者となっている隔絶状態を打ち破り、個殊者の差異を尊重する平向移動的普遍性を体現することなのである。このような観点から、彼の第三世界が世界を一つにするという言説を理解すると、われわれはそれが単一普遍性言説の特徴とは異なっているということに気がつく。白楽晴は第一世界内部の第三世界的要素も含めてすべて、個殊者間の連帯を通じて、グローバルな関係を構築することができと考えている。これは明らかに分断体制を超克するグローバルな構想であり、その目標は世界を「一つの基準」で統一することなどでは決してなく、資本が作り出す区分けされた状態、分断された状態を打破し、平等で多様な連帯を打ち立てるということである。

白永瑞と崔元植はそれぞれ東アジアをテーマとして白楽晴の言説を発展させ

た。彼らは白楽晴が構築した相対主義的視点を受け継ぎ、朝鮮半島特有の精神的風土のなかで、東アジアに具体的な意味を付与した。白永瑞は二つの対立するかのような視点の相補的関係を強調した。朝鮮戦争後の半島が東アジア冷戦の「核心的現場」となった視点、もう一つは、東アジアは世界体系のなかにあり、半島は東アジア秩序のなかにあるということに基づく「二重の周辺的視点」[30]である。このカテゴリーの同時使用は、竹内好の上述の価値転換の可能性との類似を暗に含んでいる。白永瑞が示した理論的前景は、南北分断体制を克服する運動を周辺的視点の伝達手段として、資本主義に如何に対抗するかなどについて、民衆の側から考えるということである。崔元植は自らの東アジア論を「第三世界の東アジア論」と称し、第三世界に限定することによって、自らの東アジア論を日本に代表される覇権的東アジア言説と区別している。第三世界という観点から、崔元植は鋭く指摘している。「もし資本の運動が民衆の呼吸に浸潤している独特の場所を消し去り、すべてを時間に帰属させるということに気づくなら、場所に宿る魂とつながることは永遠に中心的な仕事になる。」[31]と。第三世界は民族の自決を争い取る理念であるばかりではなく、それは「場所に宿る魂」になる必要がある。場所が魂を宿してこそ、「時間」の序列が誘発する近代化の単一的なイメージに効果的に対抗することができる。すなわち、資本のグローバル化がつくりだす第一世界の幻のイメージをモデルとする同質化の流れを断ち切ることができる。この場所がつまり「東アジア」である。それは「すべてを時間に帰属させる」画一化に必然的に反対し、「一即多」を強調することになる。この意味において、崔元植と白永瑞は互いに呼応し、周辺の視点の意味を深化させた。周辺の視点とは皮相的な反中心の言説ではなく、民衆からの新しい世界形成原理である。崔元植はこの考え方に基づいて、岡倉天心の「アジアは一体である」の言説に対し、警戒感と共に疑問をなげかけている。「アジアがどうして一体であることができようか？　アジア自体が豊かな多様性を有していることを認めようではないか。それでこそ、大きな枠組みを忘れないと同時にアジアの各地域のあいだに小連帯を作りあげる事業が具体的な進展を見ることができる。」[32]

韓国人思想家の東アジア言説がわれわれに提供するのは、地域共同体の主張だけではない。朝鮮半島特有の精神的風土の助けを借りて、われわれははっきりと、アジア原理がなぜ必要か、なぜ若干の大国が「アジアを代表する」ことではだめなのかということを感じることができる[33]。韓国が「二重の周辺」に位置するということが、アジア原理の魂を示している——相対的に周辺に位置する空間にあってこそ、明確にこのような命題を生むことができるのだろう。差異こそ普遍である。

朝鮮半島の近現代がアジア主義を形成し難い歴史的原因とアジア言説が中国近現代史において思想的伝統を形成することがほとんどできない土壌は似ている。われわれは比較的質の高いアジア言説を探し出すことができるが、それらは基本的に「反命題」方式で一時的に提出されたものである。典型的なのは孫文の「大アジア主義」と李大釗の「新アジア主義」で、これらはひとしく日本の日増しにエスカレートする侵略態勢に対して、別種のアジア観念を打ち立てた。もちろん、これらは共に日本の「大アジア主義」に対立しているのだが、これらが互いに対立するところもある。最も重要なのは日本の「覇道」に取って代わる新アジア理念を如何に設定するかにある——中国伝統の夏夷秩序を活性化し、現代版の中華文化圏を再び作るべきか？　それとも国際共産主義運動の理念に引き入れ、大小国家一律平等の現代のコンセンサスを打ち立てるべきか？

孫文は1920年代の中国は伝統社会を脱していないと考えていた。彼が三民主義の講演をしたとき、彼があらかじめ設定した中国の現代的制度は、彼がイメージする伝統的な社会が基本にあった。まさにこのような考え方の延長線上で、彼は、中国が日本の覇道とは異なる性質の「大アジア主義」を創造するなら、唯一の選択肢は伝統的な王道であるとはっきりと認めた。しかし、もしわれわれが現代的観点で、孫文の「王道」思想をそのまま簡略化するならば、それは現代の国と国との関係における「中国中心主義」と簡単に一致する。おそらく歴史的状況は全く異なっているのだろうが。孫文の『神戸商業会議所などの団体に対する演説』を子細に読むと、孫文による中国の伝統的な意味の上での

「王道」の定義は「仁義道徳」である。そして、彼が王道を強調する意図は、ヨーロッパが強い軍事力を背景とする功利主義でもって、世界を征服しようとする「覇道」に反対すること、すでにヨーロッパの後塵を拝する態勢を明らかにした日本に警鐘を鳴らし、日本が「仁義道徳」の正規の軌道に戻るよう呼びかけることにあった[34)]。

孫文の大アジア主義の主要な観点は以下のいくつかの点である。一、ヨーロッパの文化は科学の文化であり、物質文明の発達を導いた。この種の文化はまた武力の文化であり、それは飛行機・爆弾・鉄砲・大砲でアジアを圧迫し、後者に同様の物質文明を発達させなかったので、よってこれは覇道の文化である。二、アジアの文化は仁義道徳の文化で、本質的に人を感化し、人を圧迫することはしない。これがつまり王道の文化で、正義と人道に有益である。中国がむかし強盛であった頃、弱小な民族と国家にひとしく中国をもって上国とさせ、朝貢することを栄誉とさせたことは、この種の王道文化の感化能力を実証している。三、アジア各国が直面している問題は主として主権独立の問題であるが、感化によってヨーロッパ植民者のところから独立を獲得することは到底無理な話である。よって、武力に訴えることしかできない。しかし、武力を使用して、被圧迫民族が、不公平な出来事を見て、勇敢に立ち向かい、いじめられている者を助けることなどできなので、大アジア主義は仁義・道徳を基礎とし、ヨーロッパ内部を含めた圧迫を受けている民族と連合し、共にすべての民衆が平等に解放された文化を追求することを提唱する。

孫文の視点のなかに含まれているいくつかの重要な歴史的要素は、この講演に重要な歴史的な機能をもたせた。彼が論じたのは、アジアが如何に西洋の支配から独立するかということと、独立後、二度と西洋と同じ失敗はしないという歴史的な課題についてであった。講演は冒頭の部分で、日露戦争で「有色人種」が白人に勝ったことが西アジアのアラブ人を鼓舞したことに言及し、終わりのところで、十月革命後のソ連の「最近の新文化はわれわれ東洋の旧文化にきわめて合致しているから、ソ連は東洋と手を携えて、西洋と袂を分かつ」と強調した[35)]。この発言は重厚な歴史を語っている。1904年から孫文の講演の

1924年まで、ロシアはこの二十年のあいだに、ツァーリロシアからソビエトロシアへの転変を完成させていた。孫文から見れば、このことはまさにロシアがヨーロッパと決別しアジアと一緒になる過程であった。孫文は人種、皮膚の色などの種々の実体的な条件を克服し、アジアを原理的な面に向かわせた。四十年近く後の「方法としてのアジア」は同一の面において、孫文のアジアについての原理的な議論を引き継いでいると言えよう。

しかし、孫文が大アジア主義は被圧迫民族の平等・解放を追求しなければならないと論じたとはいえ、彼の王道の解釈はやはり伝統的中国社会の「中華文明圏」の構図を援用していた。このことによって、彼は後代の人から批判され、その批判を甘んじて受け入れるしかなかった。そして、この意味において、李大釗の関連する言説は相補性を有する参考資料を提供してくれる。

李大釗の言説はアジアが政治・地理概念を成すことができるかどうかという問題において、孫文の言説ほど堅牢ではない。彼は東西文明の実体的な分割に関して、一種の「南北」の分類を採用している[36]。だが、この地理的意味に基づく分類法は、彼が翌年（1919年）新アジア主義を提出することを邪魔しなかったようである——李大釗は日本の大アジア主義に対して、明確にアジアを言説の主体に定めた。彼は、日本のアジア主義はその核心が一人大きい中国を併呑することにあり、かつ、このような欧米に対し積極的に宣戦するかのような態度は、生まれる可能性のある平和的な局面に不利にはたらくと強調した。李大釗は民族自決を基礎として、新アジア主義の地域連合体を打ち立て、ヨーロッパ、アメリカと共に鼎の三本の足として連合し、世界連邦制を完成させることを呼びかけた[37]。同年、彼は二篇目の文章を発表し、彼に対する質問に答えている。比較的容易に理解できる観点（例えば、日本の大アジア主義の強権に反対すること、新アジア主義は世界人民を連合する自治主義であり、実体性のあるアジアによる排外主義ではないということなど）以外、李大釗の以下の議論にも重要な理論的契機が暗に含まれている。質問者の直接でなくても世界の各民族を連合することができるかという質問に対して、彼はこう答えている。アジアは結局アジアであり、アフリカは結局アフリカであり、アジアにいる人は結局アジア人が多く、ヨーロッパにいる人は結局ヨーロッパ人が大多数となっている。各州に小さな連合体ができてこそ、世界連邦の第一歩になる。質問者の、地中海文化の一体性から、小アジアとヨーロッパの関係の方がより緊密であると言えるのではないかという詰問に対して、彼はこう答えた。たとえ、小アジアとコンスタンティノープルの関係がより緊密でも、香港・広州の民情がヨーロッパにより近くても、アジアに独特の民情が存在していないという証拠にはならない。なぜなら、これらの例はアジアの限られた部分でしかないからである[38)]。李大釗が述べたかったのは、世界民族の連合は一つの「風土化」の事業であり、異なる地域の文化的な差異を考慮しさえすれば民族自決の意味での平等連合体を構築することができるということであり、風土性の基礎を離れて、各民族の連合や互いの結びつきを直接論述することは、地域風土の複雑な構造関係を無視することになるため、非現実的な机上の空論になりやすいということである。ヨーロッパ、アジア、アフリカといった分類を打ち壊して、直接、国家と地域の国際関係を構築すること（この種の思想は今に至っても依然需要がある）は、近代以来の強国政治が生む一元化の論理の陥穽に陥りやすい。

孫文と李大釗の上述の議論は、ひとしく清末民初の日本早期の大アジア主義が変化し始めた時期のものである。当時、中国は亡国の脅威に直面していたので、地域性の連帯をはかると同時に、日本の拡張の野心を警戒しなくてはならなかった。清民二代にわたる政治活動家としての二者の思想資源は異なっていた。孫文のは儒家の道徳政治を目指すものであったし、李大釗のは国際主義と民族自決理論に依拠するものであった。しかし、弱小民族のために「不公平な出来事を見て、勇敢に立ち向かい、いじめられている者を助ける」という点では、二者相通ずるところがあった。国際政治理念として、この両者はその後の毛沢東の第三世界路線のなかにも、継承されている可能性がある――われわれは毛沢東の第三世界理論のなかに、この両者が新しい時代、新しい政治環境のなか、如何に変化し、如何に再生したかといった痕跡を見いだすことができる。

中国は、ユーラシア大陸の重要な一端に位置する複雑な政治体として、歴史的にいくつかの文明の基本的な要素を融合させている。その意味において、「アジア」は中国に内在していると言える。しかし、中国に内在している「アジア」は、中国の外にあるアジアと同列に扱ったり、取り換えたりすることは決してできない。なぜなら、歴史は中国に内在するアジアに、中国的な特徴と中国的な論理をすでに付与しているからである。このような理由で、アジアが中国に内在しているからと言って、中国という政治体が消えてなくなるというようなことはないだろう。かえって、中国の歴史が簡単には西洋の民族国家の枠組みのなかには取り込めないということが中国にとって一番良い方法を選ばせたのではないだろうか。ただ、中国の歴史のこのような豊かな「アジア性」を認識するためには、われわれは認識論をすこし転換しなければならない。西洋式の一元化と絶対化の考え方を捨て去り、真のアジア原理を打ち立てるのである。こうも言えよう。アジアの差異化の原理から出発し、中国の歴史を見て、新しい構図を現出させるのである。

本章は東アジア地域の歴史と現実の、アジア原理にかかわる部分を簡単に整理し議論した[39)]。基本的な考え方をまとめると以下のようになる。アジア原理はアジア近代の植民地化に反抗した歴史を基礎とする。この反抗は対外的なものだけではなく、対内的なものでもある。上述の東アジアの思想家たちは、各自の異なる文化的なコンテクストのなか、各自の異なる方式で、一つの共通の歴史感覚を表明している。アジアは非アジア地域と非アジア人を排斥するようなやり方で、主体を構築する必要などは決してない。言い換えれば、ヨーロッパ原理になっている「よそ者」は排斥するというような考え方は、アジア原理ではとらない。同時に、アジアは一つの全体に統合する必要もない。ヨーロッパの近代に始まる覇権政治・覇権思想に対するアジアの反抗は、アジア原理に「差異こそ普遍である」という相対主義的主張を打ち立てさせた。そして、このような主張の基礎の上に、アジア各地の思想家たちは新しい普遍的思考モデルを構築した。普遍性はつまるところ個殊者間の理解のための媒体であり、差異状態の下での個殊者の開放的な自己完成を導く。アジアはまさにこのような自己完成のための精神的風土としての場になっている。アジア原理は世界体系の中間部分などでは決してなく、別種の世界認識のための思考方式である。アジア原理が真に効果を発揮しさえすれば、冷戦イデオロギーの陰影も消え、歴史が資本主義の頂きにおいて終わりを告げるという幻覚も打ち破られる。アジア原理に立脚してこそ、場所が魂を宿し、われわれは誠実に自身を認識し、世界を認識することができる。

1）　ひとつの例は孫文が日露戦争のあとヨーロッパから帰国したときの経験である。彼はアラブ人に日本人と間違えられ、感謝され敬われたという。日本がアジアの有色人を代表してヨーロッパの白人の代表であるロシアを破ったからである。もう一つの例はそれまでずっとアジアという概念を使用してこなかったインドが、第二次大戦後一度、自分を指すためにアジアの概念を使用したことである。1950年にネールは「アジアの苦悩」を語っている。すなわち侵略された、植民地化された屈辱感がアジアを一体化したと語っている。1955年のバンドン会議にはさらに重要な意味がある。それはアジアの弱小国家が自分たちの地域が同一であるという認識を帝国主義・強権政治に対する抵抗と自覚的に結びつけたことである。「アジア」範疇はこの時期に民族独立の代名詞に転化した。

2）　最近中国語の世界でよく売れているハースト（John Hirst）の *The Shortest History of Europe*（Melbourne: Black, Inc. 2009, revised edition 2012, 中国語訳、約翰・赫斯特『極簡欧州史』広西師大出版社、2015）は、いささか簡単過ぎるきらいもあるが、本章のこの論点に合った根拠となる例を提供してくれる。この著作は大学の教材として、ヨーロッパの一体性を高度に概括している。ヨーロッパ文明は、ギリシャ・ローマの学術、キリスト教の教義、ゲルマン（蛮族）の精神の混合体であるとしている。明らかに、この三つの異なる面に属する要素は、互いに結びつくことはあるが、併存関係は成さない。時間的な流れとしては、ローマ帝国の滅亡がヨーロッパの歴史の扉を開け、ルネサンス、宗教改革、科学革命、啓蒙運動と続く。ヨーロッパの歴史の中心はギリシャ・ローマから西欧・イギリスへとしだいに移る。このヨーロッパ史の叙述のなかで、ヨーロッパはひとつの有機体として統合されているが、基本的にはギリシャ、ローマ、イギリス、フランス、ドイツのみに限られている。東欧は明らかに隠れた存在で、北欧も言及されることが極めて少ない。注目すべきは、著作のなかで、「アジアと中東」を同列に論じていることである（223頁）。作者の「ヨーロッパ」と「アジア」の概念は地理学の意味の上での区分と決して重ならない。

3）　周振鶴『中国歴史政治地理十六講』中華書局、2013、21頁、56頁。

4）　『中国歴史政治地理十六講』17頁。

5）　『中国歴史政治地理十六講』45頁。

6）　利瑪竇、金尼閣『利瑪竇中国札記』中国書局、2012。この著作は人を引きつけて夢中にさせる細部の描写に満ちている。それはマテオ・リッチが生活のなかで経験した矛盾に対する感覚を体現している。中華帝国の文明と野蛮が一つに融合しているようなさまは、まさに中国人の自尊自大と自己卑下が同じ態度の両面になっているのに似ている。マテオ・リッチとニコラ・トリゴーは明らかにヨーロッパの論理で中華文明を解釈しようとしたが、最終的にはやはり中国を異国情緒に満ちた理解しがたい文明であるとして描いている。

7）　哈·麦金徳『歴史地理枢紐』商務印書館、2010。本段は本書52頁より引用している。

8）　和辻哲郎『風土　人間的考察』、岩波書店（1935年初版、1963年改版、1975年第42次印刷）、1頁。

9）　ヘルダー（Johann Gottfried von Herder, 1744-1803）、ドイツのシュトゥルム・ウント・ドラング運動の先駆的人物。かつてカントに学んだ。その後カントとのあいだに純粋理性にまつわる有名な論争が起こった。ヘルダーを中国語に訳した著作には主として『反純粋理性』（商務印書館、2010）、『論語言的起源』（商務印書館、2014）などがある。本章の論題と直接関係がある著作としては前者を参照するとよい。ヘルダーが歴史哲学と文学精神などの領域で果たした独特の貢献は、ヨーロッパ民俗学と民族文学運動の興隆に重要な思想資源を提供した。

10）『風土』218-219頁。

11）『風土』220-221頁。

12）『風土』232頁。

13）　Rudolf Kjellen, 1864-1922. スウェーデンの地政学者。ラッツェルの政治地理の概念を発展させ、地政学という名称を創始した。その国家学的視角が地理的な意味での空間を国土に転換させ、植民政策と領土政策の解釈に向かわせたために、第二次世界大戦後の政治地理学から批判を受けた。

14）『風土』238-239頁。

15）　R. 哈特向著、黎樵訳『地理学性質的透視』商務印書館、2012、155頁。

16）『地理学性質的透視』147-148頁。

17）『地理学性質的透視』144頁。

18）　上述の三点は、それぞれ『地理学性質的透視』の第十章、第二章、第九章を参照されたい。

19）　陳嘉映『何為良好生活』上海文藝出版社、2015、278頁。

20）　陳嘉映主編『普遍性種種』華夏出版社、2013、11頁。

21）『何為良好生活』285頁。

22）　Michael H. Lessnoff『二十世紀的政治哲学家』（商務印書館、2002）はこのいささか手強い問題を論じている。彼はバーリンが一元論を成す普遍原則に対して敵対的態度をとるのは相互矛盾していると考える。バーリンが多元論を主張するとき、彼が多元論と相対主義を極力区別するのは、彼が依然として多元的理解のなかで人類の共同の価値を堅持しようとし続けているからだとする。270-291頁。

23)　『イデオロギーとユートピア』（中国語訳『意識形態与烏託邦』北京：九州出版社2007）は知識相対化の見本である。具体的社会と歴史的状態のなかで全体性の価値を論じ、抽象的であるがために静態化された概念に転化させた。しかし、マンハイムにおいては相対主義と多元主義の関係は突出した問題になっていないので、彼にはこの方面に深入りするほどの興味はなかったようである。

24)　『何為良好生活』266-267頁。

25)　『何為良好生活』296頁。

26)　『竹内好全集』第五巻、筑摩書房1981、114-115頁。

27)　竹内好対談集『状況的』（合同出版、1970）146頁を参照のこと。この部分の討論については、ここでは省くが、詳しくは拙著『主体弥散的空間』（江西教育出版社）のなかの「亜細亜意味着什麼」を参照されたい。

28)　1963年、筑摩書房より出版された『現代日本思想体系』所収の竹内好が選り抜き編集した文集『アジア主義』は、岡倉天心、宮崎滔天、内田良平、大川周明など左翼から右翼までの思想家の代表的なテキスト、および日本の戦後のアジア主義についての議論を収録している。紙幅の都合により、本章は同書の詳細な内容には言及しない。別の機会にあらためて議論したい。

29)　白楽晴の分断体制の議論については、拙著『我們為什麼要談東亜』（三聯書店、2011）のなかの「横向思考的東亜図景」を参照されたい。

30)　白永瑞『思想東亜：朝鮮半島視角的歴史与実践』（三聯書店、2011）を参照されたい。この書籍はすでに大陸版の中国語に翻訳したものがあるので、そのなかのいくつかの重要な見方については、紙幅の都合により、ここでは割愛せざるを得ない。興味を持たれた読者は直接訳書の方にあたってもらいたい。

31)　崔元植「作為天下三分之計的東亜論」『人間思想』第6期、2014年春季号、台湾人間出版社、62頁。

32)　崔元植「非西欧植民地経歴与亜洲主義的幽霊」『人間思想』第6期、30頁。

33)　これら韓国の代表的な知識人は、アジア原理を論じる際、韓国中心論を内に含む大国中心主義にはっきりと反対している。例えば、白永瑞は中韓のあいだの「錯位」を強調するとき、中国に新たに生まれる可能性のある中華中心態勢に対し警戒心をあらわにすると共に、韓国社会に潜在する韓国中心主義にも反対している。崔元植は東アジアが大国周辺地域に位置することを重視し、辺境の視角を構築し大国中心主義の蔓延を食い止めなければならないと直接呼びかけている。彼らは大国中心の「ゲーム理論」はアジア的心情に欠ける西洋強国の論理であり、アジアがとるべき選択ではないとはっきりと認めている。

34)　孫中山「対神戸商業会議所等団体演説」『孫中山全集』11巻、中華書局、1986、401-409頁。

35)　孫中山、前掲「対神戸商業会議所等団体演説」409頁。

36)　李大釗によれば、ユーラシア大陸は一体であるが、中央の東西に走る山脈に隔てられているため、南道文明と北道文明を形成している。南道はすなわち東方で、中国本部、日本およびアジアの大部分の国とエジプトを含むが、満州は含まない。北道はすなわち西洋で、ヨーロッパとモンゴルと満州と西シベリアを含む。そして、南道文明は日の光にあふれ、自然も豊かなので、自然および人類が和解の文明を形づくっている。北道文明は自然が過酷なので、自然および人類が奮闘の文明を形づくっている、とする。李大釗「東西文明根本之異点」(1918)、『李大釗全集』第2巻、人民出版社、2006、211頁。

37)　李大釗「大亜細亜主義与新亜細亜主義」『李大釗全集』第2巻、269-271頁。

38)　李大釗「再論亜細亜主義」『李大釗全集』第3巻、74-76頁。

39)　東アジアのアジア主義言説はバランスがとれているとは言えないが、日本には、覇権的なアジア主義の蓄積があるだけではなく、反覇権的なアジア原理の萌芽も育まれていた。日本のアジア主義に関しては、本章では紙幅が限られていて系統的に整理できないため、この部分の内容については拙文「亜洲意味着什麼」を参照していただきたい。

あとがき

本書の執筆陣は、2015年度前期、ワンアジア財団の助成により中央大学経済学部において行われた総合講座「アジア共同体を考える——日本・アジア関係の歴史から」の担当講師を中心に構成されている。ここで、この総合講座の講義題目・担当者（所属）一覧をあげておこう。

第1回	イントロダクション	土田哲夫（中央大学）
第2回	近代中国と日本：蔣介石を中心に	黄自進（台湾 中央研究院）
第3回	近代の日中留学交流	李暁東（島根県立大学）
第4回	アジア共同体の構想と展開	鄭俊坤（ワンアジア財団）
第5回	東アジアにおける国民国家形成の意味	申一燮（韓国 湖南大学）
第6回	近代アジアの経済交流	古田和子（慶應義塾大学）
第7回	近代日本のアジア主義	深町英夫（中央大学）
第8回	近現代日韓関係とアジア共同体	権寧俊（新潟県立大学）
第9回	近代の台湾と日本	許育銘（台湾 東華大学）
第10回	帝国日本の解体と戦後アジア	浅野豊美（米国ウィルソン・センター／早稲田大学）
第11回	戦後の日中関係と歴史問題	杜崎群傑（中央大学）
第12回	日韓文化交流のいにしえ：越境する神と芸能	金蘭珠（韓国 壇国大学）
第13回	東アジアの流行歌：国境を越える音楽	貴志俊彦（京都大学）
第14回	東アジアの人権弁護士、布施辰治	李圭洙（韓国 高麗大学）
第15回	歴史の克服とアジア共同体への道	笠原十九司（都留文科大学）

以上、韓国から招聘した研究者３名、同台湾から２名、日本在住の中国・韓国系講師３名、日本人教員７名という「アジア」的な講師陣によって、講座が行われた。講義は一部通訳を使ったが、基本的に日本語で行われた。

本書の各章は、上記の講座担当講師によって講義をベースに論文として書かれたものもあれば、それとは別に執筆されたものもある。また、残念ながら、ご都合によりご寄稿を辞退された方もいる。いずれにせよ、講師の方々のご協力がなければ、本講座の実施も、また本書の出版もありえないことであった。ご協力下さった先生方、とりわけ海外からこのために来日され、授業を行って下さった先生方に厚くお礼申し上げる。

上記「講座」の受講生は、中央大学のような大規模大学としてはけっして多くはなかったが、みな熱心に聴講し、また様々な質問や感想を講師に投げかけてくれた。受講生のうち何割かは、中国、韓国系の出自をもつ方々で、内訳は外国人留学生のほか、外国籍だが日本育ち、日本籍だがアジアと親族関係があるものなどであり、まさに「日本とアジアのつながり」を感じさせるものであった。私たち教員・研究者が懸念するよりも、実際には若い世代の間では、身近なレベルでアジア諸地域間の相互交流が進んでいっているのではないか、こういう環境で育った人々の中から、将来のアジア共同体を生み出す力とネットワークが出来るのでないか、という期待を抱かずにはいられない。受講生のみなさんには、いっそうの活躍をお祈りしてエールを送りたい。

このほか、アジア共同体講座担当者のほかに、本書の趣旨に賛同して下さった中国人研究者３名より論文を寄稿して頂き、本書をより充実させることができた。具体的には、孫歌（中国社会科学院文学研究所）、李廷江（中央大学／清華大学）、李佩（清華大学日本研究センター）である。三先生のご好意にお礼申し上げる。

総合講座「アジア共同体を考える――日本・アジア関係の歴史から」の実施と本書の刊行は、ワンアジア財団の助成によって可能となった。佐藤洋治理事長、鄭俊坤首席研究員、崔学松研究員（当時。現在、静岡文化芸術大学）をはじめとする財団の方々に、厚くお礼申し上げる。また、講座の実施や関連する研究活動、そして本書出版に関しては、中央大学経済学部事務室、研究所合同事務室、中央大学出版部の方々にたいへんお世話になった。本書のカバーの古地図画像の使用については、公益財団法人東洋文庫よりご許可を頂いた。お世話になった方々のお名前をすべてあげることができず恐縮だが、あたたかいご支援に心からお礼を申し上げる。

2016年９月21日

編者　土田哲夫

執筆者紹介（掲載順）

土田 哲夫（つちだ あきお）　中央大学経済学部教授

古田 和子（ふるた かずこ）　慶應義塾大学経済学部教授

李 暁東（り ぎょうとう）　島根県立大学総合政策学部・北東アジア開発研究科教授

黄 自進（こう じしん）　台湾　中央研究院近代史研究所研究員

許 育銘（きょ いくめい）　台湾　国立東華大学歴史学系副教授

金 蘭珠（キム ナンジュ）　韓国　壇国大学校教養養育大学教養学部研究専担助教授

李 圭洙（イ キュス）　韓国　高麗大学校韓国史研究所教授

李 佩（り ペイ）　中国　清華大学日本研究センター研究助理

貴志 俊彦（きし としひこ）　京都大学地域研究統合情報センター教授

浅野 豊美（あさの とよみ）　早稲田大学政治経済学術院教授

権 寧俊（クォン ヨンジュン）　新潟県立大学国際地域学部教授

李 廷江（り ていこう）　中央大学法学部教授

笠原 十九司（かさはら とくし）　都留文科大学名誉教授

孫 歌（そん か）　中国社会科学院文学研究所研究員

訳者紹介

花井 みわ（はない みわ）　中央大学兼任講師

白石 裕一（しらいし ゆういち）　中央大学兼任講師

近現代東アジアと日本

交流・相剋・共同体

2016年11月30日　初版第1刷発行

編　　者　　土　田　哲　夫

発 行 者　　中　央　大　学　出　版　部

代表者　　神　﨑　茂　治

発行所　中　央　大　学　出　版　部

〒192-0393　東京都八王子市東中野742-1

電話 042(674)2351　FAX 042(674)2354

http://www2.chuo-u.ac.jp/up/

電算印刷㈱

ISBN 978-4-8057-1152-1